丛书主编　丁见民
丛书副主编　付成双　赵学功

美洲史丛书

拉丁美洲的经济发展：理论与历史

韩　琦　著

南开大学出版社

天　津

图书在版编目(CIP)数据

拉丁美洲的经济发展：理论与历史 / 韩琦著. —
天津：南开大学出版社，2023.9
（美洲史丛书 / 丁见民主编）
ISBN 978-7-310-06458-8

Ⅰ.①拉… Ⅱ.①韩… Ⅲ.①经济史－研究－拉丁美
洲－文集 Ⅳ.①F173.09－53

中国国家版本馆 CIP 数据核字(2023)第 160513 号

拉丁美洲的经济发展：理论与历史
LADING MEIZHOU DE JINGJI FAZHAN：LILUN YU LISHI

南开大学出版社出版发行
出版人：陈　敬
地址：天津市南开区卫津路 94 号　　邮政编码：300071
营销部电话：(022)23508339　营销部传真：(022)23508542
https://nkup.nankai.edu.cn

天津创先河普业印刷有限公司印刷　全国各地新华书店经销
2023 年 9 月第 1 版　　2023 年 9 月第 1 次印刷
238×170 毫米　16 开本　26.75 印张　4 插页　452 千字
定价：248.00 元

如遇图书印装质量问题,请与本社营销部联系调换,电话:(022)23508339

南开大学中外文明交叉科学中心
资助出版

编者的话

自从 1492 年哥伦布发现"新大陆",美洲开始进入全世界的视野之内。不过,哥伦布认为他所到达的是东方的印度,故误将所到之地称为印度群岛,将当地原住民称为"印地人"。意大利航海家阿美利哥在随葡萄牙船队到南美洲探险后,于 1507 年出版的《阿美利哥·维斯普西四次航行记》中宣布哥伦布所发现的土地并非东方印度,而是一个新大陆。稍后学者为了纪念新大陆的发现,将这一大陆命名为"亚美利加",即美洲。此后很长时期内,欧洲人,无论是西班牙、葡萄牙还是英国、法国的探险家,都将这一大陆称为美洲。葡萄牙航海家费迪南德·麦哲伦,西班牙探险家赫尔南·科尔特斯、弗朗西斯科·皮萨罗,英国探险家弗朗西斯·德雷克、沃尔特·雷利无论在发给欧洲的报告、书信还是出版的行记中,都将新大陆称为美洲。甚至到 18 世纪后期,克雷夫科尔撰写的《一位美国农夫的来信》使用的依然是"America",而法国人托克维尔在 19 世纪 30 年代出版的名著《论美国的民主》也是如此。可以说,在"新大陆"被发现后的数百年中,美洲在欧洲人的观念中都是一个整体。

1776 年,随着英属北美 13 个殖民地的独立,美洲各区域开始走上不同的发展道路。首先独立的美国逐渐发展壮大,西进运动势如破竹,领土扩张狂飙猛进,到 19 世纪中期已经俨然成为美洲大国。接着,原在西班牙、葡萄牙殖民统治之下的广大拉丁美洲地区,也在 19 世纪 20 年代纷纷独立,建立了众多国家。不过,新独立的拉美各国在资源禀赋极为有利的情况下,却未能实现经济快速发展,社会问题丛生,现代化之路崎岖缓慢。现代学者在谈及拉美问题时,屡屡提及"现代化的陷阱"。最后,加拿大在 19 世纪中期经过与英国谈判才获得半独立地位,但此后其"国家政策"不断推进,经济发展和国家建设稳步提升,于 20 世纪初跻身经济发达国家之列。

表面上看,似乎美洲各国因为国情不同、发展道路各异而无法被等同视之，但当历史进入 19 世纪末期以后，美洲一体化的趋势却日渐明显，似乎应了"分久必合"的老话。1890 年 4 月，美国同拉美 17 个国家在华盛顿举行第一次美洲会议，决定建立美洲共和国国际联盟及其常设机构——美洲共和国商务局。1948 年在波哥大举行的第九次美洲会议通过了《美洲国家组织宪章》，联盟遂改称为"美洲国家组织"。这一国际组织包括美国、加拿大与拉丁美洲大部分国家。

除了国际政治联合外，美洲经济一体化也在第二次世界大战后迅速发展。美洲区域经济一体化首先在拉丁美洲开启。拉美一体化协会（Latin American Integration Association）是最大的经济合作组织，其前身是拉丁美洲自由贸易协会，主要成员国包括阿根廷、玻利维亚、巴西、智利、哥伦比亚、厄瓜多尔、墨西哥、巴拉圭、秘鲁、乌拉圭和委内瑞拉。此外，1969 年成立的安第斯条约组织（又称安第斯集团），由玻利维亚、智利、哥伦比亚、厄瓜多尔和秘鲁组成。1994 年，安第斯条约组织正式组建自由贸易区。1997 年，安第斯条约组织更名为安第斯共同体，开始正式运作。与此同时，加勒比共同体、中美洲共同市场、南方共同市场等区域经济一体化组织纷纷出现。其中，1995 年建立的南方共同市场是拉美地区发展最快、成效最显著的经济一体化组织。北美自由贸易区的建立，则是美洲一体化的里程碑。1992 年，美国、加拿大和墨西哥三国正式签署《北美自由贸易协定》。1994 年 1 月 1 日，协定正式生效，北美自由贸易区宣布成立。

时至今日，美洲各国在经济和政治上的联系日益紧密，美洲在政治、经济和文化等诸多方面依然是和欧洲、亚洲、非洲迥然不同的一个区域。无论是被视为一个整体的美洲，还是走上不同发展道路的美洲各国，抑或走向一体化的美洲，都值得学界从历史、文化、外交、经济等多维度、多视角进行深入研究。

南开大学美洲史研究有着悠久的历史和深厚的学术传统。20 世纪二三十年代，曾有世界史先贤从美国学成归来，在南开大学执教美国史，为后来美国史的发展开启先河。不过，南开美国史研究作为一个具有影响的学科则可以追溯到杨生茂先生。先生 1941 年远赴海外求学，师从美国著名外交史学家托马斯·贝利，1947 年回国开始执教南开大学，他培养的许多硕士生和博士生成为国内高校美国史教学和科研的骨干。1964 年，根据周恩来总理的指示，国家高教委在南开大学设立美国史研究室，杨生茂先生任主任。这是中国高校中最早的外国史专门研究机构。此后，历经杨生茂先生、张友伦先生和李剑鸣、赵学功教授三代学人的努力，南开大学美国史学科成为中国美国史研究一个颇具影响的学术点。2000 年，美国历史与文化研究中心成立，成为南开大学历史学院下属的三系三所三中心的机构之一。2017 年，以美国历史与文化研究中心为基础组建的南开大学美国研究中心，有幸入选教育部国别与区域研究（备案）基地，迎来新的发展机遇。不过，南开大学美国研究中心并非仅仅局限于历史学科。南开美国研究在薪火相传中一直都具有跨学科的多维视角特色，这可以追溯到冯承柏先生。冯先生出身于书香世家，数代都是南开学人。他一生博学多才，在美国研究、博物馆学与图书情报等数个领域都建树颇丰，在学界具有重要的影响，他为美国研究进一步开辟了交叉学科的宽广视野。在冯先生之后，南开美国研究的多学科合作传统也一直在延续，其中的领军者周恩来政府管理学院的韩召颖教授、美国研究中心的罗宣老师都是冯先生的杰出弟子。

南开大学拉丁美洲史是国家重点学科"世界史"主要分支学科之一，也是历史学院的特色学科之一。南开大学历史系拉丁美洲史研究室建立于 1964 年，梁卓生先生被任命为研究室主任。1966 年，研究室一度停办。1991 年，独立建制的拉丁美洲研究中心成立，洪国起教授为第一任主任，王晓德教授为第二任主任，董国辉教授为现任主任。2000 年南开大学实行学院制后，拉美研究中心并入历史学院。1999 年，中心成为中国拉丁美洲史研究会秘书处所在地。洪国起教授在 1991－1996 年任该研究会副理事长，1996－1999 年任代理理事长，1999—2007 年任理事长。2007—2016 年，王晓德教授担任研究会理事长，韩琦教授担任常务副理事长；2016 年后，韩琦教授担任理事长，王萍教授、董国辉教授担任副理事长。

此外，加拿大史研究也一直是南开大学世界史学科的重要组成部分。20世纪 90 年代，张友伦先生带队编著并出版《加拿大通史简编》，开启研究先河。杨令侠、付成双教授分别担任中国加拿大研究会会长、副会长，先后担任南开大学加拿大研究中心主任。南开大学加拿大研究中心是中国加拿大研究的重镇之一，出版了众多加拿大研究成果，召开过数次大型学术研讨会。

深厚的学术传统结出丰硕的学术成果，而"美洲史丛书"就是前述研究成果的一个集中展现。这套丛书计划出版（或再版）18 部学术著作，包括杨生茂编著（朱佳寅、杨令侠编）《美国史学史论译》、张友伦主编《加拿大通史简编》、冯承柏著《美国历史与中美文化交流研究》、洪国起著《拉丁美洲史若干问题研究》、陆镜生著《美国社会主义运动史》、韩铁著《美国历史中的法与经济》、王晓德著《拉丁美洲对外关系史论》、李剑鸣著《文化的边疆：美国印第安人与白人文化关系史论》、韩琦著《拉丁美洲的经济发展：理论与历史》、赵学功著《战后美国外交政策探微》、付成双著《多重视野下的北美西部开发研究》、董国辉著《拉美结构主义发展理论研究》、杨令侠著《加拿大与美国关系史纲》、丁见民著《外来传染病与美国早期印第安人社会的变迁》、张聚国著《上下求索：美国黑人领袖杜波依斯的思想历程》、罗宣著《美国新闻媒体影响外交决策的机制研究》、王翠文著《文明互鉴与当代互动：从海上丝绸之路到中拉命运共同体》与董瑜著《美国早期政治文化史散论》。

与其他高校和科研机构的相关成果相比，这套丛书呈现如下特点：第一，丛书作者囊括南开大学老中青三代学者，既包括德高望重的前辈大家如杨生茂、张友伦、冯承柏、洪国起，又包括年富力强的学术中坚如王晓德、李剑鸣、赵学功、韩琦等，还包括新生代后起之秀如付成双、董国辉和董瑜等；第二，丛书研究的地理区域涵盖范围宽广，涉及从最北端的加拿大到美国，再到拉丁美洲最南端的阿根廷；第三，涉猎主题丰富广泛，涉及政治、经济、文化、外交、社会和法律等众多方面。可以说，这套丛书从整体上展现了南开大学美洲史研究的学术传统特色和专业治学水平。

为保证丛书的编写质量，南开大学历史学院与南开大学出版社密切合作，联手打造学术精品。南开大学中外文明交叉科学中心负责人江沛教授在担任历史学院院长时启动了"美洲史丛书"的出版工作，并利用中外文明交叉科学中心这个学术平台，提供学术出版资助。余新忠教授继任历史学院院长后，十分关心丛书的后续进展，就丛书的编辑、出版提出了不少建设性意见。南开大学世界近现代史研究中心主任杨栋梁教授对丛书的出版出谋划策，鼎力支持。此外，美国研究中心、拉丁美洲研究中心的博士及硕士研究生出力尤多，在旧版书稿与扫描文稿间校对文字，核查注释，以免出现篇牍讹误。

南开大学出版社的陈敬书记、王康社长极为重视"美洲史丛书"的编辑出版工作，为此召开了专门的工作会议。项目组的编辑对丛书的审校加工倾情投入，付出了艰巨的劳动。在此向南开大学出版社表示衷心的感谢！

丁见民

2022 年 4 月

前　言

呈现在读者面前的这本拙著主要是由本人 2000 年以来发表的关于拉美经济史的若干篇论文所集成，形散而神聚，从理论和历史两个层面探讨了拉美的经济发展问题。具体来说，由以下三编组成。

第一编是关于拉美经济发展思想和理论的文章，包括《拉丁美洲封建主义辨析》《拉丁美洲的自由主义及其影响（19 世纪）》《拉丁美洲的结构主义理论》《拉丁美洲的依附理论——跨国公司的视角》《拉丁美洲的新自由主义》《拉丁美洲的新结构主义》《塞尔索·富尔塔多及其经济发展思想》，主要探讨了自殖民地时期以来在拉美经济发展进程中居于主导地位的各种"主义"。

第一，关于封建主义。针对拉美殖民地时期的社会性质属于"封建主义"或"资本主义"的两个极端观点，作者提出了封建主义有狭义和广义两个概念。从狭义概念看，"拉美的封建主义不是欧洲样板的简单移植，领主制在拉美发生了变形，并且没有维持多久"。从广义概念看，即"从大地产主占有生产资料和不完全占有劳动者本人以及殖民地内部大部分经济活动的自然经济状态的角度判断，不能不说拉美的封建主义处于支配地位"。因此，从世界资本主义体系的角度将殖民地时期的拉美看作这一体系的一个组成部分未尝不可，但由此得出拉美社会是"资本主义"的结论则是走向了极端。就拉美社会内部而言，占统治地位的生产关系和社会关系显然不是资本主义的，而是前资本主义的。"殖民地时期拉美的社会经济结构无疑是一种封建主义占支配地位的、多种生产方式并存的复杂的综合体。"

第二，古典自由主义及其影响。作者提出，19 世纪"是拉美人在欧美自由主义思想的影响之下，高举自由主义旗帜，争取民族独立和发展资本主义政治、经济的过程"。作者将启蒙运动思想、功利主义思想、贸易自由主义思想、实证主义思想等串联在一起，分析了它们作为不同时段的不同表现形式，却有着共同的自由主义实质。如实证主义代表人物孔德，虽然认为个体是社会有机体的不可分割部分，偏离了古典自由主义对个体自治性的强调，但"孔德尊重公民自由、主张宗教、结社、言论和企业经营自由，认为自由是每个人的权利，他把国家的作用缩小到仅仅是维持社会秩序"，"实证主义仍属于自由主义体系"。实证主义强调的"秩序与进步"，即稳定与发展，符合拉美 1870 年以后的实际需求，被广泛接受。"19 世纪，拉丁美洲的自由派精英有选择地引进了自由主义思想，他们根据当地的情况选择他们认为有意义的各种思想流派，如利用启蒙运动思想赢得了独立战争，利用边沁的思想对教会发起攻击，利用孔德的思想建立稳定的政治秩序，利用斯宾塞的思想促进移民运动，利用斯密的国际分工理论发展对外贸易，自由主义是拉美 19 世纪的主流思想。"

第三，结构主义理论。结构主义理论是 20 世纪拉美本土产生的最重要的思潮之一，对拉美工业化和现代化进程产生了极其重要的影响。拙著比以往国内同类论述有新意的地方，是厘清了拉美结构主义的概念及其与一些相关概念之间的关系，指出拉美结构主义的内容包括理论和政策两个方面。在理论方面除了以前被提到的"中心-外围论""贸易条件恶化论""外围国家工业化论"之外，补充了"对通货膨胀的分析""对发展的结构性障碍的分析"，以及发展政策方面的多项内容。在评价问题上坚持两点论，归纳了拉美结构主义在五个方面的贡献，同时也介绍了其存在的八个问题。《塞尔索·富尔塔多及其经济思想》一文则对读者进一步加深理解拉美结构主义理论形成及其构成提供了有益的帮助。

第四，依附理论。依附理论是 20 世纪 60 年代由拉美学者提出的解释拉美不发达原因的理论体系，内容较为庞杂。拙著没有一般性地介绍依附理论，而是专门归纳了依附理论学者对跨国公司作用的看法。因为跨国公司对拉美进口替代工业化的高级阶段产生了重要的影响，这种影响不仅是导致依附理论学派兴起的原因之一，也是依附理论关注的一个重要内容。作者归纳了依附理论学派的三种观点：一是依附理论悲观派，如多斯桑多斯、松克尔、富尔塔多、弗兰克，他们基本否定跨国公司的积极作用；二是依附理论乐观派，如奥唐纳、卡多佐、埃文斯，他们看到了跨国公司的积极作用，认为拉美在依附状态下可以得到发展；另外还有一类，如普雷维什，虽然认识到跨国公司给拉美国家带来了非常不利的影响，但并不把拉美的不发达完全归咎于跨国公司，而是认为中心和外围都应该承担拉美不发达的责任，拉美的出路在于"改造外围资本主义"的社会结构特性。比较三种不同的观点，可以给其他后发国家带来启示。

第五，新自由主义理论。作者指出，新自由主义是继古典自由主义、"现代自由主义"（凯恩斯主义）之后的第三种自由主义，以冯·米瑟斯、哈耶克、弗里德曼、布坎南等人及其提出的理论为代表。这种新自由主义在拉美的政策体现为华盛顿共识。新自由主义之所以能在拉美"落户"，是拉美内部要求和外部压力促成的结果。作者辩证评价了拉美新自由主义改革的成效，同时指出，新自由主义改革出现的问题根源于两个"过分贬低"，即在强调市场机制的作用时，过分贬低了国家干预的必要性，在强调对外开放时，过分贬低了顺序渐进的重要性。这是拉美新自由主义改革的深刻教训。

第六，新结构主义理论。20 世纪 80 年代的债务危机不亚于 30 年代初的大萧条，是拉美经济发展的又一个重要转型时期。一方面传统结构主义倡导的进口替代工业化模式走到了尽头；另一方面，新自由主义导向的结构调整并不顺利。于是，新结构主义理论悄然兴起，它既保留了传统结构主义理论的一些内核，同时又吸收了新自由主义的一些合理成分，是结构主义理论与新自由主义理论调和的产物。作者系统论述了拉美新结构主义理论的兴起背景、主要内容、新结构主义与新自由主义的异同、新结构主义与传统结构主义的异同以及新结构主义的影响。作者指出，20 世纪 90 年代的新结构主义强调从内部发展，变革生产发展模式；促进技术进步，提高系统竞争力和可持续发展；保持宏观经济的平衡；实现社会公正；实行开放的地区主义；注重政治体制和国家的作用。进入 21 世纪后，新结构主义理论日渐成熟，越来越成为新自由主义的一种替代理论。

第二编由关于拉美经济发展史的若干篇文章组成。

第一，作为前四篇的《拉丁美洲殖民地时期的海盗和走私》《独立后至 20 世纪初拉丁美洲的大地产制》《19 世纪拉丁美洲的自由派改革和土地结构的变动》《独立后至 20 世纪初阿根廷、乌拉圭和巴西土地结构的变动》，对拉美重商主义制度和大地产制度进行了重点探讨。第一篇讨论的是拉美在重商主义背景下的海盗和走私问题。拉美殖民地时期，西班牙和葡萄牙为了独霸在美洲的利益，实行了重商主义的贸易垄断制度，但后起的荷兰、英国和法国等大西洋沿岸的欧洲国家觊觎西、葡的财富，为打破它们的贸易垄断制度，不惜诉诸海盗活动和走私贸易。由于各种原因，17 世纪 80 年代之前海盗活动比走私贸易更盛行，但之后则是走私贸易取代了海盗活动。作者指出，"海盗劫掠和走私贸易是后起的殖民强国为争夺西、葡在美洲的利益而使用的两项强有力的武器，它们不仅分享了美洲的财富和市场，加快了自身的资本原始积累，而且最终瓦解了西、葡的贸易垄断体制"。后三篇文章讨论的是 19 世纪拉美的土地制度和土地结构的变动，这三篇主题一致，但角度不同。第一篇以 19 世纪 50 年代为界限，论述了前后"不变"和"变"的原因和状况。作者指出，"19 世纪 50 年代后，拉美的大地产制被保留下来并得到了扩大，因卷入资本主义的国际分工，大地产的商品生产增多了，资本主义的剥削关系也加强了。但同时仍保持着程度不同的前资本主义剥削关系，在某些地区甚至有加强的趋势，被称为'第二次封建化'"。第二篇论述了 19 世纪后半期拉美 9 个国家的自由派推动的旨在实现自由土地和自由劳动力的土地改革，并评价了这次改革的成败得失。第三篇以阿根廷、乌拉圭和巴西三个国家为例，论述了它们 19 世纪到 20 世纪初土地结构的变动。这三国的共性是传统大地产制并非一举消灭，而是慢慢地适应资本主义发展的需要，变前资本主义剥削关系为资本主义剥削关系，走的是一条类似普鲁士式的道路。但与普鲁士道路不同的是，三国拥有丰富的处女地，并吸引了大量的外国移民和资本。这些条件又似乎与当年美国的条件相似。那么为什么它们没有走美国式道路呢，作者在书中给出了四点解释。

第二，《1870—1930 年拉丁美洲的经济增长》和《拉丁美洲的早期工业化》两篇文章论述了 19 世纪后期至 20 世纪初拉美初级产品出口阶段的经济发展。前者是对关于初级产品出口的"飞地理论"提出质疑，从拉美经济史学家对阿根廷、智利、墨西哥和巴西的研究案例来看，似乎不存在纯粹的"飞地"。他们都论证了最初的出口活动并没有仅仅局限在出口部门自身，而是通过"关联效应"机制扩展到了经济的其他部门。作者指出，尽管与初级产品出口增长有关的一些外部不确定性问题不容忽视，但与后来的内向增长战略相比，初级产品出口导向模式"在充分利用资源优势带动经济增长这一点上是值得充分肯定的"。后一篇文章是对拉美工业化的起点在 1914 年和 1930 年的两种观点提出质疑，论证了拉美工业化的起点在 1870 年，认为 1870—1930 年是拉美初级产品出口带动的早期工业化时期。

第三，《20 世纪拉丁美洲经济发展的特点》一文是对 20 世纪拉美经济发展的总结，作者归纳了九个显著特点，即：经济发展模式经历了两次大转换；经济发展理论出现了两次大更替；地区经济一体化曲折发展；经济增长绩效相对突出；技术进步先快后慢；宏观经济的失衡持续存在；初级产品出口在经济增长中始终占据重要地位；收入和财富分配长期不公；体制改革效果不佳。作者指出，这些特点表明拉美的百年经济发展并非是一部失败的历史，而是有成有败，有喜有悲。拉美国家为实现经济发展和现代化进行了艰难而有益的探索，在发展模式和发展理论上经历了两次大的转换，并率先进行了外围地区经济一体化的尝试，经济增长绩效相对突出，技术和知识也得到了积累。但是，与发达国家的早期发展和后来的东亚国家相比，拉美的发展尚不算成功，经济结构和社会结构的改变并不显著，初级产品出口在经济增长中始终占据重要位置，收入和财富分配不公的现象长期存在，分析其中原因，固然与技术进步相对缓慢、资本积累不足、宏观经济管理水平不高等因素有关，但最重要的问题是发展模式转换的延误，最根本的原因是传统体制变革的不彻底。

第四，从国别角度分别对秘鲁、智利、巴西、墨西哥不同时期经济史的研究。《秘鲁殖民地时期的经济制度》和《智利大庄园制度的起源》研究了南美地区殖民地时期经济制度的演变，其中包括委托监护制、米达制、商品摊派制、大庄园制等，这些研究是对作者以往同类研究的深化和补充。①《智利硝石业的发展与早期现代化》和《智利经济社会转型的特点和经验》分别对 19 世纪和 20 世纪智利的经济发展做出了研究，前者讨论了智利硝石业的发展与早期现代化的关系，认为智利的硝石业与一般作为"飞地经济"的矿业不同，具有较大的"联系效应"，由于这种"联系效应"和智利国家选择了比较正确的政策，智利的早期现代化才取得了卓有成效的进展。后者归纳了 20 世纪 70 年代以来智利经济-社会转型的五个特点，即：转型性质是由国家资本主义向市场资本主义的转变；转型模式随着改革的深入逐渐形成和完善；发挥比较优势，建立出口导向增长模式；在市场经济的框架内建立社会保障体系；威权政府为经济-社会转型开辟了道路，经济-社会转型又反过来促进了政治民主化。智利转型的经验在于审时度势、顺应时代潮流；起用专家治国、灵活调整政策；在稳定和增长的前提下兼顾公平，追求和谐发展；社会保障体系的建立成为转型成功的关键。《巴西经济发展的阶段性特点》简要概括了巴西经济发展的历程。《墨西哥政府的深化改革难题》讨论了墨西哥佩尼亚·涅托总统（2012—2018 年）就职之后推出的深化改革的计划及其遇到的种种阻力，墨西哥的经验为中国改革提供了镜鉴。

第五，《拉美与北欧国家经济发展模式的比较》和《对东亚与拉美经济发展成败原因的分析与比较》将拉美分别与北欧国家和东亚国家进行了比较分析。前者提出，19 世纪末，北欧和拉美同属不发达地区，具有很多共同特点。而到 20 世纪末，北欧国家已跨入世界最富裕国家行列，而拉美则为普遍贫困和经济危机所困扰。为何两个地区能形成如此巨大的反差？比较分析表明，

---

① 韩琦：《拉丁美洲经济制度史论》，中国社会科学出版社 1996 年版。

拉美发展落后于北欧，同其人口增长率过高、贸易出口额在 GDP 中所占比重较小、土地改革迟缓、教育结构不合理、未能有效地利用当地资源发展工业、不适当的贸易和工业政策、未能有效地引进外国技术和资金以及政治体制的不成熟等诸多因素有关。20 世纪 80 年代拉美经历的严重危机不仅是债务危机，而且也是其传统的发展模式的危机。后一篇文章提出，第二次世界大战结束之后，拉美和东亚同是"发展中"地区。进入 20 世纪 90 年代后，东亚实现经济腾飞，令世人刮目相看，而拉美却被甩在后面。为什么会出现如此差距？鉴于二者所处国际环境差别不大，作者着重对内部因素进行了比较分析。结果表明，从文化背景看，东亚比拉美更能适应资本主义发展；从发展模式看，东亚比拉美更为外向化；从政府干预看，东亚比拉美更为灵活适度；从收入分配看，东亚比拉美更为公平化；从政治上看，东亚比拉美更具稳定性。经济发展是多个变量合力作用的结果，通过上述比较，不难看出东亚成功的原因所在。这篇文章同时说明，拉美经济相对落后的原因不能就经济论经济，应该从更加宏观的视角进行综合分析。

第三编的七篇文章是本人学习当代拉美经济史学者著作的读书心得。这些学者的著作包括董国辉的《劳尔·普雷维什经济发展思想研究》，苏振兴主编的《拉丁美洲的经济发展》，江时学的《拉美发展模式研究》，江时学主编的《拉美国家的经济改革》，郝名玮、冯秀文、金计初的《外国资本与拉丁美洲国家的发展》，徐世澄的《墨西哥政治经济改革及模式转换》，秘鲁学者埃尔南多·德索托的《另一条道路》。这些著作都是关于拉美经济发展的优秀出版物，除了最后一篇是国外经济史名著之外，其他都算得上国内拉美经济史研究的标志性成果。本人一方面概括了上述著作的主要内容，另一方面谈了自己所受到的启发，作为对上述著作的导读，有助于读者对这些著作和对拉美经济史做更深入的了解。

拉美独立之后，经济发展先后经历了初级产品出口模式、进口替代工业化模式、新型出口导向模式的转换，经济发展理论也经历了古典自由主义、结构主义（依附理论）、新自由主义、新结构主义的更替。拉美经济发展的道路曲折，有成有败，本书只是对这一历程的初步探索。

韩　琦

2023 年 6 月 28 日于南开大学

目　录

第一编　拉丁美洲的经济思想与理论

拉丁美洲的封建主义辨析 ………………………………………… 3
拉丁美洲的自由主义及其影响（19 世纪）……………………… 26
拉丁美洲的结构主义理论 ………………………………………… 46
拉丁美洲的依附理论——跨国公司的视角 …………………… 98
拉丁美洲的新自由主义 …………………………………………… 115
拉丁美洲的新结构主义 …………………………………………… 128
塞尔索·富尔塔多及其经济发展思想 ………………………… 158

第二编　拉丁美洲经济史

拉丁美洲殖民地时期的海盗和走私 ………………………… 169
独立后至 20 世纪初拉丁美洲的大地产制 ………………… 181
19 世纪拉丁美洲的自由派改革和土地结构的变动 ………… 193
独立后至 20 世纪初阿根廷、乌拉圭和巴西土地结构的变动 … 204
1870—1930 年拉丁美洲的经济增长 ………………………… 218
拉丁美洲的早期工业化 …………………………………………… 225
20 世纪拉丁美洲经济发展的特点 …………………………… 248
秘鲁殖民地时期的经济制度 …………………………………… 264
智利大庄园制度的起源 …………………………………………… 276
智利硝石业的发展与早期现代化 …………………………… 289
智利经济社会转型的特点和经验 …………………………… 305
巴西经济发展的阶段性特点 …………………………………… 319

墨西哥政府的深化改革难题 ………………………………………… 331

拉美与北欧国家经济发展模式的比较 ……………………………… 344

对东亚与拉美经济发展成败原因的分析与比较 …………………… 350

第三编 书评

拉丁美洲经济发展理论最杰出的先驱者

    ——读董国辉著《劳尔·普雷维什经济发展思想研究》 …………… 361

解读拉丁美洲经济发展的历程

    ——读苏振兴主编《拉丁美洲的经济发展》 …………………… 367

一本研究拉丁美洲经济发展问题的力作

    ——读江时学著《拉美发展模式研究》 ……………………… 374

他山之石，可以攻玉

    ——读江时学主编《拉美国家的经济改革》 ………………… 380

一本研究拉美国家利用外资的力作

    ——读郝名玮等著《外国资本与拉丁美洲国家的发展》 ………… 386

秘鲁非正规经济和经济不发达的根源

    ——读埃尔南多·德索托著《另一条道路》 ………………… 395

拉丁美洲新自由主义改革的一个案例剖析

    ——读徐世澄著《墨西哥政治经济改革及模式转换》 ………… 401

后　记 …………………………………………………………………… 407

第一编　拉丁美洲的经济思想与理论

拉丁美洲的封建主义辨析

殖民地时期拉丁美洲社会究竟是封建主义的还是资本主义的？这是国内外史学界颇有争议的问题。一种是传统的观点，认为拉美是封建主义的，这种封建主义是欧洲封建主义的移植：西班牙国王利用类似采邑制的委托监护制将被征服地区的土地和土地上的印第安人分配给殖民者，由此兴起了大庄园制，自给自足的大庄园盛行债役农制，是封建主义的基础。另一种是 A. G.弗兰克的观点，他强调自欧洲征服起，拉美地区的经济就深深地卷入了资本主义世界市场，拉美社会早在 16 世纪就已成为资本主义的了。拉美地区从未经历过封建的或前资本主义的阶段。[①]近年来有些国内学者也强调拉美早期资本主义的发展水平。[②]究竟应该怎样评价拉美早期资本主义的发展程度？笔者认为上述两种观点都有些走向极端。第一种观点过于简单化，近 30 年来国外的一些新的研究成果否定了委托监护制是土地制度的说法，大庄园经济不纯是自给自足的，而是市场导向的，大庄园里的劳动力也有雇佣劳动的成分等等，充分展现了殖民地时期拉美社会形态的复杂性。[③]而第二种观点固然注意到了资本主义的世界性联系，但却忽视了由这种观点引起的殖民地经济与现代经济的巨大的不连续性，给研究 19 世纪和 20 世纪上半期拉美资本主义过渡的学者带来了困惑。既然殖民地时期的拉美已经是"资本主义性质"的了，那还需要什么后来的资本主义过渡？还需要什么现代化？因此，笔者认为为了正确估价殖民地时期拉美的资本主义，有必要首先正确认识拉美的封建主义。

---

① Andre G. Frank, *Capitalism and Underdevelopment in Latin America: Historical Studies of Chile and Brazil*, New York: Monthly Review, 1969, pp. XII-XIII, pp. 238-240.

② 郝名玮：《西班牙、葡萄牙美洲殖民地资本主义的产生、发展及其特征》，载《史学理论研究》1994年第 1 期；金计初：《拉美早期资本主义的探索》，载《世界历史》1996 年第 1 期。

③ 韩琦：《国外对殖民时期拉美大庄园制的研究》，载《世界史研究动态》1988 年第 12 期。

封建主义有狭义和广义之分。狭义的封建主义指公元 9 世纪定型的西欧的封建领主制，国王作为最大的封建主以军事服役为条件，将土地按封建等级制层层向下分封，从而形成封建主和附庸的隶属关系。领地是世袭的，是连同居住在土地上的农民一起封赐的，农民成为不能离开土地的农奴或依附农民。领主是土地的法律上的所有者，同时在某种程度上又是农奴的法律上的所有者。领主一般是有世袭爵位的贵族，在自己领地内享有军事、司法、行政等权利，并拥有征收赋税和征发徭役的权利。

斯塔夫里亚诺斯在《全球分裂》一书中写道：这是一种多元体制，即"政治领域里的封建制，经济领域里的采邑制和政教关系上的教皇制。封建制意味着由敌对的封建国王和封建领主构成的聚合体取代了以往的皇帝的权威，教皇统治意味着独立的教会取代了皇帝支配一切的地位。于是，国王与贵族的斗争以及国王与教皇的斗争便成为中世纪欧洲历史的特点。最后，采邑制意味着自治的地方经济单位的出现取代了以前的奴隶制种植园和一体化的帝国经济"[①]。

广义的封建主义指封建制生产方式，即封建地主占有基本生产资料土地和不完全占有直接生产者农民（或农奴），地主通过地租形式占有农民（或农奴）的剩余劳动。另外的标志是代表地主阶级利益的君主专制统治制度以及维护和加强封建剥削的神权政治（天主教会）。

下面我们根据上述定义来考察一下拉美殖民地时期的封建主义。

一、拉丁美洲的封建领主制

拉美有没有封建领主制的因素？有，但是不是欧洲样板的简单移植？恐怕不是。史学界曾一度认为委托监护制是授予土地的制度，国内有些学者甚至将其译为大授地制，但这一观点近年来已经被否定。

在西属拉美，从理论上讲，新大陆的土地归西班牙王室所有。土地所有制的主要来源是"赏赐的土地"（mercedes de tierra），这是论功行赏封赐给征服者和殖民者的，分配土地的原则与西班牙从阿拉伯人手中收复失地时对有

---

① ［美］斯塔夫里亚诺斯：《全球分裂：第三世界的历史进程》上册，迟越译，商务印书馆 1993 年版，第 24 页。

功人员论功行赏的原则是一样的，这从土地面积的单位名称就可得到清楚的反映：功劳小的被分给一块"步兵份地"（peonias de tierra，约一百英亩以上），功劳大的被分给一块"骑兵份地"（caballerias de tierra，约为步兵份地的 5 倍）。据莱斯利·辛普森估计，1540—1620 年间，新西班牙总督辖区授予的骑兵份地为 12742 块。这些土地虽为私人财产，但仅是土地使用权，而非罗马法所含有的那种土地绝对所有权。[①]

西属拉美的赏赐土地是随着西班牙人市镇的建立而进行的，赏赐土地的权力是由市政会行使的，而在西班牙则是由国王决定的。按理说这些由市政会赏赐的土地应当得到西班牙的西印度事务委员会的批准（依照西班牙法律，只有国王有处置土地的权力，市政会仅是分配土地的代理人），但实际上没有履行批准手续。结果在土地分配给有功劳的征服者和殖民者以后，没有战功的一般的西班牙市镇的市民也都得到了一块份地。市政会的成员和他们的亲戚、朋友分到了更多的土地。西班牙人正是以份地为基地，后来通过多种手段获取到大量的土地，建立起了大地产。

对西属美洲殖民地经济发展影响最大的制度也许是委托监护制。该制度的原型是西班牙国王为奖励在抗击摩尔人的"收复失地运动"中的有功之臣而实行的一种分配被征服土地和土地上的摩尔人的制度，类似于西欧的采邑制。但这一制度移植到美洲后，为了适应当地的情况而被加以修改。在中部墨西哥和安第斯地区（原阿兹特克和印加帝国），有大量定居的土著农业人口，征服前就存在小区、村社、市镇、帝国的四级行政区划，有贵族、平民、依附民（仆役）、奴隶的等级差别，国王集军政、司法和宗教大权于一身，并有一套完整的纳税制度和轮流抽调劳动力的制度。鉴于这种情况，委托监护制就被修改为：国王将某一地区一定数量的印第安人"委托"给有功的殖民者（发现者、征服者、平息叛乱者、殖民开拓者），由他"监护"，受委托者被称为"监护主"，享有向印第安人征收贡税和征其从事各种劳动的权利；同时，他负有保护印第安人并使之皈依天主教的义务；并依所监护的印第安人的数量向国王缴纳一定比例的税。但是，监护权本身不含有土地所有权、司法权，印第安人名义上仍是国王的自由臣民，土著村社拥有自己的土地，村社内部事务仍由卡西克（酋长）管理。监护主实行一种对印第安人的间接殖民统治。

---

① ［英］莱斯利·贝瑟尔主编：《剑桥拉丁美洲史》第二卷，李道揆等译，经济管理出版社 1997 年版，第 164-165 页。

监护权不能世袭，监护主死后须将监护权归还国王。从经济角度看，这仅是一种分配印第安人的制度，确切地说是授予监护主向印第安人征税和征用劳役的制度。①

因此，从严格的法律意义上讲，委托监护制不是封建领主制，但在实践中它一度成为变形的封建领主制。第一，监护主最初不需履行军事义务，但科尔特斯征服墨西哥后对监护主增加了保卫城市和监护区的义务，包括战时提供马匹、武器和军队。如监护主阿尔瓦拉多曾率领墨西哥索奇米尔科监护区内的数千印第安人参加对危地马拉和洪都拉斯的远征。智利的监护主因同阿劳坎人进行长期的边疆战争，其军事义务持续了很长时间。第二，最初的监护权是不能世袭的，但科尔特斯将它改为可以世袭。监护主们为争取监护权的世袭权而进行了不懈的斗争，1536 年王室被迫颁布了《继承法》，正式批准监护权可传至第二代，1607 年批准新西班牙总督辖区的监护权可延长至第四代，1629 年批准秘鲁总督辖区的监护权延长至第三代。第三，由于欧洲传统的庇护制和防御概念的影响，监护制又保留了监护主对印第安人进行宗教教化的义务和为保卫城市和殖民地而提供马匹、军队的义务，并且早期的监护主的确实施了对印第安人的统治权，因此，监护主在心理上仍感到自己就是欧洲式的领主，他们倾向于把受其监护的土著村庄看作一个采邑，经常非法地对它们行使管辖权，并出卖和转让其监护证书。第四，虽说监护权不包括土地所有权，但监护主在分得监护权的同时，也通过市政会的"赏赐土地"得到了一部分土地权。法律规定分配给监护主的土地不能与划归他监护的土著居民在同一个地区，以免在印第安人土地上出现领主。但法律是一回事，实际是另一回事。监护主经常利用自己作为印第安人监护人的地位而谋取私利，如贡戈拉的研究表明，智利的监护主援引官方赐给他们的地位作为获取他们监护区内"赏赐土地"的理由，并且阻止其他人在这一地区内拥有同样的权利。②结果，监护制下的印第安劳动力再加上"赏赐的土地"，便形成了一块"领地"。由于监护主有权征用劳役和征收贡税，所以他更有条件积累资本，投资于土地，引进各种欧洲动植物、农业工具和技术，发展大庄园、

---

① Robert S. Chamberlain, "Castilian Backgrounds of the Repartimiento-Encomienda," *American Anthropology and History*, No. 25(1939), pp. 23-53. 韩琦：《西属拉美历史上的委托监护制》，载《史学月刊》1991 年第 4 期。

② Jean Borde, and Mario Góngora, *Evolución de la Propiedad Rural en el Valle del Puangue*, Santiago: Editorial Universitaria, 1956, p. 29, p. 43.

牧场或种植园，而一般的西班牙殖民者尽管得到了赏赐土地，但没有劳动力就很难发展。所以，在殖民初期，美洲流行着这样一句话："告诉我你有多少印第安人，我就能说出你是一个什么样的人。"

委托监护制不再包含授予土地的内容，是西班牙国王出于对监护主权力膨胀的担心，和为了防止"收复失地运动"后期封建割据的历史在美洲重演而做的修改。但殖民者是带着欧洲领主制的观念来到新大陆的，监护主们的目的不仅是控制印第安人，而且要使自己变成永久贵族，控制整个殖民地。国王清醒地看到了这种对王权统治的潜在威胁，因此，他于1542年颁布了旨在废除委托监护制的《新法律》，结果遭到了监护主和宗教团体的强烈反对，国王不得不作出一定的让步，待局势稍微缓和后，又于1549年宣布取消监护制下的印第安人劳役，禁止以劳役代替贡税。1554年后又加强了官方对贡税的估价工作，将以前以村社为单位集体纳税改为缴人头税，贡税项目由原来的实物改为货币和实物两大类，并对贡税额作了明确规定，从而限制了监护主滥收贡税。后来，印第安人口的急剧下降大大减少了监护主的收税额，而印第安人地方长官辖区制的建立又进一步剥夺了监护主的管辖权，这样，尽管监护权是可以世袭的，但它在16世纪中期以后只是一种单纯的恩俸形式了，1720年国王下令正式废除委托监护制，此时它在拉美大陆中心地区已名存实亡。

尽管王室竭力阻止在美洲形成有势力的封建主，但有一例外，即墨西哥瓦哈卡谷地的侯爵领地的建立。根据国王1529年7月6日的敕令，征服者首领科尔特斯被授予谷地侯爵的头衔，同时还永久性地封给他23000个印第安人连同有关的土地、村镇。敕令规定：科尔特斯应享有土地和属民、森林和牧场及所有江河湖泽，全部民事和刑事的管辖权。但是，国王保留了对征服者的司法权，即在法律上涉及侯爵和地方长官的案件，当事人可向西印度理事院上诉。①

与封建领主制相关的是贵族称号。在哈布斯堡王朝时期，国王尽一切可能避免向殖民者授予贵族称号，早期殖民者中仅科尔特斯和皮萨罗取得了侯爵称号，后来阿兹特克国王蒙特苏马的后裔因放弃"墨西哥帝国"的权利而获得伯爵称号，秘鲁印加国王的后裔也以同样的办法获得了伯爵称号。1700年以后，波旁王朝将卖官鬻爵当作系统的政策加以推行，不少有钱的大庄园

---

① Lesley B.Simpson, *The Encomienda in New Spain: The Beginning of Spanish Mexico*, Berkeley: University of California Press, 1950, p. 164.

主、矿主、商人和官吏买到了贵族称号，但国王从未授予公爵的称号（即贵族等级中最高的称号），而且贵族享有的特权很少，其流于形式，仅限于一些礼仪场合的出席权利。

长子继承制是另一种封建象征，通过这种制度，一个家庭的城乡财产可以成为不可分割的，并由长子继承代代相传。美洲的第一例长子继承权是1498年哥伦布经国王特许为其长子制定的，其中包括从其舰队司令、总督和地方长官职务中产生的权利、什一税和年金。但后来因对君主不敬罪而被国王剥夺。新西班牙的第一例长子继承权是1535年科尔特斯为其长子建立的。到殖民地末期，约有1000多个长子继承权得以确立。[1]但这些长子继承权大多都是18世纪有钱人通过购买贵族头衔和土地而建立起来的。在秘鲁总督辖区长子继承地产的事例较少，因买卖而改变土地所有权的现象更多见。[2]

因此，总的来说，在西属拉美不存在严格意义上的封建主义。在葡属巴西，是否存在严格意义上的封建主义呢？

葡萄牙开拓巴西之初实行的是"分封制度"。大约在1534—1536年间，巴西沿海地区的土地被授予12个享有特权的将军（captain），他们接受了15个将军辖区（captaincy，其中有三个将军各得到两个辖区）。各辖区作为世袭领地分封给将军。这样一来，辖区也就成了独特的向王室纳贡的封建采邑。将军的权利几乎是无限的，包括：将本管区的20%的土地攫为己有（其余土地根据一定条件分给移民）；设立法庭和组建自己的行政机构；强迫印第安人充当奴隶并把他们运到里斯本出卖；兴建城市并给予这些城市以市政自治权；征税；签发各种企业（磨房、油房、糖房）的营业执照；签发与印第安人通商的许可证；宣判死刑。将军的义务是：提供资金，组织开拓和管理辖区；承认王室对巴西木和香料采集的垄断权；向王室交纳矿产品的伍一税；向教会缴纳什一税等。但王室对贵族身份的法律并非完全没有修改，王室保留了任命收税官和向辖区居民颁布法令的权利。实际上王室给予将军的仅是征服和拓殖的权利，土地的所有权仍归王室。[3]

跟随将军前来的一般移民被授予称为"塞斯马里亚"（sesmarias）的份地，得到份地者必须信仰基督教，交纳什一税；耕种份地，将收成的1/10交给王

---

① ［英］莱斯利·贝瑟尔主编：《剑桥拉丁美洲史》第二卷，李道揆等译，第188页。

② ［英］莱斯利·贝瑟尔主编：《剑桥拉丁美洲史》第二卷，李道揆等译，第195、201页。

③ 苏联科学院历史研究所编著：《巴西史纲》上册，辽宁大学外语系翻译组译，辽宁人民出版社1975年版，第19-20页。

室；战时有义务带领家中男人和奴隶听候封建主调遣。另外，得到份地者在其他方面享有与宗主国臣民同等的权利。

但事实很快就证明了分封制度的破产。移民中大多数人是破了产的葡萄牙小贵族，他们到殖民地并不是为了从事劳动，而是想发财致富。结果出现了有地无人种的局面。辖区建立了 20 年，移民的人数还不足 3000 人。[1]仅有 10 个辖区有居民，其中 3 个完全失败了，5 个曾一度获得有限的成功，但很快走了下坡路，只有两个可称作是真正的成功（伯南布哥和巴伊亚）。1548年葡王改变了初衷，在巴西设立了总督，由王室政府管辖整个殖民地。一些辖区被王室收回接管，领主的人数减少了，他们的特权也被逐步缩小，到 17世纪，他们的权利只限于财政领域，而到 18 世纪中期葡萄牙首相庞巴尔改革时，他剥夺了最后几个封建领主的世袭爵位，没收其封地交贸易垄断公司开发，分封制度的残余便完全消失了。

因此，如果说葡属巴西曾存在过严格意义上的封建主义的话，那么由于巴西有地无人的实际情况，这种封建主义也是短命的。

由上可见，拉美的封建主义不是欧洲样板的简单移植，领主制在拉美发生了变形，并且没有维持多久。

二、拉丁美洲的封建生产方式

如果说拉美没有严格意义上的领主制或领主制是短命的话，那么封建主义的生产方式则的确是广泛并长期存在的。拉美的封建主义生产方式是怎样产生的呢？我们可以从大地产的形成和地主与农民之间封建生产关系的形成两个方面来考察。

在西属拉美，特别是在大陆中心地区，由于有大量定居印第安人口的存在，殖民者的土地扩张在殖民初期受到了一定的限制。因为在理论上，西班牙政府尊重土著的土地所有权，试图把西班牙人拥有的土地限制于不会损害土著利益的空地上。因此，西班牙人所得到的"赏赐土地"都是所谓"合法空地"，即原来用于供养土著国王及政府官员和神职人员的"王田"和"神田"，当土著国王的统治被推翻后，这些土地就被宣布为西班牙国王所有，被新市

---

[1] 苏联科学院历史研究所编著：《巴西史纲》上册，辽宁大学外语系翻译组译，第 22 页。

镇接管。但印第安人村社的集体土地所有制仍得以保留。

从 16 世纪中期开始,随着墨西哥北方银矿和秘鲁波托西银矿的发现与开采、西班牙移民的增加和新市镇的建立,引起了人们对欧洲农产品和畜产品的需求,刺激了殖民者经营农牧业和扩张土地的欲望；同时,由于欧洲瘟疫的传播和殖民者的虐待,土著人口触目惊心地减少,[①]腾出了大片的荒芜土地。于是,就开始了大庄园的形成过程。

如前所述,委托监护制本身不是大庄园的起源,而是"赏赐土地"和委托监护制的结合形成了最早的大地产。但"赏赐土地"不是大地产的唯一起源,并且大地产的形成是一个复杂的长期的过程。简单地说,包括三个环节：一是通过接受"赏赐土地""牧场赐予",或通过"先遣官制",[②]西班牙人拥有了私有的份地和牧场；二是 16 世纪后期官方通过建立"归化村"、重新安置印第安人,腾出了大片的荒芜土地；三是西班牙人通过廉价购买、交换(用次地换好地)、侵占(相邻的印第安人的土地)、与印第安人通婚和其他种种欺骗手段非法得到大片土地,然后通过 1591 年开始的王室"土地审定",在付出一定费用购得土地证后,成为土地合法的所有人。王室的"土地审定"一直持续到 18 世纪。另外,教会通过接受宗教捐赠、遗赠、弥撒活动费、抵押贷款、购买和诱骗等方式也获得了大片的土地,建立起了大地产。[③](一般来说,原来印第安人口稠密地区,大地产的建立过程比较长而且复杂一些,而在边疆地区则比较快且简单化一些。)

与大地产制并存的还有另外两种土地所有制,即村社土地和小地产。村社土地源自被征服前印第安人的公社制度,土地为集体所有,其中一部分划为份地,供各家维持生计；一部分为公地,集体耕种,收成归村社；再有一部分为公共林场、草场。在建立归化村后,村社土地面积大大缩小。小地产(新西班牙叫朗楚 rancho)是指所有者本人在他的直系亲属帮助下经营的地产,它源于骑兵份地的赐予,但因无力投资仅保持了原来的规模,或久而久之反而被分割得更小了。

---

① 据统计,征服前新西班牙有 2500 万人,1580 年降至 190 万,整个 16 世纪减少了 90%以上；而秘鲁的人口则从 1530 年的 1000 万降至 1590 年的 150 万；1625 年又降至 70 万。见 [英] 莱斯利·贝瑟尔主编：《剑桥拉丁美洲史》第一卷,林无畏等译,经济管理出版社 1995 年版,第 205-206 页。

② adelantado,即国王与探险队首领订立协议,授权其建立市镇和分配土地,以及另外一些特权,条件是他自费殖民,并有效地占领 4—8 年,见 [英] 莱斯利·贝瑟尔主编：《剑桥拉丁美洲史》第二卷,李道揆等译,第 80 页。

③ 韩琦：《墨西哥大庄园制的形成及其经济结构》,载《历史研究》1990 年第 5 期,第 167 页。

到 18 世纪末，在三种并存的土地所有制中大地产制已占支配地位。

大地产主是如何获得劳动力的？而这些劳动力的性质又是怎样的呢？

最初，在西班牙人地产上的劳动力有两类：一是长期居住劳力，其下层来源于被征服前依附于土著贵族的仆役（阿兹特克叫仆役，印加叫农奴）和黑奴，其上层则是地产主收留的大批亲戚、同乡、朋客，主要充当管家、神父、监工、会计、收税人、工匠、牛仔、牧羊人等；二是短期从事非熟练劳动的劳力，这部分劳力在大庄园形成期间是先后由委托监护制和劳役摊派制提供的。

如前所述，委托监护制实际上是一种只有监护主才能享受的无偿征用劳役的制度。受监护的印第安人居住在自己的村社，靠村社生产出来的东西为生，同时还要向监护主交纳剩余产品和提供各种季节性劳役，原因是监护主享有监护权，这其实是一种变形的人身依附关系。

为了避免监护制对印第安人的滥用，保护国王的贡税来源，也为了打破监护主对印第安劳力的垄断，西班牙当局 1549 年取消了监护制中人身劳役的内容。1550 年国王命令新西班牙总督建立劳役摊派制，规定每个土著村社必须定期抽调 2%—4%（除草和收获季节提供 10%）的强壮劳力轮流到西班牙人的农田、矿山和公共工程上劳动，每个劳力平均每年服役 3 至 4 周，每 4 个月一轮换。这些劳力由殖民当局根据殖民者的申请和当地需求进行总的分派，雇主必须按日付给劳动者工资。1575—1610 年，这种日工资从半个雷阿尔增至 1.5 个雷阿尔，同时规定土著不得再以多种多样的实物缴纳人头税，而必须以货币或实物（小麦、玉米）缴纳，迫使他们为挣工资而服役。秘鲁在 1554 年镇压了监护主的叛乱后也引入了这一制度。[①]

与监护制相比，劳役摊派制不再是一种无偿的、构成半封建特权的私人劳役，而是一种略有报酬的、官方确认的有利于本地公众利益的强制性的公共或私人劳役，它把使用土著劳役的范围由少数监护主扩大至所有西班牙人。在委托监护制下，印第安人在同样的地域使用同样的生产方法生产自己生存的必需品和监护主强行索取的剩余产品，而劳役摊派制则意味着生产生存必需品的劳动是在其村庄进行的，而大部分剩余劳动则必须在不同的生产条件下在其他地方（大庄园、种植园、牧场、矿山、作坊）进行。

关于这一制度的按日付工资问题不宜估计过高。一方面我们注意到它引进了工资机制，具有了雇佣劳动的性质。但另一方面也应看到，这种雇佣劳

---

① 韩琦：《拉美历史上的劳役分派制》，载《烟台师范学院学报》（哲学社会科学版）1989 年第 4 期。

动的性质与现代农业工人相去甚远。一者它不是自愿的，而是强制性的；二者雇工所得的工资非常微薄，仅够缴纳人头税；三者雇工没有与生产资料相脱离，并不是真正的自由劳动力。马克思曾讲道："资本主义的生产方式和积累方式，从而资本主义的私有制，是以那种以自己的劳动为基础的私有制的消灭为前提的，也就是说，是以劳动者的被剥夺为前提的。"①

劳役摊派制在秘鲁被称为"米达制"。不少学者引用秘鲁矿业中的米达制来说明殖民地的资本主义发展程度。1574 年秘鲁总督托莱多经国王批准正式在采矿业中实施米达制。法令规定，每年每个印第安人村社必须抽调 1/7 的成年男性（18—50 岁）到附近矿区服役，期限为 4 个月，按周付给工资。期满后由另一批人代替，他们则可返乡。由于每劳动一个星期要休息两个星期，实际要在矿上待 12 个月。如 1758 年抽调的役夫约有 14248 人，到达波托西后被分为三部分，轮流工作，每周实际的"当班米达"为 4749 人。②其余未当班者其实并未休息，而是以明加（mingado）的身份继续劳动。明加是自由矿工，他们的工资比米达高。我认为，对矿业中的雇佣劳动也不宜评价过高。第一，米达制劳动条件的骇人听闻是众所周知的。米达制被比作"绞碎印第安人的机器"，波托西被称为"地狱之门"，这是一种印第安人极力躲避的强制性劳役，被一些学者称为"变形的普遍奴隶制"。第二，米达劳役的收入入不敷出。有资料表明，16 世纪末自由矿工（明加）的日工资为 12 个雷阿尔，每月能挣 30 比索（每个比索为 8 个雷阿尔）。但他每月的食物花销就是 28.5 比索，如果他是家庭的户主的话，包括人头税的其他义务将使他的全部支出达到 60 比索。因此，他的工资仅是其基本生活需求的一半（弥补这一赤字的方法之一是携带妻儿与他一起劳动。另一个方法是去挣分成费，即在星期日，当西班牙人的矿业开采停止后，任何想做工的印第安人都可以到矿井采矿石，然后与矿主分成）。而米达役夫的工资被固定在每日 4 个雷阿尔，仅是自由矿工工资的 1/3，但他只需要在 3 个星期中按这一价格劳动一个星期，其他的两个星期他可按自由矿工的价格劳动，于是，依据在一个月中强制劳动的轮班次数，他的月收入将为 20 或 25 个比索，米达役夫的工资所得不足以果腹，只好向矿主借债，而债务要用延长工期来偿还，有些矿工旧债未清又欠新债，循环不已，永

---

① ［德］马克思：《资本论》第一卷，中共中央马克思恩格斯列宁斯大林著作编译局译，人民出版社 1975 年版，第 843 页。

② John H. Rowe, "The Incas Under Spanish Colonial Institutions," *The Hispanic American Historical Review*, Vol. 37, No. 2(1957), p. 172.

无回家之日。有的学者称其为"债务奴隶"①。第三，所谓自由矿工，明加并非真正的自由，他是由米达役夫转化而来的，实际上是米达役夫的一身兼二任。没有米达役夫，就没有明加。第四，所谓"工资"仅仅是象征性的报酬，并非按劳付酬，而且这些工资都以人头税的形式又流回到殖民者的腰包。

另外，米达役夫也被分派到各总督辖区从事制造业的作坊或工场劳动。在秘鲁，1680 年仅基多就有 3 万多人在各纺织工场劳动。每个作坊被派给100—400 的米达役夫不等。按照 1664 年的作坊法令，为作坊提供的米达役夫被要求从不超过两里格范围内的村社中抽调，役夫被付给的旅费为每里格0.5 个雷阿尔，每 6 个月更换一次。在工作的年份，役夫必须被允许休息 40天以照料他们的庄稼。合法的工作日是从上午的 7 点到下午的 5 或 6 点。其中，早饭有半个小时休息时间，午饭有两个小时的休息时间。织布工和织毛工一年被付给 47 比索又 2 个雷阿尔，其他的成年工人得到 40 比索又 4 个雷阿尔，男孩被付给 24 比索又 2 个雷阿尔。②

但作坊法令却遭到大量的滥用。作坊主给工人规定过多的劳动定额，并惩罚那些没有完成定额的人，命令他们加班加点，每天工作的时间长得惊人。作坊主还随意克扣工资或以实物代替现金支付，工人入不敷出，向工场主告贷，经常陷入永无清偿的债务之中。为防止工人四处闲逛，工场的车间通常是锁着的。作坊通常拥有非法刑具和监狱，监工可任意对工人挥舞皮鞭。作坊主雇用由梅斯提索人、黑人或穆拉托人充当专业恶棍，追踪逃跑的劳工或通过恐吓他们的妻儿迫使他们回来。也许可以引用两件事来说明西班牙人和土著是如何看待作坊劳工的。一件是涉嫌预谋 1737 年印加人起义的 89 个人被判罪，他们的惩罚是被送到作坊劳动。另一件是 1623 年琴恰伊科恰的印第安人提出，如果他们被免除到作坊服役，他们宁愿去可怕的万卡维利卡。③在新西班牙的普埃布拉，17 世纪的纺织作坊使用包括黑奴、判刑的罪犯和以劳役抵债的学徒在内的各类劳动力。纺织工场已经发展成剥削劳工的血汗工场。④

米达制是殖民者盗用了印加时代的米达制轮换劳动的形式，是前资本主

① John H. Rowe, "The Incas Under Spanish Colonial Institutions," *The Hispanic American Historical Review*, Vol. 37, No. 2(1957), p. 173.

② John H. Rowe, "The Incas Under Spanish Colonial Institutions," *The Hispanic American Historical Review*, Vol. 37, No. 2(1957), p. 178.

③ John H. Rowe, "The Incas Under Spanish Colonial Institutions," *The Hispanic American Historical Review*, Vol. 37, No. 2(1957), p. 179.

④ ［英］莱斯利·贝瑟尔主编：《剑桥拉丁美洲史》第一卷，林无畏等译，第 416、409 页。

义生产方式的复活，虽然注入了"工资"机制，但工资仅够缴纳人头税，米达役夫一无所获，等于殖民者无偿使用了印第安人劳动力。米达制将劳动条件、生产率和报酬确定在强制性模式中，这种模式通过少支付报酬以及让村社分担米达役夫的部分费用的方式，创造了低廉的生产成本，最大限度地剥削了印第安人，扩大了矿主和商人的利润，并促进了矿山和作坊的繁荣。

农业中的劳役摊派制实行的时间并不长，很快就被债役农制取而代之。由于16世纪后半期瘟疫的继续流行和土著人口的急剧减少，墨西哥韦韦多卡排涝工程和波托西银矿对土著劳力的大量抽调，致使农业中的劳役摊派制几乎停止。在这种背景下，大地产主纷纷诉诸私人雇佣的方式解决劳力问题。他们越来越转向依赖长期居住劳力，有些雇主甚至不愿让履行摊派劳役的印第安人返回村庄。公共工程中的劳动条件极为恶劣，秘鲁波托西的米达制更是骇人听闻。许多印第安人宁可背井离乡到外省的大庄园，也不愿意再回家，在那里他们可以作为"外来人"被免除米达制劳役和人头税。于是，许多大庄园收留了这些"外来人"，并同他们签订劳动合同，向他们预付工资、衣物、住宅、小块土地，印第安人不断地从庄园主那里得到预付报酬，一时难以还清，于是由合同雇农变为定居在庄园里的债役农。1632年国王正式下令废除农业中的劳役摊派制。从那时起，大庄园不再是简单的"耕地"或"牧场"，而变成了一个配套的生产单位，它从此是一个长期有人居住的领地区，有耕种地和休耕地、用于储藏收获物的粮仓、供庄园主及其管理人员居住的住宅、劳工住的棚屋、小手工作坊和工具棚。整个17世纪，西班牙人大庄园上可利用的临时劳力很少，债役农成了主要的劳动力形式。

18世纪情况有所转变，大庄园的劳力出现多样化。印第安人口的回升和大庄园对土地的兼并都加剧了印第安人村社土地的短缺；西班牙国王通过劳役摊派制控制劳动力的努力已经终止；大批无权要求村社土地的混血种人出现。这些趋势都增加了可利用的临时劳工。在有些地区，土地不足的村社构成了大庄园的临时劳动力的市场，农忙时为大庄园提供季节性帮工；有些村社的印第安人则到大庄园租种土地，成了大庄园的佃农或分成农。这样，到18世纪，在成熟的大庄园至少有债役农、佃农或分成农、按日付酬的自由雇工等几种形式的劳力；另外，在如秘鲁沿海、委内瑞拉等地的一些庄园中还保留了较多的黑人奴隶。①

---

① 韩琦：《论墨西哥的债役农制》，载《山东师大学报》（社会科学版）1989年第5期。

　　怎样看待大庄园的劳动力性质？大庄园主与庄园劳力之间的关系是否存在人身依附？首先，黑奴、佃农或分成农与庄园主之间的人身依附是显而易见的。其次，关于债役农性质的评价是有分歧的，传统观点认为庄园主通过使印第安人陷入不能偿还的债务而将其变为债务农奴，终身束缚在庄园从事劳动，甚至延至其后代，这是一种"奴隶制的隐蔽形式"。但新的研究成果表明，债役农的普遍性和残酷性既有时间差异，又有地域差异，是依据人口规模、国内外市场条件、大庄园的生产类型（谷物、畜牧、经济作物）、土地质量、土著村社的政治经济自治力、政府的干预程度等多种因素的变化而变化的。17世纪，债役农一度成为庄园劳力的支配形式，这时人口下降到最低点，劳动力缺乏，地主通过出租土地、预付现金和实物换取债役农的劳动，并庇护他们免遭劳役摊派，它比奴隶制、监护制、劳役摊派制相对人道一些。18世纪和19世纪初，在劳力稀缺的地方（如墨西哥的北方和南方），债务和奴役程度均较强，而在劳力充足的地方（如墨西哥中部），则有一种自愿的非强制性的债役农，债务被看作一种贷款的特权，欠债额也不高。在安第斯地区，债役农的通常形式是农民租种大庄园的小块土地，种植农作物，盖有简陋的小屋，养有鸡和猪，地租和水费有时用现金或土地上的产品支付，更多是用劳役支付。在地少人多的地区，庄园主可以索要较多的劳动天数。①新的研究成果呈现了债役农制的复杂性，强调了有些地区债役农的自由流动性，但这并不能完全否定债役农与雇主的人身依附关系，他们至少是一种租佃关系。另外，这种租佃关系的文化层面的东西，如大庄园中盛行的恩威并重的家长制统治、教父身份、干亲关系都被用来建立有约束力的关系。②协助庄园主束缚债役农的工资商店制（以实物支付工资的商店）也是普遍存在的。③债务本身是一种经济剥削，但当债役农陷于大庄园的复杂关系中后，他所受的就是一种超经济强制性的剥削了。最后，自由雇工分两种，一是由混血种人构成的管家、监工、税收和地租征收员、牛仔等上层自由雇工，二是由贫穷的村社印第安人组成的季节工。前者大多数与庄园主有债务关系，这种债务有时被看作他们享有的向庄园主贷款的特权。后者所得到的"工资"微薄，通常仅够缴纳人头税，而且他们大多数人得到的还不是现金，而是债券工资和实物工资，他们的基本生活来源是村社中的份地，因此，他们算不上真正

---

　　① [英]莱斯利·贝瑟尔主编：《剑桥拉丁美洲史》第二卷，李道揆等译，第232、408页。

　　② [英]莱斯利·贝瑟尔主编：《剑桥拉丁美洲史》第二卷，李道揆等译，第233页。

　　③ [英]莱斯利·贝瑟尔主编：《剑桥拉丁美洲史》第二卷，李道揆等译，第231、137页。

的自由雇工。到目前为止的研究表明，殖民地时期并不存在一个自由的劳动力市场，所谓的货币工资其实更多的是生存手段（信贷、食物配给、住房、土地使用权）。①上述分析可见，债役农不是大庄园中唯一的劳动力，也不能说是"奴隶制的隐蔽形式"；大庄园中存在着雇佣劳动形式。但是，大庄园中雇佣劳动显然不占主流，而占主流的劳动形式是亚封建的租佃关系和其他前资本主义的生产关系。

　　巴西是先以印第安人奴隶的劳动后以黑人奴隶的劳动为基础的种植园出口经济。巴西的大地产实际上起源于被叫作"塞斯马里亚"的份地，每个前往巴西的移民都可得到 1—3 里格（16.7—50.1 平方英里）的份地，而牧牛主被赐予的份地大至 200 平方里格。移民以份地为基地，有的发展成为大地产，有的则发展为被称为罗萨（roca）的小地产。但在巴西，最牢靠的财产不是土地，而是奴隶。路易斯·瓦亚·蒙特罗总督于 1729 年写道，"一个人的财富是用他拥有的奴隶来衡量的……因为那里有充足的土地，但只是他有了奴隶才可以成为土地的主人"②。

　　关于巴西殖民地的劳工形式，在 16 世纪 30 年代转向甘蔗生产后的半个多世纪里，葡萄牙人认真地实验过 5 种劳工形式，其中 4 种以印第安劳工为主：通过实物交换获得的土著劳工；直接将印第安人变为奴隶；"农民化"，即居住在耶稣会教士控制的村庄里的印第安人可向村外地主提供劳役；工资劳工。1580 年后，种植园的劳工形式才明确转向黑奴制。大量使用黑奴的原因是：1562—1563 年发生的瘟疫造成土著大量死亡，1567 年印第安人大起义震撼了巴伊亚，由此引起的葡萄牙人内部以耶稣会和王室为一方反对种植园主滥用印第安人的政治冲突。这一当地条件的变化，再加上国际市场糖价上涨使投资购买黑奴成为可能，于是黑奴制就成为最佳选择。但从印第安奴隶向黑奴的转变进度迟缓，1585 年伯南布哥印第安奴隶与黑奴之比为 3：2，1591年巴伊亚二者之比为 3：1，直到 1638 年黑奴才占绝对优势。③除黑奴外，还有从属于种植园的甘蔗农场主，这种人自己没有糖坊，专向糖坊供应甘蔗，

①〔秘〕奥林达·塞莱斯蒂诺：《秘鲁的土地和人民：从 16 世纪到 20 世纪的昌凯河谷》，载《国际社会科学杂志》（中文版）1988 年第 4 期，第 71 页；〔英〕莱斯利·贝瑟尔主编：《剑桥拉丁美洲史》第二卷，李道揆等译，第 172-173 页。

②〔英〕莱斯利·贝瑟尔主编：《剑桥拉丁美洲史》第二卷，李道揆等译，第 437 页。

③ Steve J. Stern, "Feudalism, Capitalism, and the World-System in the Perspective of Latin America and the Caribbean," *The American Historical Review*, Vol. 93, No. 4(1988), p. 861. 〔英〕莱斯利·贝瑟尔主编：《剑桥拉丁美洲史》第二卷，李道揆等译，第 438 页。

他们有的拥有自己的土地，有的是糖坊的分成农或佃农，并有自己的奴隶。另外，还有干各种杂活的白人和有色自由民，这些人是被雇用的劳动力，但所占劳工比例很小。按日付酬的印第安人零工或月工所付工钱不是现钱而是以物折算。①从封建的土地关系中产生出奴隶制度是巴西的一个特点。

在巴西，"糖坊"一词不仅指榨糖磨坊，它是包括磨坊、供煮沸和净化蔗汁的附属建筑物、蔗田、牧场、住宅区、奴隶、牲畜和其他设备的经济综合体。每座糖坊既是工厂，又是农场。一方面，种植园主拥有生产资料和生产者本人——奴隶，并对奴隶有生杀予夺的权利，他是奴隶主；另一方面，他有着强烈的赢利目的，为欧洲市场而生产，他还必须拥有资本、技术、经营和管理经验，他又是资本家或企业家。因此，巴西的种植园奴隶制已经不完全等同于古典奴隶制，它是奴隶制度与资本主义的共生体。但仅就奴隶与奴隶主的关系而言，它仍是前资本主义的。

由上可见，在殖民地经济中，虽然出现了雇佣劳动形式，但不可过高估计，奴隶制、米达制、租佃制、债役农制构成了拉美大庄园、种植园、矿区、纺织作坊的主要劳工形式，这些劳工形式是前资本主义的，因为他们是建立在超经济强制的基础之上的，而不是以那些与生产资料分离的无产阶级化的、靠出卖劳动力为生的自由工人为基础的。

殖民地经济是不是"商品经济"？对商业流通和利润动机的考察是弗兰克判断拉美社会"资本主义性质"的重要依据。

一方面我们应该承认，那种认为大庄园是自给自足的经济单位的观点已经站不住脚了。大庄园的起源、大庄园的经营甚至大庄园的萧条都充满了商业目的和利润动机，连大庄园主兼并土地也是出于消除竞争者和获取印第安人劳力的经济目的。拉美殖民地经济的基石就是商业资本对生产的支配。这种支配表现在以下方面：一是墨西哥城、利马和波托西等少数城市中心、矿区、种植园、大庄园、作坊形成了殖民地的"发展极"，围绕这些"发展极"形成了一定范围的市场，并与欧洲宗主国和"中心"国家相联系，受欧洲商业资本的控制，种植园、矿区直接为世界市场生产，大庄园、作坊则通过城市和矿区间接为世界市场生产。二是国王给予殖民地商会的商人以贸易垄断权，使他们获得了最大的利润并控制了资本和信贷。例如，商人在他控制的市场上以垄断价格出售进口的制成品，然后廉价买回靠剥削劳工生产出来的

---

① ［英］莱斯利·贝瑟尔主编：《剑桥拉丁美洲史》第二卷，李道揆等译，第 450 页。

贵金属和原料，通过贵卖贱买商人获得最大的利润并控制了生产者。由于西班牙国王上调几乎所有殖民地的金币和银币，[①]殖民地铸币短缺，货币供应和信用贷款集中在了商人手中，这样，官员、大地产主、矿主都要依赖商人，官员需要现金购买官职，大地产主和矿主则要出口产品和获得信贷。从而使商人处于殖民地经济的主导地位。

　　另一方面我们也应看到，"殖民地经济"本身注定了"商品经济"的局限性，这种局限性表现在：第一，西、葡的重商主义政策限制了拉美的对外贸易和内部贸易。殖民政策规定，殖民地只限于同宗主国进行贸易，不能同任何外国往来；限制和禁止殖民地各地区之间进行贸易，殖民地各地区之间都设有关卡，进行贸易要交付各种捐税，而且规定贸易限额。例如，新西班牙和秘鲁两个总督辖区之间的贸易额，最初限定为每年20万杜卡特（ducat），到1604年两区之间的一切贸易都遭到禁止。第二，宗主国的重商主义政策限制了殖民地的产品类型。严格禁止生产一切同宗主国利益相冲突的农作物，如桑蚕、亚麻、橄榄油、葡萄酒等；严格限制殖民地的工业生产，如纺织业、冶铁业；只准发展能为宗主国牟取暴利的经济作物和金银开采。殖民地生产结构是为了适应境外市场的需要而建立的，而不是为了发展境内市场，因而拉美经济一开始就是依附性的、生产单一作物的和面向出口的"外向型"的。第三，殖民地经济至少在占人口90%左右的范围内是一种非货币经济。大量史料说明了这一现象。一是铸币短缺，并且没有完整单一的货币流通体系，而是几种铸币层次并存。金币和大银币被用于矿主、大地产主、商人的资本积累和"企业"经营，中等价值的银币和铜币被用于上层阶级的日常交换，而百姓日常需要和使用的更小符号的银币和铜币却不存在（因为夸尔蒂约直到1792年还没有铸造出来），美洲人口的大多数被排除在货币经济之外。[②]解决问题的方法是什么？用私人发行的木、皮、肥皂、铜、铅等制成的"货币"。例如，某人在18世纪智利的圣地亚哥要买一块价值一夸尔蒂亚的面包，他将用半个雷阿尔的硬币支付，然后，面包师会给他一块价值一夸尔蒂亚的面包和一张面包师自己发行的纸币，但是这张纸币在面包房之外没有任何交换价值，因此他不得不用它再在那个面包房购买面包。乡村农产品的交换经常使

---

① ［英］莱斯利·贝瑟尔主编：《剑桥拉丁美洲史》第二卷，李道揆等译，第187页。

② Romano Ruggiero, and Stanley J. Stein, "American Feudalism," *The Hispanic American Historical Review*, Vol. 64, No. 1(1984), p. 127.

用可可豆、红糖块、古柯叶、酒、油等代用货币。①二是以货易货是农村经济生活最基本的方式。如大庄园主在本地区开一个商店，把商人供给他的服装、纺织品和其他制成品以更高的价格交换生产者的农产品，或作为"工资"发放给自己庄园的劳工。城市交易也很少用现金支付，如墨西哥北方的大庄园主把羊毛运给墨西哥城的纺织场主换回纺织品，一方或另一方的交易顺差由墨西哥城的商人开出有说明的票据，该票据在当地的商业机构中是可转让或流通的。②三是国王、西班牙商人和外国人以惊人的效率搜刮殖民地的银币，使货币长期外流，导致殖民地发展货币经济成为泡影。国王主要通过皇家伍一税和其他税收（人头税、什一税、销售税、贸易关税、专卖权转让税等）将美洲金银的 2/5 据为己有，其余近 3/5 主要归去美洲进行贸易的西班牙商人所有。外国商人也通过走私以制成品或奴隶交换美洲的白银。流入农村的不多的铸币则作为人头税和其他税收进入了国库。③特别是臭名昭著的"商品摊派制"，由地方长官的代理人配发给每个印第安家庭成员由地方长官武断地确定的一定数量的商品，包括牲畜、家庭用品、服装、橄榄、刮胡刀以及在印第安人生活中完全多余的长筒丝袜和珠宝饰物之类的奢侈品，印第安人被迫高价购买，如果有人不想要商品或嫌价格太高，他会面临地方长官司法权力和治安权力的威胁。当时摊派商品的一般价格是成本价的 100%—150%，有些贪婪的地方长官竟会把价格提高到原价的 5—6 倍。结果，把印第安人手中所剩无几的货币勒索得净光。④非货币经济是自然经济的表现，反过来又进一步强化了自然经济。

　　总之，从大地产主占有生产资料和不完全占有劳动者本人，以及殖民地内部大部分经济活动的自然经济状态的角度判断，不能不说拉美的封建主义处于支配地位。

---

　　① ［英］莱斯利·贝瑟尔主编：《剑桥拉丁美洲史》第二卷，李道揆等译，第 263 页；苏联科学院历史研究所编著：《巴西史纲》上册，辽宁大学外语系翻译组译，第 82 页。

　　② ［英］莱斯利·贝瑟尔主编：《剑桥拉丁美洲史》第二卷，李道揆等译，第 181-182 页。

　　③ ［英］莱斯利·贝瑟尔主编：《剑桥拉丁美洲史》第一卷，林无畏等译，第 313-314 页；［英］莱斯利·贝瑟尔主编：《剑桥拉丁美洲史》第二卷，李道揆等译，第 264-265 页。

　　④ John H. Rowe, "The Incas Under Spanish Colonial Institutions," *The Hispanic American Historical Review*, Vol. 37, No. 2(1957), p. 161-169.

三、君主专制制度和天主教会

拉美实行的是中央集权的君主专制制度，依靠官僚机构行使职权。这是伊比利亚半岛封建社会后期的政治制度在新大陆的延伸。

在西属美洲，其权力机构是由设在西班牙的代表国王处理美洲事务的"王家最高西印度事务委员会"和美洲的总督、检审庭、省长、市长、地方长官、卡西克（酋长）等组成的，形成了一个自上而下的权力金字塔。总督是西班牙君主在美洲的象征，其权力涉及国家生活的各个方面：军事、经济、财政、司法。国王反对在美洲建立一个封建社会，他的目标是加强君权。[①]依靠官僚机构行使职权避免了权力过分集中到封建主手中，从这个角度讲，拉美不是严格意义上的"封建制"，但在实际中却又是封建的。一方面，吏制腐败，行政效率低下。贪污腐化在拉美一向存在，尤其是17、18世纪卖官鬻爵之风盛行后，更为变本加厉。当时的官俸不到买官花费的1/10，凡买官者都想在任内捞回投资，结果等于王室授权贪污。表面上王室的权力至高无上，王室颁布的大量的法律和法令，条文精细，无所不包。但到地方上，由于不同利益集团都在图谋私利，因此，敷衍塞责，办事拖拉，"我服从，但不执行"成为一种被普遍接受并且合法的策略。另一方面，尽管大庄园的行政和司法权力从未被国王从法律上认可，但实际中，这种权力作为一种传统和习惯一直在增长着，它主要不是来自对土地的垄断，而是来自大庄园主在地方市政和司法部门的任职。例如，在新西班牙，从南方经过中部到近北部直到远北部，这种实际存在的大庄园主的权力可用一条上升的数学曲线来表明，即在一定的区域内，人口密度越小，行政和司法权力竞争的对手（王室官吏、教会、卡西克）越少，大庄园主的统治权就越大。17世纪北方的特殊环境曾使大庄园成为融经济、军事、宗教、行政为一体的社会单位，大庄园主也成了拥有军政和司法大权的地方寡头。[②]市政会本来是殖民地的民主自治机构，是反封建的，但由于市政议员大多数都是任命或购买的，因此它很快就成为

---

① [英]莱斯利·贝瑟尔主编：《剑桥拉丁美洲史》第一卷，林无畏等译，第182、292页。
② 韩琦：《论墨西哥大庄园制的形成和特点》（硕士论文），山东师范大学历史系资料室1989年存，第56页。

由大庄园主、矿业主、商人垄断的寡头统治集团。①西班牙国王尽管战胜了委托监护主，但却无力阻止一个新大陆的封建主阶级在实际上而不是名义上的形成。

在葡属巴西，葡王 1534 年建立将军辖区，由于分封制度的失败，1549年决定在巴西设立总督，接管殖民地的一切事务，代表国王行使军政司法等一切权力。葡萄牙和西班牙合并期间（1580—1640 年），里斯本的西印度事务委员会统管巴西事务，到 1642 年该委员会的任务就被新成立的"海外事务委员会"取代。巴西也存在类似西属美洲的中央集权制国家统治孱弱与大种植园主、大牧场主势力强大的现象。②

天主教会是西、葡国王统治美洲殖民地的得力助手。在西属美洲，1501年西班牙国王从教皇手中争得了在新发现地区征收教会什一税的权利，同时承担了传播天主教的任务。1508 年又从教皇那里得到了推荐美洲殖民地神职人员的权利，即"国王庇护权"。因此，王室的权力比其他欧洲国家更大，因为教会的权力极大地集中到了王室手中。在"西印度事务委员会"的直接领导下，殖民地被划分为若干大主教区、主教区、教区和堂区，形成了一个教阶森严、组织严密的网状体系，并通过传教士将触角伸到了殖民地社会的每一个阶层、每一个角落，势力十分强大。1620 年西属美洲共有大主教区和主教区 34 个。③不可否认，在早期的传教士中，有一批学识渊博、信仰坚定、生活清贫的传教士在恶劣的环境中献身于传教士事业，原始基督教精神中朴素的人道主义使他们站出来为印第安人辩护，如安东尼奥·德·蒙特西诺斯和巴特洛梅·德·拉斯卡萨斯，耶稣会教士甚至要在美洲建立与殖民地社会平行的乌托邦社会，他们的目的不仅要向土著传教，而且要在各方面提高印第安人的经济和社会生活。但教会总的说来是充当了精神征服和殖民的工具。西班牙管辖权一旦建立，传教团体就粉墨登场对土著传播福音，灌输逆来顺受的思想。移植到美洲的教会结构和思想是中世纪西班牙成长起来的独特的成果，不仅反对宗教改革，而且还采取各种措施以防止异端的渗入。它严格规定了有关的宗教仪式，按照西班牙的规则进行宗教活动，如祷告、弥撒、唱赞美歌等。1569 年又设立了宗教裁判所，用以迫害犹太教和新教徒（以及

---

① ［英］莱斯利·贝瑟尔主编：《剑桥拉丁美洲史》第一卷，林无畏等译，第 291 页。

② ［意］鲁杰罗·罗马诺：《美洲殖民地制度的遗产》，仕琦译，载《国际社会科学杂志》（中文版）1993 年第 4 期，第 117-118 页。

③ ［英］莱斯利·贝瑟尔主编：《剑桥拉丁美洲史》第一卷，林无畏等译，第 293 页。

巫术），并控制和检查一切印刷品和艺术作品，焚烧"邪书"，加强思想管制。教会除传播福音外，没有忘记从事经济活动。他们征收什一税（代国王征收，其中 1/10 交国王，9/10 留为己用），控制信贷，兼并土地，经营大庄园。殖民地时期拉美没有银行，教会实际上赋予了自己债权人的职能，按一定利率将钱借给土地所有人，当后者无力还债时，原来抵押的地产就归教会所有。到 1810 年教会拥有了拉美 1/3 以上的土地，[①]村社的印第安人被迫为教会提供无偿劳役，教会成了最大的地主。传教士还享有民事裁判豁免的特权。教会内部的生产关系是封建的，政治关系是专制的。[②]教会实际上从事的是精神的和经济的双重奴役。与北美教派林立的新教相比，拉美统一的强大的天主教教会与王权合二为一，巩固了王权的统治，但却窒息了当地的经济发展。葡属巴西的教会体制与西属拉美类似，对维护奴隶制和王权统治起到了同样的作用。[③]

在政治和宗教的等级原则的影响之下，西、葡美洲的社会结构也呈现出严格的等级制度，而且这种等级制度被加上了肤色因素。[④]处在顶端的是西班牙人，但来自欧洲的西班牙人享受免税和其他更多的特权，而当地出生的西班牙人则没有财政上的特权；处在底层的是印第安人，他们负有纳税和提供劳役的义务；介于二者之间的是混血种人，由于他们通常相当透彻地掌握了西班牙文化，一般都是承担中级职务的人，如大庄园中的管理人员；黑人在巴西和加勒比充当奴隶，自然是处于最底层，但在大多数西属美洲，其通常分散在西班牙人的家庭里和他们的产业里，由于购买黑奴的花费大，所以大多数黑奴被指派担任有利可图、技术性的和负责任的工作，他们被排列在印第安人前面。而在这样一种等级社会里，来自伊比利亚半岛的追求贵族地位的社会价值观和社会心理特征得以发展：轻视体力劳动；关心社会威望、荣誉；讲究仪表；策划阴谋；散布流言蜚语；种族歧视等等，都表现得十分

---

① [美]威廉·福斯特：《美洲政治史纲》，冯明方等译，人民出版社 1956 年版，第 116 页。

② 教会本身就形成了一个行政自治中心。见[英]莱斯利·贝瑟尔主编：《剑桥拉丁美洲史》第一卷，林无畏等译，第 500 页。

③ 18 世纪 40 年代，仅在巴西北部的马拉尼昂州，生活在传教士统治下的印第安人约达 50000 人，他们被迫为教会提供各种劳役，教会在这里占据了大片的土地。见[英]莱斯利·贝瑟尔主编：《剑桥拉丁美洲史》第二卷，李道揆等译，第 484—485 页。巴西教会要求形成一致赞成奴隶制的风气，从神学角度论证奴隶制的合理性。见[英]莱斯利·贝瑟尔主编：《剑桥拉丁美洲史》第一卷，林无畏等译，第 535 页。

④ Stanley J.Stein, and Barbara H.Stein, *The Colonial Heritage of Latin America: Essays on Economic Dependence in Perspective*, New York: Oxford UP, 1970, p. 57.

明显。①

四、小结

在拉美我们发现了封建主义，但它与欧洲的封建主义并不一样。

首先，西属美洲的封建领主制由于王室的抑制政策和当地土著的大量死亡而发生了变形，仅维持了不到半个世纪。葡属巴西的领主制也由于"有地无人"的实际情况而在大多数地区遭到失败。

其次，以大地产主占有生产资料和不完全占有劳动者为特征的封建主义生产方式在拉美还是普遍存在的。在西属美洲，殖民者在"赏赐土地"的基础上，通过多种手段兼并土著村社的土地而形成了大地产，并为获得劳动力先后实行了奴隶制、委托监护制、劳役摊派制（米达制）、债役农制、佃农或分成农制、雇佣劳动制。在巴西，"塞斯马里亚制"成为产生大地产的基础，许多大地产被改成了种植园，种植园主先后以印第安人奴隶和黑人奴隶作为主要劳力，于是，在封建关系的基础上建立起了种植园奴隶制。尽管大庄园或种植园中都有雇佣劳动存在，但总的来看，前资本主义劳动形式无疑占据支配地位。

再次，就整个殖民地而言，至少在 18 世纪中期以前，可以说是处于一种外部货币经济和内部"自然经济"并存的状态。一方面，拉美的大地产经济已经不再是封闭的、自给自足的经济单位，而是卷入了资本主义世界市场。采矿业更是面向世界市场。另一方面，采矿业尤其是种植园（和某些大庄园），具有"飞地"性质，对殖民地本身经济发展的扩散效应有限。就殖民地内部市场看，并不存在一种自由的商品市场和劳动力市场，约 90% 的人口及其经济活动仍以非货币经济为特征，这种商品交换的非货币性和生产要素的非自由流动性不能证明殖民地经济是"资本主义性质"的。

最后，君主专制制度和天主教会以及在它们的影响下形成的殖民地社会结构都体现了十分强烈的等级观念，而且，君权神授，政教合一，相互影响，相互支持，具有浓厚的中世纪色彩，是封建主义的重要组成部分。

---

① [秘]阿尔瓦尼·基哈诺和伊曼纽尔·沃勒斯坦：《作为一个概念的美洲性，或南北美在近现代世界体系中的地位》，任琦译，载《国际社会科学杂志》（中文版）1993 年第 4 期，第 108 页。

与欧洲封建主义相比，拉美封建主义显示了三个不同的特点。

第一，欧洲的封建主义是"内生的"，拉美的封建主义则是移植的。换句话说，欧洲封建主义的发展（或过渡）没有受到外部因素的影响，是一种自然的发展过程，而拉美的封建主义是在与欧洲封建主义产生时的不同历史背景下由欧洲移植或强加的。这种生产方式的移入打断了土著社会正常发展的历史进程，使拉美社会由原始社会（或原始社会向奴隶社会过渡）的阶段一跃而进入一种封建主义占支配地位的多种生产方式混合存在的社会发展阶段。这是欧洲资本原始积累时期欧洲文明、非洲文明同美洲文明碰撞的新产物。

第二，美洲当地因素对拉美封建主义的建立产生了重要的影响。欧洲的封建主义被移植到美洲后，首先面临的是不同于欧洲的社会和地理环境。在英属北美，由于没有贵金属、土地贫瘠、印第安人口稀少而且其所处发展阶段落后，封建主义未能立足，而是发展了资本主义；但在拉美大陆的中心地区，存在大量定居的印第安人社会，被征服前的阿兹特克和印加帝国是所谓"亚细亚生产方式"的国家，[①]其人口稠密且性情温顺、勤劳肯干，习惯于接受他们原来社会中特权阶级和教士们的统治，行政和劳动组织完备，并有一套行之有效的贡税和劳役制度。因此，当两地的国王统治被推翻后，殖民者能顺利地接管对土著的统治，迫使印第安人为农业和矿业提供劳役和贡税，从而使西班牙贵族好逸恶劳、剥削他人、挥霍浪费的恶习得以延续。随着土著人口的锐减和大量可耕地的腾出，以占有土地和不完全占有劳动力为特征的封建生产方式逐渐建立起来。巴西沿海虽有极其肥沃的热带土壤，但因当地的非定居的印第安人人口稀少，且桀骜不驯，因此，"分封制度"遭遇了失败，只是在依靠了从非洲输入的奴隶后，才发展起了种植园经济。可以试想，如果英国殖民者遇到了拉美中心地区那样的土著和丰富的金银矿藏，北美的历史将会重新改写。

第三，在拉美的封建主义的发展过程中，受到了外部移入的资本主义、奴隶主义和当地的原始共产主义的影响，多种社会因素并存，形成了一种复合结构的有机整体。所谓资本主义因素包括欧洲货币、雇佣劳动、商品经济等，奴隶主义因素是印第安人奴隶制和黑人奴隶制，原始共产主义因素则是

---

① [德]马克思、恩格斯：《马克思恩格斯全集》第四十六卷（上），中共马克思恩格斯列宁斯大林著作编译局译，人民出版社 1979 年版，第 474 页。

被保留下来的土著村社的土地公有制和集体劳动制。但这些因素的存在不是半斤八两，平分秋色，在巴西，近代奴隶制无疑占据了支配地位，而在西属拉美，占据支配地位的则是封建主义（专制主义、天主教会）。在这多种因素中，封建主义固然落后，但有些东西比封建主义更落后。正因为如此，再加上独立运动仅是一场政治革命而非社会经济结构的变革，所以 19 世纪后半期和 20 世纪前半期，拉美在向资本主义生产方式的过渡过程中，资产阶级就面临着必须打破维持生计的自然经济和社会禁锢（村社土地所有制和教会财产）、改造半封建的大庄园制、建立资本主义农业经济的艰巨任务，为的是使耕地和劳动力的配置与资本主义工业发展的要求更趋一致，以便顺利地实现工业化和现代化。

　　因此，从世界资本主义体系的角度将殖民地时期的拉美看作这一体系的一个组成部分未尝不可，但由此而得出拉美历来是"资本主义"的结论则是走向了极端。考察拉美殖民地的社会性质不能仅看它与欧洲资本主义体系的联系，更重要的是要看殖民地内部的生产关系。就拉美内部而言，占统治地位的生产关系和社会关系显然不是资本主义的，而是前资本主义的。殖民地时期拉美的社会经济结构无疑是一种封建主义占支配地位的、多种生产方式并存的复杂的综合体。正是这种殖民地遗产造成了拉美现代化的艰难！

　　（本文原载于《史学理论研究》2000 第 4 期，标题为"论拉丁美洲的封建主义"）

拉丁美洲的自由主义及其影响（19 世纪）

19 世纪是拉丁美洲各个民族国家形成的时期，是各国政治上由乱到治，经济上由停滞、复苏到快速增长的时期，也是社会经济结构发生重要变动的时期。但这一时期的历史却是国内拉美史研究的薄弱环节，以往的主流观点是将其归纳为一个封建土地制度加强，考迪罗主义盛行和新殖民主义奴役的过程，①笔者认为这样的归纳过于简单化和教条化。实际上，这一时期的拉美历史是拉美人在欧美自由主义思想的影响之下，高举自由主义旗帜，争取民族独立和发展资本主义政治、经济的过程。本文试图以自由主义思想的影响为线索来概括性地展现拉美这段丰富多彩的历史画卷。

自由主义思想在拉美的传播和影响是具有阶段性特征的，其在 19 世纪先后以多种形式进入了拉美，包括启蒙运动思想、功利主义思想、贸易自由主义思想、实证主义、社会达尔文主义等等，拉美人并没有完全照本宣科地搬用欧洲的各种主义，而是在不同时期和不同地区有所选择地各取所需，使这些思想适应拉美的环境，从而大大地推动了当地资本主义政治、经济的发展。

一、启蒙运动思想与拉美独立运动

西班牙、葡萄牙的美洲殖民地长期受到宗主国政治、经济上的压迫和束缚，到 18 世纪后期，西班牙的卡洛斯三世改革和葡萄牙的庞巴尔改革，都在政治上排斥土生白人担任官职，在经济上加重对殖民地的剥削和掠夺，因而激化了殖民地的社会矛盾；同时，英国工业革命造就的世界变化、美国独立战争、法国大革命都从外部冲击着伊比利亚殖民地。在这种背景下，拉美人

---

① 李春辉：《拉丁美洲史稿》上册，商务印书馆 1983 年版，第 204-242 页。

开始觉醒，寻求摆脱宗主国的压迫，因法语属于拉丁语系易于被拉美人接受，法国启蒙运动思想便自然成为拉美人寻求独立的思想武器。

伏尔泰、孟德斯鸠、卢梭等人的学说成为拉美独立运动的根源之一。伏尔泰（1694—1778）的代表作是《哲学辞典》（1764年），他认为，自由、所有制和平等是公正的社会秩序的基础。他利用自然法思想批判现存的封建制度，认为自然法是理性的体现，依照自然法则，"人人自由、人人平等"，他主张人身自由，谴责奴隶制度，要求废除封建贵族的各种特权，反对与人们的理性和法定权利对立的天主教会，但他拥护开明君主制度。孟德斯鸠（1689—1755）的代表作是《论法的精神》（1748年），他用自然法理论来论证封建专制的国家和法律制度是不合乎人类理性的，主张用资产阶级的国家和法律制度取而代之，并提出了"三权分立"的方法，他主张实行君主立宪制度。卢梭（1712—1778）的代表作是《社会契约论》（1762年），他根据社会契约的原则，提出人民具有起义的权利，当执政者滥用职权不履行契约而损害人民利益时，人民就有权取消契约，当人民的自由被暴力夺去时，人民应当用暴力将自由再夺回来。他明确地提出了根据主权在民原则，利用社会契约的方法建立资产阶级民主共和国的思想。这些思想和英国洛克、霍布斯等人的思想一起曾先后影响了美国独立战争和法国大革命，并在欧美国家得到了普及。

启蒙运动思想在18世纪后期通过不同的渠道传播到了拉美。首先，推行开明君主专制的卡洛斯三世改革在客观上起到了传播启蒙思想的效果，因为他派往殖民地的官吏，大都是具有新思想的改革派；来自欧洲各国的专家、学者、科学考察队及宗主国派来的军队中，许多人都是启蒙运动的积极支持者和宣传者，在传播欧洲先进的科学技术和管理体制的同时，不可避免地传播着欧洲大陆风靡一时的启蒙思想；①由于改革的需要，欧洲诸国有关政治、经济和社会状况的书籍通过合法渠道大量流入殖民地（仅利马就有几万册书籍置于市场上出售），在知识分子中传阅，这些书籍不少是出自启蒙思想家的手笔。其次，殖民地的少数知识分子通过去欧洲留学或旅行、通过与欧洲国家官方或商业方面的往来，熟悉了法国启蒙运动的哲学和政治思想。最后，美洲大学中知识结构的变革为新一代知识分子对理性的追求打下了基础。到

---

① ［厄］豪尔赫·努涅斯：《法国革命与拉丁美洲独立》，载委内瑞拉《新社会》第103期，转引自中国社科院拉美所编：《拉美问题译丛》1990年第5期，第40、42页。

18 世纪后期，西属美洲大学课程中已经增添了科学和哲学的内容，大学生们在学习中改变了对世界的看法。①受过这种思想训练并在独立运动中发挥作用的人很多，几乎所有西属美洲革命的领袖都受过殖民地大学的培养。巴西虽然没有大学，但作为辅佐佩德罗一世建立巴西帝国的博尼法秀首相是葡萄牙科英布拉大学的毕业生，他的现代科学和哲学的知识构成同西属美洲的领袖们是类似的。

美国的独立战争有助于西班牙殖民地"危险思想"的增加。早在 1777 年，《大陆会议宣言》的西班牙文本就已经到了何塞·伊格那西奥·莫雷诺博士手中，后来他担任委内瑞拉中央大学校长并成为 1797 年密谋活动的参加者。拉美独立运动的不少先驱者和领导人都曾访问过美国，亲眼看到了那里的自由制度，1784 年，米兰达在纽约形成了"整个西属美洲大陆的自由和独立"的构思，玻利瓦尔始终不渝地尊敬华盛顿，赞美美国的进步。美国商人还通过合法和非法的途径将革命家托马斯·潘恩和托马斯·杰斐逊的作品以及《独立宣言》和《1787 年宪法》等"颠覆性"的文件带进了这个地区。②

法国大革命也给予克里奥尔人强烈的思想刺激。哥伦比亚的安东尼奥·纳里尼奥翻译和印刷了 1789 年法国大革命的《人权宣言》，并在友人之间散发，结果被逮捕并押送到了西班牙，后来越狱逃跑，成为哥伦比亚独立运动的领导人之一。但法国大革命后来愈日激进，对克里奥尔精英失去了吸引力，他们拥抱自由原则，欢呼人权，但平等是另一回事。海地奴隶起义是法国大革命最重要的直接结果，在杜桑·卢维杜尔和其他黑人领袖的领导下，到 1804 年 1 月建立起了拉美第一块自由之土，但海地革命的胜利与其说是激起了殖民地克里奥尔精英对独立运动的支持倒不如说是挫败了他们的这种勇气，因为他们对下层民众的力量感到恐惧。

西班牙自由派制定的 1812 年宪法采纳了启蒙思想家所提出的自由平等原则，并为殖民地的克里奥尔人所熟悉，客观上也传播了欧洲的启蒙思想。

启蒙运动思想既是拉美独立运动起因之一，为独立运动提供了理由和依据，使之充满了活力，又成为独立运动的奋斗目标，并在实践中逐渐得到了体现。

---

① ［英］莱斯利·贝瑟尔主编：《剑桥拉丁美洲史》第二卷，李道揆等译，经济管理出版社 1997 年版，第 723-724 页。

② ［英］莱斯利·贝瑟尔主编：《剑桥拉丁美洲史》第三卷，徐守源等译，社会科学文献出版社 1994 年版，第 47 页。

卢梭的主权在民思想和一切人生来平等的美国学说成为宣布独立的理论基础，其改变了人们思想中传统的政治原则，鼓励土生白人要回他们被宗主国剥夺了的"自然权利"。

平等博爱的思想体现于对印第安人权利的承认和解放黑人奴隶。墨西哥的伊达尔哥宣布废除印第安人的赋税。哥伦比亚新的共和国立法试图为印第安人创造更自由的条件。圣马丁1821年8月解放秘鲁后宣布废除印第安人的赋税和米达劳役，并希望将他的法令翻译成克丘亚语发布，以赢得秘鲁土著的好感。革命期间，墨西哥、拉普拉塔和智利都废除了黑人奴隶制。除巴西外，各地的奴隶贸易也一度被废止。

启蒙思想的进步观体现于独立运动期间各地政权所采取的一系列社会经济措施中。几乎所有的爱国者领袖都相信进步，甚至在最困难时候也对未来充满了希望。尽管是在战争期间，但他们仍没有忘记国家应该承担发展经济的责任。阿根廷第一任总统里瓦达维亚在任布宜诺斯艾利斯的内政部长时（1821年）宣布了以下改革措施：实行长期租佃制，以发展农业；设立银行；鼓励外国移民；改善港口设施，并试图改善城市的供水系统。奥希金斯作为智利的最高执政官，对改善圣地亚哥的卫生、道路和灯光设施以及从欧洲移民表示出同样的兴趣，他试图废除长子继承制，以刺激经济活动。1821年当选为大哥伦比亚副总统的桑坦德尔，在代行总统的职责时，研究了建立运河和铁路的可行性，设立数学和矿业学校以刺激当地工业的发展，鼓励有技术的懂工业的欧洲人移民。1826年当选为玻利维亚总统的苏克雷在任内建立中央和各省的政权机构和税收制度，进行全国人口普查，制定经济发展计划，恢复矿业生产。摄政王约奥在到达巴西后也采取了类似的政策，通过保护政策刺激咖啡生产，并鼓励冶铁和工业的发展。当然，拉美各国政府一般都采取了向所有国家开放港口的自由贸易政策，这与上述发展政策是一致的。

启蒙运动热心传播有用知识和关心教育的特征也在拉美得到体现。各地政权都采取了改善教育和文化的措施。不少国家在战争期间宣布了恢复旧小学和建立新小学的法令。里瓦达维亚在1821年建立了布宜诺斯艾利斯大学；奥希金斯在1819年重新建立了圣地亚哥国家学院；桑坦德尔在1826年实施了教育总计划，在波哥达、加拉加斯和基多建立了新的大学；当葡萄牙法庭迁移到巴西时，新的军事和海军学院也应运而生。与这些教育机构同时出现的还有新的博物馆和图书馆，波哥达建立了博物馆，巴西、布宜诺斯艾利斯和圣地亚哥出现了新的国家图书馆。①

革命政权反对教会的倾向与启蒙运动的世俗观点是一致的。里瓦达维亚领导下的布宜诺斯艾利斯政权宣布废除教士特权，取消什一税，信教自由。奥希金斯也与教会发生了冲突。苏克雷总统实行了旨在摧毁教会权力和影响的政策，关闭了大量的修道院，将修道院直接拥有和通过抵押而受它控制的城乡财产与因宗教活动而捐赠给教会的基金没收为国有。②这一时期的巴西虽然不能说有反教权主义，但政府坚决支持王权高于教权。

启蒙思想家所鼓吹的政治制度成为克里奥尔人追求的目标，但在地域和时间上出现了发展的差异。在革命的早期阶段，墨西哥的起义和新格拉纳达的起义，至少在宣言上，有一种全面接受法国大革命原则的倾向，委内瑞拉成立了一个民主的联邦政府，宣布尊重人权，三权分立，并将公民自由、出版自由写在了宪法上。而在南美的南部，巴西在摄政王约奥的统治下仍保持安静，在布宜诺斯艾利斯和智利，尽管支持共和主义和自由民主的强烈呼声充斥在一些演讲和报纸中，但影响克里奥尔贵族的是改良主义，民主思想并不占主流。到 1815 年之后，保守倾向支配了整个拉美。胡安·马丁·普埃雷东在布宜诺斯艾利斯建立的准君主立宪制、奥希金斯在智利的独裁、圣马丁在秘鲁充当护国主、玻利瓦尔在委内瑞拉和哥伦比亚实施的统治（至 1821年），虽然都没有否认主权在民的原则，但"实际上，他们与传统的权威政权没有什么区别，他们的行为更像是来源于开明君主专制主义而不是革命的思想"③。玻利瓦尔的言论对此作出了解释。他认为"完完全全的代议制机构同我们的特点、习惯和目前的文化水平是不相适应的"，"我们的同胞……缺乏真正的共和主义者特有的政治品质"，为了避免无政府主义的危险，应该加强共和国的行政权力，创造一个强有力的中央集权的共和国，"让我们抛弃三头执政的行政权吧，将行政权集中在一个总统身上，给他以足够的权

① Charles G. Griffin, "The Enlightenment and Latin American Independence," in John Lynch, *Latin American Revolutions, 1808-1826: Old and New World Origins*, Norman: University of Oklahoma Press, 1994, p. 253.

② [英]莱斯利·贝瑟尔主编：《剑桥拉丁美洲史》第三卷，徐守源等译，第 580 页。

③ Charles G. Griffin, "*The Enlightenment and Latin American Independence,*" in John Lynch, *Latin American Revolutions, 1808-1826: Old and New World Origins*, Norman: University of Oklahoma Press, 1994, p. 256.

威……"。①在墨西哥和巴西也存在同样的集权倾向。墨西哥支持伊图尔维德的保守派反对 1789 年法国大革命的思想,拥护传统的等级秩序,并帮助他在 1822 年登上了皇帝宝座。尽管 1817 年巴西的伯南布哥起义点燃了激进的共和思想的火花,但只是在 1822 年佩德罗一世自我宣布为皇帝时巴西才取得了独立。政治民主在拉美的真正建立还是一项未来的任务。

二、功利主义思想与自由派改革

独立仅仅导致了旧殖民政权被推翻,由于处于战争状态,独立运动期间的革命措施很少得到真正的实施。殖民地遗产并没有从根本上受到破坏,因此,在独立以后,清除殖民地遗产、建立新的民族国家成为各国面临的共同任务。围绕建立什么样的国家的问题,自由派和保守派之间展开了激烈的思想论战和政治斗争:自由派主张加强共和政体,限制教会和军队的特权,实行政治经济改革,建立现代国家;保守派则希望恢复西班牙统治时期的旧秩序,保持他们在殖民地时期享有的特权。这个被称为"思想冲突和政治混乱的时代"一直持续到 19 世纪的 60 年代后期。

对自由派产生重要影响的思想是英国哲学家边沁（1748—1832）的功利主义学说,边沁的代表作是《政府片论》（1776 年）和《道德与立法原则导论》（1789 年）。他提出的"功利原则"认为,痛苦和快乐是人类的两大主宰,避苦求乐是人的本性,是人一切行为的始因和目的。每个人都应该追求个人利益和幸福。由于社会利益是一切社会成员个人利益的总和,每个人在追求个人利益和幸福的时候,自然就增加了整个社会的利益和人们享有的幸福。他还提出以增进"最大多数人的最大幸福"作为判断国家制度和法律优劣的唯一标准。增进幸福就是保证生存、富裕、安全和平等。国家通过立法保护公民财产和安全,实现功利。他认为国家的产生是人们权衡利弊得失的结果。尽管国家是必需的,但国家本身也是一种罪过,它会约束个人行为,限制个人自由。为了减轻国家的祸害,国家应当奉行放任主义,对经济生活毫不干涉,应该推行自由贸易自由竞争的政策。他推崇实行法制和分权的代议制民主。

---

① ［委内瑞拉］玻利瓦尔:《玻利瓦尔文选》,中国社会科学院拉丁美洲研究所译,中国社会科学出版社 1983 年版, 第 55、12、94 页。

边沁学说与洛克的"自然权利"学说、美国《独立宣言》中"天赋人权"学说以及启蒙运动思想的一脉相承之处是都强调个人自治，但边沁反对社会契约和自然法理论。他认为人们之所以服从国家，就因为服从的利益大于不服从的利益，所以，产生国家的基础不是什么社会契约或自然法，而只是功利主义。①这是当时英国新兴工业资产阶级向土地贵族和金融资产阶级争夺权力的要求的反映。边沁提出国家的目的是保证"最大多数人的最大幸福"，如果政府的某种活动增加社会的幸福大于它使社会的某些部分损失的幸福，这种干预是合理的。②他的学说为自由主义奠定了新的理论基础。

功利主义学说为独立后拉美的自由派改革提供了理论武器，因为自由派当时面临着双重目标，一方面要将人们从殖民制度的枷锁下解放出来，要保护个人财产权和个人自由，包括经济上的自由和言论、信仰、新闻自由等，以及政治上的立宪主义和联邦主义。另一方面，要将新国家从社团特权下解放出来。一个现代的、世俗的、进步的国家必须是司法上统一的，公民对国家的效忠不得由教会、军队、大学和印第安村社分享，而现实的特殊团体的特殊利益却妨碍了个人利益与总体利益的联系，所以必须剥夺教会和军队特权，进行教育改革、世俗化、从国外移民甚至土地改革。上述目标从早期自由主义观点看是具有矛盾的（即限制国家权力和加强国家权力之间的矛盾），但功利主义所理解的个人利益和总体利益的关系却使这种矛盾统一了起来。

自由派与保守派的斗争在墨西哥最激烈、最典型。何塞·玛利亚·路易斯·莫拉和卢卡斯·阿拉曼分别是自由派和保守派的领袖，他们之间的争论引发了自由党和保守党的建立。1854—1867 年发生了两派之间的内战，随着保守派反抗的加剧，自由派先后出台了《华雷斯法》（1855 年）、《莱多法》（1856年）、《1857 年宪法》、《1859 年改革法》，改革的内容越来越激进。

阿拉曼出身于墨西哥矿业中心瓜那华托城的克里奥尔贵族家庭，曾求学于欧洲，他坚持捍卫西班牙殖民地的遗产，拥护中央集权主义的君主政体，保护大地产主的利益，支持天主教会，反对自由派的攻击。尽管他曾主张发展墨西哥的民族工业，但他关于工业发展的思想是来源于波旁时代的重商主

---

① 北京大学法律系《西方政治思想简史》编写组：《西方政治思想简史》，北京大学出版社 1982年版，第 202 页。

② [美] 小罗泊特·B. 埃克伦德、罗伯特·F. 赫伯特：《经济理论和方法史》，杨玉生、张凤林等译，中国人民大学出版社 2001 年版，第 107 页。

义观点。

　　莫拉是自由派的理论家，最杰出的代言人，他的著作（几乎全部完成于1821—1837 年）浓缩了墨西哥 19 世纪的自由主义传统，清楚地表现了自由主义本身的矛盾和其依靠国家权力的倾向。莫拉的思想中充满了功利主义。他在 1827 年曾谈到"边沁智慧"，并同意"不仅所有法律的起源是功利的，而且所有人类行为的原则也是如此"。在他所有反教权的文章中都有功利主义伦理的线索。他是以功利的名义而不是从自然权利的立场对社团特权进行攻击的。当他讲进步的时候，也是在功利主义意义上讲的，是基于自由的个人确认自己的利益与社会的总利益一致的条件下讲的。①他思想发展的早期阶段（1821—1830 年），集中于捍卫个人自由和反对专制权力，抨击伊图尔维德的帝制。他强调新闻自由、司法独立、公民陪审团的必要性、联邦主义。到 1830 年后，他的思想进入到一个新阶段，开始认识到清除旧的保守势力比保证个人自由更重要，他抱怨 1824 年宪法的缺点，即它没有涉及教会和军队的特权问题。②于是，他在 1833 年积极参加了代总统法里亚斯的改革，鼓动政府作出没收教会财产、取消什一税、废除对军队的优待、打破教会对教育的垄断等项决定。③这样，他开始倾向于依靠国家权力去赢得自由。莫拉和他的同事们试图通过坚持选举权和公民权的财产资格限制、拥护欧洲移民的农业垦殖计划来创造一种农村资产阶级社会。但是，墨西哥本质上是一个由大地产主和受压迫的印第安农民构成的社会，在独立战争期间这种社会结构基本上没有受到破坏。由于自由派是保护私人产权的信徒，所以不愿意攻击大地产，而是将建立新的小资产所有者社会的理想寄托在了没收世俗和宗教社团财产的基础上。莫拉提出的国家可以干预教会事务和剥夺教会财产的反教权主义理论对后来的自由派改革影响巨大。

　　莫拉去世后，华雷斯、莱尔多等人成为新一代的自由派领袖。1855 年 11月，自由派政府颁布了《华雷斯法》（关于诉讼程序的法令），主旨是剥夺教会和军队的司法特权；1856 年 6 月，在改革高潮中又颁布了《莱尔多法》（即

---

　　① Charles A.Hale, "Jose Maria Luis Mora and the Structure of Mexican Liberalism," *The Hispanic American Historical Review*, Vol. 45, No. 2(1965), pp. 206-207.

　　② Charles A.Hale, "Jose Maria Luis Mora and the Structure of Mexican Liberalism," *The Hispanic American Historical Review*, Vol. 45, No. 2(1965), pp. 201-203.

　　③ ［墨］丹尼尔·科西奥·比列加斯：《墨西哥历史概要》，杨恩瑞译，中国社会科学出版社 1983 年版，第 67 页。

《关于禁止世俗和教会团体占有不动产的法令》），该法规定，世俗和教会团体所占有和支配的一切城乡不动产均应转为承租人所有。承租人应在法令颁布起 3 个月内声明占有权，逾期 3 个月则其他人有权告发和购买。土地的占有者在 17 年内以每年偿付土地所得产值的 6%作为补偿（另交 5%的手续费）。未出租的不动产也应在 3 个月内出售。法令还建议将所得收入投资于工业、农业、和商业的发展。1857 年 2 月，政府又以宪法（即《1857 年宪法》）的形式充分肯定了以往自由派颁布的一系列法令，其主要内容除宣布采用联邦国体和民主制、代议制、共和制等政府形式外，还包括：禁止教会占有不动产；废除世袭制等贵族特权；禁止奴隶制；取消债役制；劳动必须给予报酬；经营工商业受法律保护；并明确宣布私有财产不得侵犯。上述法令的颁布在社会上引起了强烈的反响，教会煽动军队发动武装叛乱，导致了 3 年改革战争（1858 年 1 月—1861 年 1 月）。为了打击保守势力，自由派采取了更为激进的措施，即在 1859 年 7 月颁布了《改革法》，宣布无偿没收教会一切财产；实行交纳教区费自愿的原则；国家与教会彻底分离。为了争取印第安农民的支持，同时宣布《莱尔多法》拍卖社团土地的条款不再适用于印第安人村社（但 1883 年迪亚斯政府颁布《垦荒法》，以调查荒地为名侵占村社农民的土地，使村社土地复遭厄运）。继改革战争之后，华雷斯又领导了长达 5 年的抗法战争，以 1867 年马克西米利安帝制政权的覆灭为标志，自由派最终赢得了反对教权、反对君主制和反对外国干涉的胜利。

　　虽然墨西哥是自由派与保守派搏斗的主要战场，但西属美洲的其他新国家基本上演了同样的场景。如哥伦比亚 1850 年废除了教会什一税，实行政教分离，宣布认真执行以前曾颁布的废除印第安人村社制度的法令，1861 年政府又颁布法律解除教会对土地的永久管业权。秘鲁在 1852 年的民事法典中确认了 1825 年和 1828 年废除教会对土地的永久管业权的法律。玻利维亚在 1825 年就没收了一般教士的地产，取消了教友会、弥撒活动基金等。1827 年政府进一步控制了什一税。1874 年 10 月 5 日颁布的《变卖法》宣布村社已经消亡，命令通过"复查"，分配给村社社员小块土地，余者拍卖。1886 年梅尔加莱霍政府又颁布了强行购买村社土地的法令，不久，村社土地就被公开拍卖。委内瑞拉 1848 年颁布法律，规定出售国家公地。1858—1863 年，自由党人在对保守党人发动的联邦战争中，提出了"土地和自由"的口号。到古斯曼·布兰科时期（1870—1887 年）取消了教会的特权，没收了教会的财产，并于 1881 年取消了印第安人村社。危地马拉自由派政府在 1873 年决定没收由教会控制的大片土地，由政府出售或无偿分配，同时规定，这些土地必须种植咖啡和其他经济作物。萨尔瓦多 1881 年 2 月的一项法律规定取消村社土地，1882 年 3 月的法令又决定取消公地。村社土地被分成小块土地，为使用者（不管是否为村社社员）所拥有。公地也被分配给了现在的占有者。厄瓜多尔自由派的改革是拉美历史上为时最长的。从维森特·罗卡弗尔特试图改革起（1834—1839 年）到埃洛伊·阿尔法罗执政时期（1895—1911 年），中间经历了自由派和保守派的激烈较量。教会势力强大，由于教会庞大的地产与山区地主的利益并没有矛盾，沿海经营出口农业的资产阶级也没有与教会发生正面冲突，因此，直到 1904 年才最终颁布了信仰自由的法令，1908 年才将教会的不动产收归国有。智利于 1852 年在法律上废除了长子继承制，1883 年圣马利亚总统通过立法打击了教会特权，其立法的主要内容是取消教会登记出生和死亡的管理权；实行不举行宗教仪式的婚姻；保证信仰自由；允许各种宗教信仰的死者在当时由天主教控制并供天主教使用的公墓安葬。阿根廷在 1884 年实行了非宗教婚礼和民事登记制度。①

农村中产阶级在土地结构的变动中逐渐形成。智利 19 世纪 50 和 60 年代面向美国的加利福尼亚、澳大利亚和英国的农业出口，刺激了社会结构的变化，伴随一些为市场生产的小庄园的发展，农村的中产阶级出现了。在墨西哥，农村的中产阶级也在兴起，到 1910 年，郎楚主为 47939 人，而大庄园主仅为 8245 人，郎楚主在国家经济和政治生活中发挥着越来越大的作用。②在玻利维亚，从出售土地的受益者中也产生了中产阶级。③在阿根廷，1914 年佃农占全体农民的 60%，他们经营的土地一般在 200—400 公顷之间，又是拥有雇工的雇主，是农村的中产阶级。④

农村劳动制度也出现了多元化趋势。一种倾向是向自由劳动力的转变，如 19 世纪 60 和 70 年代巴西圣保罗省咖啡经济的繁荣从其他省份吸引了大量的奴隶，1880 年以后，奴隶制被欧洲移民取代，后者得到的报酬是工资、住房和土地使用权。在阿根廷，当布宜诺斯艾利斯北方的美索不达米亚地区成

---

① Ciro Flamarion Santana Cardoso, and Héctor Pérez Brignoli, *Historia Económica De América Latina*, Vol.2, Barcelona: Editorial Critica, 1981, pp. 29-58.

② [美]乔治·麦克布赖德：《墨西哥的土地制度》，杨志信等译，商务印书馆 1965 年版，第 95-97 页。

③ [英]莱斯利·贝瑟尔主编：《剑桥拉丁美洲史》第三卷，徐守源等译，第 589 页。

④ [英]莱斯利·贝瑟尔主编：《剑桥拉丁美洲史》第五卷，胡毓鼎等译，社会科学文献出版社 1992 年版，第 377-378 页。

为世界上最大的小麦产区之一的时候，土地被分割并出租给了意大利佃农。在阿根廷和巴西南方，地多人少，因而农村工资比较高。另一种倾向是劳动条件的恶化。如智利中部谷地小麦产区出现的对劳动力需求的增加和大地产的扩张，导致佃农和其他农民的无产者化。墨西哥也许是 19 世纪末劳动制度最多样化的国家，包括因反抗当局而被贬为"奴隶"的雅基和玛雅印第安人、债务农、分成农、佃农和有些地方的工资劳动力。《流浪法》强制中美洲和部分墨西哥地区的印第安人和梅斯提索农民无产者化。阿根廷的高乔人遇到了同样的法律束缚。与巴西亚马孙河谷上游的橡胶繁荣相联系的是一种债务奴隶。这样，当阿根廷小麦产区和巴西的咖啡产区拥有一种现代劳动和租佃制度的时候，拉美的另一部分地区却像东欧一样经历了一种随着资本主义市场扩张的第二次封建化过程。[①]

三、实证主义与秩序和进步

1870 年以后，伴随着欧洲第二次工业革命和贸易的扩张而发生的经济转变，以及拉美社会对长期政治动荡的厌倦和人心思治的强烈愿望，实证主义逐渐占据了拉美思想界的统治地位。

实证主义的创始人是法国的孔德（1798—1857），其代表作是《实证哲学教程》（共五卷，完成于 1830—1842 年）。他认为，科学已经证实了我们所能认识的东西都是经验范围以内的东西，如果要想追问独立于经验的客观实在，那就是形而上学的。由此，他把具体的科学（即实证知识）视为知识的唯一来源。他主张将人类认识的发展分为三个阶段，即神学的、形而上学的和实证的阶段，与此相适应，人类社会的发展也分为三个时代，即神学的中世纪，行而上学的包括宗教改革、启蒙运动和革命的过渡时期，实证的工业时代。这样，他将他的哲学观引入了社会学。他认为，社会就像一个生物的有机体，各部分似乎是独立的，实际上却是相互依存的，社会分工越细，这种依赖性便越强，因此，社会越发展，国家和政治越不可少，或者说，没有中央集权，就没有秩序。他认为社会起源于人的社会本能，真正的社会单位是家庭，家

---

① Joseph L. Love, and Nils Jacobsen, *Guiding the Invisible Hand: Economic Liberalism and the State in Latin American History*, New York: Praeger, 1988, p. 4.

庭是爱的结晶，家庭关系由家长来调节，社会关系则由政府来调节，政府的使命在于培养人们的社会感情，保证社会的秩序和进步。他的社会学理论被概括为"爱、秩序、进步"，即以仁爱为原则，以秩序为基础，以进步为目的。①

在 19 世纪 70 年代，孔德的实证主义与拉美各国要求政治稳定、加强国家权力、吸引欧洲资本、推动本地经济发展紧密地联系在了一起，它强调社会发展有机体的基本单位是家庭而不是个人，维护等级制度，这对那些期望不牺牲社会等级而能获得物质进步的保守派具有特殊的吸引力，因此很快就成了墨西哥、阿根廷、智利、巴西等新国家的官方哲学。有趣的是，1889 年设计的巴西共和国国旗至今仍印有实证主义的座右铭"秩序与进步"。

墨西哥的实证主义先驱是华雷斯政府的教育部长加维诺·巴雷达，他曾经在巴黎听过孔德的授课，他在他的 1867 年的《市政演说》中，用孔德的三段论解释了墨西哥的历史，强调现在的社会重建就是目前的秩序，墨西哥正在进入它的演变进程中的实证阶段，继续通过革命手段进行的宪政改革将是"无效的和轻率的"。经济发展、一种以科学为基础的教育和更稳定的政治秩序将替代早期自由主义无政府的和乌托邦的特点。胡斯托·谢拉也提出，墨西哥需要一种现实主义的自由主义秩序，即更"实际的自由主义"或"一种保守的自由主义"。对强有力的政府统治的要求非常明显，费德里科·科斯梅斯甚至公开呼吁一种"受人尊敬的专制"②。在其他国家，实证主义与传统自由主义的关系并不像墨西哥那样界限分明，如智利的实证主义学者何塞·维多利诺·拉斯塔里亚在他的《实证主义政治演讲集》中，不顾实证主义的反个人主义偏向，保持对个人主义的信仰，认为自由注定会随着社会进步而增进。他的同事巴伦廷·莱特列尔把自由和权力的关系看作是相对的，他在 1889 年的一次讲话中说，虽然当前这个历史阶段，自由是我们"科学化哲学"的"有机原则"，而且虽然各项具体自由必须加以坚持，我们却毫不踌躇地提倡国家对教育、童工、卖淫、社会保险和教会财产行使权力。政治的目的不是推进诸如自由和权力这样的抽象概念，而是"满足社会需要以获得

---

① 刘放桐等编：《现代西方哲学》上册（修订本），人民出版社 1990 年版，第 33-52 页；赵修义等编：《现代西方哲学概要》，华东师范大学出版社 1986 年版，第 33 页。

② Charles A.Hale, "Jose Maria Luis Mora and the Structure of Mexican Liberalism," *The Hispanic American Historical Review*, Vol. 45, No. 2(1965), p. 225.

人类进步和社会发展"。[①]

　　孔德的实证主义已经偏离了自由主义，在发展方向上从原子论转变成了社会有机体的观点，个人不再是主体，个人的利益被融入集体的利益之中，社会作为一个有机体通过与环境的相互作用而发展。尽管如此，实证主义仍属于自由主义体系，一方面它与早期功利主义具有连续性，二者都是经验主义的，都强调经验和感觉在观念形成中的首要地位，都以科学的名义反对旧的教条、传统和习惯。功利主义对效用的检验（最大多数人的最大幸福）同实证主义所强调的物质进步是类似的。另一方面，孔德尊重公民自由，主张宗教自由、结社自由、言论自由和企业经营自由，认为自由是每个人的权利，他把国家的作用缩小到仅仅是维持社会秩序，同时，其他实证主义的代表人物，如斯宾塞就始终坚持自由放任和功利主义，他在他的著作中所想象的"工业社会"是个人主义的、自由的和没有国家的。

　　孔德认为个体是社会有机体的不可分割部分，而古典自由主义则强调个体的自治性，这一理论上的矛盾反映到拉美政治生活中就是权力主义和立宪主义之间的冲突，表现为：1889—1891 年巴西、智利两国出现的政府与议会之间的冲突；1890 年阿根廷政府与"公民联盟"之间的冲突；墨西哥 1893年科学家派对总统连任的挑战。四个国家都是以宪法原则的名义反对独裁主义领导的，但由于冲突双方对经济价值和社会价值的看法一致，都承认秩序和进步的重要性，结果是冲突的双方妥协和趋同，自由主义集团内部的暂时破裂很快得到弥合，政治统一得到了恢复。这样，拉美国家完成了自由主义向实证主义的转变，自由主义也变成了"保守的自由主义"。

　　墨西哥建立"秩序"的过程在拉美国家中最典型、最艰难、最复杂。华雷斯的改革运动目标原来是双重的，即建立民主政体和促进经济发展。但自由派的民主理想主义带来的往往是分裂和内战。1876 年迪亚士上台后，建立起保守的中央集权制政府，同时按照 1857 年开明的联邦宪法进行统治，以牺牲第一个目标来换取第二个目标。他所建立的秩序和稳定是殖民地时期以来从未有过的。委内瑞拉的安东尼·奥古斯曼·布兰科政权、危地马拉的胡斯托·鲁菲诺·巴里奥斯政权、1889 年建立的巴西共和国的前两届政府、阿根廷的胡里奥·阿罗卡以及他的继承者都类似墨西哥的模式，其他拉美国家也

---

　　① ［英］莱斯利·贝瑟尔主编：《剑桥拉丁美洲史》第四卷，涂光楠等译，社会科学文献出版社 1991年版，第 389-390 页。

都逐渐克服了混乱的考迪罗统治，建立起了大地主、军人、外国资本家联合统治的寡头独裁政权。"如果说 19 世纪前半叶是以政治变动和不稳定为特征的话，那么后半叶则具有经济和社会革新以及政治稳定的特点了。"①随着"秩序"的建立，各国出现了经济繁荣和物质"进步"，一方面表现在创办现代学校、鼓励欧洲移民、修筑铁路、兴办实业、港口和城市建设、初级产品出口等方面。另一方面，从高识字率和低死亡率的人文指标看，阿根廷在 20 世纪初一度进入了世界前十位国家的行列。其他拉美国家尽管没有获得阿根廷那样的结果，但至少也取得了重大的成就。

平均地看，拉美国家创造的财富大约比它们在非洲和亚洲独立的伙伴（如埃塞俄比亚和暹罗）更多，也比大多数殖民地或东欧及世界其他地方的帝国主义依附国更多。在 19 世纪末，大量的人口急于从其他地区移民到拉丁美洲，这至少表明了一种普遍的感觉，即阿根廷、巴西南方、乌拉圭、智利和古巴的就业、健康、教育状况平均好于那些移民的母国。②总之，在 19 世纪末至 20 世纪初，拉美经历了一个空前的政治稳定和经济增长时期。

四、社会进化论与移民高潮

自从独立以来，人口匮乏在拉美是人所共识的问题。1823 年，占南美大陆面积约 1/2 的巴西仅有 470 万人，乌拉圭在独立战争开始时只有 6 万人，而阿根廷在 1825 年的人口是 120 万。为了吸引移民，不少拉美国家重新起草了宪法，为非天主教徒提供了信仰自由。阿根廷的理论家胡安·巴伍蒂斯塔·阿尔维迪在 19 世纪中期时宣称："统治之道在于移民。"他起草的阿根廷 1853 年宪法赋予政府以推动欧洲移民的责任。但是，只是在 19 世纪后期，随着拉美经济的发展和斯宾塞社会进化论的传播，欧洲移民的步伐才得以加快。

英国人斯宾塞（1820—1903）是实证主义的另一代表人物，如前所述，他也是一个自由主义者。其主要著作是《国家的适当范围》（1842 年）、《社会静力学》（1850 年）和《社会学原理》（1876—1896 年）等，他用自然科学

---

① [美]E. 布拉德福德·伯恩斯：《简明拉丁美洲史》，王宁坤译，湖南教育出版社 1989 年版，第 170 页。

② David Bushnell, and Neill Macaulay, *The Emergence of Latin America in the Nineteenth Century*, New York: Oxford University Press, 1994, p. 289.

概念解释人类社会现象，提出了"社会有机体"论和"社会进化"论。他认为生物界的"生存竞争"或"强存弱汰"的自然法则同样适用于人类社会，社会上的贫富差别就是这一法则的体现。他以是否有利于人类进化作为判断善与恶的标准，认为"优等"民族淘汰"劣等"民族是一种善业。一个完善的社会就是人们都具有"生存竞争"的能力，也就是使"个人有机体"和"社会有机体"保持"均衡"。为此，必要条件之一是尽可能地扩大"个人自由"，进行生存竞争的自由是个人首要的自然权利；另一个必要条件是限制国家职能的范围，国家的职能就是保护个人的自由，制止那些破坏"生存竞争"过程的行为，政府不应该制定"济贫法"，应避免使自然选择规律失去作用。[1]由于斯宾塞的著作里充满了大量的有关具体的习俗、信仰、礼仪和种族特征的比较资料，因而把拉美人的注意力吸引到了对普遍系统中拉美社会所具有的特点的关注上。斯宾塞和其他一些同期的欧洲社会进化论的著作使拉美知识界原有的种族偏见进一步加深。

殖民地时期殖民者对有色人种就存有种族偏见，殖民者认为印第安人的愚昧、迷信、顺从、缺少智力和创造力等不是社会的原因，而是因为他们是印第安人。对黑人奴隶制的辩护是，基督教将这些黑人从野蛮和部落战争中拯救了出来，但要教育这种天生落后的种族是徒劳无益的事情。这种种族偏见到 19 世纪后期和 20 世纪初则表现为统治阶层和知识界存在的一种种族悲观主义。他们认为拉丁种族是颓废的，对一个既是拉丁人的又是梅斯提索人的大陆来说，前景是暗淡的。在斯宾塞思想以及拉美复杂的种族构成的现实的影响下，一些知识分子发表的拉美种族悲观主义言论超越国界遍布整个半球。如阿根廷人卡洛斯·O. 本赫写的《我们的美洲》（1930 年）、玻利维亚人阿尔西德斯·阿格达斯写的《病态的民族》（1909 年）、秘鲁人弗朗西斯哥·加西亚·卡尔德隆写的《美洲的拉丁民主政治》（1912 年）就是这种言论的典型代表作。本赫写道，西班牙语美洲是一个种族的"空中楼阁"，不像美国人，美洲的西班牙人不是纯种，而是"梅斯提索化、印第安化和穆拉托化的欧洲人"。每个族群有它自己遗传的心理特点，而各共和国的"民族心理"因各自特有的种族混合情况而有差别，可是，构成"种族精神"的是三个基本特征：傲慢（源自西班牙人，可追溯到西哥特人）、忧郁（源自印第安人）和懒惰。阿尔达斯则把国民心理中的许多缺点，诸如欺骗行为、好作空论、缺乏事业心、思想贫乏

---

① 北京大学法律系《西方政治思想简史》编写组：《西方政治思想简史》，第 288 页。

等等，归咎于印第安人血液的大量注入。①在这种将拉美落后和混乱状态归咎于混血人种的责备声中，他们使他们国家的人民产生了一种自卑感。

统治阶层也含蓄地承认种族理论的正确性，并认为改变种族现状的措施是鼓励欧洲移民，只有欧洲移民的到来才能改变国民的素质，使资源得到开发，新技术得到推广。他们喜欢北欧的移民（尽管事实上大部分移民来自葡萄牙、西班牙和意大利），希望自力更生的特性和开创精神能在拉美得到加强，因为这种特性和精神是19世纪自由主义理想的标志。

斯宾塞的理论为拉美各国政府的移民政策提供了依据，而经济扩张又为移民的到来提供了机会，结果，在19世纪后期，大量移民涌向拉美。在1857—1900年间，阿根廷净流入120万人（相当于1825年的总人口）。移民高峰年是1913年，净移入14.5万人，到1914年，阿根廷已接收了466.05万移民，净流入的移民数是264万人。其中意大利移民约为120万人，西班牙移民约为100万人。移民到乌拉圭的人的来源与阿根廷相似，到1889年，蒙得维的亚共有21.4万人口，其中包括10万移民。在巴西，1851—1888年间，平均每年移入1万人，奴隶制废除后的10年，是移民流入的顶峰，大约有250万欧洲移民在1888—1914年间来到了巴西。②新移民对南美国家的农业商业化、早期工业化和城市化都产生了重要的推动作用。

五、贸易自由主义和初级产品出口导向模式

1814年玻利瓦尔在《致大不列颠外交大臣的信》中写道："美洲人民目前所进行的这场革命，目的无非有二：摆脱西班牙的桎梏和与大不列颠保持友谊和贸易。"③冲破西班牙、葡萄牙重商主义政策的束缚，要求自由贸易是独立运动的原因之一。

自由贸易理论最早的系统阐述者是英国人亚当·斯密（1723—1790），他在1776年出版了《国富论》，指出一国国民财富的源泉是国民的生产劳动，分工、资本积累和工业化水平是一国财富的真正指标。他认为，在封闭的经

---

① [英]莱斯利·贝瑟尔主编：《剑桥拉丁美洲史》第四卷，涂光楠等译，第400-401页。

② Encyclopaedia Britannica, *The New Encyclopedia Britannica,* Vol. 22, Chicago: Encyclopedia Britannica, 1988, p. 818.

③ [委内瑞拉]玻利瓦尔：《玻利瓦尔文选》，中国社会科学院拉丁美洲研究所译，第30页。

济中，国民财富的增长受到资源和技术条件的限制，而利用对外贸易可以促进经济增长。只要贸易双方按照各自的"绝对优势"进行专业化生产，发展自由贸易，就会各得其所。他认为重商主义以国家力量维持不当的贸易优势，会妨碍贸易双方的国内经济增长，国际贸易并不是重商主义所强调的"一个人的所得就是另一个人所失"[①]的"零和游戏"，而是"双赢游戏"，关键在于一个国家能否把握住它的最佳利益何在。在国际贸易中，各国将会看出一国的繁荣有赖于其余所有国家的繁荣。另一位英国经济学家大卫·李嘉图（1772—1823）在他的《政治经济学及赋税原理》（1817 年）进一步补充了斯密的学说，他认为即便是一国不具有"绝对优势"的生产，而只拥有"比较优势"的生产，那么，根据"两利相权取其重、两弊相权取其轻"的原理，相互贸易也可以从中得到利益。通过获得比较利益要比不利用比较优势能得到更多的总产出。

　　西班牙文版的《国富论》最早于 1794 年出现在西班牙，是由何塞·阿隆索·奥尔蒂斯翻译的，他对其中的内容作了删减，并加了不少评论性的注释。1803 年法国人萨伊出版了《政治经济学概论》，对斯密理论进行了通俗化解释，这本书在出版后的第二年就被完整地翻译成西班牙文，并且很快连续再版。[②]自由贸易学说在独立前就已经进入了拉美。在新格拉纳达，佩德罗·费尔明·德巴尔加斯和何塞·伊格纳西奥·德庞博是 18 世纪末的两位克里奥尔经济学者，前者在 1790 左右出版了几本经济小册子，后者在 1807—1810 年发表了几篇著名的经济文章，他们两人都反对当局的财政垄断，支持更大的贸易自由。德庞博在 1810 年已经读了斯密的著作，他在文章中曾引述了斯密的劳动价值理论，还宣扬个人的经济利益与社会利益相和谐的自由主义基本信条。德巴尔加斯则根据自己的观察和历史经验，谴责大地产的盛行，认为大地产导致了极端的不平等，阻止了人口的增长和繁荣。他还攻击政府的财政垄断，提出"政府塑造了一个坏生意人"的说法。1810 年德庞博建议在大学里设立政治经济学教席，10 年之后，新的哥伦比亚立法者将政治经济学规定为大学或学院中法律学生的必修课程，用萨伊的著作作教材。到 19 世纪

---

① ［英］托马斯·孟：《英国得自对外贸易的财富》，袁南宇译，商务印书馆 1961 年版，第 1 页。

② Charles A. Hale, *El Liberalismo Mexicano en la Época de Mora, 1821-1853*, México: Siglo XXI, 1987, p. 259.

30 年代，全国各地的大学和学院都开设了政治经济学的课程。①斯密《国富论》的葡萄牙译本 1811 年出现在巴西的里约热内卢，1813 年又出现在巴伊亚。这里的出口商们经常引用其中的章节来为冲破英国的市场保护而进行辩护。②

贸易自由主义对拉美各地的影响尽管有比较大的差异，但仍能划分出几个大致的阶段。

1810—1825 年的高涨阶段。西班牙美洲的上层人士对他们新国家的未来前景非常乐观，这种乐观精神推动他们在政治、经济和社会方面提出了许多改革方案。其中，在经济上出于对西班牙重商主义的反感，几乎所有的新国家都接受了贸易自由主义，主张对外开放港口，加强与欧洲国家特别是英国、法国、德国和美国的关系。

1825—1845 年的退缩阶段。在 19 世纪 20 年代末和 30 年代初，英国进口货物的洪流造成拉美严重的贸易逆差，加上拉美流通手段的缺乏，政府越来越多的外债，由此而产生了经济紧缩和政治上的动乱。经济危机促使精英之间发生了激烈的政策辩论，自由主义的论断受到质疑，不论是自由派或保守派都出现了主张保护当地制造业的人，同时，在这两种政治倾向中都有一些人坚决信奉自由贸易原则。但在实际操作中，自由主义原则在国际贸易和税收政策中被部分地放弃，不少地方提高了保护性的关税。③几乎各地都出现了一个悲观的和保守的时期

1845—1870 年的恢复阶段。1845 年以后，由于欧美越来越需要拉美的原料，使得这个地区的贸易趋于平衡，这似乎证明了自由派经济上信奉自由贸易的正确性，英国 1846 年最终废止了谷物法，放弃了所有的关税保护，英国政论家敦促其他国家在外贸中以对等的解决办法来维护经济自由原则，英国榜样的力量和进入英国市场的日益容易对拉美贸易的向外扩张是一个有利的环境。因此，该时期大多数国家至少在自由贸易政策方面有了趋于一致的意见。比较有利的经济环境、出口经济的增长和贸易的扩大在许多国家激起一股新的自由主义热情。

---

① Joseph L. Love, and Nils Jacobsen, *Guiding the Invisible Hand: Economic Liberalism and the State in Latin American History*, pp. 40-41.

② David Bushnell, and Neill Macaulay, *The Emergence of Latin America in the Nineteenth Century*, p. 40.

③ ［英］维克多·布尔默·托马斯：《独立以来拉丁美洲的经济发展》，张凡等译，中国经济出版社 2000 年版，第 40 页。

1870—1910年的再度高涨阶段。该时期拉美地区出口经济出现了真正转变。与科学应用于工业和资本品生产的技术变革相关联的欧洲第二次工业革命，带来了对拉美史无前例的投资、技术革新（由螺旋桨推动的蒸汽轮船、铁路、冷冻设备、带刺铁丝网），尤其是对资本品（如铜、橡胶）和消费品（糖、小麦、牛肉、咖啡）的大量需求，使投资和贸易得到急剧扩张，拉美国家被纳入国际贸易发展的轨道，形成了三种类型的初级产品出口国：温带农产品出口国、热带农产品出口国、矿产品出口国。①1875—1914年阿根廷的出口数量和价值都是年均增长5%。1877—1900年墨西哥的出口翻了4番。1833—1889年巴西外贸值增长了六七倍。同时，出口扩大也带动了拉美几个主要国家的早期工业化。②面对初级产品出口所带来的大量外汇收入和外国投资，统治阶级内部减少了对贸易自由主义的反对。贸易自由主义高涨的另一个原因是，整个19世纪初级产品的贸易条件并不太坏，初级产品的价格下降幅度很小，比制成品价格下降的幅度小，自由贸易被证明是有利可图的。③这种状况一直持续到第一次世界大战爆发。

六、结语

没有思想就没有革命，并不是说思想导致了革命，但它至少表明思想是导致革命的多种因素之一，而这个因素在以往的拉美史研究中被冷落了。

19世纪，拉丁美洲的自由派精英有选择地引进了自由主义思想，他们根据当地的情况选择他们认为有意义的各种思想流派，如利用启蒙运动思想赢得了独立战争，利用边沁的思想对教会发起攻击，利用孔德的思想建立稳定的政治秩序，利用斯宾塞的思想促进移民运动，利用斯密的国际分工理论发展对外贸易，自由主义是拉美19世纪的主流思想。

在自由主义思想影响下，拉美取得了独立战争的胜利，一些殖民制度遗产被逐渐清除，政治上建立了共和国，由动荡混乱到实现稳定，经济上由停

---

① [巴]塞尔索·富尔塔多：《拉丁美洲经济的发展》，徐世澄译，上海译文出版社1981年版，第38-39页。

② 韩琦：《拉丁美洲的早期工业化》（上、下），载《拉丁美洲研究》2002年第6期和2003年第1期。

③ David Bushnell, and Neill Macaulay, *The Emergence of Latin America in the Nineteenth Century*, pp. 290-292.

滞、复苏到进入快速增长，经济和社会结构也发生了变化，土地和劳动力市场开始形成，随着出口经济和早期工业化的发展，农村和城市的中产阶级人口都在上升。19 世纪是拉美发生巨大变化的世纪。

当然，应当看到自由主义影响的局限性。鉴于殖民地的种族、社会、经济不平等的遗产，鉴于拉美自由派精英主要是与出口部门相联系的地主、矿主、商人和城市自由职业者而非工业资产阶级，因此，经济自由主义冲破垄断和保护主义的结果只能是增加财富的集中。正如美国著名史学家伯恩斯所强调的，19 世纪进步的后果是下层民众的贫困。[①]同时，鉴于拉美专制主义传统的根深蒂固，政治自由主义并没有实现国家的分权化和民主化，而是倾向于权威主义、中央集权制和军人干政的现实。无论是经济自由主义还是政治自由主义，拉美都有很长的路要走，但是，第一次世界大战，特别是 1929—1933 年世界经济大危机，打断了拉美的自由主义进程，拉美选择了新的发展道路。

在目前的发展中国家中，拉丁美洲比亚洲和非洲的殖民地国家早独立 100 多年。与亚洲和非洲相比，19 世纪作为外围国家在自由主义影响下发展资本主义的这段历史是拉美独有的，因此，我们应该重视对 19 世纪拉丁美洲历史的研究。

（本文原载于南开大学世界近现代史研究中心编：《世界近现代史研究》第一辑，2004 年出版，原标题为"论自由主义对 19 世纪拉丁美洲的影响"）

[①] Edward B. Burns, *The Poverty of Progress: Latin America in the Nineteenth Century*, Berkeley: University of California Press, 1980. 韩琦：《现代化的负效应：文化冲突、依附、贫困——评伯恩斯〈19 世纪拉美进步的贫困〉》，载《拉丁美洲研究》1993 年第 3 期。

拉丁美洲的结构主义理论

拉美结构主义理论是 20 世纪拉美本土产生的最重要的思潮之一,对拉美工业化和现代化进程产生了极其重要的影响。本部分首先试图厘清拉美结构主义的概念及其与一些相关概念之间的关系,然后追溯导致拉美结构主义产生的思想渊源和历史背景,继而简略地考察一下结构主义的主要内容,最后对拉美结构主义的贡献和局限性给予评价。

一、结构主义及其相关概念

什么是拉美结构主义?为什么在一些论述拉美结构主义的文章中,会经常发现同一个内容的"主义"会有不同的称呼,如拉美经委会主义、普雷维什主义、发展主义等,它们之间有何联系和区别?

结构主义理论是第二次世界大战之后兴起的一种关于发展中国家经济发展的理论,为什么称之为"结构主义"的经济理论?因为从方法论的角度讲,这种理论注重对发展中国家经济和社会结构特殊性的分析,强调经济发展过程中的非均衡状态。钱纳里曾指出,"结构主义思路试图确认,是发展中经济的刚性、滞后和其他结构特征影响了经济调整和发展政策的选择","在 20 世纪 50 年代出现的一些最初的结构假说是由罗森斯坦-罗丹、纳克斯、刘易斯、普雷维什、辛格和缪尔达尔等人提出的,他们解释了国际收支的不平衡、失业、在特定的财产需求和生产功能基础上的收入分配的恶化以及经济行为的特殊性等现象,在这类工作中的一个共同的主题就是关于导致稳定增长和理想收入分配的价格均衡机制的失败"。①钱纳里提到的这些代表人物除了纳克斯以外，其他都是迈耶介绍的第一代的"发展经济学的先驱"②，他们一般都持有结构主义思路，反对新古典经济学关于通过边际调节和市场修补就能达到经济均衡的思路，认为发展中国家的经济具有结构上的特殊性，即刚性、滞后、短缺、过剩、低供求弹性等等，这些特点决定了发展中国家的经济既不同于西方发达国家目前的经济，也不同于其早期发展的经济。结构的特殊性使价格机制和市场调节的均衡作用不可能实现，相反，发展中国家经济普遍存在的却是非均衡现象，即某些市场中求过于供，某些市场中又供过于求。结构的特殊性也使经济增长的利益不易普及于广大的人群，从而造成有增长而无发展的情况。由于这些经济学家在研究经济发展问题的时候强调经济社会结构的特殊性和经济发展过程中的非均衡状态，因此，被称为结构主义学派。③

如果说"发展经济学的先驱"们大多来自发达国家的话，以普雷维什为代表的拉丁美洲的结构主义学派则是发展中国家土生土长的。1948年2月，联合国成立了拉丁美洲经济委员会，其坐落在智利的圣地亚哥，是联合国经济和社会理事会分布在五大洲的经济委员会之一。这里集结了一支由来自拉美各国的优秀知识分子组成的社会科学家团队，他们被一种共同的目的和问题驱动，结果形成了一种关于拉美发展问题的地区性观点，拉美结构主义理论最初就是作为拉美经委会关注拉美发展的主要障碍和提出克服这些障碍的政策建议而出现的。其中最具代表性的观点是普雷维什提出的中心-外围理论，该理论认为世界经济是由中心和外围两极构成的，它们的生产结构存在着巨大的差异。外围生产结构的特点是异质性（即先进的出口部门和落后的维持生计部门共存）和专业化（即集中于一两种主要初级产品的生产，生产部门缺乏横向的补充和纵向的联系）。与此相对应，中心的生产结构则具有均质性和多样化的特点。中心和外围在生产结构上的差异性就成为它们在传统的国际分工中各自发挥不同作用的基础，从而表现为一种用粮食和原料换取

---

① Hollis B.Chenery, "The Structuralist Approach to Development Policy," *The American Economic Review*, Vol.65, No. 2(1975), p. 310.

② [英]杰拉尔德·M. 迈耶主编：《发展经济学的先驱》，谭崇台等译，经济科学出版社1988年版。

③ 结构方法在于把社会现实作为一个结构和进程来理解。结构描述的是构成整体的各部分之间的相互关系，整体通过这种关系表现出来。这种关系反映在时间上则表现为连续的变化，这样，结构便具有历史进程的特点。因此，这种结构分析方法与历史方法的结合运用也被称作"历史-结构方法"。这种方法多为非正统发展经济学家所使用，因此它们也被称作结构主义学派。

工业品的国际贸易形式。从这种关于生产结构差异性的基本观点出发，又派生出了许多其他的观点。罗德里格斯认为，这种最初的概念是拉美结构主义观点之源。①另外，通货膨胀理论为拉美经委会理论以结构主义著称也做出了贡献。普雷维什在他 1949 年写的《拉美经委会宣言》中就曾用大量篇幅论述了通货膨胀问题。对把通货膨胀作为资本积累方式做了分析和批评。②1956年胡安·诺约拉发表了一篇文章，力陈通货膨胀不是货币现象，而是以下两种因素互相作用的结果：一种是由于结构僵化而产生的"基本通胀压力"，另一种是竞争的收入要求产生的"增殖机制"。1958 年奥斯瓦尔多·松克尔发展了这个思想，他认为，"基本通胀压力根本上受经济制度僵化和固定的结构局限性决定。事实上，某些生产部门缺乏弹性不能适应需求的变化（或者简言之，生产性资源缺乏流动性和价格体系的功能缺陷）是结构性通货膨胀不平衡的主要原因"③。这种对通货膨胀原因的结构分析是首先从拉美学者开始的，因此，其后来被称为拉美通货膨胀的"特殊的结构主义理论"。富尔塔多对拉美结构主义理论的解释是，拉美结构主义者强调社会结构是了解经济主体行为的关键，"因为土地所有权制度、对厂商的控制、劳动力的构成等等非经济因素构成了经济学家的模式的结构基质，我们这些强调上述参数的人被称作结构主义者"。④

结构主义的结构分析方法与历史分析方法是紧密地联系在一起的，普雷维什贸易条件恶化的结论就是来自对历史统计资料所做的长波分析。而"中心-外围"概念也是来自对拉美经济史的动力的感悟。罗纳德·V. A. 斯普劳特在他的文章中，对普雷维什在方法论上的贡献做了很好的概括，他写道，普雷维什向我们提供了一种分析世界的方法，"这种方法包括三个环节：空间的、时间的和跨学科的。"前两个环节构成了他早期著作的基础，在后期的著作中则包括了所有三个环节。他的最大的贡献之一来源于他将外围的前景和

---

① Octavio Rodriguez, *La Teoría Del Subdesarrollo de La Cepal*, Mexico: Siglo Veintiuno Editors, 1980, p. 245.

② Raúl Prebisch, "The Economic Development of Latin America and Its Principal Problems," *Economic Bulletin For Latin America*, Vol.7, No.1(1962), pp. 14-15.

③ Heinz W. Arndt, "The Origins of Structuralism," *World Development*, Vol.13, No. 2, 1985, pp. 151-159. Jeffry. Frieden(Edited), *Modern Political Economy and Latin America: Theory and Policy*, Boulder, Colo: Westview Press 2000, pp. 5-9.

④ [英]杰拉尔德·M. 迈耶主编：《发展经济学的先驱理论》，谭崇台等译，云南人民出版社 1995 年版，第 240-241 页。

中心的经济相连并在分析局部时将其视为整体组成部分的这样一个结构，亦即空间上的联系。时间上的联系是指他的历史方法，即倾向于从昨天的事件中寻求线索，以解答今天的趋势。他的方法中的第三个环节是致力于更好地了解经济与政治之间的关系，即跨学科的方法论"①。

拉美经委会的理论主要是集体力量的结晶，但劳尔·普雷维什显然是该组织中最杰出的领军人物。他从1949年开始到1962年，一直担任该委员会的执行秘书，指导该委员会的工作。后来，他担任了联合国贸易和发展委员会首届会议的主席，当该组织正式成为一个联合国机构时又担任了该组织的第一任秘书长（1964—1969年），于是他不再仅仅是拉美而是整个第三世界的一位重要的经济学家。在拉美经委会的初创年代，他将一批年轻学者集结在他的麾下，包括塞尔索·富尔塔多、阿尼瓦尔·平托、胡安·诺约·拉巴斯科斯、奥斯瓦尔多·松克尔、达德利·西尔斯等人，他们后来都发表了关于结构主义理论的重要论著。当许多学者在酝酿结构主义理论的时候，普雷维什最初的思想在启动这一观点时是非常重要的，他的影响甚至扩大到了拉美以外的地方。他写的《拉美的经济发展和其主要问题》被赫尔希曼贴上了"拉美经委会宣言"的标签，他还是《1949年拉美经济概览》一书的主要作者。这些著作都是拉美结构主义的经典之作。在刚开始的时候，拉美经委会并没有着手要建立一种系统的和统一的发展理论。理论化和系统化的任务发生在后来，并且不是专门地由拉美经委会来完成的，松克尔和巴斯在他们1970年出版的著作中，对拉美经济思想的演变做了最初的梳理。②当富尔塔多不再为经委会工作时，也对结构主义的理论化做出了他的重要的贡献。③从一种批评的观点对拉美经委会的发展理论做出的最雄心勃勃和最具理解力的综合性概括是由罗德里格斯完成的。④拉美经委会的理论并不是一成不变的，随着它获得经验和当它的政策受到实践检验发生问题时，会不断地做出修正。但罗德里格斯认为，拉美经委会最有独创性的时期是从1949年到20世纪60年代的后半期，之后便没有提出什么新论断。⑤由于拉美经委会采用

① Ronald V.A.Sprout," The Ideas of Prebisch," *Cepal Review*, No.46.April, 1992. p. 189.

② Osvaldo Sunkel, and Pedro Paz, *El Subdesarrollo Latinoamericano y La Teoria Del Desarrollo,* México: Siglo Veintiuno Editors, 1970.

③ Celso Furtado, *Teoria y Politica Del Desarrollo Economico,* Mexico: Siglo Veintiuno Editors, 1974.

④ Octavio Rodriguez, *La Teoría Del Subdesarrollo de La Cepal.*

⑤ ［美］约瑟夫·洛夫：《1930年以来拉美的经济思想和意识形态》，载［英］莱斯利·贝瑟尔主编：《剑桥拉丁美洲史》第六卷（上），高晋元等译，当代世界出版社2000年版，第429页。

结构主义的分析方法，形成了外围国家经济发展的一整套经济理论和政策，因此，拉美的结构主义理论亦被称为"拉美经委会理论"或"拉美经委会主义"。广义的拉美经委会主义者还包括了接受过拉美经委会训练班培训的人们以及拥护拉美经委会观点的人们。[①]鉴于普雷维什在拉美经委会理论形成中所起到的领军人物的作用和他作为执行秘书的领导地位，拉美经委会主义有时亦被人们称作"普雷维什主义"。

拉美的结构主义理论还经常被人们称作"发展主义"理论，这是为什么？二者之间能画等号吗？一般来说，结构主义同发展主义理论的内涵具有一致性，只不过二者的视角不同。如果说称其为"结构主义"主要是从研究方法的角度加以强调的话，那么称其为"发展主义"则主要是从理论内容的角度给予强调的。

可以说，拉美经委会理论的主题和主旋律就是发展。1970 年普雷维什对"发展主义"这一概念做了如下的阐述："发展主义可以解释为相信不需要大的变革就能加速当前的发展步伐，并确信社会不均将会在发展的强大动力中逐步消除，重要的是发展。"[②]据阿道弗·古里埃里的研究，普雷维什在拉美经委会的初期论著中所提出的发展理论，可以分为三个主要方面：一是他为发展下的定义；二是他对拉美发展所做的阐述；三是他提出的行动建议。[③]普雷维什认为发展的定义主要是指"技术进步及其成果"。发展既是分析范畴，又是社会目的。他把技术进步理解为采取更有效的生产方法使劳动力实际生产率水平有所提高的过程，其主要成果当然是指收入水平的提高和居民生活条件的改善。此外，还有技术进步及其成果的分配问题。他认为技术进步应该比较均匀地分布于整个经济结构，避免其集中于某些行业、部门或企业。生产率的增长应当涉及全部劳动力。技术进步比较均衡地分布，决定着它的成果能够比较平均地分配。他的发展定义的突出特点是，既要考虑劳动力实际生产率水平的提高及其比较均匀地分布，又要考虑收入水平的提高及其平均分配。他把拉美的发展理解为一个带有自身特点的具体历史过程。在这个

---

① John H.Coatsworth, "Structures, Endowments,and Institutions in the Ecomonic History of Latin America," *Latin America Research Review*, Vol.40, No.3(2005), p. 132. 本文论述的结构主义思想主要是拉美经委会的思想。

② Raúl Prebisch, *Change and Development: Latin America's Great Task*, Washington, D.C.: Inter-American Development Bank, 1970, p. 19.

③ ［墨］阿道弗·古里埃里：《技术进步及其成果——劳尔·普雷维什著作中的发展思想》，苏振兴、白凤森译，载《国际经济评论》1982 年第 7 期。

过程中，由于技术进步在世界范围的扩散，逐步形成了一个由中心和外围组成的体系，中心首先得到发展，因而中心可以支配整个体系的运转，外围能否加入这个体系和以何种方式加入，则取决于这些国家能为满足中心的利益提供些什么。外围要改变这种劣势地位，就必须实现技术进步，这就必然要搞工业化。他随后提出的行动建议的核心就是通过政府的积极干预政策保护"幼稚工业"的发展，为实现工业化创造良好的环境。

发展主义强调政府干预经济，强调政府主导下的有意识的自主发展。"发展主义为了发展的目的而要求大量增加政府开支，因而具有某种凯恩斯主义的味道，但由于它把国家看作经济、社会和政治变革的重要角色，因此走得更远。国家被当成了通过经济计划化和工业化而推动发展中国家现代化的先锋。"[①]拉美经委会通过它的著作、讲话、出版的报告、对政府的技术咨询和为高级公务员提供的讲座及课程对许多拉美国家的政府政策产生了影响。其影响在那些试图从事重要的改革（诸如土地改革）和那些试图把经济一体化作为一种发展工业化道路的国家特别强烈。20世纪50和60年代，拉美各国有三个比较一致的特点：实行进口替代工业化；试图通过依靠外国和国内的私人资本增加资本积累，加快工业化；政府在经济发展中发挥了重要作用。因此，发展主义成为整个拉美一致的经济发展模式。但是，发展主义的内涵比结构主义更宽泛，它是一种意识形态，不仅仅包括经济发展的内容，还包括了政治发展、社会发展和文化发展等方面的内容，甚至在政治学、社会学和文化人类学中都出现了专门研究发展问题的分支。[②]

上述可见，拉美结构主义、拉美经委会主义、普雷维什主义、发展主义是从不同的角度对20世纪40年代末至60年代中期拉美经委会提出的关于经济发展理论的称谓，"拉美经委会主义""普雷维什主义"强调了思想理论的创立者，"拉美结构主义"则是从这一理论的方法论角度加以强调的，而"发展主义"是从这一理论的内涵强调的，但相对说来，发展主义的内涵更广。

---

① Cristóbal Kay, *Latin American Theories of Development and Undevelopment,* London: Routledge,1989, p. 28.

② Howard J. Wiarda, "Toward Consensus in Interpreting Latin American Politics: Developmentalism, Dependency and The Latin American Tradition, " *Studies in Comparative International Development,* Vol.34, Issue.2, Summer, 1999.

二、拉美结构主义理论的渊源

拉美结构主义理论是怎样产生的？要回答这个问题，必须从拉美经济发展的历程、理论家个人的成长经历以及结构主义的各种理论来源三个方面进行分析探讨。

1. 拉美经济发展的历程

研究拉美经济思想史的美国专家约瑟夫·洛夫曾讲过一句话，即"拉美的工业化在成为政策之前便已是事实，在成为理论之前已是政策"①。这句话非常精辟地概括了拉美经济理论与实践之间的关系。在中心国家第二次产业革命的推动下，1870 年以后拉美国家开始了以初级产品出口为导向的发展，到 19 世纪末 20 世纪初，作为世界体系扩大的结果，一些拉美国家经济发展水平有了很大的提高，在出口导向发展模式的带动下，发生了早期工业化进程。1929 年大危机和随后的世界经济中心各国家之间的战争，使中心国家对外围国家的出口陷于瘫痪，外围国家被迫利用原有的工业潜力，实行非耐用消费品的进口替代工业化。拉美的工业资产阶级正是在这种情况下掌握了政治机器。由于各个国家情况不同，掌权的形式也是多种多样的。在民众主义的口号下，资产阶级与民众组成阶级联盟，在工业资产阶级领导下，国家形成了应对危机的体系。在危机面前，拉美国家实行了贸易控制和外汇限制，并同时扩大国内需求，结果是以工业部门为首的经济迅速恢复，战争年代制成品的短缺导致了新的制造业的产生。拉美各国经济体制的变化以及这种自发的进口替代工业化进程就成了拉美本土经济理论产生的基础。因此，在开始的时候，拉美经委会的理论就是要理解这一自发过程的逻辑，并对其做出合理的解释，尚未有要设计一种新的工业化战略的想法。

但在 20 世纪 40 年代末和 50 年代，有三个理由成为拉美经济委员会倡导工业化的基础。一是，初级产品的贸易条件恶化限制了对外部门的增长，而从外部进口工业品遇到障碍，因此需要一种内部的猛力增长。二是，为了吸收日益增长的劳动力和为农业剩余劳动力提供更好的就业机会，经委会觉察

---

① [美]约瑟夫·洛夫：《1930 年以来拉美的经济思想和意识形态》，载[英]莱斯利·贝瑟尔主编：《剑桥拉丁美洲史》第六卷（上），高晋元等译，第 397 页。

到了一种快速增加就业的社会需要，而那些初级产品生产部门不可能提供更多的就业机会。三是，工业化被看作产生技术进步的唯一形式。①因此，从分析条件看，这种进口替代工业化模式是修正新古典贸易模式三个基本假定（一个国家的出口面对的是一种以世界价格计算的无限弹性的需求；充分就业、资本和劳动力自由流动；没有利用外资的必要性）的逻辑结果。而当时的拉美经委会，作为联合国一个机构，着眼的不只是单个国家的工业化，而是提倡整个拉美地区的工业化，它持有一种特定的地区视角，认为拉美地区的出路在于进口替代工业化。

2. 经济理论家个人的成长经历

经济理论家个人的成长经历对结构主义理论的形成也有着举足轻重的作用。约瑟夫·洛夫认为，"拉美经委会在最初几年受普雷维什的思想、人格和纲领的左右"②。因此，探寻结构主义的渊源，离不开考察普雷维什的成长经历，因为普雷维什思想的形成显然是建立在经验观察和向失败了的政策学习的基础上的。③

普雷维什 1901 年出生于阿根廷的土库曼市，后就学于布宜诺斯艾利斯大学的经济系，当时该校可能是拉美学习经济理论的最佳学府，他在 1923 年获得博士学位。1930—1935 年，他先后在阿根廷的财政部和农业部担任经济顾问、财政部副部长，1935—1943 年，他一直担任阿根廷中央银行行长，该银行发挥着政府经济"智囊团"的作用。

作为政府经济事务决策参与者之一，普雷维什经历了大萧条后阿根廷政府经济政策的制定工作和阿根廷对外经济谈判的工作。1933 年他参加了与英国的贸易谈判工作，最后达成了《罗加-朗西曼条约》。这个条约对英国的好处比对阿根廷的好处多，同时英国同意继续购买一定数量的牛肉，用以作为经常地偿付债务开支和对英国制成品降低关税的回报。1936 年的一项双边条约对英国企业甚至更为有利。此外，阿根廷政府通过偿还债务保留其信用地

---

① Valpy Fitzgerald, "La CEPAL y La Teoria de La Industrialization, *Revista de La Cepal*, 1998," special issue.Santiago http://www.eclac.org/cgi-bin/getProd.asp?xml=/publicaciones/xml/5/4415/P4415.

② ［美］约瑟夫·洛夫：《1930 年以来拉美的经济思想和意识形态》，载［英］莱斯利·贝瑟尔主编：《剑桥拉丁美洲史》第六卷（上），高晋元等译，第 406 页。

③ 南开大学董国辉教授撰写的《劳尔·普雷维什经济思想研究》（南开大学出版社 2003 年出版）是国内迄今关于普雷维什经济思想的一本不可多得的力作，对普雷维什思想作了比较全面深入的研究，详细介绍见拙文《拉美经济发展理论最杰出的先驱者——读〈劳尔·普雷维什经济思想研究〉》，载《拉丁美洲研究》2003 年第 5 期。

位而做出了巨大牺牲。这使普雷维什深深感到了作为初级产品出口国的阿根廷在国际经济中的劣势地位。同时，普雷维什和他的顾问小组在向政府提出的政策建议中，要求政府广泛干预经济。通过创办中央银行和实行外汇管制，国家不仅改革了货币和银行系统，还干预了牛肉和粮食的加工和销售。1938年，阿根廷以限制进口数量的形式实施了新的贸易管制。结果，在 20 世纪30 年代和 40 年代初阿根廷的制造业出现了引人注目的增长。阿根廷经济发展的这段经历在普雷维什脑海里留下了深深的烙印。

　　作为经济理论家，普雷维什一刻也没有停止对大萧条引起的问题的探索。他在 1934 年的一篇文章中指出，"农产品价格下跌得比工业品更厉害"，并说阿根廷在 1933 年为了获得同等数量的（工业）进口品，不得不比大萧条前多出售 73% 的货物。[1]他从 1937 年开始系统地表述一种不平等交换论，在该年中央银行发行的《经济评论》第一期上，指明农业生产与工业产出相比是无弹性的，它的产品价格在贸易周期中要比工业品价格涨落得更快。在 1944年墨西哥学院的一次演讲中，他含蓄地建议其他拉美国家政府采取鼓励工业化的政策。1946 年到墨西哥出席美洲国家中央银行银行家会议时，他最早在文字上使用了"中心-外围"这一术语，认定美国是"周期的中心"，拉美是"经济体系的外围"。[2]可以说，普雷维什的这些思想为拉美经委会主义的形成做了理论上的准备。[3]

　　3. 结构主义的各种理论来源

　　结构主义是在批判新古典经济学的基础上形成的。普雷维什在 20 世纪20 年代作为一名青年经济学家和教授开始他的学术生涯的时候，是一位新古典主义理论的热诚拥护者。他在后来回忆中谈道："在我年轻的时候，我是一个新古典主义者。我强烈地相信瓦尔拉斯-帕雷托的一般均衡理论，并为其数学上的完美特性所吸引。根据该理论，在经济力量自由发挥作用的情况下，国际资源和国内资源都将实现最优配置，而技术进步的成果将在均衡点上与每一种生产要素对生产过程的贡献相一致。"然而，"世界大萧条对我的思想

---

① [阿根廷]劳尔·普雷维什：《经院式的通货膨胀和阿根廷的货币》，载《阿根廷经济评论》第 193期（1934 年 7 月），转引自[英]莱斯利·贝瑟尔主编：《剑桥拉丁美洲史》第六卷（上），高晋元等译，第410 页。

② [英]莱斯利·贝瑟尔主编：《剑桥拉丁美洲史》第六卷（上），高晋元等译，第 411-415 页。

③ 另一位拉美结构主义先驱人物是塞尔索·富尔塔多，他的个人成长经历亦与其结构主义思想形成有着密切的联系。详见拙文《塞尔索·富尔塔多及其经济发展思想》，载《拉丁美洲研究》2007 年第 3 期。

产生了巨大的影响，我不得不放弃对自由贸易的信仰，以及对国际分工积极结果的看法"①。他感到新古典范式所描述的和谐和自我均衡的市场体系与经济现实，特别是与拉美的实际情况不相符合，于是，逐渐走上了离经叛道的道路。在他的思想中不断浮现着一些重要的理论问题："为什么我必须突然抛弃已经可以为常的信仰？为什么国家要在发展中发挥积极的作用？为什么在中心制定的政策到外围就不能实行？"②他越来越确信，新古典主义理论有严重的缺陷，必须从其他经济理论中寻找答案。我们认为，对结构主义产生有直接或间接影响的理论主要有凯恩斯主义、李斯特主义、马克思主义、制度主义、现代化理论等。

（1）凯恩斯主义的影响

凯恩斯主义对结构主义的形成产生了强大的影响。首先，结构主义部分地接受了凯恩斯主义理论。据拉美经济思想史学家奥雷斯特·波佩斯库的研究，普雷维什与凯恩斯主义有不解之缘，因为在他年轻的时候，就有一位重要的人物影响了他的思想，那就是西尔维奥·格塞尔。此人是德国人，在19世纪末移民到阿根廷，并出版了《币制改革为通向社会国家之桥梁》《经由自由土地和自由货币实现的自然经济秩序》等著作，被凯恩斯称为凯恩斯经济学的先驱之一。③波佩斯库说，普雷维什的非正统思想与格塞尔的非正统思想有"非常密切"的关系。④当凯恩斯的《通论》出版后，普雷维什进行了系统的研究，除了发表文章介绍凯恩斯的理论外，还于1947年在墨西哥出版了用西班牙文写成的《凯恩斯介绍》一书，该书使他作为经济学家在拉美的声誉大大提高。他认为，发达国家在大萧条期间发生的由于需求不足造成的凯恩斯类型的大规模失业，与外围国家普遍存在的失业并非相同，"凯恩斯的理论革命把重点放在成熟的资本主义中储蓄过度的趋势上，这显然和外围不相干"⑤。但是，凯恩斯理论在对新古典正统理论批评的基础上提出了一条

---

① 转引自董国辉：《劳尔·普雷维什经济思想研究》，南开大学出版社2003年版，第35页。

② [阿根廷]劳尔·普雷维什：《我的发展思想的五个阶段》，载[英]杰拉尔德·M. 迈耶主编：《发展经济学的先驱》，谭崇台等译，第178页。

③ 凯恩斯曾在他的著作中用数页文字介绍了格塞尔，并对他给予高度评价。见[英] 凯恩斯：《就业、利息和货币通论》，高鸿业译，商务印书馆2006年版，第264-268页。

④ Oreste Popescu, *Studies in The History of Latin American Economic Thought*, London: Routledge, 1997, p. 271.

⑤ [阿根廷]劳尔·普雷维什：《外围资本主义：危机与改造》，苏振兴等译，商务印书馆1990年版，第28页。

解决经济发展问题的思路，即由国家出面建立一种管理体制，通过公共政策对经济进行积极干预，以避免自由市场出现的种种弊端。这种国家干预主义的思路深深影响了普雷维什。结构主义理论的中心思想就是强调国家干预，通过国家干预纠正结构失衡。"拉美经委会总是小心翼翼地声明自己并非要建议搞计划经济，它既反对自由放任模式也激烈地反对俄国模式，主张保留市场经济，但必须置于政府的监督之下。"①凯恩斯也不否定市场机制，但认为这一机制如果要运行得好的话则需要进一步改进。

其次，凯恩斯主义成为第二次世界大战后的一股国际思潮，是结构主义提倡国家干预的大环境。从 20 世纪 40 年代末，西欧和北美都开始采纳凯恩斯的建议，所有的资本主义国家开始形成了所谓的"战后凯恩斯共识"，西方国家采取了一系列福利政策，并对国家经济加强管理，以至于有学者称正确的经济管理可以避免另一次大危机。凯恩斯主义也开始在发展理论中找到了市场。第三世界的经济学家怀着极大的兴趣阅读《通论》，许多人在发达国家的大学中受到了训练，而在这些大学中凯恩斯理论已经非常流行。同时，苏联中央计划的明显成功，苏联工业的快速发展，以及苏联体制伴随第二次世界大战胜利而赢得了声誉，导致许多西方学者对国家主义产生了兴趣。在这种影响下，新思潮出现在第三世界的学术界，"虽然凯恩斯式的失业被否定了，但 20 世纪 50 年代经济发展研究的其他主题，如强调资本积累、工业化和计划工作，都可以追溯出凯恩斯主义的背景"②，特别是国家在经济中发挥重要作用的原则得到了极大的支持。

最后，国家干预主义在拉美国家历史传统中占有重要地位，强化了凯恩斯主义的影响。西班牙的殖民主义理论当然强调国家对整个社会经济和政治秩序的主动权和控制权。独立后这种思想有所减退，但是 19 世纪后期的实证主义又重新提出了国家主动权的一些内容。此后，国家至上思想日益增长，拉美经委会的成立及其理论的提出，代表了这个趋势的顶峰。1953 年的《规划技术引论》把政府计划的理论具体化了。当代的拉美思潮认定，国家的行动是最有效的利用拉美资源的手段。结果，"结构主义成了第三世界的凯恩斯主义"。

（2）李斯特主义的影响

结构主义也受到了李斯特主义的影响。形成普雷维什理论的基本观点是

---

① Magnus Blomstrom and Bjorn Hettne: *Development Theory in Transition, The Dependency Debate and Beyond: Third World Resposes.* Zed book, lodon. 1984. p44.

② ［英］杰拉尔德·M. 迈耶主编：《发展经济学的先驱》，谭崇台等译，第 15 页。

中心-外围概念，据波佩斯库研究，"这一概念起源于李斯特 1848 年的著作，在阿根廷由 1874—1876 年担任政治经济学教授的维森特·菲德尔·洛佩斯以及亚历杭德罗·本赫在 1918 年创办的《经济学杂志》给予推广和普及，普雷维什作为经济学的学生对此是知道的，从这一概念出发，普雷维什引申出了他所有其他的分析性的和政治经济的思想，如工业化的必要性、汇率恶化的趋势、结构性通货膨胀和失业、共同市场的必要性、拉美发展的规律等等"[①]。那位维森特·菲德尔·洛佩斯教授曾和卡洛斯·佩列格里尼一起，批判自由贸易原则，倡导阿根廷发展工业、对幼稚工业给予适当的保护，认为阿根廷不能单纯依赖农牧业，并形成了一度颇有影响的洛佩斯-佩列格里尼学派。1890 年，佩列格里尼成为阿根廷政府的总统，洛佩斯当上了财政部长。而那位亚历杭德罗·本赫教授也是他那个时代最著名的工业化倡导者，普雷维什在研究生毕业的前一年就当上了他的研究助理，他的思想对普雷维什的影响是显而易见的。

（3）马克思主义的影响

结构主义的形成也受到了马克思主义观点的影响。如有的学者指出，结构主义理论的古典根源可以追溯到熊彼特主义/马克思主义关于自由企业资本主义的看法，即它是一种内部冲突而非和谐的制度，它的发展是一系列不规则的跳跃，这些跳跃导致了无数次的失衡。尽管在结构主义的任何文献中没有明显地出现剥削理论的版本，但的确出现了剩余产生和占有的概念，并与确认这一过程中的损失者联系在一起：边缘与中心，工人与资本家，农民与城市部门，最后是赤贫者与社会其他成员。尽管如此，结构主义者与马克思主义思想之间的主要区别是，结构主义者不一定非要得出如下结论，即资本主义将趋于自我毁灭，或对资本主义毁灭的鼓励必然是人们期望的。[②]还有学者指出，结构主义接受了马克思主义的如下观点，即"资本主义，尤其是工业化和技术进步，是进步和变革的巨大动力，但却受到了制度和结构的阻碍。必须变革这些制度以使资本主义和工业化得到发展，同时保留对无限制的和具有部分破坏力的资本主义的控制"[③]。但结构主义坚持改良主义路

---

① Oreste Popescu, *Studies in The History of Latin American Economic Thought*, p. 270.

② Nora Lustig, "From Structuralism to Neostructuralism: The Search For a Heterodox Paradigm," in Patricio Meller (Edited): *The Latin American Development Debate, Neostructuralism, Neomonetarism. and Adjustment Processes,* Boulder, Colo: Westview Press, 1991, p. 28.

③ Svaldo Sunkel, "Institutionalism and Struturalism," *Cepal Review*, No.38,1989, pp. 149-150.

线，认定在不根本改变资本主义制度的条件下可以获得发展，不赞成激进的革命方式。

（4）制度主义的影响

结构主义与制度主义有很多相似之处。一是，托尔斯坦·凡勃论和普雷维什的理论的起源显然都与自由放任主义及其政策处方的普遍流行相关，并且这种影响都主要是来自国外，特别是来自联合王国。二是，两种思路的特点都是改良主义的，而非革命的。三是，二者都总是非常关心当代或现行的社会经济问题，尤其关注经济政策。事实上，道德价值和当前的紧迫问题是大多数研究和思想的起因。四是，观察、归纳和比较历史分析的方法是这两种思路的核心。如果用一句话归纳，那就是二者对经济进程有一种类似的看法，即经济进程不是静止的、循环的、重复的、均衡的机制，主要受制于市场因素的作用，而是一种前进的社会历史进程，是经济、政治、社会、文化力量累积、冲突和变革的结果。但两者也有很多不同之处，根据松克尔的说法，其中最大的不同可能是，制度主义方法是以国家为中心的，它的研究目标是国民经济，基本上是美国经济。而结构主义–依附论的方法则是以世界为中心的。美国经济和其他工业国家的经济被看作居于支配地位，而拉美和其他欠发达国家的经济被看作全球经济中的依附性的从属体系。就二者之间的学术影响看，双方是不平衡的，制度主义学习和研究了拉美的结构主义，并意识到了结构主义的贡献；但是，拉美的结构主义者对制度主义则重视不够，只有阿根廷经济学家马加里奥在 20 世纪 50 年代初发表了几篇文章，对其做了介绍。[①]

（5）现代化理论的影响

现代化理论采用的是功能–结构主义方法，它将发展中的社会分为传统和现代两部分。在这一点上，结构主义与之没有区别，结构主义也认为拉美的体制是"传统的"，这些结构必须"彻底地"加以摧毁或改变，只有这样才能使该地区实现现代化。同时，拉美经委会的经济学家们对工业化消除不发达的能力持乐观态度。他们高度重视资本积累，他们的主要论点之一就是外围贸易条件恶化影响了资本积累，从而也影响了经济增长率。结构主义所推荐的政策在广义上与现代化是一致的，这些政策意味着鼓励城市劳动部门的扩大、加强工业家的地位和削弱农业出口寡头的地位。这种政策假定，与初级

---

① Svaldo Sunkel, "Institutionalism and Struturalism," *Cepal Review*, No.38,1989, pp. 147-155.

产品出口战略相比，进口替代工业化将导致外围经济更加独立，以及民主的进步和平等的加强。工业化创造了人们对发展的更高期望。①因此，结构主义并没有真正地放弃现代化范式。它与现代化理论一样对走资本主义道路充满信心、对发展的有效性毫不怀疑。②但是，结构主义的创新之处在于将结构分析的方法引申到了国际经济关系中，揭示了"中心"与"外围"结构的差异性，并否认二者在利益分享上的一致性，反对那种把发展中国家今天的发展与发达国家昨天的发展等同起来的观点，认为"拉美的发展在主要方面不同于发达国家当时面临的情况"，拉美必须寻找自己的道路和自己的解决办法。③

　　从上述可见，结构主义理论的渊源来自实践和理论两个方面，但应该说，它的创新观点更多地来自实践。洛夫曾说道："中心-外围命题很少来源于或借助于其他著作，其更多地应该归功于普雷维什的经验观察和实践，而不是阅读其他理论家（马克思主义的、阶级合作主义的、凯恩斯主义的或新古典主义作家）的作品。"④

三、拉美结构主义的主要内容

　　拉美结构主义的经济思想涵盖了理论和政策多方面的内容。⑤奥克塔维·奥罗德里格斯在他写的《拉美经委会的不发达理论》一书中对拉美经委会的思想贡献做了一个比较全面的概括，即在经济理论方面提出了：①中心-外围体系的概念；②贸易条件恶化论（1949—1950 年是从统计和周期的角度

　　① Patricio Meller(edited), *The Latin American Development Debate, Neostructuralism, Neomonetarism and Adjustment Processes,* Boulder, Colo: Westview Press, 1991, p. 31.

　　② Jorge Larrain, *Theories of Development: Captalism, Colonialism and Dependency*, Cambridge: Polity Press,1989, p. 107.

　　③ Raúl Prebisch, *Change and Development: Latin America's Great Task*, Washington, D.C.: Inter-American Development Bank, 1970, p. 242.

　　④ Joseph Love, "Raúl Prebisch and The Origins of The Doctrine of Unequal Exchange", in James L.Dietz and James H.Street (edited), *Latin America's Economic Development, Institutionalist and Structuralists Perspectives*, Boulder, Colo: Lynne Rienner Publishers, 1987, p. 93.

　　⑤ 严格来讲，思想、理论和政策应该是三个不同层次的概念，思想是思维活动的结果；理论是概念、原理的体系，是系统化了的理性认识；政策是国家、政党为实现一定历史时期的路线和任务而规定的行动准则（见《辞海》）。但本文所指的经济思想，含义比较宽泛，包括了经济理论和经济政策。

论述的，1959 年是从工业化的角度论述的）；③对工业化进程的解释；④对通货膨胀的分析；⑤对发展的结构性障碍的分析。在发展政策方面涉及：对工业化进程的审议性引导；配置资源的标准；发展计划；国家的作用；土地改革；修订计划的原则和方法；加强干预主义和财政改革。在国际经济关系的政策方面涉及：对国内市场的保护；拉丁美洲一体化；利用外资；技术援助；反周期政策；制成品出口等。农业政策包括：投资和面积；税收和农业改革；激励机制改革。社会、劳动力和收入政策：收入再分配；社会领域的政策；现行的就业政策。短期政策包括：反通货膨胀政策。①当然，奥罗德里格斯概括性地提到的这些方面，不仅有理论与政策之分，而且有些思想比较成熟，有些思想则很简单，这些思想是在不同的历史阶段逐渐形成起来的，在不同的历史时期也各有侧重。限于篇幅所限，本文不能全面介绍，仅择其要点加以论述。

1. 中心–外围体系的概念

中心–外围体系理论是结构主义理论的基石。早在 1928 年，德国经济学家魏尔纳·桑巴特就在他写的《现代资本主义》一书的修订版中，将世界分成了资本主义的"中心"和"外围"国家。因此，"中心"和"外围"概念并非结构主义首创，结构主义的创新之处在于利用这一对概念阐释了世界经济体系不平等的性质，提出了外围国家经济不发达的理论。普雷维什写道："拉美的现实打破了国际分工的过时理论。那种理论在 19 世纪有过很大的重要性，而且作为一种理论概念直到最近继续发挥过重大影响。根据那种理论，拉美作为世界经济体系外围的一部分，其特定任务就是为工业中心大国生产粮食与原料。""关于国际分工经济利益的道理，在理论上固然可以自圆其说，可是人们常常忘记它所根据的设想却已被事实证明为谬误。那个设想认为技术进步的好处（不论是降低价格或相应提高收入）会使各国同等受益；认为原料生产国可以通过国际交换而获得这种好处，因此没有必要进行工业化，如果它们进行工业化的话，会由于效率低下而结果把自身的传统比较利益丢失。这种设想的错误在于……提高生产率的巨大利益使外围国家受惠的程度根本不能同工业大国的受惠相比。因此，两者的大众生活水准有巨大差别，它们的资本积累能力也有着显著差距，因为储蓄的幅度首先有赖于生产率的

---

① Octavio Rodríguez, *La Teoría Del Subdesarrollo de La Cepal,* pp. 2-3.

提高。"①

从高度抽象的层次上看，结构主义关于经济发展的思想与新古典经济学和凯恩斯主义的增长理论是一致的，都认为经济增长是一个与技术进步密切联系在一起的资本积累的过程，随着资本密集程度的提高，劳动生产率得到提高，人均生活水平也得到改善。除了这些共同点之外，结构主义理论又与当时流行的长期增长理论有很大的区别，因为它不是要孤立地解释典型的资本主义经济中技术进步和积累的过程，而是要阐明在由中心和外围组成的资本主义体系中资本主义生产技术扩散过程的根本特征，即结构异质性和不平等性。因此，这一理论可以概括为三个基本点，即整体性、专业化和差异性、不平等性。

整体性。所有的民族国家和疆域都被纳入一个全球经济体系。在这个体系中，中心和外围相互紧密地联系在一起，在世界经济和国际贸易的单一发展进程中，产生了外围国家的问题。"事实上存在着一种'经济星座'，其中心是工业国家。由于受惠于这种地位和早期技术进步，工业国组成了为他们利益服务的整个体系。生产出口原料的国家则以其自然资源的功能和中心发生联系，从而形成了以不同方式和不同程度结合在这个体系中的、一个广大的、参差不同的外围。"②"这种中心外围框架意味着一种单一体系，是霸权式地组织起来的。"③

专业化和差异性。在世界经济体系中，存在两种不同类型的民族国家经济，即中心（工业化国家）和外围（第三世界）。当中心的经济扩张对外围的外向发展阶段的形成给予最初的推动之后，外围的生产结构获得了两种本质特征：一是专业化，大量的生产资源被用来不断地扩大初级产品出口部门，而对粮食和服务的需求则大部分依靠进口满足；二是结构的异质性，一些生产力水平较高的部门（特别是出口部门）与大量使用落后技术、劳动生产率低下的部门并存。与外围生产结构的专业化和异质化形成对照的是中心的多样性和均质化。在这样一种有差异的生产结构基础上建立的正是传统的国际劳动分工格局：在世界经济体系中，外围的功能是生产和出口原料及食品，

---

① Raúl Prebisch, "The Economic Development of Latin America and Its Principal Problems," *Economic Bulletin For Latin America,* Vol.7, No.1, 1962, p. 1.

② ［阿根廷］劳尔·普雷维什：《我的发展思想的五个阶段》，载［英］杰拉尔德·M. 迈耶主编：《发展经济学的先驱》，谭崇台等译，第 179 页。

③ Raúl Prebisch: "A Critique of Peripheral Capitalism," *Cepal Review*, No.1, 1976, No,1.p. 60.

而中心则是为整个体系生产和出口工业制成品。[1]

不平等性。在中心和外围概念中暗含着这样的思想，即发展从一开始就是不平等的，中心是资本主义生产技术率先渗入的地区，而外围则是从技术和组织的角度看生产处于落后的地区。但中心-外围概念的含义远远超出了这种简单的初始差异性，它认为，在中心和外围逐渐形成的过程中，造成了在落后地区"技术进步……通常只渗透到那些能以低价为大工业中心提供粮食和原料的地方"[2]。换句话说，中心和外围被认为是技术进步在世界经济中扩散的历史结果。在中心，技术进步所产生的生产方法，在一个比较短的时间内会传播到整个生产体系之中，而外围起步比较晚，在众所周知的"外向发展"时期，新的技术只被引进到初级产品出口部门和与出口直接联系的经济活动中，后者与那些从技术渗透和劳动生产率角度看所谓"落后的部门"并存。这样，就形成了在世界经济体系中的中心和外围结构，以及在外围中的先进部门与落后部门并存的二元结构。一个相当规模的生产力低下的前资本主义部门或半资本主义部门继续存在于外围国家，提供源源不断的剩余劳动力，保持了低工资，阻止了外围国家随着出口部门生产力的增长而获得其自身技术进步的成果，由于贸易条件的恶化，这些成果被大量地转移到中心国家。于是，国际贸易不仅使中心和外围的不平等永久化，而且还加深了这一现象。这样，中心-外围体系存在着结构不平等和收入不平等两个方面的发展不平等的性质。

用中心-外围的概念说明世界经济体系的不平等关系，在理论上表达了一种与线性发展观的重要决裂。如当时的罗斯托的经济发展阶段论，认为所有的发达国家都曾经是不发达的，现在的不发达国家将像它们的先行者那样通过一系列演变阶段最终会成为发达国家。而结构主义者认为这种理论没有考虑外围经济结构的特殊性和非对称性。工业革命将中心国家转变为工业经济，而分配给外围国家的则是初级产品生产国的角色。当工业在中心成为最有活力的经济部门时，在外围则是初级产品出口部门成为最有活力的部门。拉美经委会将外围的这种出口导向增长描述为外向发展模式。只要出口收入的增长能够维持一种较快的经济增长率，这种模式就具有活力。因此，出口增长

---

① Octavio Rodriguez: "On The Conception of The Center-Periphery System,". *Cepal Review,* first half of 1977, pp. 197-199.

② Octavio Rodriguez: "On The Conception of The Center-Periphery System,". *Cepal Review,* first half of 1977, p. 198.

必须比国民收入的增长更快，因为由出口导向增长所带来的经济转变增加了对外汇的需求。例如，随着外围收入的增加，对进口工业产品的需求以比出口收入更大的比率而上升，即对工业产品的需求收入弹性比出口收入更大。

但是，20世纪30年代的大萧条对这种外向增长模式给予了沉重的打击，外围的出口急剧下跌。由此给国内的收入和就业带来了严重的后果，并带来了对这一模式作为发展战略的大量的质疑。然而，在拉美经委会看来，在20世纪初特别是自第一次世界大战以来美国逐渐取代英国作为世界经济的中心后，这种外向增长模式的活力就已经开始耗尽。此时美国经济远不及英国开放，以至于来自世界经济中心的活力推动不断地减弱。美国的进口系数远小于英国，美国的经济增长相应地创造了一种较低的对外围进口的需求水平。由此而来的外围的进口和出口增长率的不平衡导致一种不断增加的严重的外汇约束，从而窒息了外围的潜在增长。在拉美经委会看来，造成外汇危机的一个重要的原因就是外围国家所遭受的贸易条件的恶化。

总之，拉美经委会的理论把拉美的欠发达置于世界体系中来考察，然后又把它与内在的畸形结构相联系，指出各国经济中的那种专业化生产的条件妨碍了有效的积累和资本形成。

2. 贸易条件恶化理论

拉美经委会关于贸易条件的分析，特别是它提出的外围国家贸易条件恶化的理论，试图说明基于静态比较利益的发展模式的局限性，对传统的国际贸易理论提出了挑战，显示了拉美经委会对不发达问题研究的独到之处，同时，这一挑战也带来了众多的争议。

根据罗德里格斯的归纳，拉美经委会对贸易条件的分析经历了三个发展阶段，即贸易条件恶化论的会计版本（1949—1950年），贸易条件恶化论的周期版本（1949—1950年）和贸易条件恶化论的工业化版本（1959年）。第一个版本主要是从统计的角度描述了贸易条件恶化的现象，目的是要揭示贸易条件恶化现象背后所内含的实质。第二个版本运用了宏观经济收入理论和周期理论，试图表明那些贸易条件恶化的原因是怎样通过世界经济体系的波动周期而起作用的，由于其纳入了中心-外围的观念和两极经济的一般性特征，视野更加宽阔了。第三个版本建立在与国内市场保护争论相关的经济政策之上，试图表明在平衡增长的条件下，或者说在没有经济周期的情况下，外围自发的工业化本身带来了一种贸易条件的恶化和收入的不平衡增长。新古典价格理论的工具被用来提供对贸易条件恶化的解释，外围工业生产力的低水平，这种经济中劳动力相对丰富的特征，中心和外围的工资差别，体系中的两极对进口品需求收入弹性的不一致等等都在贸易条件恶化中扮演了推波助澜的作用。由于贸易条件恶化是与自发工业化联系在一起得到解释的，新的理论构成了一种对上述因素的综合，其不仅将贸易条件恶化而且也将工业化进程的几个特征考虑在其中。因此，这一贸易条件恶化论的工业化版本纳入了前面提到的一系列基本的假定。[1]

传统的国际贸易理论认为，中心的经济专门从事工业品生产，而外围则专门从事初级产品生产，由于在各自的经济中能享受到比较利益，双方都会得到好处。随着双方贸易的发展，中心和外围之间的收入差距将减少，因为劳动、资本或产品的有效动员将使价格均等化，并将技术进步的利益更均等地在发生贸易的国家之间分配。但拉美经委会发现，传统理论的预言和现实之间存在着矛盾，原料的专业化生产限制了外围增长的希望，这已经被拉美出口导向增长的耗竭证明。普雷维什在《拉美的经济发展及其主要问题》一文中，利用了联合国提供的（英国经济部的）统计资料，考察了 1876—1938 年英国进出口产品的平均价格指数，他以 1876—1880 年的价格指数为 100，计算出在以后各年中一给定数量的初级品换取的制成品的数量，也就是初级产品价格与制成品价格之比。结果表明，除了 1881—1885 年的价格之比略有上升（102.4）外，其余年份的价格之比均呈下降趋势，到 1936—1938 年已经下降到 64.1，也就是说一给定单位的初级产品在 19 世纪 80 年代所能换到的一给定单位的制成品，到 20 世纪 30 年代只能换取到它的 64.1% 了。[2]普雷维什由此认定，外围国家的商品贸易条件，即出口价格指数和进口价格指数之比，从 19 世纪 70 年代以来已经变得对外围日益不利了。尽管初级产品的价格是不断波动的，但从长期看存在着恶化的趋势，这意味着外围国家为了继续进口相同数量的工业品不得不出口增量的初级产品。

拉美经委会不仅关注商品贸易条件的变化，同时也注意到了收入贸易条件，即出口产品价格指数与进口产品价格指数之比再乘以出口量，也就是商品贸易条件与出口量的乘积。这意味着贸易的收入条件将出口量考虑了进去，并且表示了出口收入的购买力或进口能力。尽管外围增加了出口量，但这种

---

[1] Octavio Rodriguez: "On The Conception of The Center-Periphery System,". *Cepal Review,* first half of 1977, p. 210; p. 212.

[2] Raúl Prebisch, "The Economic Development of Latin America and Its Principal Problems," in *Economic Bulletin For Latin America,* Vol.7, No.1, 1962, p. 4.

情况也部分地被贸易条件的恶化抵消，以至于出口收入的增长不足以达到国民收入的增长所要求的比率。拉美经委会的一项研究指出，1925—1949 年拉美进口能力的增长率跟不上人口的增长率。[①]

贸易条件恶化的实质在于外围技术进步的成果被转移到了中心。拉美经委会认为，如果价格只是反映了技术进步带来的成本下降，那么制成品价格的下降应该快于初级产品，因为通常认为前者生产力的增长快于后者，所以，价格关系应该朝着有利于初级产品生产的方向发展，初级产品贸易条件的指数也应该是上升的，比如从 100 上升到了 150，是表明与以前同样数量的初级产品可以购买比以前多 50%的制成品，这样初级产品的生产者就能够与制造商同样地分享到技术进步的利润。如果尽管制成品的成本大量下降，但价格关系的指数仍然保持在 100，这说明技术进步的利润被制造商独吞了。如果这一指数低于 100，则表明初级产品的生产者不仅没能分享任何制造品生产力的增长成果，而且他们也没有保留住他们自己的技术进步所创造的全部利润。过去 75 年的贸易条件指数说明，"如果外围初级产品生产的技术进步低于中心工业生产的技术进步，那么外围将会把它们的一部分技术进步的成果转移到中心"[②]。

关于贸易条件恶化原因的分析，普雷维什是从商品的市场需求和供给两个方面论述的。他的需求分析与新古典经济思想并不矛盾，但他的供给分析是典型的结构主义观点。辛格在 1950 年也独立地发现了贸易条件恶化的问题，认为贸易条件有利于发达国家而不利于发展中国家，得出了与普雷维什相似的结论。于是，在经济文献中贸易条件恶化的命题被命名为"普雷维什-辛格命题"。但普雷维什对经济周期做了专门的论述，并对发达和欠发达国家工资不同表现的原因做出了比辛格更广泛的分析。

在需求方面，普雷维什认为贸易条件的恶化不利于外围国家，原因在于中心和外围对进口的需求收入弹性的差异，这意味着中心从外围进口的初级产品以低于其国民收入的比率上升，而外围从中心进口的工业品以高于其国民收入的比率而增长。为什么在中心会存在较低的需求收入弹性？因为从恩格尔定律看，随着收入的增加，被花费在食物方面的部分会降低；技术进步

---

① Cristóbal Kay, *Latin American Theories of Development and Undevelopment*,.p. 32.

② ECIA, "Economic Survey of Latin America, 1949 (United Nations Publication, Sales, No.51)," in *Development Problems in Latin America: An Analysis by The United Nations Economic Commission For Latin America*, London: University of Texas Press, 1970, pp. 9-10.

发明了新的生产方法，减少了对原料的需求，或人工合成产品替代了对天然产品的需求；一些中心国家所实施的保护主义政策限制了外围的出口市场。相反，外围国家对进口的需求收入弹性一般是比较高的，由于他们的工业品主要依靠进口，对工业品需求的上升大大高于其国民收入的增长。

从供给的角度看，外围贸易条件恶化的"周期版本"，与中心和外围在世界经济周期中产生的不同效果有关。资本主义经济体系陷入了一种周期状态，中心是这种周期的发动者，外围是周期被动的反应者。在经济的上升期，贸易条件一般说来有利于初级产品的生产者，但在经济的下降期，贸易条件在更大的程度上损害初级产品生产者。这带来了边缘的贸易条件长期恶化，特别是当下降期趋于比上升期时间更长的时候。

这种世界经济周期对中心和外围冲击的不同效果，从周期期间中心和外围不同的价格、利润和工资表现中得到证明。在经济上升期，中心国家的实际工资在上升，而外围国家由于剩余劳力的可利用性工资却很难上升。在下降期，中心国家由于存在工会的力量和工业的求过于供的结构，工资和价格的下降受到限制。相反，在外围国家，由于能够利用剩余劳动力、工会力量弱小甚至不存在，生产商可以减少实际工资和降低价格。另外，外围国家之间的高度竞争迫使它们以比中心国家更大程度地减少它们的出口价格。于是，中心国家对工资和利润下降的抵制越强烈，外围国家削减其工资和利润的压力也就越大。

辛格像普雷维什一样，也关注国际上的技术成果的再分配问题。两人都认为，生产力的增长可以带来双重结果，一是在技术进步发生的地方，商品的价格下降，由此而有利于消费者，二是生产要素费用（即工资和利润）支付的上升，由此而有利于生产者，或两种情况同时都有。按照普雷维什的观点，在中心存在的工会力量和求过于供意味着价格不会下跌，与生产力的增加相比价格下降的幅度很小。同时，在外围国家，由于工会的软弱或不存在以及生产者面临着强大的竞争，情况则相反。但是，普雷维什认为，工人无力获得生产力增长的重要成果的主要原因是大量剩余劳动力的存在；另外，生产力低下的拥有微薄的生存收入或工资的前资本主义部门或半资本主义部门，也起着限制出口部门增加工资的作用，而出口部门是外围国家生产力增长最快的部门。

尽管外围的贸易条件也许会恶化，但这并不一定意味着它不能从贸易中得到任何的好处，它所表示的是任何来自国际贸易的好处在中心和边缘的分配是不平等的。在谴责贸易条件恶化时，普雷维什并没有反对国际贸易，也从未建议脱钩。相反，普雷维什将国际贸易和外资看作外围国家提高生产力和实现经济增长的重要因素。但是，普雷维什从来也没有清楚地解释什么是他所认为的贸易成果的公平分配。

普雷维什提出了许多克服外围国家贸易条件负面趋势的政策建议。如他建议对初级产品出口征税和对制成品进口征税，以帮助将外围国家的资源从初级出口转向工业化活动。他还建议允许初级产品出口部门的工会活动以推动工资的增长，通过协调的国际行动来捍卫初级产品的价格，为减少和消除对初级产品的保护而对中心国家施加压力。这样，普雷维什并不反对外围的出口扩张，只要其有助于减少它的剩余劳动力并由此推动工资和出口价格上涨。但是，他的观点的主要推动力在于通过一系列鼓励将附加的生产性资源配置到工业部门的措施来改变外围的生产结构和发展一个工业部门，这将帮助外围保持其生产力的增长。

总之，结构主义者认为，不平等贸易条件所带来的问题在于它减少了能被用来克服贫困的剩余。这样他们就提出了对大多数边缘国家所奉行的外向发展道路进行一场激进变革的主张，他们赞成一种进口替代工业化道路，而其核心是赞成一种新的内向发展的战略。

3. 外围工业化的解释

在拉美经委会问世之前，拉美各国已经经历了很长时间的工业化实践，但这种工业化是"自发的"。拉美经委会建立之后，对这种工业化的实践进行了理论上的总结和提升，不仅论证了拉美工业化的必要性和合理性，为各国政府采取的进口替代工业化政策做出了更加公开和激烈地辩护，而且，拉美经委会提出的促进工业化的政策措施更加系统化、全面化。随着拉美工业化进程的推进，拉美经委会能够与时俱进地分析拉美国家工业化中出现的问题，探寻其中的原因，并努力提出解决问题的新方案。以下是拉美经委会关于外围工业化理论的几个主要方面。

（1）对工业化自发性的分析。在中心-外围体系的概念中，外围的增长模式中就存有一种从外向发展向内向发展的转变，工业化被认为是一种真实的事实和自发的现象。这种现象的出现与世界经济中发生的若干重大变化（两次世界大战和大萧条）密切相连。众所周知，两次世界大战对外围的进口造成了明显的限制，而对其出口却增加了需求。结果，外围对工业品的国内需求推动了拉美的工业生产，从而缓解了从战时中心国家进口制成品的困难。

20 世纪 30 年代初的大萧条，引起了初级产品出口价格的急剧下降和出口数量的减少，加上原有的债务，导致外汇的极度短缺，因此不得不通过汇率和关税政策限制进口。而意在保持收入和就业水平的措施对国内市场的商品需求产生了一种有利的影响。这些因素为以国内生产替代原来进口的制成品提供了方便。同时，世界经济中发生的另一个结构性变化也促进了拉美国家的工业化。20 世纪 20 年代，美国取代英国成为世界经济周期的中心，与英国经济不同，美国经济具有相对封闭的特点和进口系数下降的趋势，由此限制了外围国家的出口可能性，贸易赤字不断增加使拉美国家不得不限制进口，实行替代进口的工业生产。在以上环境下，工业化成为外围发展的唯一道路。所以，罗德里格斯认为这种情形表达了一种思想："当世界经济体系达到某种发展程度，或换句话说，当它的两极达到一定的生产力和平均收入水平的时候，经济力量的自由作用就会自发地推动外围工业的扩张。于是，工业化就成为外围主要的和必要的经济增长方式。"[1]

如果说拉美经委会成立之前拉美国家的工业化是一种适应世界经济变化带来的"偶然的""无意的"工业化进程的话，那么，随着"拉美经委会的思路"和精心设计的进口替代工业化政策的出现，拉美工业化进程就变成了"有意的"和"自觉的"了。这是一种内向的进口替代工业化，以国内生产的商品取代进口制成品，利用已经形成的内部市场并发挥其潜力来扩大生产，从而促进工业化的发展。

（2）关于工业化的必要性。拉美经委会认为工业化的必要性体现在如下方面：其一，工业化被看作一种发展过程中固有的经济结构的转变。在拉美经委会看来，工业发展是"内向"增长的核心，二者几乎就是同义词，但这一过程具有更深远的意义。因为在这一过程中，制造业的扩张固然是关键，但同时也要求所有方面和所有层次发生相应的变革，包括经济领域和非经济领域。就经济领域而言，工业化能促进生产结构的变革，使之符合制成品的高需求弹性。"中心国家对初级产品进口需求的收入弹性低，而外围国家对来自中心的制成品需求的收入弹性高，通过保护而实行的进口替代，可以避免把多余的生产资源配置到初级产品生产，并将其转向工业生产，从而抵消了贸易条件恶化的趋势。"[2]其二，工业化被看作对对外部门波动的一种必要的

---

[1] Octavio Rodriguez, "On The Conception of The Center-Periphery System," *Cepal Review*, first half of 1977, pp. 204-205.

[2] ［阿根廷］劳尔·普雷维什：《我的发展思想的五个阶段》，载［英］杰拉尔德·M. 迈耶主编：《发展经济学的先驱》，谭崇台等译，第 181 页。

反应。在大萧条和两次世界大战期间，由于汇率收入下降和供给国受到管制，拉美国家获得来自国外的商品和服务发生了困难；在战后时期，由于对外部门瓶颈的原因，可利用的外汇不能满足因国内收入增长所产生的对进口品的需求。这两种与特定历史时期相联系的情形说明，通过国内生产也许有助于提供那些用外汇不能进口到的工业品，免受国际市场波动的影响，从而改变在国际分工体系中的被动局面。其三，工业化有助于先进技术的传播，有助于"增加外围的生产力和保留住外围生产力提高的成果"[1]。针对有人提出的关于为了改善生活水平，可以依靠初级产品生产部门的技术进步而不必工业化的论点，普雷维什指出：出口部门的技术进步无疑可以刺激其生产的增长，但当这些技术向国内消费的其他初级部门渗透的时候，就会遇到大量失业问题。同时，由于外围出口品的需求弹性低，这些技术进步的成果会被转移到发达国家，除非受到一种有活力的工业化和工业生产力增加的支持，"这样，工业和初级产品生产部门的技术进步就成为同一过程相互补充的两个方面，在这个过程中工业发挥着动力作用，不仅向初级生产部门引进技术，而且也引进由工业发展所加强的新的态度"[2]，"工业化是拉美国家可以充分获得技术进步利益的唯一手段"[3]。其四，工业化可以创造就业机会。由于技术进步的影响和人口的迅速增长，以及劳动生产率低下的前资本主义部门的普遍存在，外围国家会不断产生出大量的剩余劳动力。但仅仅依靠初级产品出口部门的扩大来解决剩余劳力就业问题是不够的，因为受初级产品需求弹性偏低和中心国家贸易保护政策的影响，这一部门发展缓慢，而工业化就成为唯一的选择。普雷维什说："工业化对生产率低下的大批劳动力的就业和技术进步排挤出来的劳动力的就业，起着非常重要的作用，无论是在出口活动中，还是在为国内消费而进行的农产品生产中都是如此。"[4]总之，工业化是发展的基石，即使没有对外贸易的限制和缺陷，中心国家的经验也已经证明了这一事实。

（3）工业化的目的和选择实施工业化的依据。普雷维什说："为了实现这

---

① Charles A.Frankenhoff, "The Prebisch Thesis: A Theory of Industrialism For Latin America", *Journal of Inter-American Studies*, Vol. 4, No.2(1962) , p. 195.

② Raúl Prebisch, "Commercial Policy in The Underdeveloped Countries", *America Economic Review*, Vol.XLIX, (May,1959), p. 252.

③ Raúl Prebisch, "The Economic Development of Latin America and Its Principal Problems," *Economic Bulletin For Latin America*,Vol.7, No.1(1962), p. 7.

④ ［阿根廷］劳尔·普雷维什：《我的发展思想的五个阶段》，载［英］杰拉尔德·M. 迈耶主编：《发展经济学的先驱》，谭崇台等译，第 180 页。

一目的（有效配置资本），必须清楚地界定工业化的目的。如果工业化被认为是实现经济独立思想的手段，经济考虑被放在次要地位，那么任何能够生产替代进口品的工业都被认为是正当的。但是，如果目的是增加可度量的大众福利，那么必须记住，超越那些限制，更为密集的工业化或许意味着生产率的下降。""工业化本身不是目的，目的在于外围国家能够自主地利用这种手段，以获得技术进步的利益份额和逐步提高大众的生活水平。"[①]"工业化将逐步以越来越高的劳动生产率吸收下层劳动力并提高他们的收入，同时逐步纠正外围的结构性弱点，而随着这一目标的实现，外围就能抵御市场规律统治下的恶化趋势。"[②]这种对工业化目的的界定，对工业化战略的选择意义重大。

　　如果单纯按照比较利益原则，当外围国家工业化的生产成本大大高于中心的时候，就不应该选择实行工业化。但这种新古典主义的观点已经被拉美经委会抛弃。在普雷维什看来，即便是外围国家工业生产成本高于国际价格，工业化也是合理的，否则，一些生产要素将被保留而不利用，或者被用来生产出口商品，给贸易条件带来更为不利的结果。问题的关键不在于工业成本和进口价格之间的比较，而在于把以一定量的生产要素投入工业部门所得到的收入的增加与同它们被用于出口部门后所得收入的比较。这是确定外围工业化的类型和程度的关键标准。也就是说，当选择生产性资源是用于扩大出口还是配置到以国内消费为目的的工业生产的时候，依据的是边际社会生产率的原则。"毫无疑问，工业化是在带有重大缺陷的情况下发展的，但是，由于工业化，才得以取得高于向中心出口初级产品所能取得的发展速度。实际上，因工业产品成本较高而损失的收入，由经济的总产值更大得多的增长补偿还有余。"[③]此外，资源配置的决策也许还受到其他考虑的影响，如有利于减少一种经济的脆弱性，增加其独立性和自我发展的能力，减少部门或地区的差异，等等。

　　（4）实现工业化的措施。为了实现工业化战略，拉美经委会首先想到了必须加强国家的作用，认为发展过程必须以国家的大力干预为条件，包括注意利用外汇管制等手段保护内地市场以刺激本地的工业生产，并致力于为整

---

①　Raúl Prebisch, "The Economic Development of Latin America and Its Principal Problems," *Economic Bulletin For Latin America,* Vol.7, No.1(1962), p. 3, p. 1.

②　[阿根廷]劳尔·普雷维什：《外围资本主义：危机与改造》，苏振兴等译，第 259 页。

③　[阿根廷]劳尔·普雷维什：《外围资本主义：危机与改造》，苏振兴等译，第 24 页。

个经济做出规划。同时，也考虑到要合理地利用外资和加强地区一体化。

第一，贸易保护主义。

一旦确立了选择工业化的标准（不是依据静态的比较利益，而是依据动态的效率），那么就要实施一种有利于工业建立、生存和增长的相应的保护主义政策。"鉴于外围发展的历史性延误，由于资本主义的向心性质，适当地保护新的工业以补偿其较高的成本就成为必要。"①普雷维什认为"自发的工业化"成本太高，如市场力量通过汇率贬值带来的影响，没有保护的工业化还会使一部分增加的收入转移到国外，因此，必须通过保护、补贴、出口税和其他的政府干预形式来减少这种转移。保护是纠正收入差距、中心国家对出口品的需求弹性、外围国家对进口品的需求弹性的工具。②普雷维什谈道，有两个原则，坦率地承认这两个原则将对拉美国家与发达国家和拉美国家相互之间的贸易政策发挥重要的影响，"第一，工业化是经济发展不可避免的特征；第二，一种合理的保护措施对工业化来说通常是不可缺少的"③。但是，拉美国家的保护主义已经与发达国家早期的保护主义政策有所不同，拉美经委会的思路已经不再从一个孤立的工业部门出发，其超越了保护"幼稚工业"观点，"新的思路将工业看作一个整体，只要生产率仍然比更先进国家低（即在生产率的差异没有被工资水平差异补偿的程度上），就有必要建立保护"④。换句话说，也就是发展中国家技术进步落后的事实迫使它们诉诸适当的保护措施，以便使经济实现多样化和提高生产率水平。但"在发展中国家有两种保护政策，第一种鼓励经济发展所要求的结构变革，不使进口降到出口支付能力相应水平以下，不压缩国际贸易或削弱其增长率。另一种则超过这些限度而对国际贸易有消极影响"⑤。问题的关键在于选择适度的、有节制的保护主义政策。普雷维什认为，"尽管在实践中必须克服许多障碍，但有选择的保护政策是一项更可取的工具。如果循序渐进地实施的话，每次仅仅影响进口的一小部分，更高的进口价格就能够被生产率的普遍提高吸收，而不会影

---

① [阿根廷]劳尔·普雷维什：《外围资本主义：危机与改造》，苏振兴等译，第23页。

② Charles A.Frankenhoff, "The Prebisch Thesis: A Theory of Industrialism For Latin America", *Journal of Inter-American Studies*, Vol. 4, No.2(1962), p. 200.

③ Raúl Prebisch, *International Co-operation In a Latin American Development Policy*, New York: United Nations Publication, 1954, p. 60 .

④ Raúl Prebisch, *International Co-operation In a Latin American Development Policy*, pp. 61-62.

⑤ Osvaldo Rosales, "An Assessment of the Structuralist Paradigm for Latin America Development and Prospects for Its Renovetion," *Cepal Review*, No.34(1988), p. 22.

响整个经济的价格水平，但前提是保护没有被扩大为低效率的庇护所"，"工业化需要一种动态的保护政策，其应该像经济发展和需求收入弹性发挥它们的作用那样，不断地适应进口构成方面带来的新变化"。[1]普雷维什在这里强调的是有选择性的保护政策和灵活而非僵化的保护政策。他说："我还认为，拉美国家保护主义的合理化，无论如何是健康发展的必要条件。"[2]

第二，计划化[3]。

拉美经委会认为政府的主要任务之一是通过认真地制订和遵行相近的计划来对经济发展给予长远的指导。在《规划技术引论》中，拉美经委会指出：经济规划并不意味着"国家对经济的严格管制"，但是它确实指出，如果国家不采取行动来规定投资的恰当数量和指导它投入的合适渠道，拉美经济就会做出无数错误的决定：消费太多而投资太少，鼓励出口太多而替代进口太少，资金投入二次产业太多而投入动力、运输等基础部门不足，采用资本密集型技术太多，等等。根据当时拉美经委会的文章，"计划是势在必行，以便国家有预见地决定对脱离市场运行的生产结构实行某些重大变革，即便这些生产结构再能解决积累和分配问题也在所不惜"[4]。

拉美经委会的分析指出，市场力量的自发作用加剧了外围国家工业化的下述矛盾：外部非均衡结构的倾向，结构性失业，生产部门之间的不平衡。因此，必须对工业化给予一种指导，也就是说要加以规划。发展进程被看作一种政策的结果，而不是市场力量的自发创造。"经济发展要求有意识地和坚决地影响各种力量，以便能以有系统和有远见的方式带来一切必要的结构性变化，这主要是国家的责任……"[5]国家应该指导资本积累和基础设施的发展，至少应该监督主要的大型工业工程。国家有必要在超出私人企业能力的

---

① Raúl Prebisch, "Commercial Policy in The Underdeveloped Countries," *America Economic Review*, Vol.XLIX (1959), p. 257, p. 269.

② ［阿根廷］劳尔·普雷维什：《我的发展思想的五个阶段》，载［英］杰拉尔德·M. 迈耶主编：《发展经济学的先驱》，谭崇台等译，第 182 页。

③ 鉴于当时美国和拉美上层阶级害怕共产主义的渗透，拉美经委会委婉地用是"规划"（Programming）一词来表示"计划"（Planing）。普雷维什在两本著作中特别强调计划化的重要性，即 Raúl Prebisch, *Theoretical and Practical Problems of Economic Growth*, United Nations Economic and Social Council, General, E\CH.12\221, 18 May 1951(Economic Commission for Latin American, Four Session, Mexico, D.F. 28 May 1950); Raúl Prebisch, *Introducción a la Técnica de Programación*, México: CEPAL,1955.

④ ［阿根廷］劳尔·普雷维什：《外围资本主义：危机与改造》，苏振兴等译，第 305 页。

⑤ ECLAC, *Economic Development Planning and International Co-operation*, Santiago,Chile: United Nations,1961,p. 4.

领域中经营公共企业，国家对私人企业的活动应该加以规范和调整。因此，为了应对影响经济的瓶颈（能源、交通、基础工业），推动特定的产业，加强工业与农业之间的联系，就有必要制订出部门计划。而这又进一步要求设计投资计划，后者又要求财政资助，因为投资计划对整个经济具有实际的和财政上的影响。换句话说，政府行为的合理化，短期、中期政策之间不可缺少的联系都要求对发展做出规划，在诸如资本积累、外贸、改善过度的社会和区域差距方面尤其如此。

在另外一项研究中，普雷维什对政府干预经济领域的辩论提出了三种新的思考。他争辩道，为了减轻国内经济容易受外部剧烈波动影响的脆弱性，这样的干预是非常重要的，他建议，最合适的干预形式将是按照提高生产效率的标准，加强国内的生产结构，并使其多样化。同时他提出，为了增加中期和长期贷款的供给以及信贷发展的供给，政府对银行部门的干预是必要的。所有这些都不是对私人部门一种损害，而是作为推动私人企业的一种机制，对私人企业活动的一种有效补充。最后，他提到，内向经济发展政策要求国家在技术领域发挥一种持续的和影响广泛的作用。①

第三，合理利用外资。

在拉美经委会的早期文件中，利用外资的最初着眼点是放在资本积累上，鉴于对外汇的需求和国内储蓄的不足，外部融资被认为是促进资本形成的一项必要手段。普雷维什在 1949 年的文章中写道："……对大多数拉美国家来说，外资是不可缺少的。……在不降低目前已经非常低的大众消费水平的情况下，要想打破（劳动生产率与资本积累之间的）恶性循环，外资的暂时性帮助是必要的。如果这些资本被有效地利用，生产率的提高将会允许储蓄积累到能够在新的技术进程和人口增长所需的新的投资中替代外资。"②在这里，普雷维什对外资作用的强调十分谨慎，外资是帮助国内资本形成以提高生产率的必要的暂时性财源，国家是这个过程中的促进力量。

到 20 世纪 50 年代初，拉美经委会对外资作用有了进一步的认识。1952年普雷维什指出了一种直到 60 年代才再次得以讨论的积极趋势：一个新兴的外资生产的商品的市场，这是一个国内市场。然而他批评外资没有促进这一

---

① 转引自 Osvaldo Rosales, "An Assessment of the Structuralist Paradigm for Latin America Development and Prospects for Its Renovetion," *Cepal Review*, No.34(1988), pp. 22-23.

② Raúl Prebisch, "The Economic Development of Latin America and Its Principal Problems," *Economic Bulletin For Latin America,* Vol.7, No.1(1962), p. 13-14.

进程。在这个意义上，他强调的是外资在技术转让方面的作用。"必须促进这些投资，这不仅仅是为了资本，而且也是为了它们所带来的技术援助，以及这些国家如此重要的专门技术的传播。"①

但是，不管在资本形成中还是在技术转移中，外资只起辅助作用，并且要受到国家的管理，这始终是拉美经委会坚持的观点。因为外资只对它们所获得的净利润感兴趣，诸如成本、期限、利润汇出和利率等方面的收益，这些将在实际上有助于扩大外围经济的进口能力。普雷维什强调："国内储蓄是投资的主体，外国资金不能代替它，但可以起推动作用，特别是在开始阶段。拉美的目标应该是把它的国内储蓄提高到可以不必无限期要求外部资金的水平。""拉美国家应当明确划定外国和私人企业活动的领域，以利于本国经济的发展和平衡国际收支。必须实行有选择性的政策，凡拉美人已经掌握先进技术的部门不要建立外资企业，只在那些拉美人尚未掌握先进生产技术或需要吸收国外先进经验的部门建立外资企业。在任何情况下，外资政策应该符合本国主权的基本原则。"②

第四，地区一体化。

一体化的理论在拉美经委会形成的分析中占据关键的地位。考虑到国内市场规模的狭小和有效利用技术时需要较大的生产规模，地区一体化被看作为地区经济提供了一个工业专业化的机会，这将使整个地区减少资本的无效利用和生产过程的低效率，同时也将有助于推动工业品的出口，形成出口多样化的局面，并在随之而来的准备向国外市场渗透的努力过程中唤起一个学习运动。

普雷维什早在《拉美经委会宣言》中就已经开始关注这个问题了："目前的市场划分是效能低下的，这造成工业发展的又一限制。在这种情况下，就要通过各国联合努力，根据它们的地理位置和经济特点来加以克服，这样做是符合它们的共同利益的。"过度市场分割的障碍"是可以通过一项经济上相互依赖的明智政策在互惠的条件下被克服掉的"③，但当时这一理论并不成熟。

---

① [巴]费尔南多·恩里克·卡多佐：《模仿中的创新：拉美经委会与发展的思想》，载中国社科院拉美所编：《拉美资料》1986 年第 2 期，第 60 页。

② Raúl Prebisch, *Change and Development:Latin America's Great Task*, Washington, D.C.: Inter-American Development Bank, 1970, p. 234, p. 239.

③ Raúl Prebisch, "The Economic Development of Latin America and Its Principal Problems," *Economic Bulletin For Latin America,* Vol.7, No.1(1962), p. 18, p. 3.

　　到 20 世纪 50 年代中期，工业化在各国的推动下有了较大的发展，但市场狭小的问题日渐突出，拉美经委会再次强调一体化的必要性："工业化在国民经济的'密封舱'内发展，拉美各国之间的工业品贸易极少。当工业化涉及的产品仅仅是由国内市场能够容纳的一定规模的企业来生产的时候，这种工业孤立状况尚未引起严肃的关注。但是，当为了满足发展的需要，工业化涉及的产品扩展到只能靠超越本国市场需求的大规模生产方法才能经济地生产的时候，组织拉美国家之间的互惠贸易就十分急需了。"①

　　上述努力在三年后产生了结果。在 1957 年玻利维亚首都拉巴斯召开的拉美经委会第七届会议上，该地区的各国政府要求全体成员合作组成地区市场，于是，拉美经委会就召集了一个由拉美专家名人组成的委员会，起草了一份题为"建立拉美地区市场的基础"的文件，这份文件重申了拉美经委会以前所提出的观点，即各国工业化的努力必须建立在一体化计划的基础上，这样将使参加国扩展它们的市场，并从现有的技术潜力得到最大的好处。

　　从 20 世纪 50 年代末期到 60 年代初期，拉美经委会关于一体化的理论日趋成熟。普雷维什一直都在完善和发展其关于建立拉美共同市场和加快地区一体化的理论。在总结了前段工业化的失误后，他说："有必要为了需要较广阔市场的中间产品、资本品和耐用品，而进入更复杂、更困难的工业化形式。所以，我主张采取恰当的措施以建立拉美共同市场。"②他认为，拉美共同市场的性质是非排他性的区域集团，应该包括所有拉美国家；它的建立要通过循序渐进的几个阶段而逐步地实现；应该在平等互利原则的前提下，根据不同国家的发展程度来确定各国在共同市场中相应的权利和义务；在市场机制成为共同市场的基础的同时，还必须充分发挥国家在其中的调控和管理作用。③他的这些思想对拉美地区一体化实践产生了重要的影响。

　　总之，拉美经委会希望通过国家干预下的进口替代工业化战略把工业转变为最具活力的部门，不仅导致一种比初级产品出口战略更高的经济增长率，而且会带来两种类型的结构转变：随着国民收入中工业份额的增加而发生的生产结构的变化，随着国民收入中进口额的减少而出现的进口结构的变化。

---

　　① ［阿根廷］劳尔·普雷维什：《拉丁美洲发展政策中的国家合作》（1954 年），转引自高铦：《第三世界发展理论的探讨》，社会科学文献出版社 1992 年版，第 34 页。

　　② ［阿根廷］劳尔·普雷维什：《我的发展思想的五个阶段》，载［英］杰拉尔德·M. 迈耶主编：《发展经济学的先驱》，谭崇台等译，第 183 页。

　　③ 董国辉：《劳尔·普雷维什经济思想研究》，南开大学出版社 2003 年版，第 149-153 页。

第五，建立国际经济新秩序。

20 世纪 60 年代，鉴于拉美遇到的贸易和发展困境，拉美经委会力主改变现有的国际贸易格局，使工业大国在国际经济关系中对拉美等地区的发展中国家让步，以改善拉美各国的外贸地位，促进经济发展。这个阶段的重要文件之一是《走向旨在发展的新贸易政策》，尽管该文件是普雷维什作为联合国贸发会议的秘书长向第一届联合国贸易和发展会议提交的报告，但仍是拉美经委会理论的延续。

在文件中，普雷维什提出了建立国际经济新秩序的思想。他指出，"现在恢复旧秩序已经不可能"，"从解决困扰世界的严重的贸易和发展问题特别是影响发展中国家的问题出发，建立一种新的秩序是十分紧迫的"。[1]他在分析拉美和其他发展中国家前一时期工业化发展所遇到的困难的基础上，提出了这种新秩序的基本构架。一是，工业国对发展中国家的制成品给予普遍优惠待遇。文件指出，由于国家之间存在着经济不平等，贸易中的互惠规则必须改变。"工业国应给予发展中国家以普遍优惠，为它们的工业品出口开辟市场，同时逐步消除阻碍这些商品进入工业国的困难。"工业国只给予某些发展中国家而不利于其他发展中国家的局部优惠，应予取消，这样做有利于促进发展中国家组成区域集团。[2]二是，工业国与发展中国家签订国际商品协定，通过规定最低价格、获得销售市场和处理剩余产品等措施，逐步向一个更有利于初级产品的国际贸易体制的方向发展。三是，工业国家为发展中国家提供额外的资金，以补偿贸易比价恶化时遭受的损失。补偿计划的基本目的应该是保持发展中国家出口所得外汇的购买力。[3]国际大家庭应该认识到，它对于遭受贸易条件恶化影响的发展中国家负有明确的责任。四是，发展中国家应该在其国内进行必要的经济和社会结构的改革。发展中国家的土地制度、社会流动的局限性和对民众的漠视、收入的高度集中是经济发展中的主要障碍，许多外围国家发展动力不足就是由于这些内部因素构成了特定的社会结构，再加上外部因素阻碍增长的结果。发展需要生产方式和经济结构的变革，而这两方面的变革如果没有社会结构的变革为技术进步力量开辟道路，发展是不能实现的。[4]

---

[1] Raúl Prebisch, *Towards a New Trade Policy for Development*, New York: United Nations, 1964, p. 3.

[2] Raúl Prebisch, *Towards a New Trade Policy for Development*, p. 34, p. 36.

[3] Raúl Prebisch, *Towards a New Trade Policy for Development*, p. 80.

[4] Raúl Prebisch, *Towards a New Trade Policy for Development*, pp. 113-114.

（5）对工业化进程中出现问题的分析和批评。尽管拉美经委会最初对工业化及其利益扩散作用持乐观态度，但对进口替代工业化政策提出的最早批评也是来自拉美经委会内部，结构主义者本身就是那些最早分析进口替代工业化局限性的人。普雷维什在 1950 年发表的《拉美的经济发展及其主要问题》一文中，就已经注意到了工业化将遇到的问题，如采用的技术过分资本密集化、内部市场太小以至于不能充分利用经济规模、储蓄不足、分配不均、上层阶级的过度消费模式等等。他在《1949 年拉美经济概览》中则指出了工业化中将遇到的三种矛盾。一是外部失衡的趋势，这与世界经济周期的主要中心发生转变及其引起的世界经济体系运行的变化有关。从另一种观点看，由于这种变动引起的外围对进口需求的高增长率和中心对初级产品需求的低增长率之间的失调，外部失衡就成为外围工业化进程中所固有的趋势。二是贸易比价恶化的趋势，这种趋势之所以在工业化阶段继续存在，是因为其背后的失业问题继续存在。外围国家是在有大量过剩劳动力的情况下开始其工业化的，但又不得不使用在中心经过其长期缓慢的经济发展才发明的资本密集型技术，这种技术并不适用于外围可利用的资源。于是，劳动力的供给总是大于劳动力的需求，而工业化还不断地将劳动力从技术落后的部门排挤出去，并加速了人口的增长。三是与采纳不适用技术相关的资本利用和储蓄不足的矛盾。尽管收入水平和储蓄能力都很落后，但当外围经历工业化进程的时候，采用那些大规模的、资本密集型的技术就变得非常重要，这反映了一个资本利用和积累的问题。一方面，这类技术要求实行规模化生产，而低收入水平则形成市场规模不足，造成资本的低效利用。另一方面，储蓄能力的不足阻碍了生产力水平的稳定和快速提高。于是，体系的效率和储蓄本身继续受到束缚。[①]拉美经委会的这种分析十分精辟，其中多数为后来的发展实践所证实。

1961 年拉美经委会的文件指出，拉美国家工业化的三大缺陷削弱了它对改善生活水平的贡献：所有的工业化活动都面向国内市场；工业建设的选择更多地是基于环境因素而不是基于经济效益的考虑；工业化未能克服拉美国家的外部脆弱性。造成这种状况的主要原因在于：一是拉美国家采取对工业品出口歧视的政策，当然也是因为缺少工业品出口的国际刺激；二是缺乏具

---

① ECLA, *Economic Survey of Latin America*, United Nations Publication, Sales, No.51.II.G.1, 1949, p. 3, p. 9, pp. 65-66. 转引自 Octavio Rodriguez, *La Teoría Del Subdesarrollo de La Cepal*, pp. 36-39.

有远见性的工业化政策，发展工业是迫于环境的压力，结果工业化进程不能正常持续；三是因工农业分工不当，进口替代政策超越了实际必要的程度，当出口下降而无法进口重要的中间产品和资本品的时候，经济增长率就受到不利影响。[①]拉美经委会进一步认为，政府延迟推行诸如土地改革之类的必要的结构和制度的改革而使工业化受到损害。农业部门的停滞限制了工业的发展，不仅因为农业在为国内市场提供足够的廉价原料和食品方面是失败的，而且也由于农村人口的低购买力限制了国内市场购买工业产品。拉美经委会指出，解决这种困境的出路是建立共同市场，促进地区一体化，同时推动制成品出口。"拉美国家工业品出口的发展将有助于减少生产成本和为某些工业提供向外部出口的机会。一种激励政策和工业大国的合作将加速这一进程。"[②]另外，拉美经委会建议进行伴有技术改进的土地改革。

到 20 世纪 60 年代中期，由于进口替代政策仍没有带来出口多样化，一些拉美经委会的成员对此提出了批评。塔瓦雷斯是对进口替代工业化问题提出透彻分析的最早的拉美经委会专家之一。她在 1964 年发表的一篇颇有影响的论文中认为，外部和内部的问题已经积累到一个点，这个点就像制动闸一样对进口替代工业化进程的动力发挥着作用。她的观点是，这个进程的主要矛盾在于进口替代工业化战略，该战略被大量地用来减缓外汇瓶颈，结果是扩大了瓶颈并限制了进一步的经济增长。随着原材料、零部件和资本品这些对工业生产持续增长极为重要的商品进口的增加，经济变得更加容易受到国际收支问题的损害。同时，进口替代工业化没能吸收剩余劳动力和改善（个人、部门、地区的）收入分配，由此加重了二元结构的现象，维持生计的部门和资本主义部门之间正在扩大的鸿沟抑制了发展的进程。塔瓦雷斯指出的一个内部障碍是缺乏农业收入的增长，这意味着大多数人口被排除在工业品消费市场之外。因此，她呼吁进行农业改革，随着由此带来的农民收入的增加将为工业品提供一个大众市场。她也强调进口替代工业化缺乏吸纳劳动力的能力，她认为这是由于生产要素的相对价格与生产要素的社会机会成本不一致，如工业资本得到补贴和工业工资太高。除了农业改革能消除失业问题

[①] ECLA, *Economic Development Planning and International Co-operation*, Sandiago: United Nations, 1961, pp. 14-15.

[②] ECLA, *Economic Development Planning and International Co-operation*, p. 18.

外，她还建议用公共工程项目来创造就业机会。①

富尔塔多在 1965 年发表了《发展和拉美的停滞：一种结构思路》一文，从而成为最有力地提出与内向发展进程相关的结构停滞论的人。依照他的观点②，欠发达国家的主要特征是存在一个前资本主义部门，该部门起着为资本主义部门提供劳动力储备的作用，后者因此而维持着低工资。工业化进程使用了一种快速增加资本密集程度的技术，当工资保持稳定时，会导致进一步的收入集中。这种不断增加的收入集中创造和再生产了一种偏好资本密集型的耐用消费品和非实质性工业品的需求模式。由于内部市场规模狭小而不能获得市场规模的全部好处，这样一种工业结构的无效性变得更加糟糕。一种类似缪尔达尔提出的"循环和积累的因果率"的机制开始发挥作用，由此，不断增加的收入分配的不平等再生产了一种不断增加的无效和多样化的工业结构，后者反过来又进一步集中了收入。正是这种不断增加的经济无效性导致了停滞。富尔塔多的模式像 W. 阿瑟·刘易斯的二元模式一样带有古典传统，但他的结论却与刘易斯有很大的区别。富尔塔多的模式是，在二元结构中的工业化再生产了二元结构和不发达，导致停滞。而刘易斯的模式是，工业化（或更确切地说是劳动力从维持生计的农业部门向资本主义的工业部门的转移）在保持低工资和劳动无限供给的情况下，导致工业部门的高利润率，有利于高度的资本积累率和增长率。

阿尼瓦尔·平托是拉美经委会的首席经济学家，他认为进口替代工业化进程的停滞是由于大众市场的缺乏，但他不像富尔塔多那样悲观，因为他看到了解决内部市场狭小的办法是工业品出口和农业现代化。平托在 1965 年的文章中指出③，对小国（像智利和乌拉圭）经济的工业部门来说，为了保持或加速它们的经济增长而寻找出口市场是至关重要的。他也指责外围国家结构的二元性阻碍了发展的活力，并像富尔塔多一样得出了与刘易斯相反的结论，但平托的二元论比富尔塔多的更复杂。他坚持认为内向发展模式创造了

---

① Maria C.Tavares, "The Growth and Decline of Import Substitution in Brasil", *Economic Bulletin For Latin America*, 9(1):1-11, 1964. 转引自 Cristóbal Kay, *Latin American Theories of Development and Undevelopment*, London and New York: Routledge, 1989, pp. 41-42.

② Celso Furtado, *Teoría y política del desarrollo económico*, Mexico:Siglo Veintiuno Editors, 1974. 转引自 Cristóbal Kay, *Latin American Theories of Development and Undevelopment,* p. 42.

③ Aníbal Pinto, "Concentración Del Progreso Técnico y de Sus Frutos En el Desarrollo LatinoAmericano," *El Trimester Económico*, Vol.32, No.125, pp. 3-69, 1965. 转引自 Cristóbal Kay, *Latin American Theories of Development and Undevelopment*, p. 44.

一种新的二元性，或称作"结构的异质性"。这种结构异质并不正是经济部门之间的简单的二元性，而是一种部门之间在现代和传统层面上的内部分裂，在部门之间和部门内部发生的是"极化效应"，而不是像新古典经济学家所说的那样，是一种发展的"涓滴效应"。这种新的极化效应是由技术成果的不平衡分配带来的。它们的集中起源于政府基金（信贷、投资和其他）配置的倾斜，以及有利于现代资本主义部门的税收和外汇政策。进一步讲，就是进口替代工业化政策将国内的商品贸易条件变得有利于工业发展。鉴于这种情况，平托提出了一种收入分配政策，尤其是一种技术进步再配置的政策。从某种意义上说，他是"伴随增长再分配"发展战略的早期倡导者，世界银行直到20世纪70年代中期才提出这种战略。平托极力主张通过国家投资加速技术进步的扩散，特别是向传统农业的扩散，这将导致剩余劳动的减少，因为农业技术比工业技术的资本密集程度低，带来的结果是，不仅农业生产率和生活水平提高了，而且工业品的国内市场也将得到扩大。因此，发展政策的关键目的是通过减少技术进步的集中而克服结构异质。

如前所述，拉美经委会提出为了增加工业品出口和提高工业生产效率而组建拉美共同市场。与早期文件相比，拉美经委会越来越多地承认，出口部门受到抑制的原因是无力扩大工业品出口而不是贸易条件的恶化。在20世纪60年代，拉美经委会对创建拉美自由贸易协会（LAFTA）发挥了重要的影响。但事实表明其并没有解决外汇问题，并且经济一体化的设想在拉美只取得了有限的成功。

四、对通货膨胀原因的分析

通货膨胀理论是拉美结构主义理论的重要组成部分。拉美经委会的理论家们根据拉美经济发展进程的现实情况区分出了通货膨胀的基本压力（结构原因）和传播机制两类因素，认为这两类因素既有联系又有区别，相互作用，共同导致了拉美的通货膨胀。这一见解的提出被认为是结构主义理论形成的重要标志之一。

通常认为是墨西哥经济学家胡安·诺约拉提出了结构主义关于通货膨胀理论的最初成分。他1950—1960年在拉美经委会工作，拉美经委会关于通货膨胀的一些研究成果都受到了他的思想的强烈影响。①由于对通货膨胀问题的辩论在智利开展得特别激烈，许多智利经济学家，诸如平托、松克尔、马特内尔等都在拉美经委会工作，他们也对结构主义与货币主义关于通货膨胀理论的辩论有所贡献。根据西尔斯的说法，阿尼瓦尔·平托被认为是"结构主义的教皇"，尽管平托在20世纪60年代就结构主义通货膨胀理论写了数篇文章，但结构主义关于通货膨胀理论最精细的版本却是由松克尔完成的，他在1959年发表的《关于通货膨胀分析的提纲》和在1960年发表的《智利的通货膨胀：一种非正统的思路》被认为是经典之作。普雷维什作为拉美经委会的领导人在他1961年发表的《经济发展或货币稳定：虚假的困境》一文中则综合了辩论中的观点。

　　结构主义对通货膨胀的结构原因（或基本压力）与通货膨胀的传播机制给予了区分，这是结构主义通货膨胀理论的独到之处。就通货膨胀的结构性原因而言，结构主义着重论述了两点，即农业部门的刚性和外贸部门的刚性。农业部门由于供给的刚性，不能满足因人口膨胀和收入增加而日益增长的对粮食的需求。而正是工业化使人们的收入显著地增长。这种农业和工业部门结构的不平衡导致一种农产品的相对短缺，由此带来的粮食价格的上涨并不足以刺激农业产出的增加。这种农业部门供给的无弹性来源于以大地产-小地产复合体为特点的传统的不平等的土地持有结构。大多数农业土地被集中在大地产主手中，他们大多数是"不在地主"，缺乏对市场刺激的反应，也不能使生产方法现代化，持有土地是为了社会声望和政治权力而不是为了利润最大化，同时，维持生计的小地产缺乏扩大生产的资源，与市场的联系很薄弱。

　　外贸部门的刚性是外汇缺口和出口收入的剧烈波动。一方面，由于出口部门的无弹性供给和商品贸易条件的恶化，外汇收入并没有足够地增加。另一方面，进口变得僵化，因为它们主要是维持进口替代工业化进程所必需的原料、零部件、资本品，以及急需的食品进口。由此而来的外汇缺口及其波动导致了周期性的贬值和国内价格的上涨。

　　这些结构原因或基本压力在各国不完全一致。诺约拉在他1956年发表的

---

　　① 诺约拉到拉美经委会后不久，提出"发展的失衡"的新概念，认为国际收支逆差是发展中国家工业化过程中的必然现象，外部失衡是一个长期现象，因而不能用货币性质的短期措施来解决，他主张通过关税保护下的工业品的进口替代的直接措施和增加储蓄的间接措施来克服对外部门的失衡。在研究外部失衡的基础上，他又转向研究通货膨胀问题，1956年他正式提出结构主义通货膨胀理论。见袁兴昌：《非正统发展理论的产生、演变和方法论特点》，载《拉丁美洲研究》1989年第4期，第17页。

题为"经济发展和墨西哥及拉美其他国家的通货膨胀"的文章中提到，在墨西哥，农业部门不是一个结构性通货膨胀压力的来源，原因在于墨西哥是到那时为止实施了影响深远的土地改革的唯一一个拉美国家，因而是一个证明一般规律的例外。根据被分析国家的特殊环境，有些国家被认为具有结构性通胀瓶颈。例如，松克尔在 1959 年的文章中提到，智利案例有下述促成因素：智利经济在提高其资本形成率或通过出口结构多样化增加出口收入方面无能为力；税收制度的不稳定、僵化、无效和累退性；税收收入与政府增加的承诺和开支不协调，导致预算紧缩。

区分通货膨胀的结构性因素与传播机制是非常重要的，它使结构主义与货币主义划清了界限。按照结构主义的说法，货币主义没能发现通货膨胀的最终原因。那些被货币主义认为是通货膨胀根源的因素，在结构主义者看来仅仅是通货膨胀基本压力的传播机制，它们不能构成通货膨胀的原因。

通货膨胀的传播机制是什么？在结构主义看来，主要有三个方面。[1]第一个传播机制是财政赤字。一方面，财政赤字来源于政府财政收入依赖于外贸和税收制度的累退性与无效性。另一方面，由于人口快速增长而需要扩大公共部门以创造新的就业机会和提供诸如教育、健康和住房等基本的社会服务，政府开支面临着一种持续上升的压力。为了弥补这些赤字，政府诉诸借债，重新调整货币储备，发行新货币，以及提高税收、国营企业的收费和社会保险税。这些弥补财政赤字的多种手段在或大或小的程度上具有通货膨胀的结果，因为它们直接（通过公共商品和服务的价格增加）或间接（通过货币供给的增加）地导致了价格的提高，从而成为传播通货膨胀的手段。

第二个传播机制与薪金和工资的调整相关。鉴于生活成本的增加，雇员和工人需要更高的薪金和工资以便维持（或提高）他们的购买力。由于食品、公共产品和服务、税收等价格的增加，雇员和工人的实际收入不断恶化。货币贬值也增加了诸如食品和石油等进口商品的价格，这对低收入阶层的打击特别严重。在那些雇员和工人被组织在工会里的地方，他们能向雇主施加压力要求调整薪水和工资，由此，传播了通货膨胀。

第三个传播机制来源于因成本增加而进行的价格再调整。面对更高的工资成本，更高的投入价格，更高的税收，企业主反过来又提高了他们所生产的商品的价格。鉴于工业的高度保护、垄断和求过于供的特点，企业主可以

---

① Cristóbal Kay, *Latin American Theories of Development and Undevelopment*, pp. 49-52.

通过提高价格将增加的生产成本转嫁到顾客身上。

传播机制在不同国家中或许有所区别，它们的强烈程度也会有所变化。如诺约拉在 1956 年的文章中，比较了墨西哥和智利的案例。当时，在墨西哥存在大量的剩余劳动力，工会也比智利的工会软弱，因此，第二个传播机制在墨西哥远不如在智利强烈。传播机制被一些结构主义者用社会学的术语解释成是资本家、工人和国家之间为捍卫或增加他们的国民收入的相对份额而斗争的结果，这种不同的社会集团之间、私人与国家部门之间围绕国民收入分配的冲突加剧了通货膨胀的过程。松克尔在 1959 年的文章中则介绍了一个第二种类型的通货膨胀压力的案例，他称之为累积型的，由通货膨胀过程本身引起并加强了它。在这种累积型压力中他提到一系列因素，如价格体系的扭曲，其中有些是由于进口替代工业化带来的价格控制和保护主义措施造成的，其他的因素包括通货膨胀预期的发展、因罢工的增加和停产带来的生产率的恶化，以及企业家的投机行为。货币主义者也认为这些是推动通货膨胀的因素。

结构主义也提出了治理通货膨胀的政策，这种政策强调：①通货膨胀并不是拉美经济发展中不可避免的现象，必须尽最大努力来反对通货膨胀，但它不应以牺牲经济发展速度或使经济停滞不前为代价；②不能单纯依靠货币政策来对付通货膨胀，必须要有一项经济、社会发展的总体政策。在此基础上，结构学派倡导的反通货膨胀政策具有长期性特点，而且将其纳入社会经济发展的总体计划之中，将部分发展目标和计划统一起来，并且使它们能在一项总体发展战略中得到协调，其主要目标是加快经济增长和社会进步，并在总体政策的范畴内协调这些计划和目标。①从根本上改变产生通货膨胀的不合理的旧结构，实现治本而不是治标的根治通货膨胀的目标。

在结构主义所提出的激进性改革中，包括了农业结构的改革、税收制度的改革，并号召增加出口和使出口多样化。普雷维什还在 1961 年的文章中建议推动制成品出口。在解决农业的供给问题上，许多结构主义者最初回避赞成土地改革的纲领，仅仅建议推动农业投资、提高生产率和产量的措施。普雷维什说，这样一种投资的增加将通过消除一些对农业的歧视性政策和专门

---

① Martin Luis Cuzman Ferrer, *La Inflación y el De Desarrollo en América Latina*, México: Universidad Nacional Autónoma de México,1976, p. 185. 转引自陈舜英、吴国平等：《经济发展与通货膨胀——拉丁美洲的理论与实践》，中国财政经济出版社 1990 年版，第 142 页。

的国家支持计划以及重要的公共投资来获得。①

结构性政策是意在消除经济中存在的供给瓶颈的长期措施。但结构主义也提出了解决传导通货膨胀因素的短期措施。这些措施涉及治理通货膨胀的需求因素，通过财政和货币政策，和诸如影响成本因素的价格-收入政策来实现。但是，结构主义的政策措施所强调的仍然是基本的通货膨胀压力。他们强烈地批评货币主义和国际货币基金组织的反通货膨胀政策没有解决通货膨胀的根源，并导致停滞、失业和收入不平衡。平托在 1960 年出版的《既不稳定又不发展：国际货币基金组织的政策》一书中，认为国际货币基金组织的反通货膨胀政策的结果是既不能实现稳定又不能促进经济发展，按照结构主义的观点，货币稳定与经济发展是协调的。普雷维什解释道，以要么经济发展要么货币稳定的术语来构成问题，这是一种虚假的困境。然而，要赢得二者的协调，不仅需要对货币主义所提出的需求因素采取行动，而且首先需要对供给因素采取行动。②但是，如果稳定与经济发展之间的确存在一种冲突的话，那么结构主义将选择经济发展。

五、对发展的结构性障碍的分析

用结构方法分析拉美经济发展的障碍是拉美结构主义理论的特点，也是整个理论不可忽略的组成部分。"贸易条件恶化论"讨论的是外围发展的外部瓶颈，通货膨胀分析是讨论发展的内部障碍，其将经济、社会和政治因素都考虑了进去，这两方面的分析实际上都属于对发展的结构性障碍的分析。拉美经委会在对发展的结构性障碍的认识方面有一个不断深化的过程，特点是从单纯的经济因素分析逐渐扩展到将经济因素与社会、政治因素联系在一起分析，也就是发展成为一种政治经济学的分析，这种转变开始于 20 世纪 60 年代初期。

在 20 世纪 50 年代，拉美经委会对工业化和新的发展模式持有相对乐观的态度，在看到困难和局限的同时，对发展进程和前景充满了信心。但是到了 20 世纪 60 年代，另一种态度似乎成为主流，即对前景的评估很谨慎，对

---

① 转引自 Cristóbal Kay, *Latin American Theories of Development and Undevelopment*, pp. 52-53.

② Cristóbal Kay, *Latin American Theories of Development and Undevelopment*, p. 52-53.

发展障碍的大小和性质的关心增加了。为什么会出现这样一种转变呢？这也许应该归因于一种对发展的"效果"和"条件"的批评性的再评估。

从发展效果上看，人们发现了许多重要的和令人不安的现象。一是，该地区的经济很难取得令人满意的增长率。随着通货膨胀和外部非均衡的威胁的增加，发展趋势很不稳定，当经济决策者试图控制上述扭曲现象的时候，发现要在增长和稳定二者中间做出选择，在大多数情况下，所采取的解决方案不是促进了增长和稳定，而是使二者同时遭到损害。人们感觉到这与外部问题的加重，特别是 20 世纪 50 年代中期以后贸易条件的再度恶化有关。二是，有些国家在进口替代工业化的"简单"阶段结束后，生产结构多样化的可能性变小了。同时，农业部门缺乏弹性、市场狭小、储蓄和资本形成能力低等也困扰着发展。三是，发达国家曾出现的"现代部门"对整个经济的扩散效应没有发生，而是出现了技术进步和利益集中、部门和地区发展不平衡的现象。四是，农村和落后地区的人口涌向城市，而城市的现代部门增加就业机会的能力有限，结果是大量棚户区的出现。五是，收入分配的显著集中发生在所有相关的（个人的、功能的、部门的、地区的）层次。当经济发展提高了中等阶层的收入时，整个收入中分配给有特权的少数人的比例大大超过了发达国家的水平，同时，50% 以上的人口却得到了很小的份额。这种情形在政治上意味着政治关系的紧张，以及很难为实现艰巨的发展目标而达成集体共识和形成民众动员。在经济上则意味着对公共开支、社会福利、市场等方面的影响力减弱。六是，在制造业、金融业和商业等关键部门的外国飞地问题。这些飞地的存在对国际收支、技术依附、决策依附、不符合当地经济最佳利益的标准制定等问题上产生了重要的影响。另外还有"螺旋形上升的债务"问题。

如果从经济发展进程要求的一般和特别"条件"来考虑这种新的环境的话，就可以清楚地看到前面提到的几乎所有的所谓关键的经济因素，如储蓄和资本形成比率、投资的导向、生产部门的反应和弹性、计划效率、资源配置的机制等等，都是以复杂的社会、政治甚至心理因素为条件的，如果要想让发展政策产生效果的话，这些因素都不能被忽视。

因此，从 20 世纪 60 年代初，拉美经委会对发展问题的认识逐渐形成了新的思路，这一思路最初在 1963 年普雷维什向联合国提交的《拉美迈向有活力的发展政策》的报告中得到体现。他的出发点是拉美发展缺乏动力及其各种扭曲表现"不是由环境的或暂时的因素决定的，它们是我们时代事务危机状态和经济制度无能为力的表现，由于超出我们的能力或我们纠正力量的结构性缺陷，这种经济制度无力赢得和保持一种与人口增长及其快速改善生活水平的要求相一致的发展步调"。他的所谓"事务危机状态"，一方面是大量的贸易、金融、外资等反常现象和缺陷的结果，以及加速和扩大拉美一体化受阻的结果。另一方面是来自某些社会结构的特征，这些特征仍然在拉美存在，但各国情况不一。他所提到的结构特征之一是社会结构的过度僵化，这种僵化阻止了新的活力因素的出现，剥夺了大众的社会流动性。这种"封闭"社会的最重要的社会经济表现就是被作者称为"在财富分配中的特权情形"，这些分配特权既是上述结构的结果，也或多或少是大众被排斥于发展目标和任务之外的结果。

他的分析既涉及了对拉美盛行的分配格局的诊断，也讨论到了满足发展需要和社会正义的新的分配政策的制定。对前者他强调了目前分配结构的两个突出特征。一是，收入明显地集中于 5%的上层集团手中，而缺乏参与的"金字塔低层"的低收入人群则占人口的 50%。二是，这种显著不平等的分配，并没有加强储蓄资本形成，而是创造了一个模仿性消费集团，甚至比发达国家上层收入集团的消费都有过之而无不及。因此，减轻或消除这种分配特权就成为新的经济政策的重要任务。对于后者，他提出新的分配政策并不是要杀富济贫，而是要限制特权阶层的消费，并将其转移到资本形成之中。这种政策一是强调增加资本形成和提高生产能力，从而增加就业，二是强调人力资源的投资，发展教育。①

到 20 世纪 70 年代初，拉美经委会对发展的结构性障碍有了比较全面的认识。在拉美经委会 1971 年出版的《1969 年拉美经济概览》中，提到了拉美发展缺乏动力和社会不平等的七个方面的结构性原因。②

第一，令人失望的政治和制度条件，包括政治和社会变革进程的缓慢，对建立促进发展的新体制计划的抵制，农业改革纲领的进展恰当地说明了这种状况。另外，缺乏银行、金融和税收体制的改革，政府缺乏投资政策，结果削弱了民族企业，阻止了地区内部贸易的扩大。

第二，技术进步的有限扩散。技术进步形成了一种有限范围的现代化，

① United Nations Economic Commission for Latin American, *Development Problems in Latin America*, Austin: the Institute of Latin America Studies, The University of Texas at Austin, 1970, p. XLI-XLVI.

② 转引自 Osvaldo Rosales, "An Assessment of the Structuralist Paradigm for Latin America Development and Prospects for Its Renovetion," *Cepal Review*, No.34(1988), pp. 33-34.

其使现代部门在技术和收入上与经济的其他部分分割开来。这一进程的自发动力趋于加剧这种差异性，其自然结果是经济活动在地理上的集中。

第三，社会资本形成的无效和收入分配的集中。该地区收入的高度集中导致了一种上层集团过度多样化的消费模式。收入的集中因其迎合高收入集团的消费和贬抑低收入阶层消费品的需求而影响了投资的结构和部门配置。资源配置直接或间接地向特权集团倾斜减少了对传统工业的投资，后者生产面向大众消费和社会服务的产品，同时也减少了中间产品和资本品的生产或进口，这些产品的生产或进口将增加后向部门的生产能力和创造大量的就业岗位。

第四，农业部门的落后。其内部盛行的体制的、社会的、经济的条件对发展构成了严重的障碍，其中包括土地制度和粮食的低产出。

第五，替代工业的脆弱性。尽管其对经济增长和现代化做出了贡献，但过度保护、歧视性替代、高成本、规模不适宜的工厂、资本的浪费、低生产率、缺乏专业化等是工业化的一些非常重要的缺点。据称改正这些缺点很不容易，为了给进口替代工业化进程以新的推动，可能性之一就是激活国内市场和扩大工业品的出口。为了扩大国内市场，拉美经委会建议应该将剩余劳动力纳入生产活动，并需要制定收入再分配政策和实行土地改革。至于制成品出口，拉美经委会建议推动一体化，实行更为有效的和积极的外贸政策。

第六，长期的通货膨胀。除了前面提到的不利影响外，通货膨胀对收入、价格、汇率、税收和公共开支的中期决策都会产生不利的影响，而所有这些对任何经济发展政策来说都是致命的。因此，拉美经委会坚决支持反对通货膨胀的斗争，认为"不能从这种通货膨胀（通货膨胀与经济发展的结构障碍）的恶性循环中得出结论：在一定的结构特征和缺陷被改正之前，不可以采取抑制和控制通货膨胀压力的措施"[①]。

第七，缺乏一种对外关系的有效政策。除了回顾外部对拉美发展制约的根源外，经委会还强调有必要推动一种与具有活力的国际贸易活动紧密联系在一起的增长类型，反对该地区与传统中心联系中的防卫性的和没有生气的特点。

不幸的是，整个 20 世纪 70 年代拉美的结构异质性和分配的集中性并没

---

① ECLA, "*Basic Aspects of Latin America Development Strategy: Economic Survey of Latin America, 1969* ," (E/CN.12/852/Rve.1), Part 1, New York: United Nations Publication, Sales No.70.II.G.4, p. 11.

有改变，由于经济增长的社会非包容性性质和结构改革的拖延，拉美地区的发展活力并没有得到提高，外部脆弱性和贫困状况也没有得到有效改善。

到 20 世纪 70 年代末和 80 年代初，拉美经委会对发展的结构性障碍的分析进入了一个更深入的阶段。标志是 1981 年普雷维什出版了他的《外围资本主义：危机与改造》一书。其实，这本书的一些内容已经发表在《拉美经委会评论》上，如《外围资本主义批判》（1976 年）、《经济自由主义的新古典理论》（1979 年）、《走向变革的理论》（1980 年）。普雷维什认为，70 年代出现了资本主义所遇到的第二次最严重的危机，因此，他试图寻找那些不断恶化的问题的答案。他在这本书中的研究方法是使经济与政治和社会问题相联系，分析外部因素影响下外围发展的内部决定因素。他把拉美发展面临的种种制约看作内、外条件相互作用的结果。这种方法在他 1971 年发表的《变革与发展：拉美的伟大任务》一书中就初露端倪，此时则达到了炉火纯青的地步。

"经济剩余"成为普雷维什分析问题的核心。他认为，"剩余指的是生产率增长的一部分"。"外围的动力体系建立在剩余及其不断增长的基础上，资本积累就取决于它。"[1]"它是增加就业提高生产率的再生产性资本的主要源泉。"[2]但是，外围的经济剩余受到了严重损害，主要原因来自内部，但外部条件加快了这一趋势，并影响了内部决定。从内部看，剩余的一个重要部分被用于模仿性过度消费和早熟的需求多样化。在这种过度消费中，高收入特权阶层起主导作用；中间阶层步其后尘，因为城市化的发展使中间阶层的政治力量不断壮大；而国家则是加剧过度消费的第三个行为者。过度消费起因于外围对中心消费习惯的模仿，但是外围却无法复制中心的生产能力，这就使得需求方面的模仿与供给方面的模仿之间产生了失衡。同时，剩余还被用于"非生产性积累"，"在国家的投资中也常常花费很大一部分不必要的再生产资本，既包括在基础设施方面，也包括修建某些纪念性工程"。[3]从外部看，外围的许多剩余通过贸易形式、偿债形式流到了中心；中心的保护主义政策阻碍了外围的一部分剩余的增长。跨国公司在外围强烈地促进了消费国际化，而不是生产国际化，从而加剧外部不平衡。此外，外围还受到中心不负责任的财政金融政策的打击。从根本上说，外部失衡来自资本主义的向心力性质。

---

① [阿根廷]劳尔·普雷维什：《外围资本主义：危机与改造》，苏振兴等译，第 98 页。

② [阿根廷]劳尔·普雷维什：《我的发展思想的五个阶段》，载[英]杰拉尔德·M. 迈耶等主编：《发展经济学的先驱》，谭崇台等译，第 188 页。

③ [阿根廷]劳尔·普雷维什：《外围资本主义：危机与改造》，苏振兴等译，第 61 页。

因此，"内部因素和外部因素相互结合，严重地削弱着工业化的动力，阻碍着工业化以不断增长的生产率和收入向广大劳动力提供就业的能力"①。由此产生着贫困和螺旋式的通货膨胀。

普雷维什的研究不再停留在经济因素上，通过考察经济与政治、社会之间的联系，他得出了关于外围资本主义的最重要的结论，即"剩余受两个相反运动的制约，一方面，它因生产力不断增长而增长。另一方面，它因来自市场领域和国家领域的分享压力而下降。当剩余作为这两种运动作用的结果还能不断增长时，体系就正常运转"②。但当剩余减少的时候，体系就出现了危机。"外围资本主义的活动规律终究不能克服它的两大缺陷，它的排斥性不能克服，除非牺牲特权阶层的利益和转移给中心的收入而实现更高程度的资本积累才有可能纠正。它的冲突性也克服不了，而且在不受限制的权力关系的较量中还日益加剧。"③为了摆脱危机，使剩余继续增加，拉美曾借助于暴力，建立军事独裁政权，但这不是根本的解决办法，根本的解决办法是改造外围资本主义体系。普雷维什的政策处方是在确保经济刺激和市场动力不受损害的同时，使剩余得到足够的增长和分配。他认为"必须实现社会主义和自由主义之间的一种综合，以确保发展的活力、分配的公正、逐步的民主化以及它所固有的各种价值"④。普雷维什的这一思想后来被称为"体制变革论"。

上述可见，拉美结构主义理论有着非常丰富的内涵，包括了经济发展理论和政策多方面的内容，不仅有人们熟悉的中心-外围理论、贸易条件恶化论、工业化理论以及工业化、一体化、计划化等政策主张，而且还有通货膨胀理论和对拉美发展结构性障碍的解释。更重要的是，拉美结构主义理论并非一成不变，而是能根据不断变化的现实进行自我批评和自我完善，如普雷维什的"体制变革论"。

---

① [阿根廷]劳尔·普雷维什：《外围资本主义：危机与改造》，苏振兴等译，第 171 页。
② [阿根廷]劳尔·普雷维什：《外围资本主义：危机与改造》，苏振兴等译，第 39 页。
③ [阿根廷]劳尔·普雷维什：《外围资本主义：危机与改造》，苏振兴等译，第 40 页。
④ [阿根廷]劳尔·普雷维什：《外围资本主义：危机与改造》，苏振兴等译，第 277 页。

六、对拉美结构主义的评价

通常认为，拉美结构主义理论的全盛时期是 20 世纪 50 年代到 60 年代中期，但其影响力一直持续到 80 年代初期。"拉美经委会努力将它的理论转变为一整套促进工业化的政策。在这个意义上，拉美经委会的理论通过为政治实践打开缺口而产生了思想和有目的的行动。"[1]正是由于将理论与政策结合在了一起，拉美经委会的思想才呈现出了非常旺盛的生命力，对拉美国家产生了比较大的影响。

从拉美经委会产生到 20 世纪 80 年代初，拉美进口替代工业化的发展取得了显著成就。首先，国民经济增长率比较高。1950—1980 年，拉美地区国内生产总值按 1970 年市场价格计算，年均增长率为 5.4%，工业产值年均增长率为 6.7%，人均国内生产总值为 2.7%，人均工业产值年均增长率为 3.9%。同期，世界平均水平的这几项指标分别为 4.7%、5.7%、2.8%和 3.7%；美国和西欧的这几项指标分别为 3.7%、4%、2.7%和 3%。拉美的所有指标都高于西方发达世界，而同世界水平相比较，除国内生产总值的年均增长率略低以外，其余均高于世界平均水平。战后 30 年，拉美地区的人均国内生产总值由1950 年的 386 美元增至 1980 年的 2045 美元（按 1980 年市场不变价格计算），由低收入国家跨入到中等收入国家水平的行列。其次，国民经济的部门构成发生重大变化。1945 年，拉美第二产业的产值在国内生产总值中所占的比重为 24.6%，到 1976 年上升为 34.4%。同期，第一产业的比重则分别为 25.8%和 11.6%。再次，出口商品构成发生明显变化。20 世纪 60 年代以前，拉美的出口商品几乎全部是农矿初级产品，而到了 1979 年，制造业产品的出口额已经占出口总额的 23.6%，其中，阿根廷、巴西、墨西哥三国的这一比重已达 33%。最后，就业结构也发生明显变化。1950 年，拉美在第一产业就业的人口占经济自立人口的 53.4%，到 1980 年这一比重已经下降到 34%。就像不能将拉美国家出现的许多问题都归罪于拉美结构主义一样，拉美国家所取得的这些现代化进步也不完全是拉美结构主义的功劳，但无疑与拉美结构主义

---

① ［巴］费尔南多·恩里克·卡多佐：《模仿中的创新：拉美经委会与发展的思想》，载中国社科院拉美所编：《拉美资料》1986 年第 2 期，第 64 页。

理论的推动有着密切的关系。

　　然而，如前所述，拉美结构主义理论从 20 世纪 60 年代中期就开始出现了危机，为什么会出现这种情况？究其原因，可从两个方面分析。

　　1. 在意识形态方面遭受到攻击

　　正统的自由派反对结构主义，因为其主张用国家干预来控制经济，主张实行贸易保护政策和再分配政策，并坚持拉美的通货膨胀政策是结构性的必要政策，他们担心这样的理论会导致官僚社会主义的危险。他们要求用正统新古典经济学指导经济，减少国家干预。在巴西和阿根廷，军人政府在 20 世纪 60 年代中期以个人自由和反对共产主义的名义取代了文人政权，并许诺结束通货膨胀，使经济健康增长。中心国家的决策者和学者们也反对结构主义，为的是捍卫自己对世界经济的构想，也是由于按照他们的臆想，该理论中存在着左翼的甚至"共产主义"的成分，这使他们恐惧。

　　左翼理论家则揭露结构主义理论的实质，他们认为其没有揭示社会经济剥削的机制，这种机制使工人阶级屈从于资产阶级，资产阶级又屈从于帝国主义中心国家。拉美国际在第三国际的成员认为，拉美经委会的理论是帝国主义为维护其对拉美和加勒比各国的统治和剥削而设计出来的一种战略。这些批评反映了他们对结构主义理论未能导致广泛的社会改革和进口替代未能解决顽固的国际收支问题的失望。

　　另外，拉美经委会内部也发生了分化。从 20 世纪 60 年代中期开始，在拉美经委会内部和外部出现了一种更加具有社会学和政治学性质的观点，这就是"依附论"学派，其代表人物是佩德罗·布斯克维克、卡多佐、松克尔和富尔塔多等人。

　　2. 结构主义理论本身的缺陷

　　拉美结构主义理论的危机更多地是来自其本身的缺陷，这些缺陷归纳起来大致有以下几点。

　　第一，过分信任政府干预经济的优点。结构主义试图推动发展模式从初级产品出口到进口替代的转变，而把实现这种伟大转变的任务交给了国家，由国家来实施一整套进口替代政策以达到工业化的目的。但是在拉美经委会的分析中，缺少一种国家理论，缺少对国家的历史、局限性和潜力的系统研究。它把单凭对市场失灵的观察作为政府在某些活动中干预的理由，没有对有效公共管理的有关要求做任何研究。"普雷维什从未以一种完美无缺的方式来阐述国家为促进进口替代工业而进行干预的合理性。……他未能将一种充分的国家理论具体化。他明确地指出了市场的局限性，但是如经验所表明，没有什么能保证在有些问题上国家的缺陷不会超过市场的缺陷。他的战略含蓄地反映了他过分相信国家能做市场所不能做的一切，然而他却未能进一步分析国家究竟能做什么和不能做什么。"①国家的作用被集中于微观经济学的关税政策上，但忽视了国内税收制度的建立，结果发展的资金只能依赖于出口部门和向国外借债。在拉美经委会国家导向的工业化版本中，进口替代政策赋予国家在经济中扮演一种新的和重要的角色：国家要建设大量的基础设施；要部署强大的发展银行和大量的技术官员去资助、建设和管理重要的国有工业；要涉足广泛的公共教育和劳动培训计划；要经营一种无论从质量上讲还是从数量上讲都是新颖的国家机器。所有这些新的活动领域都为那些能利用决策权从中渔利的国家官员的原始积累开辟了道路。拉美经委会假定存在着一批无私的、接受过严格训练的政府官员，他们将使进口替代政策得以顺利实施，但实际上寻租者大有人在，与寻租者勾结的腐败官员大有人在，对这一现实的承认就要求出现更加成熟的国家理论，但拉美经委会对国家作为一种新的资本积累的场所则缺乏仔细的研究。②

　　第二，过分强调资本在经济发展进程中的作用，把资本积累作为首要动力，并使有形资本优先于教育和技术方面的投资。普雷维什命题的主要观点是"外围贸易条件的恶化影响了资本积累，随之影响了经济增长率"③。普雷维什晚年的"经济剩余"理论强调的也是资本积累问题，似乎资本积累决定了经济发展的一切，但实际上影响经济发展的因素是多方面的。结构主义对资本积累的强调，主要强调的是物质资本，使有形资本优先于教育和技术方面的投资。1956 年西奥多·舒尔茨在《拉美的经济试验》一书中就批判了隐蔽失业的概念和工业化是通往富裕的必由之路的思想，主张把重点从有形资本转到"发展各级教育、技术才干、出国留学、研究中心、学院和试验站的计划和预算"上去。巴西经济学家罗伯特·德奥里维拉·冈博斯在 1957 年给拉美经委会第七次会议的一份备忘录中也提到了拉美国家必须克服这种

---

① Ronald V.A.Sprout, "The Ideas of Prebisch", *Cepal Review*, No.46(1992), p. 185.

② James M.Cipher, "Latin American Structuralist Economics: An Evaluation, Critique and Reformulation," In James L.Dietz and Dilmus D.James, *Progress Toward Development In Latin America, From Prebisch To Technological Autonomy,* Boulder and London: Linne Rienner Publishers,1990, pp. 48-49, p. 51.

③ Magnus Blomstrom, and Bjorn Hettne, *Development Theory in Transition, The Dependency Debate and Beyond: Third World Resposes*, p. 43.

"使有形资本优先于教育和技术方面的投资"的倾向。[①]

第三，过分重视工业，忽视了农业的发展。普雷维什在谈到工业化与初级产品生产的关系时说："初级产品必须出口，以便进口所需要的大量资本货。"[②]也就是说，这一发展模式设想以出口初级产品来换取外汇，以便进口机器和技术促进工业化。1950 年 10 月，普雷维什在拉美经委会组织的"关于农业计划、工程和相关事务"的培训班上做了 5 次学术讲座，其中多次谈到他对工农业关系和农业发展的看法，尽管也谈到了工农业之间相互依赖的关系，但中心论点仍是强调工业化的重要性。[③]所以，雅各布·瓦伊纳在里约热内卢的一系列演说中强烈地反对工业在本质上优于农业的论点，他认为这一论点是拉美经委会主义的基础。他并不非议工业化，但他反对把拉美的落后归咎于拉美集中生产初级产品上。他警告，如果国家试图利用工农业生产率之间的系统差距采取行动，将会导致资源的错误配置。[④]在拉美经委会的思路中，工业化是获得经济增长和现代化的必由之路。这种思路的优点是把大多数拉美人要求现代性的潜在期望容纳到了发展计划中来，工业资产阶级、中产阶级和城市无产阶级采纳了实现现代化的工业主义思路，以此来达到他们取代农业寡头权力地位的目的。但是，"这仅仅是他们所采纳的结构主义理论的唯一部分，而结构主义拥护在工业化中纳入对经济效率的考虑和有选择地做出经济决策，关注过度保护的不合理性和把农业和出口贬低到次要地位，以及一体化的迫切性等，这些思想都在不惜一切代价发展工业化的进程中被抛到了一边"[⑤]。如果说，拉美经委会的理论尚考虑到了农业的重要性的话，那么，在各国具体实施发展计划和经济决策的过程中，拉美国家无不表现出轻视甚至歧视农业部门的倾向，经济政策实际是向工业和城市倾斜的，如抬高工业品价格、提高工业部门中劳动者的工资水平、增加对城市居

---

① Albert O.Hirschman, *Latin American Issues*, New York: The Twentieth Century Fund, 1961, pp. 40-41, p. 28.

② Raúl Prebisch, "The Economic Development of Latin America and Its Principal Problems," *Economic Bulletin For Latin America*, Vol.7, No.1, 1962, p. 2.

③ Carlos Cattaneo, "Prebisch and The Relation Between Agriculture and Industry," *Cepal Review*, No. 34(1991), pp. 150-163.

④ Jacob Viner, "International Trade and Economic Development," Glencoe, Ill: The Free Press,1952, p. 71, in Albert O.Hirschman, *Latin American Issues*, p. 38.

⑤ Osvaldo Rosales, "An Assessment of the Structuralist Paradigm for Latin America Development and Prospects for Its Renovetion," *Cepal Review*, No. 34(1988), p. 33.

民的生活补贴、低价购买农产品等等。结果挫伤了农民的生产积极性, 农业生产长期停滞。

第四, 忽视技术创新。应该说, 拉美经委会从一开始就重视技术进步, 但是, 对科学技术"创新"在发展过程中重要性的考虑却为时过晚。事实上, 设计这套战略的人们与将它们付诸实施的人们达成了一种"默契", 即认为中心国家的技术是固定不变的。这种假设的结果是在技术上总要依赖中心国家的工业模式, 同时也从此关闭了关于创立第三世界特有的科学技术基础的思路。从 20 世纪 60 年代后期起, 他们确实做出努力力图解决这一问题, 但在许多方面却都为时过晚: 技术上的依赖已经形成恶性循环, 中心国家的科技寡头政治霸权已经建立起来, 也就是说, 已经创造出一种技术民族主义。

第五, 低估了短期的宏观经济管理, 尤其是货币和财政政策的影响。由于关注长期措施而忽视了以短期措施治理通货膨胀的重要性。为了打破通货膨胀的螺旋上升, 减少短期通货膨胀以便于降低通货膨胀预期是非常必要的。货币和财政措施具有显示短期结果的便利。当这些措施并不是消除通货膨胀的充足条件时, 它们却是一种必要条件。但结构主义对通货膨胀的货币和财政因素, 特别是货币供给给予太少的关注, 对货币和财政政策将是怎样的情况则很少有说法, 将它们置于次要的位置。因此结构主义需要对短期的宏观经济管理因素给予更多的考虑。[1]

第六, 在结构主义的早期著作中, 缺少为实施结构改革纲领所做出的对社会和政治条件的研究。普雷维什在晚年著作中回顾到: 拉美经委会的"文章中还缺乏某种不仅是重要的, 而且是决定性的东西。……我们没有深入研究在社会结构中出现的种种障碍"[2]。经委会的专家们提出在民主和市场经济背景不变的情况下既保持价格稳定又实现结构的转变, 这在政治上几乎是不现实的。重要的结构转变一般会强化阶级冲突, 并可能导致外资、贷款和信用的抽逃, 对资本形成和增长具有不利的影响。这种强化阶级冲突的结果很可能是政府整个或部分地放弃它们结构转变的纲领, 或者导致政府的垮台, 不管哪种情况, 结构改革都会遭到反对。通货膨胀实际上是一种分配冲突的缓冲器, 如果要充分理解通货膨胀现象的话, 就需要分析社会利益集团内外发生的冲突和斗争。工业化也需要有相应的社会文化背景支持, 但"拉美经

---

① Osvaldo Rosales,"An Assessment of the Structuralist Paradigm for Latin America Development and Prospects for Its Renovetion," *Cepal Review*, No.34(1988), p. 32.

② [阿根廷]劳尔·普雷维什:《外围资本主义: 危机与改造》, 苏振兴等译, 第 305 页。

委会没有发展为这样的一种研究实体，即去解释和分析拉丁美洲接受忠诚与消极、放弃与坚守、民族主义和沙文主义的范围、原因、深度，这些特征是如何渗透到拉美社会的经济功能中的，它们是如何限定和影响了拉美决策者的视野的"①。

第七，对中心与外围关系判断过于僵化。普雷维什在《外围资本主义》一书中，认为中心-外围的关系中存在着中心国家的"向心性"，这种向心性表现在，一是"这些国家在其历史的发展中，倾向于把工业化集中在自己的疆域之内，而不让它扩散到世界其他地区"，只对外围的初级产品生产感兴趣。二是，"当工业化在外围很晚才得到发展时，资本主义的向心性又不利于外围参与大宗的工业品交换"②，不给外围国家出口的工业品提供市场。前一个论点有悖历史事实，19 世纪后期到 20 世纪初拉美主要国家的早期工业化就是受发达国家第二次产业革命影响的结果。后一个论点也受到了第二次世界大战后东亚国家工业化模式的挑战。"拉美国家由 30—40 年代的初级产品'出口悲观论'进一步发展到工业制成品的'出口悲观论'，显然与结构主义上述观点有直接的关系。"③在拉美经委会的文章中不止一次地承认，外围对把所有力量集中在进口替代上，而对制成品出口没有给予足够的重视负有责任。虽然中心没有鼓励外围制成品的出口，但外围也没有下决心实行一项明显有利于制成品出口的政策。由于拉美国家过于执着地长期实行进口替代战略和超保护主义政策，从而延误了其经济的进一步发展。

第八，拉美经委会作为联合国的机构，其本身的立场带有局限性。在联合国的发展组织中，拉美经委会在国际货币基金组织和世界银行之后位居第三。前两者在经济理论上都倾向于新古典正统理论，因此，拉美经委会讲话也不得不小心翼翼，稍一过头就会招来前两个机构或拉美国家保守派的攻击。尽管拉美经委会的观点不断地被登在拉美国家的主要报纸上，也渗透到大学课堂上和许多国家的权力决策层，但这并不等于拉美决策高层会按照经委会的建议去做。拉美经委会毕竟是一个政府间的国际机构，它既要顾及本身所处的地位，也要顾及拉美国家社会政治环境和气候，各国是否采用和怎样采

---

① James M.Cipher, "Latin American Structuralist Economics: An Evaluation, Critique and Reformulation," in James L.Dietz and Dilmus D.James, *Progress Toward Development In Latin America, From Prebisch To Technological Autonomy,* Boulder and London: Linne Rienner Publishers, 1990, p. 57.

② [阿根廷]劳尔·普雷维什：《外围资本主义：危机与改造》，苏振兴等译，第 170 页。

③ 苏振兴主编：《拉美国家现代化进程研究》，社会科学文献出版社 2006 年版，第 607 页。

用结构主义理论更重要的是取决于该国的客观形势和政治决策。因此，结构主义理论对拉美各国的影响是非直接的，同时也是有差异的。

拉美结构主义理论由于来自左右两方面意识形态的攻击，由于自身存在不少缺陷，特别是由于拉美国家 20 世纪 80 年代陷入了严重的债务危机和经济危机，其影响力日渐式微，逐渐为新自由主义和新结构主义所取代。但是，拉美结构主义理论的贡献是客观存在的，不容抹杀的。这些贡献主要包括以下几方面。

第一，中心-外围概念以及中心-外围体系的特征（整体性、专业化和差异性、非对称性）揭示了世界体系非均衡发展的本质。该理论和富尔塔多的二元结构理论共同促使人们更全面地理解外围的国内问题，即外围的发展滞后固然与外围内部的二元结构有关，但也肯定受到了外部因素的不良影响，即与世界体系中的二元结构（中心-外围）相联系。这种结构主义的双重"二元结构"理论，为后来的依附理论和世界体系理论所继承和发扬。

第二，贸易条件恶化论丰富了人们对于国际贸易理论的认识。新古典理论认为，国际贸易对贸易双方都是有利可图的，这种看法也许是正确的，但同时也是不完整的。结构主义的理论研究了国际贸易的相对利益，从而揭示了这样一个事实，即在交换过程中一方会得到更多的利益。正如联合国第三世界社会研究中心写的一份研究报告中所指出的，结构主义关于国际贸易的观念很新颖，"其新颖之处就在于，分析了在国际贸易的影响之下怎样重新出现不平等的趋势；揭示了工资差别和中心与外围技术进步的差别怎样造成这种不合理的现象；试图从这种解释中为工业化政策找到一种具有普遍性的模式"①。

第三，强调推进外围工业化以创造就业、提高劳动生产率和逐步克服外部障碍的理论仍有重要的现实意义。债务危机后的 20 多年间，"拉美国家的制造业处于一种衰退或停滞状态，已经丧失了拉动国民经济增长的主导部门的地位；拉美国家的工业化程度不是继续提高，而是倒退；国家的投资能力在下降；制造业部门创造就业的能力在萎缩"②。拉美国家的工业化进程实际上因债务危机的冲击而发生了断裂，是一场未竟的工业化，拉美国家未来的经济发展仍然要依靠工业化的重新振兴。

---

① 联合国教科文组织编：《内源发展战略》，社会科学文献出版社 1988 年版，第 176 页。
② 苏振兴主编：《拉美国家现代化进程研究》，社会科学文献出版社 2006 年版，第 639-640 页。

第四，通过地区一体化和国际合作改造传统的贸易结构和不合理的国际分工体系，逐步扩大工业品出口，实现出口多样化和改变进口构成，以便消除现行国际贸易结构中对外围国家的不利影响。这些理论和主张仍然有效，并且被许多拉美国家践行。

第五，强调国家干预的理论尽管遭到批判，但其主流成分仍然是正确的，尤其是当新自由主义改革在一些国家遭受失败之后，人们重新回顾这一理论，感到其中的一些观点弥加珍贵。

拉美结构主义理论的上述贡献已经成为拉美精神遗产宝库中的重要组成部分。"西方学术界认为，在拉美思潮中，除了历史上的实证主义外。还没有其他思想体系能像发展主义（结构主义）具有如此广泛的影响。"[①]

（本文原载于徐世澄主编：《拉丁美洲现代思潮》，当代世界出版社，2010年出版，"拉丁美洲的结构主义理论"一章）

---

① 高铦：《战后拉丁美洲经济思潮概述》，载《拉丁美洲丛刊》1982 年第 1 期。

拉丁美洲的依附理论

——跨国公司的视角

  跨国公司对拉美进口替代工业化进程产生了重要的影响，这种影响不仅是导致拉美依附理论学派兴起的原因之一，也是依附理论关注的一个重要内容。如美国著名经济学家艾伯特·菲什洛（Albert Fishlow）在《拉美经济学状况》一文中，从经济学角度谈到依附理论的贡献时说："三种经济观点形成依附论的有机部分：一是不平等交换原则；二是外国私人投资带来的恶果；三是由于照抄先进国家的倾斜消费模式而导致的外围资本主义经济遭到破坏。"①这三个方面都与跨国公司有直接联系。国内学界对依附理论并不陌生，大约从 20 世纪 80 年代初开始，依附理论观点就不断地被介绍到中国，打开中国学术期刊全文数据库会发现，这类文章在近年来有快速增加的趋势。但是，我们注意到，国内大多数文章和有关著作，都偏重一般性地介绍依附理论流派产生的背景、它们对拉美不发达根源的解释及其所提出的摆脱不发达的政策主张等，缺少专门对依附理论学者关于跨国公司与拉美经济发展关系论点的系统介绍。

  从 2004 年开始，随着中国经济进入一个新的发展阶段，中国企业界和学术界开始关注"拉美化"问题，企业界理解的"拉美化"，就是民族工商企业的跨国公司化。在拉美国家的历史上，民族工业企业为跨国公司所取代或控制的现象的确发生过，最早应该是在 20 世纪 50 年代到 70 年代的进口替代工业化的"深化"阶段。

  拉美国家的进口替代工业化分两个阶段。第一阶段为非耐用消费品的进口替代阶段，时间在两次世界大战期间，其时拉美的民族工业资本得到了长

---

  ① ［美］艾伯特·菲什洛：《拉美经济学状况》，墨西哥国立自治大学《经济研究》1987 年第 3 期，转引自中国社科院拉美所编：《拉美资料》1989 年第 5 期。

足的发展。第二阶段是耐用消费品的进口替代阶段，从 20 世纪的 50 年代中期到 70 年代。这时跨国公司成为工业化发展的动力，它们不再像前一阶段那样只在出口部门和公共服务部门，而是控制了制造业部门。由于拉美国家普遍实行高保护政策，为避开关税保护和进口限制，到拉美投资设厂占领当地市场就成为跨国公司的战略选择。跨国公司的到来虽然使拉美国家的工业化程度得到了提升，但也带来了许多问题，有些问题甚至很严重，扭曲了拉美工业化的性质和意义。拉美统治阶级的构成也发生了新的变化，出现了民族资本、跨国公司和国家之间结成的复杂的联盟。依附理论就是在拉美进口替代工业化未能实现预期效果，结构主义理论失灵之后兴起的，当依附理论学者追寻拉美工业化失败根源的时候，他们不约而同地将目光转向了帝国主义，特别是跨国公司。因此，了解依附理论关于跨国公司与拉美经济发展关系的论述，有助于我们对拉美工业化进程的深刻理解。

本文着重介绍几位著名依附理论学者的观点，他们大多数是拉美学者，有两位虽然不是拉美人，但也是在拉美国家做过长期研究的学者。这些学者的观点大致可以分成以下几类。第一类被称为传统的依附理论者，他们基本否定跨国公司的积极作用，如多斯桑多斯、松克尔、富尔塔多、弗兰克，认为在现存的依附资本主义条件下拉美的发展没有出路，不摆脱依附状态就不能发展，属于悲观论派。第二类被称作依附发展论者，他们看到了跨国公司的积极作用，如奥唐纳、卡多佐、埃文斯，认为拉美在依附状态下可以得到发展，属于乐观论派。另外还有一类，虽然认识到跨国公司给拉美国家带来了非常不利的影响，但并不把拉美的不发达完全归咎于跨国公司，而是认为中心和外围都应该承担拉美不发达的责任，拉美的出路在于"改造外围资本主义"的社会结构特性，如普雷维什。

1. 多斯桑多斯：跨国公司与新的依附形态

特奥托尼奥·多斯桑多斯是巴西社会学家和经济学家，他关于"依附"①概念的定义比较经典，被多数学者采纳。他较早地注意到随着跨国公司进入拉美，拉美出现了一种"新的依附形态"。他的主要观点如下。

第二次世界大战之后，"世界资本主义进入了一体化的新阶段并开始了一个多国公司为基础的新的漫长的增长周期"。多国公司是国际经济的细胞，"它把必然导致技术和经济集中、垄断、集权、多行业联合和国家干预

---

① 依附是一种限定性状况，即一些国家的经济受制于它所依附的另一国经济的发展和扩张。

的私人占有、管理和控制等强有力手段在世界范围内移植"①。由于跨国公司转而向以欠发达国家内部市场为目标的工业部门进行投资，因而在拉美国家形成了一种新的依附形态，其"基本特点是跨国公司的技术-工业统治"。在这种新的依附形态下，拉美国家的工业发展受到了来自三方面的结构性限制。

一是出口部门创造外汇的限制。为了赚取外汇购买发展工业的资本品和中间产品，就必须保留传统的出口部门。"由于这个部门保留着落后的生产关系，所以在经济上限制了国内市场的发展，而在政治上，则意味着传统和没落的寡头集团保持着政权。如果这些国家的出口部门受外国资本的控制，那就意味着大量利润汇出国外，政治上则依附于这些利益集团。"②

二是国际收支逆差的限制。首先，国际贸易的收支趋势是赤字，因为国际贸易市场的趋势是压低原料的价格，提高工业产品和投入物的价格，此外现代技术趋于用合成原料取代某些初级产品。其次，由于外国资本控制了最有活力的经济部门并汇出大量的利润，因此，资本账户对依附国极为不利。资料表明，流出的资本量大于流入的资本量，从而在资本账户上出现了绝对的逆差，此外，再加上一些几乎完全为外国控制的服务部门的赤字，如运费、特许权费、技术援助费等，结果在整个国际收支中出现了重要的逆差，由此而限制了进口工业化所需投入物的可能性。最后，通过贷款形式为弥补赤字和刺激发展而融资，这样，外国资本和外国援助填补了由他们自己创造的窟窿，但这种援助的实际效果是令人怀疑的，由于援助强加一种额外加价的金融条件，根据美洲经济和社会理事会估计，净援助额平均只有毛援助额的54%左右。"残酷的事实是，受援国尽管实际上只收到援助的一部分，却不得不按照100%来偿还援助。"③

三是工业发展决定性地受到帝国主义中心所实施的技术垄断的制约。欠发达国家发展工业所需要的机器和原料依赖于进口，但发达国家的大公司不是把它们当作简单的商品出售，而是要求对方支付专利使用费，或把这些商品作为资本以投资的形式引进欠发达国家。依附国由于没有足够的外汇，因此不得不以提供各种优惠的形式来吸引外资。如"外资进口机器可以不受汇率控制的限制，可以利用当地资金开办工厂，可以利用政府促进工业化的财

---

① [巴]特奥托尼奥·多斯桑托斯：《帝国主义与依附》，毛里金等译，社会科学文献出版社1999年版，第1-2页。

② [巴]特奥托尼奥·多斯桑托斯：《帝国主义与依附》，毛里金等译，第317-319页。

③ [巴]特奥托尼奥·多斯桑托斯：《帝国主义与依附》，毛里金等译，第320-321页。

政机制，可以得到国内外银行的贷款，外国援助经常被用来补助这样的投资和为与之有关的公共投资融资。外资立足之后，可以把在如此有利环境下获取的高额利润自由地再投资"①。

上述结构限制对依附国的生产体制和发展形式产生了重要的影响。②

首先，欠发达国家的生产体制在本质上是由前面提到的国际关系决定的。如：（1）保持农业和矿业出口结构的需要就产生了一种外部先进的经济中心与国内"大都市"和国内"殖民地"之间的联合，前者从后者榨取剩余价值，于是国际层面上的资本主义发展不平等和联合的特点就在国内得到了复制；（2）工业-技术结构的建立更多地是响应跨国公司利益而不是国内发展的需要；（3）霸权经济中的技术和经济-金融集中化被原封不动地移植到十分不同的经济和社会中，由此造成一种极不平衡的生产结构，收入高度集中，设备能力利用不足，集中于大城市现存市场的密集型开发等等。

其次，在这样的环境下，资本积累呈现出其自身的特征。（1）在当地廉价劳动力市场和使用资本密集型技术的背景下，国内工资水平的差异极大。从相对剩余价值的角度看，结果是一种对劳动力的高剥削率。（2）这种剥削因工业产品的价格高昂而被进一步加强，而工业产品的高价格是由于当地政府实行的保护主义、免税和补贴政策以及来自霸权中心的"援助"所致。（3）由于依附性积累必然与国际经济相联系，所以就受到国际资本主义经济关系中不平等和联合的特点的严重制约，如受制于帝国主义中心的技术和金融控制、国际收支的现实、国家的经济政策等等。

最后，根据前面的分析，可以理解这一生产体系对这些国家国内市场增长的制约。农村传统关系的保留对市场规模是一个严重的制约，而工业化也没有（为劳动力）提供一种有希望的前景。依附工业化所创造的生产结构限制了国内市场的增长，因为这种生产结构把劳动力置于高度剥削性的关系之下，限制了他们的购买力，由于采用资本密集型技术，创造的就业机会与人口增长率相比就很少，限制了新的收入来源的增加，这两种限制影响了消费品市场的扩大。同时，利润汇往国外抽走了国内创造的部分经济盈余。如果不把盈余汇往国外，就可用来建立本国基础工业，满足资本品的市场需要。

因此，"限制这些国家发展的最大障碍正是来自同国际资本主义体系的结

---

① Theotonio Dos Santos, "The Structure of Dependence," *The American Economic Review,* Vol. 60, No. 2 (1970), p. 234.

② [巴]特奥托尼奥·多斯桑托斯：《帝国主义与依附》，毛里金等译，第 324-326 页。

合方式及其本身的发展规律"。他认为，如果不在内部结构和外部关系方面进行重大变革的话，拉美国家对发达国家的依附就不能被克服。

2. 松克尔：跨国公司与民族发展

奥斯瓦尔多·松克尔是智利经济学家，他着重考察的是跨国公司与民族国家发展的关系，他的有关论述主要体现在以下几个方面。

跨国资本主义的性质。松克尔在《大公司与依附》一文中指出，以民族国家为研究单位具有局限性，应该从资本主义国际体系的角度考虑问题，因为发达与不发达是资本主义体系历史演变的两个方面。①在《跨国资本主义与民族发展》一文中，他认为，跨国资本主义是一个"体系"，尽管它由民族的、次民族的和跨国的不同的部分构成，但所有部分都是在居主导地位的原则、标准和目标的基础上运行的，并且紧密地互相依存，其行动和反应如同一个整体一样。因此，加入体系的方式和各组成部分的特点因国家而异。此外，在体系内的行为具有某种灵活性，但也有一定限度，超出这一限度，一国就会处于强大的内外压力之下，它要么适应这个体系，要么同体系决裂。在论述了跨国资本主义的技术工业性质、寡头垄断性质、资本主义性质以及总体性质之后，他进一步指出，跨国资本主义"也是一整套关于社会的观念和信仰，一整套关于产生、发展和推行这些观念和信仰的组织和机构，是由接受这些观念和信仰的人们所构成的全球性社会群体，因而也是一个社会文化体系"②。

跨国资本主义的特点。松克尔最初认为，新的跨国公司向整个国际经济蔓延，"它们的活动依据了一种固定的模式：首先是出口他们的制成品；然后在国外建立他们的销售组织；再然后允许当地的生产者使用他们的专利和许可证在当地生产产品；最后他们买断当地的生产者，建一个参股或全股的分公司。在这一过程中，一种新的国际经济关系出现了，A 国的 Z 企业与 B 国的 Y 企业之间的贸易被在 A 国和 B 国的 Z 企业内部转移所取代，而 Y 企业从画面中消失了"③。后来他进一步指出，跨国资本主义的主要特点在于，

---

① Osvaldo Sunkel, "Big Business and 'Dependencia': A Latin American View," *Foreign Affairs,* Vol. 50, No. 3 (1972), pp. 519-520.

② ［波多黎各］何塞·比利亚米尔选编：《跨国资本主义与民族发展》，经济文化基金会 1981 年版，第 79-82 页，转引自袁兴昌：《对依附理论的再认识》（下），载《拉丁美洲研究》1991 年第 2 期。

③ Osvaldo Sunkel, "Big Business and 'Dependencia': A Latin American View," *Foreign Affairs,* Vol. 50, No. 3 (1972), p. 521.

生产是在全球范围内而不是在民族或地方范围内组织的，利润最大化也是在全球范围内和跨国公司的整体范围内实现的。……跨国公司在很大程度上取代了市场，在同子公司的交易中可以相对自由地确定价格、成本、工资和利率，从而在公司整体范围内实现利润最大化。……在国际资本主义阶段，各民族经济基本上是通过市场相互作用的，而在跨国资本主义阶段，国家市场日益为跨国公司内部的贸易所代替。①

　　跨国公司与民族国家的关系。松克尔认为，尽管跨国体系建立了由跨国公司和附属机构构成的经济基础结构，拥有由有着共同文化的跨国社团构成的居民，但所有这些构成要素也出于民族国家的管辖之下，形成跨国体系与民族国家体系的重叠。因此，两个体系的目标和行为方式在一些情况中可以是一致的，在另一些情况中不一致时，就会发生冲突的局面，而最根本的冲突是采取什么发展战略。当地跨国社团的目标是在当地复制其他跨国中心的生活条件、消费方式和文化，由于这一目标主要通过国家来实现，控制、影响和进入国家机构就成为关键。技术官僚阶层的出现意味着跨国社团在国家机构内部的存在，它可以对资源配置和政策的制定产生重要影响，这种影响远远超出他所拥有的实际经济和政治权利的比重。②

　　跨国公司对东道国的影响。在《大公司和依附》中，松克尔认为，美国跨国公司在拉美的扩张深刻影响着当地的经济和社会。"所谓的现代化进程意味着劳动密集型的传统生产结构逐渐被另一个更为高级的资本密集型结构取代，在这种情况下，那些偏好适应这种盛行的合理类型的个人和团体被纳入到新的体制和结构中，同时也排除了那些在新的生产结构中没有地位或缺少适应能力的个人和团体。因此，这一过程不仅阻止了民族企业家的形成，而且也一般地限制和腐蚀了中产阶级（包括知识分子、科学家和技术官僚），甚至在工人阶级内部创造了有特权和无特权的部分，对强大劳工运动的形成增加了另外一种严重的困难。"③在后来的文章中，松克尔认为跨国公司的社会

　　① ［智］松克尔、富恩萨利达：《跨国资本主义和民族国家》，载［波多黎各］何塞·比利亚米尔选编：《跨国资本主义与民族发展》，经济文化基金会 1981 年版，第 79-82 页，转引自袁兴昌：《对依附理论的再认识》（下），载《拉丁美洲研究》，1991 年第 2 期。

　　② ［智］松克尔、富恩萨利达：《跨国资本主义和民族国家》，载［波多黎各］何塞·比利亚米尔选编：《跨国资本主义与民族发展》，经济文化基金会 1981 年版，第 87-90 页，转引自袁兴昌：《对依附理论的再认识》（下），载《拉丁美洲研究》，1991 年第 2 期。

　　③ Celso Furtado, "Adventures of a Brazilian Economist," *International Social Science Journal*, 1973, Vol.XXV,1\2, p. 528.

影响主要有三种：一是在不发达社会出现一个依附性的跨国核心，表现为在当地形成一个社团，拥有明显不同于社会其他部分的独特的组织和文化，并且在很大程度上拥有一个日益具有镇压性的国家机器；二是创造了日益增多的失业者或半失业者，他们一方面拥有极不稳定的收入来源，另一方面又不断地被刺激起来追求跨国核心成员所享受的生活水平；三是随着社会两极分化引起的社会矛盾及特权社会阶层的利益，国家的专制性和镇压性也不断加强。①

他认为，跨国公司不仅给东道国在经济方面造成了负面影响，同时也带来了许多政治和社会问题，拉美国家要取得没有依附的自主发展，必须通过彻底的改革而改变现有国际经济体系的不平等的性质。

3. 富尔塔多：巴西模式和后民族资本主义的特征

塞尔索·富尔塔多是巴西经济学家，早在 1958 年作为巴黎索尔波恩大学教授候选人提交的论文中，他就提出了这样的思想：发展和欠发达是两个在工业资本主义演变的过程中同时出现的相互交织的现象。他确信，当代欠发达是依附现象的结果，只有通过用分析其结构（即确认其不变因素）的观点来研究整个制度的历史演变才能理解。②研究拉美经济思想史的美国专家约瑟夫·洛夫认为，富尔塔多是第一位"明确提出发展和欠发达是国际资本主义经济扩张同一进程的两个部分"③的人。

富尔塔多在《经济发展的理论与政策》一书中，阐述了对跨国公司参与外围工业化这一新的国际经济现象的观点。他认为，新的国际经济是以居统治地位的中心国家的一些集团控制着新技术的传播为特点的，因此获得新技术已成为发展的必要条件。外围经济的发展意味着总部设在统治中心的大企业在外围经济中的参与程度不断提高。外围的这种依附发展的动力来自国际大企业，这些大企业成了能使统治集团消费多样化新产品的传送带，他们一方面刺激了外围对新产品的需求，另一方面却控制了生产这些产品所需要的技术。结果，外围经济结构并没有实现与中心结构的同类

---

① ［智］松克尔、富恩萨利达：《跨国资本主义和民族国家》，载［波多黎各］何塞·比利亚米尔选编：《跨国资本主义与民族发展》，经济文化基金会 1981 年版，第 95-97 页，转引自袁兴昌：《对依附理论的再认识》（下），载《拉丁美洲研究》1991 年第 2 期。

② Celso Furtado, "Adventures of a Brazilian Economist," *International Social Science Journal*, 1973, Vol.XXV,1\2, p. 28, p. 11.

③ Joseph L. Love, *Crafting the Third World: Theorizing Underdevelopment in Rumania and Brazil*, Stanford, CA: Stanford University Press, 1996, p. 153.

化，由于外围内部收入集中的趋势不断增长，外部因出口收入减少和跨国公司对生与占有的不断增加而形成大量国际收支逆差以及外债，从而加大了与中心的差距。①

　　在 1972 年的一篇文章中，富尔塔多揭示了巴西发展模式的实质。他指出，在欠发达国家，制成品的销售市场是由完全不同的两类人组成的，第一类人是收入非常低的消费者，尽管他们占人口大多数，但这类消费品市场的工业带动作用很弱。第二类是富裕的少数人，他们需要多样化的消费品，也要求有生产这些新产品的新方法。跨国公司的生产就是面向这类市场的。"由于耐用消费品工业比现有消费品工业从大规模生产的经济效果中获益大得多，因此，收入分配越集中，对国内生产总值增长率产生的作用也越大。"因此，巴西政府一直在使用各种手段，特别是信贷政策、收入政策与金融政策来促进和引导收入集中化的进程。结果，"巴西正在生产一种新型的资本主义，它大大依靠调整和利用利润来产生某种消费支出"。"巴西'模式'最重要的特色，是它的结构倾向使人民群众得不到积累和技术进步的好处。"②

　　在 1975 年发表的《后民族资本主义》一文中③，富尔塔多联系跨国公司的发展，对第二次世界大战后资本主义体系的结构特征和中心-外围关系的变化作了更为深刻地阐述。

　　他认为，第二次世界大战以来，在美国的政治保护之下，资本主义体系形成了调解整体经济活动的共同准则，其体现在《布雷顿森林协定》和《关税与贸易总协定》等条约之中，民族体系不再成为工业化进程的界限，大企业可以根据它的扩张目标在世界任何地区开展或扩大其活动，结果民族经济间的一体化进程成为资本主义体系当前结构形成的最重要特征。这种后民族资本主义经济活动是通过寡头垄断结构和金融机构的双重协调实现的。寡头垄断结构表现为大公司的纵向一体化和横向多样化，前者不仅可以减少中间产品的运输、储存和回收负担，而且可以通过公司的计划减少中间产品市场的不稳定性；后者不仅可以控制其他产品对本部门产品市场的影响，减少市场的

---

　　① [巴]塞尔索·富尔塔多：《经济发展的理论与政策》，墨西哥 21 世纪出版社 1968 年版，转引自袁兴昌：《对依附理论的再认识》（中），载《拉丁美洲研究》1990 年第 6 期。

　　② [巴]塞尔索·富尔塔多：《巴西的发展"模式"》，载[美]查尔斯·K. 威尔伯主编：《发达与不发达问题的政治经济学》，高铦等译，中国社会科学出版社 1984 年版，第 414-426 页。

　　③ [巴]塞尔索·富尔塔多：《后民族资本主义：对资本主义当前危机的结构主义解释》，载费尔南多·范辛贝克主编：《拉丁美洲的工业化和国际化》，经济文化基金会 1980 年版，第 130-139 页，转引自袁兴昌：《对依附理论的再认识》（下），载《拉丁美洲研究》1991 年第 2 期。

不稳定性，而且可以增加新的增长机会，以利于公司制订长期发展计划。金融协调是上述两种扩张方式的必然结果，这种协调一般通过银行机构来实现。

就该时期外围工业化的性质和特点而言，富尔塔多认为，在外围资本主义范围内实现的延迟的工业化从一开始就不是以形成民族经济体系为目标，而是以加强在国际分工体系内的一体化为目标。在工业化进程的加速时期，由于同跨国公司在技术、金融和管理方面的一体化程度加剧，外围的工业化具有中心国家工业体系延伸的性质。外围的工业化是以动力很不相同的两个市场为基础的，一个市场由大部分在维持生存的经济中实现再生产的劳动力构成，它因人口的增长和城市劳动力的比例增长而不断扩大，但由于工资标准稳定不变，市场的扩大并不导致需求的多样化和新产品的引进。另一个市场由占有剩余的少数人构成，它是传播中心资本主义文化的场所，工业化所意味的生产率增长主要增强了这个市场的活力，进口替代的深化必将以这个市场为基础。这样，制成品市场的不连续性就构成了外围资本主义的基本特点之一。

他还指出了外围工业化受跨国公司控制，经济剩余为中心占有的特点。富尔塔多认为，中心资本主义积累强度伴随了平均生产率、平均收入水平和平均储蓄能力的提高，但在外围资本主义中，由于市场的不连续性，工业化只有在存在大量外部资金流入和收入集中进程的情况下才能继续前进。一旦工业化进程加速，由于生产率增长加快而工资标准稳定不变，剩余将相对扩大。但由于资本的需要量随着工业体系复杂度的提高而增加，外围资本主义国家的工业活动日趋为从事国际活动的大企业所控制，由于这些企业处于战略地位，他们有可能将不断增加的剩余中日益增多的部分留存下来。这样，工业化进程的质变，在很多情况下伴随了工业活动控制体系的变化以及本国资产阶级被国际大企业代表迅速替代。他指出，当代外围资本主义最典型的特征之一是技术官僚集团在政权结构中占主导地位。由于外围资本主义的演变是通过吸收发达社会的消费模式进行的，因而必然造成资本主义固有的社会不平等，在外围世界出现独裁政权是不足为奇的。

4. 弗兰克：跨国公司与工业经济的非拉美化

安德烈·冈德·弗兰克是经济学家。他生于德国，在美国受教育（1957年毕业于美国芝加哥大学，获经济学博士学位），在拉美生活和工作了10年。由于他用英文写作，其作品的传播比其他依附理论者更广泛，因此名气更大。他的著作着重从历史的长时段论述拉美不发达的根源，对跨国公司的专门论述并不多。他在与詹姆斯·D. 科克罗夫特主编的《依附和欠发展：拉美的政治经济》一书中写道，"当下，外国资本在拉美的渗透如此彻底，以至于跨国公司不再仅仅是向拉美出口制成品以换取初级产品，而是在拉美国家内部建立企业，为当地的民族市场提供产品。他们还经常以比实际价格便宜的价位购买中型和大型的拉美工业，从拉美国家本身吸引经营资本，这就是我们所称呼的工业经济的非拉美化"①。他还在另一篇文章中指出，朝鲜战争之后，实行进口替代的国家陷入了困境，它们只得采取两种政策，一是通过诸如世界银行这样的国际机构或美国国际开发署这样的政府机构来获得一部分资本，二是欢迎跨国公司投资，为本地的市场生产产品。这些公司带进自己的技术和设备，从而使进口替代得以维继，但是，这种情况的发展使南方民族资本遭受了很大的损失。"因为跨国公司只为这些国家狭小的高收入消费市场生产，而且在物质上助长了这些第三世界国家的内部收入分配的前所未有的不平等。"同时，"这些跨国公司通过银行资本和各种机构在南方市场中获得其大部分资本，它们更多地是从当地而不是从外国或美国的储蓄中获得资本的"②。虽然弗兰克对跨国公司的论述不多，但他对拉美依附资本主义失望的观点是众所周知的，他的理论特点是揭示了一种"宗主国-卫星国"的结构性剥削，认为拉美的民族资产阶级已经丧失了革命性，拉美的未来是社会主义。

　　5. 奥唐纳：跨国公司与官僚威权主义

　　吉列尔莫·奥唐奈是阿根廷政治学家，他以20世纪60年代巴西和阿根廷作为两个典型案例，对在跨国公司时代一种新的威权主义统治形式出现的条件、原因、运行机制及变化趋势进行了比较客观系统的分析，从而提出了被后人称作"官僚威权主义"的理论。

　　首先，他对官僚威权主义国家的特征作出概括：（1）官僚威权主义国家的主要社会基础是高度垄断的和跨国化的资产阶级上层；（2）在制度层面上，由履行镇压职能的专家和追求规范化的专家共同组成的机构，通过禁止民众参与政治活动和经济的规范化来恢复社会秩序；（3）在政治上排斥先前活跃的民众阶层，消除其以往在国家政治领域中的作用，使之服从于各种严格的控制；（4）这种排斥意味着在双重意义上废除了公民权，即废除政治民主制度和禁止对居民使用"人民"和"阶级"的称谓；（5）在经济上也排斥民众

① James D. Cockcroft, André Gunder Frank and Dale L. Johnson, *Dependence and Under-Development: Latin America's Political Economy,* New York: Anchor Books, 1972, p. 14.

② ［美］安德烈·冈德·弗兰克：《不均等和不稳定的世界经济发展史》，陈宇、李玫译，载《海南师范学院学报》1989年第1期。

阶层，推行有利于大的私人垄断部门和国有部门的资本积累模式，原先存在的社会资源分配中的不平等被进一步加强；（6）它符合并推动了生产结构日益增加的跨国化，并带来了社会的非本地化；（7）用所谓中性和客观的技术合理性标准对待社会问题，使之非政治化；（8）在最初阶段，官僚威权主义国家政治体制意味着关闭民众和阶级利益的代表进入政府的民主渠道，只留给少数大组织（官方的和私人的）的顶端人物，尤其是军队和大的垄断企业。①

　　其次，奥唐奈分析了这种统治形式出现的原因。他认为，官僚威权主义的出现与跨国公司密切相关，正是为了给跨国公司创造有利的社会政治环境，官僚威权主义政府才应运而生。奥唐奈认为，工业发展的不同阶段部分地同政治变化相联系，这是因为不同社会集团的经济状况发生了变化。由初级产品出口经济向生产消费品的工业化简易阶段的过渡，同政治上由寡头制度向民众主义制度的过渡相联系。而官僚威权主义则是为应对进口替代工业化简易阶段完成时出现的各种问题而产生的一种政治制度。当时的主要问题是：当简单制成品的国内市场饱和时，工业发展的机会受到很大限制；工业化的简易阶段尽管减少了对进口消费品的依赖，但中间产品和资本品的进口增加了国际收支逆差、外债和通货膨胀；这些问题引起收入在不同社会阶层之间的"零-和"转移，破坏了先前政治联盟的多阶级性质。面对这些问题，政府采取了一种长期性的解决方案，即由国内生产中间产品和资本品的"深化"工业化，也就是进口替代工业化的第二阶段。维持该阶段增长所需要的技术水平、管理经验和资本要求那些在第一阶段中小的和无效的生产企业必须由大的、更有效的、高度资本化的大企业所取代，而这些大企业通常就是跨国公司的子公司。②据说，这样的结局将会对对外部门的问题产生一种有利的双重效果，一方面，一种新的进口替代阶段将减少具有严重国际收支问题的项目，另一方面，通过产生一种更加垂直一体化的工业，将打开未来的出口大门。这是一个发展主义政府欢迎外国公司进入的时代，这些公司加强了城市生产结构的深化。与此相符的随后的拉美工业化特点是，拉美开始了最初的石油化学产品、汽车、机器和设备制造的生产，所有这些成为 20 世纪 60 年代

---

　　① Guillermo O'Donnell, "Tensions in The Bureaucratic-Authoritarian State and The Question of Democracy," in Peter F.Klaren and Thomas J.Bossert, *Promise of Development Theories of Change in Latin America*, Boulder: Westview Press, 1986, pp. 280-282.

　　② David Collier, "Industrial Modernization and Political Change: A Latin America Perspective," *World Politics*, Vol. 30, No. 4 (1978), pp. 596-600.

那些拥有较大国内市场的拉美国家工业增长的缩影。[1]为了深化工业化进程和吸引跨国公司的进入，官僚威权主义国家在经济上采取紧缩政策和压低民众阶层的工资，在政治上废除民主制度，严厉限制民众阶层的政治参与。作为该体制中心人物的军人技术官僚和文人技术官僚与外国资本结成了统治联盟。

奥唐纳与传统依附理论不同的是，尽管他也批评了军人政权的独裁专制，但他认为这是一种发展主义的政府，在这种政府领导下拉美经历了经济发展和现代化。他强调一个强大的政府应对各种反对势力进行控制，以加速推进资本积累和现代化进程。

6. 卡多佐：跨国公司和"与依附联系的发展"

费尔南多·卡多佐是巴西社会学家，虽然也是依附理论学者，但他不赞成传统的依附理论对依附关系过于形而上学的理解，提出了"与依附联系的发展"的概念。在传统观点看来，"依附"与"发展"是两个不同的相互之间有矛盾的词汇，但卡多佐却把二者放到了一起。他在描述这一概念的特征时谈道："我认为，国际资本主义组织的变化已经产生了一种新的国际劳动分工，在这种变化背后的动力是跨国公司，随着跨国公司工业资本向外围经济的扩散，新的国际劳动分工为国内市场的运转注入了活力。于是，在某种程度上，外国公司的利益与依附国家国内经济的繁荣是一致的。从这个意义上讲，它们帮助推动了发展。有鉴于此，跨国公司的增长需要纠正传统的经济帝国主义的观点，即发达资本主义国家与欠发达国家的基本关系是一种导致其停滞的压榨剥削关系。今天，外国资本大量投资于制造业，并向正在不断增加的城市中、上阶层出售消费品，这与依附国家一些关键部门的经济快速增长是一致的。很显然，在这种条件下的发展意味着与国际市场的确定关系，在这种情况下的发展也依赖于只有跨国公司才能够保证的技术、金融、组织和市场的联系。"[2]在这里，卡多佐看到了跨国公司作用的积极一面。

卡多佐在与智利历史学家恩佐·法莱托合写的《拉丁美洲的依附与发展》中提出，到 20 世纪 60 年代，拉美国家经济进入了一个"市场国际化"的新阶段，其表现为外国投资进入到外围的工业部门，引起外围国家的内部分化，

---

① Guillermo O'Donnell, Reflections on the Patterns of Change in the Bureaucratic-Authoritarian State, *Latin American Research Review*, Vol.13, No.1(1978), pp. 10-11.

② Fernando H. Cardoso, "Associated-Dependent Development: Theoretical and Practical Implications," in Alfred Stepan, *Authoritarian Brazil, Origins, Policies, and Future*, New Haven, London: Yale University Press, 1973, p. 149.

外围经济中最"先进"部门通过与国际垄断资本主义体系的直接联系而同国际资本主义生产方式相结合，跨国公司的产品销售和资本积累有可能在国内市场上进行。他对这种经济运行的特点作了归纳："经济多样化程度高；剩余资金流出相对减少；劳动力的专业化和第三产业部门的出现，使得在工业城市部门的收入分配相对更平衡；结果是国内市场具备了消化工业品的能力。"因此，他认为，"从某种意义上说，国外的工业投资促进了国内市场的经济扩张。从这一形势看，可以设想发展与自主是共存的"①。但是，卡多佐并没有忽视新的依附发展形式的扭曲特点，即"工业部门的发展继续取决于资本货和本国欠缺的原材料的'进口能力'，以实现生产体系的新分化，同时，这一发展模式要求国内市场国际化。""随着统一市场强制推行现代生产体系的某些统一标准，部分民族经济的自主权超出了国内可控制的范围。"中心国家所具备的先决条件会加重外围国家的依附。②他得出的结论是，"在步入相对现代化的工业生产时代方面，拉美地区的一些国家通过吸引外资以及随之而来的先进技术和现代生产组织形式，不同程度地加快了工业化进程，但是在民族经济自主权和发展决策权方面不可避免地受到了制约"③。

重要的是，卡多佐对跨国公司带来的社会政治影响也作出了分析。他指出，支撑新的依附发展模式的政治结构，要求在控制三大经济部门（公共部门、国际垄断企业和民族经济的现代资本主义部门）的各社会集团间建立一种合适的关系体系。他认为当前依附形式的特点是，"'外国利益'日益扎根于面向国内市场的生产部门，进而在城市民众所支持的政治联盟中站稳了脚跟。另一方面，在国际资本主义体系外围形成的工业经济，最大限度地淡化了典型殖民主义开发的特点，并谋求赢得统治阶级以及所有与现代资本主义生产关系有关的社会集团（比如工薪阶层、技术阶层、企业家和官僚等）的支持"。结果，形成了一种"联盟体系"，一种合伙型的依附资本主义。他指出，"当前的依附形式不仅超越了发展和依附之间的传统对立，而且政治上所依靠的是一种与以往确保外国统治所不同的联盟体系。出口商利益高于国内市场共同利益的时代已经过去，农业利益对城市利益实行经济控制的年代也

---

① [巴]费尔南多·恩里克·卡多佐、恩佐·法勒托：《拉美的依附性及发展》，单楚译，世界知识出版社 2002 年版，第 152 页。

② [巴]费尔南多·恩里克·卡多佐、恩佐·法勒托：《拉美的依附性及发展》，单楚译，第 153-155页。

③ [巴]费尔南多·恩里克·卡多佐、恩佐·法勒托：《拉美的依附性及发展》，单楚译，第 154 页。

一去不复返了"①。意思是说，当今外围国家的统治阶级不再是传统的出口商和农牧业主，而是外国资本、本地资产阶级与技术官僚形成的联盟。

依附和发展不是对立，而是可以结合的，原因在于外国资本、国家资本、国内私人资本可以形成"联盟"，如跨国公司的利益可以同东道国内部利益相一致。虽然中心-外围结构很难在短期内改变，但可以改变外围国家在结构中的地位（地位可以上升，如巴西），随经济发展程度的上升，依附性会越来越低，直至过渡到独立的发展阶段

7. 埃文斯："依附发展"和三方联盟模式

彼得·埃文斯是美国布朗大学社会系教授，他为了完成他的代表作《依附发展：跨国公司、国家和巴西本土资本的联盟》，历时 5 年，采访了不少于 150 个巴西和美国的企业家。他受卡多佐理论的启发，将卡多佐"与依附联系的发展"的概念又向前推进了一步。如前所述，卡多佐曾指出，"支撑新的依附发展模式的政治结构，要求在控制三大经济部门（公共部门、国际垄断企业和民族经济的现代资本主义部门）的各社会集团间建立一种合适的关系体系"。埃文斯则在此基础上提出了"依附发展"的概念，他认为，"依附发展意味着外围的资本积累和某种程度的工业化。依附发展是依附的一个特例，其特征是国际资本和本土资本的结合或联盟，国家也作为一个重要的合伙人加入了这个联盟，最终的三方联盟是依附发展出现的一个基本因素"。"应该强调的是，依附发展并非否定依附，而是依附和发展的结合。"②他认为，三方联盟及其相互之间的关系，是分析"依附发展"制度基础的起点，因为跨国公司、国家和当地资产阶级的三方联盟决定了"半外围"国家资本积累的性质，而这种资本积累的性质又决定了"半外围"国家在新的依附阶段重新构建其与外部关系的结果。

与传统依附理论"弱势国家"的观点不同，埃文斯强调国家权力是依附发展的一个重要前提。"如果古典依附是与弱势国家相联系的话，那么依附发展是与'半外围'国家权力的增强联系在一起的。"他对巴西研究的结论是，在工业化进程中，巴西国家的指导作用急剧地加强，帝国主义的国际化给予国家同跨国公司讨价还价的一种新的地位。他不同意那种认为帝国主义国际化的结果是民族资产阶级死亡的论点，他想表明民族资产阶级"不但活着而

---

① [巴]费尔南多·恩里克·卡多佐、恩佐·法勒托：《拉美的依附性及发展》，单楚译，第 156、170-171 页。

② Peter Evans, *Dependent Development, The Alliance of Multinational, State and Local Capital in Brazil*, Princeton: Princeton Univ. Press, 1979, pp. 32-33.

且活得很好"，"他们的一些成员现在正越来越与国际资本合作，就像国家与跨国公司合作一样，这种合作是留给本土资本家大量讨价还价能力的一种合作"。但在同时，本土资本家阶级之间的分化也发生了。外围国家被纳入国际资本主义体系的一个最终结果是创造一种本土资本、国际资本和国家资本之间的复杂的联盟，埃文斯称之为"三方联盟"。①

埃文斯通过分析跨国公司、本土工业资产阶级和国家三者的性质以及它们之间的关系后指出，这三个相互依赖的伙伴构成了"半外围"国家的"统治阶级"，国家"与跨国公司、本土私人资本一起参加共同的计划，每个团体可能感到计划具有不同程度的制约性，但每个团体也有特殊的利益，尽管彼此之间有矛盾，但它们对本土层次的高度积累都很有兴趣"。"他们在资本积累、造成民众屈服方面有着共同的利益，但它们之间的利益也有相互矛盾的地方。"然而，只要不影响资本积累的继续进行，"跨国公司的全球合理性与本土资本家和国家之间的利益矛盾是可以协调的"。埃文斯断言，三方联盟"是依附资本主义发展的必要条件"②。

但他也指出了这种格局的问题：一是东道国能够有实力参与这一联盟的当地资本为数不多，这样就造成了巴西资本（与国际资本联系的资本和纯粹的当地资本之间）的分化；二是随着跨国公司经营活动的增加，东道国越来越因为失去就业和收入而感到不满；三是随着跨国公司经营活动的增加，东道国越来越感到难于为当地私人资本开辟经济空间，由此造成私人资本对国家的不满。作者提出了在国际经济秩序演变中跨国公司与发展中民族国家的作用问题。他强调研究国家的作用，认为正是国家参与联盟和国家行为排除了大众部门分享政治权利和发展的经济成果。

8. 普雷维什：跨国公司与"外围资本主义的改造"

劳尔·普雷维什是阿根廷经济学家，它是拉美结构主义理论的创始人，由于他最早提出了中心-外围理论，有些文章也把他归类为依附理论学派。他在担任拉美经委会执行秘书的时候，提倡合理利用外资，他认为，外资不仅能够补充国内储蓄的不足，而且还能带来技术进步，因此主张促进外国投资。但在 20 世纪 70 年代他对外资的作用有了更深入的认识，这些认识集中体现

---

① Peter Evans, *Dependent Development, The Alliance of Multinational, State and Local Capital in Brazil*, p. 11.

② Peter Evans, *Dependent Development, The Alliance of Multinational, State and Local Capital in Brazil*, p. 47, p. 52.

在他 1981 年出版的《外围资本主义：危机与改造》一书中。他除了注意到跨国公司由于利润转移和其他对外支付超过其新投资而加重了东道国的外部不平衡、中心在外围国家内部取得巨大的政治权力并对外围国家政府的决策施加重大影响之外，重点论述了外围的模仿消费问题。他认为外围的社会结构是在不断变动的，而中心的技术对这种变动具有决定性的影响。但作为先进技术化身的跨国公司，在外围国家并没有促进生产的国际化，而是强烈地促进了消费国际化。"跨国公司为特权消费社会的兴盛帮了大忙"①，结果经济剩余的一个重要部分被用于模仿性过度消费和早熟的需求多样化。在这种过度消费中，高收入特权阶层起主导作用；中间阶层步其后尘，因为城市化的发展使中间阶层的政治力量不断壮大；而国家则是加剧过度消费的第三个行为者。过度消费起因于外围对中心消费习惯的模仿，但是外围却无法复制中心的生产能力，这就使得需求方面的模仿与供给方面的模仿之间产生了失衡。这种失衡加重了外围发展的巨大困难。同时，跨国公司不仅"未能解决发展所固有的越来越高的交换要求与发达资本主义的向心性之间的巨大矛盾，倒是由于榨取外围的收入而从长远来看会使这种矛盾加剧"，在资本积累受到损害的情况下，"不但体系的排斥性趋势由此而加剧，而且那些冲突性趋势也随之而来，结果把外围资本主义引向危机"。②

尽管普雷维什指出跨国公司导致了模仿性消费和对拉美国家经济剩余的榨取，从而有损于拉美的资本积累和发展，但与传统依附理论不同的是，他反对将不发达归咎于依附，认为不发达早已存在，依附仅仅是加重了不发达的困难。"在外围，依附现象和作为不发达特征的排斥性趋势与冲突性趋势同时存在，如果第一类现象魔术般地消失了，后一类趋势将依然存在。""有人把不发达的责任归咎于依附，……这类说法不论在理论领域还是在实践领域都一无所获。""我们不应该把属于外围本身的责任推给别人，中心的责任是很大的，外围的责任也不小。"③外围的责任体现在与"技术与消费的矛盾、生产结构的差异、发展程度和民主化、土地占有、剩余的形成、人口的增长"等问题联系在一起的社会结构特性上，因此，普雷维什提出了"改造外围资本主义"的新主张。

---

①　[阿根廷]劳尔·普雷维什：《外围资本主义：危机与改造》，苏振兴、袁兴昌译，商务印书馆 1990 年版，第 14 页。

②　[阿根廷]劳尔·普雷维什：《外围资本主义：危机与改造》，苏振兴、袁兴昌译，第 314 页。

③　[阿根廷]劳尔·普雷维什：《外围资本主义：危机与改造》，苏振兴、袁兴昌译，第 197-198 页。

　　从上述八位著名学者关于跨国公司的论述可见，尽管他们的观点各异，有基本否定跨国公司积极作用的，有肯定跨国公司积极作用的，但有一点是他们的共识，即他们都注意到了跨国公司对拉美工业部门的渗透代表了一种新的依附形态，这种依附形态给拉美国家带来了许多负面影响。其大致可被归纳为：因利润转移和其他对外支付超过其新投资而加重了国际收支逆差；实行技术垄断和金融控制，限制了东道国家的发展；采用资本密集型技术，创造的就业机会很少；利润汇往国外抽走了国内创造的部分经济盈余；加剧了收入分配的两极分化；利用有效的广告技术，宣传特权消费社会，促进消费国际化，带来了模仿性过度消费；不仅阻止了民族企业家的形成，而且也一般地限制和腐蚀了中产阶级（包括知识分子、科学家和技术官僚），甚至在工人阶级内部创造了有特权和无特权的部分，破坏了劳工运动的形成；东道国为进口跨国公司需要的中间产品不得不保留传统的出口部门，从而保留了政治上的保守势力；跨国公司与国家、当地资本形成三方联盟排除了民众分享政治权利和经济成果；中心在外围国家内部取得巨大的政治权力、对外围国家政府的决策施加重大影响；等等。

　　拉美著名学者的上述论述无疑有助于我们更加深刻地理解拉美的不发达，特别是拉美进口替代工业化进程遭遇挫折的深层原因。但是，上述研究不无缺陷，即缺少个案研究和实证分析的支撑（埃文斯例外）。因此，对拉美跨国公司的研究在两个方向上有拓宽和深入的必要：一是对拉美地区某个国家或某个行业的跨国公司进行案例剖析，二是时间上延后，对 20 世纪 70 年代以后跨国公司的发展作追踪研究。在这两个方面目前国外学者都有一些新成果出现，但数量不多，涉及的国家也有限，国内学者的研究也非常薄弱。由于跨国公司与拉美经济发展关系的课题对我国现代化建设的现实具有重要的借鉴意义，因此，我们应该对其进行深入地研究。

　　（本文原载于南开大学世界近现代史研究中心编：《世界近现代史研究》第四辑，2007 年出版，标题为"跨国公司与拉丁美洲的经济发展——依附论学者的观点"）

拉丁美洲的新自由主义

新自由主义在特定的历史背景下出现在拉美，它经历了从一个比较极端的经济学的解释，到华盛顿共识的政策体现，再到实践上的智利模式的演变。在 21 世纪初，它会以比较缓和的形式左右拉美的改革，同时，新结构主义也将是替代范式之一。

一、什么是新自由主义

新自由主义是自由主义产生后的第三种自由主义。

第一种自由主义是古典自由主义，存在的时间大约为 17 世纪到 19 世纪后期。这一思想和理论体系是由许多资产阶级学者共同创立和发展的，如英国的洛克（1632—1704）、休谟（1711—1776）、边沁（1748—1832），法国的孟德斯鸠（1689—1755）、卢梭（1712—1778），德国的莱辛（1729—1781）、席勒（1759—1805）、康德（1724—1804）等人都曾提出并宣传过自由主义的部分主张。英国的斯密（1723—1790）和李嘉图（1772—1823）以及后来的 J. S. 穆勒（1806—1873）则是古典自由主义的代表人物。古典自由主义的特点是："把自由强调为最后目标，而把个人强调为社会的最后实体。在国内，它支持自由放任主义，……在国外，它支持自由贸易，……在政治事务中，它支持代议政体和议会制度的发展，减少国家的无上权力和保护个人的自由权利。"①

第二种自由主义是现代自由主义，又被称作"20 世纪的自由主义"，它产生于 19 世纪后期，盛行于 20 世纪。弗里德曼对它是这样描述的："从 19 世纪后期开始，尤其是美国在 1930 年以后，特别是在经济政策中，自由主义

---

① ［美］密尔顿·弗里德曼：《资本主义与自由》，张瑞玉译，商务印书馆 1999 年版，绪论。

这个术语逐渐和很不相同的主张联系在一起。逐渐和它相联系的是：主要依赖于国家，而不是依赖于私人自愿安排来达到目标被认为是较好的办法。它的主旨成为福利和平等而不是自由。19 世纪的自由主义者把扩大自由认为是改进福利和平等的最有效的方法。20 世纪的自由主义者把福利和平等看作为自由的必要条件或者是它的替代物。以福利和平等的名义，20 世纪的自由主义者逐渐赞成恰恰是古典的自由主义所反对的国家干涉和家长主义政策的再度出现。把时钟拨回到 17 世纪重商主义的行动中。""19 世纪的自由主义者由于酷爱自由，惧怕不管在政府或私人手中的集权，所以他赞成政治上的分权。20 世纪的自由主义者赞成中央集权的政府。"①这个"现代自由主义"的代表主要就是凯恩斯主义。

而新自由主义则是高举古典自由主义的大旗、反对现代自由主义的一种思想和理论体系。乔治·索罗斯称之为"市场原教旨主义"。它产生于第二次世界大战前后，盛行于 20 世纪 70 年代以后。现在被经济学界公认的新自由主义的代表人物主要有美籍奥地利人冯·米塞斯（1881—1973）、哈耶克（1899—1992），美国人弗里德曼（1912—2006）、布坎南（1919—2013）。

米塞斯在他的主要代表作《自由主义》②中明确无误、言简意赅地指出：私有制以及建立在劳动分工基础之上的互利互惠的商品交换是人类的道德伦理和经济繁荣以及人类幸福的基础；政府的唯一职能是保护私有财产、私人财产以及实行与此密不可分的市场经济，政府既不能干预和"纠正"市场上自然形成的人们的收入分配关系和财产分配关系，也不能干预和"纠正"国民教育以及教育事业，政府不应当拥有任何不受制约的权力，随时并任意地去以大欺小、以强凌弱；必须贯彻实行自由贸易的主张，在国际范围内实行金本位制。

哈耶克是米塞斯的学生，他在代表作《通往奴役之路》③中指出，具有自由民主传统的（英美）国家，通过国家干预经济乃至计划经济，最终必走向国家权力的专制奴役之路。他在《自由秩序原理》④一书中特别提出了"自

①　[美]密尔顿·弗里德曼：《资本主义与自由》，张瑞玉译，绪论。
②　[奥]路德维希·冯·米塞斯：《自由与繁荣的国度》，韩光明等译，中国社会科学出版社 1995 年版。该书在 1927 年完成，1962 年于美国出版。
③　[英]弗里德里希·奥古斯特·哈耶克：《通往奴役之路》，王明毅等译，中国社会科学出版社 1997 年版。该书完成于 1944 年。
④　[英]弗里德里希·奥古斯特·哈耶克：《自由秩序原理》，邓正来译，生活·读书·新知三联书店 1997 年版。

生自发社会秩序"的原理，并对西方的理性主义做出了"进化的"和"建构的"二分法，且进一步主张进化的理性主义，而坚持反对建构的理性主义。他极力主张小范围试错的自生自发的社会秩序的构成，而坚持反对政府的任何刻意建构的理性规划的社会秩序的构成，并且坚信前者才是通向自由的秩序之路，而后者则必是通向奴役的秩序之路。他从反对凯恩斯主义经济学和反对国家宏观控制经济发展到反对一切所谓的集体主义、民族主义、社会主义、建构的理性主义，并自始终至维护个人主义、自由主义、经验主义以及渐进的进化论等英国近代的思想传统。

弗里德曼在他的名著《资本主义与自由》①中阐述了他的新自由主义经济观点，他认为自由竞争下的资本主义市场和价格制度几乎是解决所有经济问题的最好机制。他主张，国家应该创造条件使市场和价格制度发挥最大的功能。对于他所承认的市场和价格制度的不足之处，他也赞同国家进行干预。但又认为，一方面应把干预限制在最低的程度；另一方面，最好还是要通过市场和价格制度来进行干预，以便取得最好的效果。另外，弗里德曼让世界承认了他的"货币数量化理论"，即通货膨胀起源于"太多的货币追逐太少的商品"。一旦政府接受了这一理论，就可以通过放慢货币增长率来达到控制通胀的目的。由于在这一领域中的著作，他成为流行于西方的"货币主义学派"的领袖。

布坎南的代表作是《自由、市场和国家》②。他看到了政府干预的局限性，将经济分析扩大和应用到政治决策结构的分析上，创建了公共选择理论，批评凯恩斯的宏观经济决策理论。他认为，政府的政策制定者同"经济人"一样是有理性的、自私的人，他们就像在经济市场上一样在政治市场上追求着他们最大的利益（政治利益），而不管这些利益是否符合公共利益。同样，公民作为选民也是有理性的、自私的人，其选举行为也是以个人的成本-收益计算为基础。由于普通选民无力支付了解政治的成本，他们作为有理性的人往往不参加投票，因而普通选民对特殊利益集团的制约作用是有限的。在这种情况下，政府往往为代表特殊利益集团的政策制定者（政治家、官僚等）所操纵，由此滋长了种种政治和经济弊端。因此，政府干预与市场制度一样是有局限性和缺陷的，现代西方社会面临的重重困难，与其说是市场制度的

---

① ［美］密尔顿·弗里德曼：《资本主义与自由》，张瑞玉译。英文版于 1962 年出版。

② ［英］詹姆斯·M. 布坎南：《自由、市场和国家》，吴良键等译，北京经济学院出版社 1988 年版。

破产，不如说是政治制度的失败。

可见，新自由主义者之间的观点并不一致，相对于凯恩斯主义来说，新自由主义是"市场原教旨主义"，但它与古典自由主义已经有所区别，即并不完全否认政府在特定领域中的有限干预。①这在弗里德曼的观点中体现得比较明显。

20 世纪 70 年代以前西方主流经济学是凯恩斯主义和新古典综合，新自由主义经济学说则处于无人理睬的低潮时期。当 70 年代西方经济出现了严重的滞胀、福利国家面临严峻的困境之后，人们才想起了对凯恩斯主义和国家干预提出过严厉批评的新自由主义学说。1974 年哈耶克获得诺贝尔经济学奖，新自由主义成为西方国家改革的旗帜。1979 年，撒切尔夫人出任首相，使英国成为发达国家第一个公开宣布实践新自由主义纲领的政府。1980 年，里根当选为美国总统。1982 年科尔击败社会民主党人赫尔穆特·施密特，出任联邦德国总理。接着，一些北欧国家也纷纷向右转。这样，在 80 年代，人们目睹了新自由主义思想和理论在发达资本主义国家的无可争辩的成功。

二、新自由主义在拉美的"落户"

新自由主义理论对拉美来说是舶来品，是作为对结构主义理论和依附理论的替代进入拉美的，并且主要是以一系列经济调整政策的形式体现出来的。②20 世纪 70 年代新自由主义理论首先在智利（1973）和阿根廷（1976）进行试验；80 年代债务危机发生后，其他一些拉美国家逐渐接受了外部强加的带有货币主义色彩的稳定计划；到了 90 年代，特别是 90 年代中期卡多佐上台之后领导的巴西转型，标志着新自由主义发展模式在整个拉美大陆居于支配地位。新自由主义范式在 1989 年被华盛顿国际经济研究所所长约翰·威廉姆森归纳为十条原则，即所谓的"华盛顿共识"，包括：紧缩财政，减少赤字；公益事业支出优先；税制改革；金融自由化；单一汇率；贸易自由化；

---

① 关于新自由主义与古典自由主义的区别，埃梅特里奥·戈麦斯认为前者重视货币的复杂性；不否认国家在保障宏观经济平衡中的作用；主张通过市场机制来解决外部性问题和创造公共福利；依靠国家制定宪法和法律来保障自由竞争。（《对新自由主义的反思》，载《拉美问题译丛》1992 年第 1 期）。

② 但墨西哥的萨利纳斯提出了"社会自由主义"，秘鲁的藤森提出了"新自由民众主义"，试图将新自由主义理论本土化。

鼓励外国直接投资；公营企业私有化；放宽管制或取消竞争壁垒；保护产权。[①]
其中前三条与政府角色有关，中间四条涉及开放贸易，后三条讲的是市场和
自由竞争。有人更简单地将之概括为自由化、私有化、国际化。这些内容是国
际货币基金组织、世界银行和西方国家机构为拉美摆脱经济危机而开的处方。

　　为什么新自由主义范式会在 20 世纪 90 年代在拉美占据了支配地位？除
了在信息技术带动下的世界新旧经济转型的深层原因外，其他主要原因还有
以下几方面。

　　从全球角度看，首先是国际货币基金组织、世界银行和西方国家对拉美采
纳新自由主义框架的一揽子改革计划给予了强大的外部支持，这些机构的技术
官僚和遍布拉美的经济与政治顾问网络积极地推动改革；其次是 20 世纪 80
年代末和 90 年代初，柏林墙的倒塌和苏联式中央计划经济的崩溃，以及一些
东欧和苏联国家从计划经济转向市场经济所焕发的活力，在一定程度刺激了拉
美的新自由主义改革；最后是东亚经济发展的成功说明了市场经济的威力。

　　从拉美本身的角度看，首先，由于 20 世纪 80 年代拉美获得外部资金的
渠道突然中断，新自由主义政策为拉美摆脱严重的债务危机提供了一种出路。
其次，采取新自由主义政策也可以被看作对结构主义理论反思的结果，因为
人们越来越认识到债务危机实质上是在结构主义理论指导下的发展模式的危
机，该模式存在两方面的主要问题，即对外出口的减少和通货膨胀的加剧。
1946—1975 年，整个拉美的出口额占世界出口额的比重从 13.5%下降到了
4.4%，这是拉美国家币值高估的政策限制了出口和高关税政策限制了进口造
成的，这种与世界市场的疏远意味着拉美国家经济增长潜力的降低。同时，
拉美国家存在高通货膨胀，物价指数年均上升 10%—50%不等。1984—1993
年秘鲁的通胀率高达 1283%，玻利维亚 1051%，巴西 944%，阿根廷 811%，
乌拉圭 75%，墨西哥 53%。[②]通胀带来了经济的不稳定和高消费低储蓄，经
济发展依赖外资。到 20 世纪 80 年代初，由于国际高利率、国内资本外流、
国有企业开支庞大等原因，拉美国家的外债达到 2230 亿美元，比 1970 年的
230 亿美元增长了近 9 倍，终于导致了债务危机的爆发。再次，新自由主义
政策为拉美经济提供了增加对外贸易和吸引外国资本的政策框架。20 世纪的

---

① John Williamson, *The Political Economy of Policy Reform*, Washington DC: Institute For International Economics, 1994, pp. 26-28.

② Robert N. Gwynne，and Cristóbal Kay, *Latin America Transformed:Globalication and Modernity,* New York: Oxford University Press Inc, 1999, p. 74.

最后 10 年，伴随着资本流动、贸易和投资的显著增加，拉美经济在全球化方面取得了长足的进步。最后，在政治上，新自由主义与民主化浪潮紧密联系在一起。从 20 世纪 80 年代到 90 年代初，拉美发生了一种从权威主义政权向民主政府的重要转变，在所有发生转变的国家，几乎都转向或保持了新自由主义的经济政策。在有些国家，向新自由主义改革的转变并不是立即发生的。如在 80 年代中、后期，非正统的稳定计划曾被试图用于阿根廷（阿方辛的奥斯特拉尔计划）、巴西（克鲁扎多计划）和秘鲁（加西亚的印蒂计划），但这些计划遭遇了失败。结果，许多拉美政府向人民宣传，在抑制通货膨胀的道路上除了休克疗法外没有其他的选择，以此来为他们转向新自由主义的政策辩护。

同时，支持新自由主义的社会基础也在不断扩大。首先，技术官僚是对新自由主义政策的坚定支持者。大多数技术官僚是毕业于美国大学经济学和管理学的研究生，他们认识到了进口替代模式的弊端，而欣赏自由市场模式、小国家和宏观经济稳定的理论。在债务危机之前，这些技术官僚曾经提出过新自由主义政策的选择，但不能得到足够的政治支持以付诸实施。债务危机之后，情况发生了戏剧性的变化，他们中的不少人被任命为政府经济部门的部长和其他官员以及顾问，从而成了经济改革的主要代理人。[①]尽管有些国家的技术官僚上台比较晚，但在大多数拉美国家最终都出现了这种新的技术官僚政府。在阿根廷和秘鲁一直拖延到 20 世纪 90 年代初，在巴西拖到 90 年代中期。秘鲁的藤森在 1990 年刚上台时坚持的是民众主义立场，只是经过向有影响力的国际机构和拉美的技术官僚圈子进行了广泛的咨询之后，才转向了新自由主义。这样，技术官僚就成为推行新模式的有影响的代理人。

其次，支持新自由主义的社会阶层经历了由少增多的过程。最初，也许除了少数与出口部门联系的企业家外，新自由主义模式几乎没有社会和政治基础。一般说来，在受保护的农业、金融和工业中的企业家并不支持更加外向的政策，因为这将带来不断增加的竞争，并改变他们在相对封闭的市场中的政治影响。但是，随着债务危机的冲击和经济政策被迫向出口生产部门继

---

① 如墨西哥，不仅萨利纳斯总统曾在美国哈佛大学深造过，获得了硕士和博士学位，而且其内阁中59%的部长或副部长也都拥有美国大学的经济学博士学位。智利艾尔文执政时，他的 23 位部长中，有 18 位在美国大学获得了博士或硕士学位，另有 4 人在西欧获得了学位。David E. Hojman, "The Political Economy of Recent Conversions to Market Economics in Latin America," *Journal of Latin American Studies*, Vol.26 (1994), p. 198.

而向外国投资者的倾斜，这种模式的社会和政治基础就逐渐地发展了起来。到 20 世纪 90 年代，随着重新出现的经济增长和宏观经济的稳定，一些国家的中左联盟（如智利和巴西）转向了新自由主义改革，一系列社会民主党派逐渐接受了华盛顿共识，尽管他们同时还强调需要用社会政策和福利计划去安抚转型过程的痛苦。在有的国家（如智利），随着就业的增加，新自由主义框架甚至在那些逐渐找到工作的贫穷团体中也赢得了社会支持。①这样，新自由主义纲领获得了比较广泛的合法性。

可见，新自由主义在拉美的"落户"，是拉美内部要求和外部环境结合的产物。

三、新自由主义改革的成效和问题

新自由主义改革的成效可以从三个方面来考察。第一个方面是拉美在 20 世纪 90 年代基本实现了宏观经济的稳定。主要表现在：（1）实现了经济增长，1991—2000 年全地区平均增长率为 3.2%，高于 80 年代的 1.5%，使"失败的拉美"重见希望之光；（2）降低了通货膨胀率，地区平均通货膨胀率由 90 年代初的 3 位数降至 1999 年的单位数字；（3）实现了贸易自由化，地区平均关税率由改革前的 41.6%降至 13%左右，同时进出口的增长成为经济增长的引擎，1990—1999 年整个地区的出口额年均增长率为 7.9%，各主要国家的出口增长都大于经济增长的幅度。

第二个方面是区域经济一体化大大加强。1990—1997 年拉美区内出口贸易额增长了 2 倍多，由 161 亿美元增加到 537 亿美元。区内出口贸易的增长快于区外出口贸易的增长，1990—1996 年前者扩大了 160%，后者仅扩大 44%。②

第三个方面是随着经济结构的调整，发展模式发生了转换。非传统产品出口的增长加快。所谓非传统产品出口包括基于可再生资源的初级产品出口和制成品的出口两类。前者对小国家很重要，从 20 世纪 80 年代中期开始，非传统农产品的出口在智利是以 222%的速度增长，危地马拉增长 78%，哥斯

---

① David E. Hojman, "The Political Economy of Recent Conversions to Market Economics in Latin America," *Journal of Latin American Studies,* Vol.26 (1994), pp. 211-212.

② Ricardo Ffrench Davis, *Reforming The Reforms in Latin America*, Hampshire: Macmillan Press Ltd, 2000, pp. 182-183.

达黎加 348%。①在墨西哥和巴西等较大的国家，已经拥有相对雄厚的制造业基础，在向非传统制成品出口的转型中，尽管有些企业因缺乏竞争力而倒闭，但也有一些企业经过调整，成功地培养起了国际竞争力，从而能够赢得资本、新技术、先进的管理经验和一系列劳动技能。到 1995 年，拉美区内出口的制成品占整个出口品的比重已经从 1970—1974 年的 25.5%上升到 49.8%，而区外出口的相应比重也从 1970—1974 年的 12.4%上升到了 35.1%。②

但是，由于各国在推行新自由主义改革的过程中，在强调市场机制的作用时，过分贬低了国家干预的必要性，在强调对外开放时，过分贬低了顺序渐进的重要性。因而随着改革的深入，不免出现了以下的问题。

一是失业的增加和非正规部门的扩大。一些没有竞争力的企业的破产、国有企业的私有化、政府雇员的裁减、政府财政支出的急剧减少、外国直接投资以并购现有资产为主、新增生产能力和就业岗位不多等，都扩大了失业群体。这些人被边缘化到了非正规部门，20 世纪 90 年代以来，80%的新增就业机会是由非正规部门创造的，该部门的就业人数占非农业部门就业人数的比重已经超过了 60%。③按照新自由主义的理论，他们正处在资本积累的起点上，应该自己解决医疗、教育和社会保险问题。在国家的默许或实际的积极支持下，劳动者变得更容易受到伤害和不安全。而这种扭曲现象却被新自由主义正常化了。

二是分配不均加剧和贫困人口增加。市场经济理论有利于强者，而加重了弱势群体的贫困，最大利益的获得者是成功的企业家和私人部门的经理，尤其是在那些能够成功转型的出口、金融部门和大的国内公司中的企业家，他们是新自由主义改革的主要受益者。而下层劳动人民则是受损者。拉美经委会在题为"拉美社会全景"的报告中指出，1980 年，拉美有 40.5%的人口（1.36 亿）生活在贫困线以下，到 1990 年增加到 48.3%（2 亿人口），到 2002 年虽然下降为 43.4%，减少了 5 个百分点，但人口总量仍上升为 2.2 亿。④

三是经济的快速自由化和外向化加深了国民经济的脆弱性。新自由主义

① Robert N. Gwynne , and Cristóbal Kay, *Latin America Transformed:Globalication and Modernity*, p. 20.

② Ricardo Ffrench Davis, *Reforming The Reforms in Latin America*, p. 186.

③ Enrique Ghersi, "The Informal Economy in Latin America," *the CATO Journal*, Vol.17, No.1(1997). 转引自谢文泽：《拉美的非正规经济》，载《拉丁美洲研究》2001 年第 5 期，第 30 页。

④ CEPAL, "*Panorama Social De America Latina 2000/2001,*" p. 38; CEPAL, "*Panorama Social De America Latina 2002/2003,*" p. 3. http://www.eclac.cl/publicaciones/desarrollosocial/9/.

模式将拉美经济更紧密地与全球经济联系在一起，使它更加依赖于世界市场和外国资本，同时也更加容易受到伤害。世界市场初级产品价格的大幅度波动仍影响着拉美，随着各发展中国家在 20 世纪末出口产品的快速增加，它们潜在的受损性正在加强。同时，现在的拉美经济更容易受到国际金融战略变化的伤害，如 1990 年以来拉美经济增长出现的 3 个低谷年份，即 1995 年（1.1%）、1999 年（0.5%）、2001 年（0.3%），与在墨西哥、巴西、阿根廷发生并影响部分拉美国家的三次金融危机在时间上是吻合的，美国的"9·11"事件和世界经济衰退则是拉美最近三年经济增长率低的重要原因。而拉美外债从 1991 年底的 4610 亿美元上升到 2000 年底的 7405 亿美元更进一步严重制约了拉美经济的发展。

　　随着新自由主义改革负面影响的显性化，从 20 世纪末到 21 世纪初，反对新自由主义改革的社会力量逐渐得到了发展和凝聚，他们包括部分传统工业资产阶级、国营企业的劳动者和公务员（希望保障就业机会）、一般工薪阶层（关心其实际工资水平）、民族主义阶层、武装力量中的爱国军人，以及各种社会运动（贫困地区的农民运动、妇女运动、宗教运动、绿色和平组织等）团体。他们纷纷起义抗争，推翻那些倡导新自由经济方案的总统。例如，厄瓜多尔总统哈米尔·马奥德因下令推行美元化经济政策而导致原住民农民群起抗争，于 2000 年元月被迫去职；秘鲁总统藤森因涉嫌贪污丑闻，于 2000 年 11 月的全民抗议示威后下台；阿根廷前总统费尔南多·德·拉鲁阿于 2001 年 12 月的人民暴动之后被迫下台。另外，玻利维亚、巴拉圭、哥斯达黎加等国的民众示威抗议也接连不断。2002 年 10 月，巴西前工会领袖、劳工党主席卢拉在总统大选中获胜，更是拉美反对新自由主义高潮的标志。

四、从新自由主义到新结构主义？

　　债务危机宣布了传统结构主义理论的式微，苏东国家社会主义的崩溃和中国转向市场经济也使依附理论失去了号召力，新自由主义理论虽然能够表明某种程度的成功，特别是它在政策制定者中成为一种居于支配地位的思想，但到目前为止，它还不能解决拉美外部脆弱性、社会排斥和贫困等问题，甚至扩大了这些问题。因此，目前急需创造一种能够解决上述问题的新的发展理论和模式。

　　从 20 世纪 80 年代后期以来，一种试图替代新自由主义理论的新结构主义理论正在逐渐形成。该理论是拉美土生土长的，是分别由不同的经济学家（巴西的富尔塔多、智利的阿尼瓦尔·平托、奥斯瓦尔多·松克尔等人）和拉美经委会发表的文章和报告提出来的，它保留了结构主义思想的一些内核，同时吸收了新自由主义的一些成分。

　　新结构主义与新自由主义的主要区别在于，一是在发达国家与发展中国家之间关系上仍坚持中心-外围观点，仍把世界经济看作一种对中心国家（特别是跨国公司）有利的、不对称的、分等级的权力体系，他们怀疑过分的自由化，认为那将会扩大国家之间和国家内部的不平等，发达国家的强权集团会按照它们的喜好来分配全球自由化的利益。而新自由主义则认为世界经济自由化的加强是必然的，这不仅有利于发达国家，也有利于发展中国家。二是在国家与社会的关系上，新结构主义强调国家在社会转型过程中的作用，并非常关注在转型过程中被排斥的弱势群体问题。而新自由主义则弱化国家的作用，将市场置于中心地位，相信市场将是最有效的转型力量，对市场自由运行的限制越少，对民族经济、社会和政治就越有利。

　　但新结构主义同传统的结构主义已经有所不同[1]，具体表现在以下几方面。

　　（1）强调"从内部发展"的方针，即建立一种来自内部的积累机制、产生技术进步的机制和改善生产率的机制。与进口替代时期"内向发展"不同，后者是把重心放在需求上，用当地产品替代原来进口的产品，重复中心国家的生产和消费模式。而"从内部发展"是将重心放在供给方面，放在生产（结构）模式上，通过技术进步和内源工业化，提高竞争力，满足内部市场和打入世界市场。

　　（2）赋予市场、私人企业和外国直接投资更为重要的地位，同时认为国家不应该放弃对市场的控制。但国家不再像进口替代时期那样扮演发展的轴心作用，不再是通过国营企业的所有权和其他途径从事直接的生产性活动，国家的任务是保持宏观经济平衡，提供诸如基础设施、健康和教育等方面的服务，以及通过制定法律，维持社会公正和减少贫困。

　　（3）在一定程度上改变了对世界市场的看法，接受了出口导向的发展战略。倡导在内源发展的基础上，通过有选择的自由化、一体化和出口导向工

---

　　① Osvaldo Sunkel (ed), *Development From Within:Toward a Neostructuralist Approach For Latin America*, lynne Rienner Publishers Inc 1993, pp. 45-58；［智］奥斯瓦尔多·松克尔和古斯塔沃·苏莱塔：《90 年代的新结构主义与新自由主义》，载《拉美问题译丛》1992 年第 1 期。

业化的增长政策，在世界市场的一些关键的生产领域获取竞争性的利益。同时，拥护"开放的地区主义"，希望通过它而提高拉美在世界经济中的地位，同时，减轻其脆弱性和依附性。

新结构主义在与新自由主义的辩论中和对传统的结构主义理论的扬弃中发展了自己。

同样，新自由主义也在与新结构主义的辩论中和在实践中被锉钝了锋芒。在 1996 年的泛美银行年会上，威廉姆森为了使新自由主义的改革政策更具有吸引力，又对所谓"华盛顿共识"进行了进一步的补充，其中包括：（1）政府必须建立更为稳定的和专业化的机构，特别是独立的中央银行和强有力的预算部门；（2）尽管需要坚持减少政府在经济事务中的直接开支，但增加政府在社会领域，特别是教育和健康方面的公共开支是必要的。教育对发展长期经济增长中所需要的人力资源异常重要，所以被认为应该优先增加开支；（3）1994—1995 年墨西哥金融危机说明，必须强化金融监管；（4）除通过私有化和金融放宽的措施外，还要重视通过对制度和人力资源的投资来创造一种更具有竞争力的市场经济。[1]这些补充无疑是在总结拉美改革经验的基础上做出的。

在实践中，新自由主义改革不乏成功的范例。如智利就能够坚持原则性与灵活性相统一、在坚持市场导向的前提下增加更多的社会关怀来扩大改革的社会基础，不断将改革推向深入。1973—1989 年，智利在军人政府的强权压力下和技术官僚的鼎力支持下，按照新自由主义理论进行了以自由化、私有化、国际化为主要内容的结构性改革，尽管遇到了 1974—1975 年和 1982—1983 年两次经济衰退，但仍取得了阶段性成果。这期间 GDP 年均增长接近 3%，到 1989 年，通货膨胀率下降到 19.9%，失业率也在稳定下降，但仍存在储蓄率和投资率低、外部脆弱性、收入分配不均和贫困人口多等问题。1990 年后，改革进入了第二阶段，文人政府在保证经济稳定增长的基础上，将改革目标转向了消灭贫困、实现社会公正和经济的平衡发展。[2]随着改革的深入，发展局面越来越好转。从 1995 年到 2003 年智利的复合增长率（compounded growth rate）是 12%，而其他拉美国家平均为 1%；国外直接投资从 1974—1994

---

[1] Robert N. Gwynne, and Cristóbal Kay, *Latin America Transformed:Globalication and Modernity*, p. 83.

[2] Ricardo Ffrench Davis, *Reforming The Reforms in Latin America*, pp. 153-177；Carmelo Mesa Lago, and Katharina Müller, "The Politics of Pension Reform in Latin America," *Journal of Latin American Studies*, Vol. 34, No. 3 (2002).

年的 127 亿美元增加到 1995—2001 年的 359 亿美元；外贸出口额从 1974 年的 30 亿美元增加到 2000 年的 290 亿美元；通货膨胀率从 1974 年的 500%下降到 2000 年以来的 2%—4%；到 1998 年，国营企业占 GDP 的比重从 1973 年的 39%下降到 9%；银行信贷和储蓄在 2000 年分别达到占 GDP 的 70%和 61%；养老金制度私营化后，养老基金不断增加，到 2001 年达到了 GDP 的 50%；非正规部门经济的规模仅仅为 GNP 的 19.8%，是拉美国家最低的，甚至低于一些欧洲国家；贫困人口也从 1987 年的 45%下降到了 1998 年的 21%。智利社会保障制度的改革已经成为许多国家的样板。智利的经验似乎表明了新自由主义改革的某种成功。①

仔细分析，我们所说的新自由主义实际上包含着四个层面，即作为思想意识形态的新自由主义，作为经济学理论的新自由主义，新自由主义经济政策，新自由主义改革实践。我们不排除新自由主义意识形态是发达国家跨国公司向发展中国家扩张的工具，它的实质是要削弱发展中国家的主权和经济地位而为国际垄断资本服务，但不能否认作为经济学理论的新自由主义有其合理的一面。同样应该看到的是，在运用新自由主义政策进行改革的国家中，成功和失败的事例都存在。为什么会出现改革效果的差异呢？从拉美改革效果差的国家看，其表现是实行新自由主义措施过头了或曰走得太远了，实质是与当地领导阶层和利益集团运用政策的能力和水平有关，同时也与这个国家的政治、文化、历史、对外关系等非经济因素有关，而不单纯是一个经济问题。

经过 20 年的改革，新自由主义模式已经重新改造了拉美的经济和政治制度，同时也创造了新的利益集团，特别在金融资本和出口公司方面，而且很明显的是，几乎所有拉美政府的国内操纵空间与全球规则有了一种密切的关系，对世界经济的开放使拉美的资本和劳动力均受到外部力量的一种约束。当国际资本感到国内政策出错的时候，国内经济就会受到惩罚，诸如金融资本的快速撤走。尽管在一些国家，反对自由主义改革的中下层民众在大选中占有选票的优势，新的总统候选人在上台前会提出一些口号迎合这部分人的要求，但大选过后仍然是国内资本和国际资本左右政府，这也使得一些总统上台以后不得不改变其竞选时的诺言。在拉美的大多数国家，总统上台之前

---

① Ana I. Eiras, "*Chile: Ten Steps for Abandoning Aid Dependency for Prosperity*," http://www.heritage.org/research/latinamerica/bg1654.cfm.

的观点同其执政后所采取的发展战略往往有比较大的差异。全球经济体系是资本主义体系，拉美是其中的一环，在全球化的今天更是如此，只要原来促使新自由主义"落户"拉美的背景不发生根本改变，新自由主义今后仍将继续左右拉美的局势。但鉴于近两年部分拉美国家民众的反抗情绪，新自由主义改革要想继续在拉美推行下去，就必须修正其在政府的调控作用和自由化、国际化程度方面的偏右措施，关注社会状况的改善，增加一点人情味。

同时，试图改造资本主义体系的新结构主义或许是另一种发展的选择。

总之，新自由主义"落户"拉美是国内和国外因素共同作用的结果，它经历了从一个比较极端的经济学解释，到华盛顿共识的政策体现，再到实践上的智利模式的演变。鉴于新自由主义改革带来的问题，新结构主义在批评新自由主义和扬弃传统的结构主义中应运而生，并试图替代新自由主义。但是，新自由主义的衰落不仅仅取决于拉美，更取决世界资本主义体系的"中心"，取决于新自由主义在"中心"国家的命运。只要大背景不发生根本变化，新自由主义在今后一段时间还将继续影响拉美。

（本文原载于《拉丁美洲研究》2004 年第 2 期，标题为"简论拉美新自由主义的演变"）

拉丁美洲的新结构主义

　　拉美新结构主义是在结构主义式微和新自由主义的经济结构调整政策遇到挫折的背景下于20世纪80年代末和90年代初逐渐形成的一种新的经济发展理论，它是在总结第二次世界大战后的半个多世纪以来拉美经济发展的经验教训的基础上，在世界经济一体化、全球化趋势加速的国际环境下，继承传统结构主义理论的内核，吸纳新自由主义理论中的合理成分，对两者加以综合而提出来的，并在90年代经济发展的实践中不断得到完善，逐渐扩大其影响。本部分拟对拉美新结构主义经济发展理论的兴起、主要内容、特点及其影响做一介绍。

一、新结构主义经济理论的兴起

　　什么叫新结构主义？新结构主义是在拉美国家陷入债务危机之后，传统的结构主义理论在新形势下的更新和发展，它既保留了传统的结构主义理论的一些内核，同时又吸收了新自由主义的一些合理成分，是结构主义理论与新自由主义理论调和的产物。

　　新结构主义是在结构主义式微而新自由主义实践效果又不佳的情况下产生的。

　　如前章所述，结构主义理论存在一些缺陷。例如，对中心与外围关系判断过于僵化；过分信任政府干预经济的优点；过分强调物质资本在经济发展进程中的作用；过分重视工业，忽视了农业的发展；特别是其对短期宏观经济变量的分析具有局限性，低估短期的宏观经济管理尤其是货币和财政政策的影响，在规范对外贸易、确定公共企业的目的和规则、选择促进投资、创造生产性就业、控制外国投资、组织金融体系等有效机制方面，结构主义发展思路并未予以足够的重视，在处理这些层面上的问题时也未形成系统的经济政策。到 20 世纪 60 年代中期以后，当人们发现结构主义所预期的经济发展的效果并没有出现的时候，结构主义逐渐遭到冷落。

新自由主义理论于 20 世纪 70 年代初期出现在拉美国家，它主要以新货币主义政策的形式对一些拉美国家产生了影响。当阿连德"智利社会主义道路"实验失败之后，新货币主义（经常称作新保守主义或新自由主义）的政策逐渐在拉美的一些国家（智利、阿根廷、乌拉圭）占据上风。新货币主义理论建立在三个假定上：一是购买力平价的假定，即国内通货膨胀率等于世界性通货膨胀加上汇率的贬值；二是在货币的需求和收入之间存在着稳定的关系，这样可以确保货币供应量的变化会影响支出和收入的稳定；三是国内货币供应量等于国际储备加国内信贷的总量。这样，在价格和工资灵活、汇率固定（即金本位制）的世界中，货币供应是由内部因素决定的，并且可以自行纠正。这一理论要求各国经济实行有利于价格灵活和对外开放的政策，如废除关税，并以此来消除国际间价格拉平的障碍，鼓励在不影响比较优势的情况下实现资金再分配；限制公共部门涉足的范围，以保证私人决策者有更大的活动余地；收入和开支保持平衡，以避免政府赤字超过国内信贷；欢迎外国投资和贷款，以弥补本国资金的相对短缺，并使国内利率和国际利率水平一致。[①]新货币主义寻求通过废除贸易和资本流动的障碍来实现民族经济与国际经济的完全一体化。这样，资源配置最终为国际价格和比较利益所控制。发展的节奏和方向将由国际市场力量而不是本国政府干预所决定。新货币主义取得的唯一成功是某些国家的对外出口取得了显著的增长，但支撑这一成功的政策也导致了外债的急剧上升，这些外债大可以抵销出口的增长。由此而来的净效果是国际收支的明显恶化，在许多拉美国家，债务问题已经成为经济的中心问题。作为新货币主义主要目标之一的降低通货膨胀率，在最初获得了某些成功（有些国家的通货膨胀率从三位数下降到两位数），但很快通货膨胀又开始加强。更为重要的是，新货币主义的政策措施对经济增长虽有一种短暂的刺激作用，但却导致了非工业化、失业、收入不平等和贫困，加剧了两极分化，经济增长的成果仅仅对一小部分人有好处。同时，新自由主义政策也极大地增加了一国经济面对外部条件变化的脆弱性。这样，当 20

---

① Albert Fishlow, "The State of Latin American Economics," in Christopher Mitchell, ed, *Changing Perspectives in Latin American Studies:Insights From Six Disciplines*, California: Stanford university Press, 1988, pp. 100-101.

世纪 80 年代初期国际经济衰退来临时，其对拉美经济的负面影响比 20 世纪 30 年代更为严重。拉美的人均国民生产总值在 1980—1985 年下跌了 14 个百分点，在南锥体国家下跌了两倍多。

债务危机与通货膨胀的复活加强了人们对新货币主义稳定政策的怀疑。债务危机发生后，国际货币基金组织强加给拉美国家的稳定化计划大部分是遵循了新货币主义的路线，对经济危机诊断的结论总是需求过度，而大大忽视了供给因素，对所有国家开出的药方都是一样的。与国际货币基金组织旧处方不同的地方是反通货膨胀措施与意在减少债务负担的政策结合在了一起。一些稳定措施的目的是减少进口和推动出口，以便停止借外债。用来专门对付通货膨胀的政策包括：控制银行信贷、增加利率、减少政府赤字、抑制名义工资上升、解除价格控制。这些紧缩计划的效果是穷人收入不同程度地急剧下跌，因为削减和废除了食物补贴，降低了实际工资，失业率上升等，许多拉美国家的政府憎恨国际货币基金组织干预他们内部经济政策的制定。但大多数债务国又不得不与国际货币基金组织达成条件，以便得到急需的贷款，尤其是同外国银行重新安排它们的大量债务时，这些银行答应借款的唯一前提是债务国必须吞下国际货币基金组织的苦药。但问题是国际货币基金组织发起的一揽子调整计划到 20 世纪 80 年代中期仍然没有成功的迹象。

就在拉美国家由国际货币基金组织倡导的经济结构调整遇到僵局的同时，东亚经济获得了史无前例的增长率，并且由于东亚国家成功地出口技术密集型产品而改善了它们融入国际经济的地位。这一东亚经验很重要，因为它对国际多边机构和工业化国家政府强加给拉美的结构调整建议提出了质疑。第一，当结构调整的捍卫者拥护弱化甚至取消国家作用的时候，东亚国家宣布赞成更大的国家管理；第二，当结构调整计划按照出口劳动密集型产品的比较利益原则寻求参与国际经济一体化的时候，东亚国家将它们的竞争力建立在与新技术联系在一起的动力基础之上；第三，当结构调整的捍卫者劝说拉美国家重新确定它们面向国外市场的发展战略的时候，东亚经济在国内市场与对外出口活动中保持了紧密的、充满活力的联系。在这种背景下，东亚经验构成了对拉美主流经济政策的一个真正的否定。①

---

① Hector Guillenromo, "From the ECLAC Development Order to Neo-structuralism in Latin America," *Comercio Exterior*, (April, 2007). http://revistas.bancomext.gob.mx/rce/en/articleReader.jsp?id=3&idRevista= 89.

同时，拉美政治民主化的呼声也要求新的经济发展思路的出现。新货币主义模式的推行最初发生在军人威权主义政府的框架内。在某些拉美国家，特别是那些拥有强有力的工会组织和左翼政党的国家，新货币主义政策只能在镇压的环境下推行。一种矛盾的现象是，经济自由主义经常通过政治上的反自由主义而获得。新货币主义模式的一个重要内容是削减工资，以带来生产成本和价格的下降。这将有助于减缓通货膨胀，也有助于一些工业在面临取消保护主义措施的情况下仍保持竞争力。尽管新货币主义政府宣布让市场力量在经济中发挥作用，但它们明确地干预劳动力市场。在许多国家，这种干预意味着一系列镇压措施，诸如抑制工会活动或宣布工会活动为非法活动、禁止罢工活动或设置障碍、政治迫害、监禁、造成积极分子失踪。另外，民众主义和发展主义年代建立的有限的国家福利也被大大地削弱。新货币主义严重地破坏了社会结构，鼓励了物质主义的个人主义。结果，人们要求公民自由、人权、民主权的呼声和反对军人政权及其新货币主义政策的呼声日见增高。到 20 世纪 80 年代后期，在那些军人独裁让位给文人政府的国家（巴西、阿根廷、乌拉圭），形成了拥护新结构主义政策的群众基础。

巴西和阿根廷的新的民主政权和秘鲁阿兰·加西亚的民众主义政府已经采取了结合结构主义和货币主义特征的新的稳定政策。这些包含一整套经济和社会措施的"非正统休克"稳定计划包括阿根廷的奥斯特拉尔计划（AUSTRAL，1985）、巴西的克鲁扎多计划（CRUZADO，1986）、秘鲁的印蒂计划（INTI，1985），这些计划的名字来自各自国家的新货币，在这些计划中，政府试图通过一系列政治运动取得民众的支持。尽管这些计划带有激进的性质，但它们最初得到了广泛的支持，因为先前的货币主义稳定政策受到广泛怀疑，并且，在经历了多年专制统治之后，巴西和阿根廷的新的文官政府，以及秘鲁加西亚的民众主义政府得到了善意的理解。同时，猖獗一时的三位数的通货膨胀得到了控制。①

这样，在 20 世纪 80 年代的中后期，早期新结构主义初露端倪。面对严重的债务危机，早期新结构主义力图通过非正统的稳定和调整计划，以较低的萎缩和衰退代价解决通货膨胀和贸易失调问题。因此，同新自由主义一样，当时的新结构主义实际上成为一种处理短期经济问题的理论。新结构主义面

---

① 但在取得一些最初的成功之后，这些稳定计划最终被放弃，因为政府、企业和工会之间没能就如何分摊沉重的调整负担而达成共识，并且对消除结构性通货膨胀的基本压力尚缺少切实可行的政策措施。

对新的历史现实，在继承结构主义通货膨胀理论和批判货币主义理论的基础上，提出了"惯性通货膨胀"理论以及治理通货膨胀的非正统"休克疗法"的主张。①新结构主义的创新在于将通货膨胀预期理论和惯性通货膨胀的概念及宏观经济的分析方法引入结构主义理论的分析模式，强调传播机制的作用；提出了在短期内消除惯性通货膨胀的一整套政策，在一定程度上弥补了结构主义理论忽视短期调整政策的不足；将反通货膨胀列为优先目标，认为它是经济获得新发展能力的先决条件。②新结构主义的理论和主张创造了在一定时期内消除通货膨胀的成功经验。但是，由于新结构主义的政策主张偏重消除通货膨胀的传播机制，忽视消除通货膨胀的基本压力，结果，在惯性通货膨胀被初步克服之后，因通货膨胀的基本压力以及由此引起的结构性通货膨胀依然存在，惯性通货膨胀继续重新出现，致使新结构主义反通货膨胀政策最终归于失败。美国经济学家 A. 费希洛在 20 世纪 80 年代中期曾简略地提到了这一时期新结构主义学派在外债、通货膨胀、收入分配和国家作用四个方面的独到见解。③（1）指出拉美地区因偿付外债造成的大量资金向外转移的状况必须通过同国际货币基金组织和债权银行的重新谈判得到抑制，因为进行这种资金转移所需要的政策与稳定通货膨胀压力的目标相矛盾，会重新刺激通货膨胀；已经转移的资金主要是靠牺牲投资来实现的，这种完全偿还目前巨大债务本息的企图会破坏拉美国家的生产能力和进一步降低人们的生活水平。而通过谈判减轻外债才是不断恢复经济的必要条件。（2）认为在许多国家中，通货膨胀问题是和外债管理有联系的，并且一般说来同国际经济震荡的联系更密切。它同结构主义学派一样，否认货币政策和正统财政政策的有效性。（3）贫困和不平等是拉美的重要问题，由于经济停滞和滑坡，收入差距在加剧。有些政府为了保持稳定，实行了用大量增加名义工资来补偿实际收入下降的政策，但这会形成新的通货膨胀压力。未来的考验是分配新增长的收益的能力，既要重视收入分配，又不屈从于收入分配的考虑。新结构主义认为，公共政策应该在就业目标和对付赤贫及失业方面影响生产。

---

① Ricardo Bielschowsky, "Evolución de las ideas de la Cepal," *Revista de la Cepal*, No.RCEX01, Octubre de 1998, http://www.eclac.cl/publicaciones/SecretariaEjecutiva/7/LCG2037PE/bielchow.htm.

② 陈舜英等：《经济发展与通货膨胀——拉丁美洲的理论与实践》，中国财政经济出版社 1990 年版，第 233 页。

③ Albert Fishlow, "The State of Latin American Economics," in Christopher Mitchell, ed, *Changing Perspectives in Latin American Studies:Insights From Six Disciplines*, pp. 110-115.

（4）倾向于重建一个有效的发展主义国家。认为目前拉美广泛地相信应当更富有成效地驾驭和利用政府干预的手段，增加其选择性和分散性；更可靠地依赖实际资金而不是依靠引起其他失衡的次佳办法；重视宏观经济政策的同时也重视高通货膨胀派生的对成本的压力；适当增加出口以减轻由国际收支带来的对增长的制约；参与国际金融市场，只能是弥补而不是导致易受国内外震荡冲击的脆弱性。

　　1988 年 4 月号的《拉美经委会评论》中发表了两篇专题文章①，初步勾勒出了拉美早期新结构主义的大致轮廓。里卡多·弗伦奇·戴维斯在《新结构主义思路的轮廓》一文中对新结构主义与新自由主义进行了比较分析。他联系债务危机前后拉美经济运行的实践，着重强调新自由主义和新结构主义所提出的理论和经济政策，并分别就二者的理论、经济政策两个方面各列出了十点加以对比，指出了它们之间的差异性，最后强调，新结构主义尚需要进一步完善，特别是就它如何实现经济增长、社会公正和地区自主发展的政策方面，需要有进一步设计。另一篇文章是塞尔休·比塔尔写的《拉美的新保守主义与新结构主义》。作者宣称，在拉美，"新自由主义"是用来表示旨在实行私有化、自由化、削弱国家作用、贸易和金融更加开放的一整套经济措施，但在英语国家中，这些政策更多地以"新保守主义"闻名，除了这些经济内容外，"新保守主义"还与政治考虑联系在一起。作者指出，大多数拉美经济学家认为调整计划并不成功，危机仍然持续不断，他们正在形成一些共识，诸如必须超越进口替代与出口促进、计划与市场、农业发展与工业发展等所谓的两难困境，实际上这种二元对立之间是可以相互兼容的；承认政治和制度因素在经济分析中的重要性；确认通货膨胀是一种社会现象；认同增加国内储蓄水平以提高投资率的紧迫性；必须降低参与国际经济的风险；为保证实现自主增长和提高制成品的国际竞争力需要拥有自己的生产和技术基地以及协调核心；必须为拉美一体化注入新的活力；必须改变国际货币基金组织的调整形式；必须尝试建立基础广泛的社会联盟以便长期支持新的发展战略。然后，比塔尔归纳了新结构主义在对外贸易，生产结构，金融、储蓄和投资，收入分配，国家的作用，以及其他政治和社会因素等方面不同于新自由主义的政策方针。这两篇文章实际上是对 20 世纪 80 年代中后期拉美早

---

① Ricardo Ffrench-Davis, "An Outline of A Neo-Structuralist Approach," *Cepal Review*, No.34(1988), pp. 37-44; Sergio Bitar, "Neo-Conservatism Versus Neo-Struturalism in Latin America," *Cepal Review*, No. 34(1988), pp. 45-62.

期新结构主义思路的一个概括总结。

就在拉美多数经济学家转向短期调整与稳定研究的时候，少数经济学家对经济长期发展的研究为 20 世纪 90 年代拉美经委会关于发展战略的辩论奠定了基础，其中的两本重要著作是智利经济学家费尔南多·法齐贝尔写的。一本是 1983 年出版的《拉丁美洲未竟的工业化》①，对拉美工业化进程的枯竭做出了独到的分析，指出了这种工业化与发达国家工业化的差距、缺点和扭曲的方面，建议走一条"新的工业化"道路，这种新工业化基于一种赢得"增长和创造力"意义上的效率概念，基于技术进步的内源核心的创造。另一本是 1990 年出版的《拉美的工业化：从"黑箱"到"空箱"》②，该著作的核心思想曾发表在 1988 年法国巴黎的《社会科学杂志》上。这是一项拉美国家增长模式的比较研究。作者指出，与兼顾增长和分配的韩国与西班牙不同，拉美国家可分为三种类型：第一类是快速增长但收入集中；第二类是拥有比较好的收入分配但增长速度缓慢；第三类是两者表现都很差，收入集中而没有增长。作者通过研究揭示了结构主义工业化战略没有解决的两个问题，即"黑箱"（技术进步匮乏）和"空箱"（不平等），由此而倡导新的发展战略。法齐贝尔的著作为拉美经委会随后发表的《变革生产模式、实现社会公正》的报告奠定了概念基础③，而这一报告标志着拉美新结构主义思路的形成，并成为拉美经委会 20 世纪 90 年代工作努力的主要方向。

在拉美经委会《变革生产模式、实现社会公正》的报告发表之后，由松克尔主编的《从内部发展：对拉美新结构主义思路的探讨》④一书以及拉美经委会陆续出版的一些研究成果，进一步深化和完善了新结构主义的思路。

---

① Fernando Fajnzylber, *"La Industrialization Trunca de America Latina," Cepal, Nueva Imagen,* México,1983.

② Fernando Fajnzylber, *Industrialization in Latin America: From the "Black Box" to the "Empty Box"* : *A Comparison of Contemporary Industrialization Patterns*, Santiago, Chile: United Nations, Economic Commission for Latin America and the Caribbean, 1990.

③ ECLAC, *Changing Production Patterns with Social Equity: the Prime Task of Latin American and Caribbean Development in the 1990s*, Santiago: UN: Economic Commission for Latin America and the Caribbean, 1990.

④ Osvaldo Sunkel (ed), *Development From Within:Toward a Neostructuralist Approach For Latin America*, Boulder, CO and London: Lynne Rienner Publishers Inc, 1993.

二、新结构主义经济理论的主要内容

1990 年拉美经委会发表的报告《变革生产模式、实现社会公正》对新结构主义理论进行了比较系统全面的阐述，它代表了拉美经委会对发展理论的重新定向，第一次希望把经济增长、社会公正和政治民主三者结合在一起制定发展战略。1990 年的这一思路又为随后的两个出版物所完善，即 1991 年拉美经委会环境部所提交的题为"持续发展：变革生产模式，社会公正和环境"的报告，它加强了对环境问题的强调；1992 年的题为"公正与变革生产模式：一种整体考虑的思路"的报告，其深化了对"社会公正"问题的解释。

根据拉美经委会《变革生产模式、实现社会公正》等一系列报告，我们可以把"新的拉美经委会主义"或新结构主义的主要内容做如下归纳。

1. 对 20 世纪 80 年代拉美社会经济发展形势的分析估价

拉美经委会认为，20 世纪 80 年代是拉美"失去的十年"，拉美发展经历了大倒退，1989 年实际人均 GDP 倒退到了 13 年前的水平。同时，拉美的宏观经济不平衡仍然存在，因投资水平而导致机器设备和物质基础设施越来越陈旧，世界上发生的大量的技术变革与它们被拉美地区利用之间的差距日益加大，政府的财政和管理能力降低，越来越多的试图参加工作的人们遭受到挫折，资源的被破坏和环境的恶化，等等。但 80 年代也是"痛苦学习"的 10 年。在政治体制方面，许多国家朝着多元化和分享制社会迈进。在经济方面，各国政府更清楚地认识到维护宏观经济短期平衡和用部门性政策做补充以支持变革的重要性，进一步加强了充分利用地区一体化提供的潜力的努力，要求纠正拉美对国际经济的不平衡参与现象变得非常明显，并在处理工业与农业、国家与私人部门、计划与市场的关系问题上逐渐取得了共识。在实际经济活动领域也出现了局部性的进步，表现在工业活动的不同领域显示了不同的发展；农业部门的相对活力得到了证实；出口系数在一定范围内得到了提高；出现了一批富有创造力的企业；一些社会事业的费用尽管受到财政限制，但仍得以维持下来；对某几类商品和服务的需求继续扩大；家庭用电和人均电视机占有量仍保持上升趋势。①

从历史的角度看，20 世纪 80 年代是一个转折点，当进入 90 年代后，拉美面临着摆脱危机和解决前述诸多问题的新挑战，尽管需要完成的任务既艰巨又复杂，但拉美经委会认为，拉美国家面临的首要的共同任务是：在社会公正日益改善的形势下变革本地区的生产模式。

2. 变革生产模式的微观经济方面

拉美经委会在变革生产模式的微观经济方面的基本思路是，变革生产模式必须基于系统和周密地吸收技术进步。在当前全球化的形势下，本地区各国参加国际竞争的基础只能是获得更高水平的生产率。技术进步不仅限于技术的发展和利用，也包括商业管理能力、组织水平和劳动力质量的改善。

变革生产模式必须强调竞争力的系统性，在国际市场上参与竞争的国家之中，尽管企业起着关键作用，但它是连接制度、技术、能源和运输基础结构、雇主和雇工之间、国营部门和私营部门之间以及金融部门等的一个完整的网络的组成部分。换句话说，企业是被纳入整个经济和社会体系之中的。从这个观点来看，加速生产模式的变革需要坚决的、持久的努力，而最重要的是需要恰当的整体努力，通过整个体系提高生产率。

工业化是生产模式变革的中心，因为它是吸收和推广技术进步的媒介。工业化必须超越狭窄的传统部门框架，与初级产品部门和服务部门相联系，形成整个生产体系的一体化，并逐渐推动生产力水平的一致性。

变革生产模式应该与保护自然环境相适应，环境和地理空间因素应充分纳入发展进程。一方面有必要改变导致资源枯竭以及由污染造成的环境日益恶化和全球不平衡的消极趋势，另一方面要在研究与保护的基础上抓住机会利用自然资源。

根据这种思路，拉美经委会提出了促进生产发展、技术进步和可持续发展的一系列政策建议。

关于促进生产发展的政策。

拉美经委会认为，增加生产率和国际竞争力不仅需要合适的宏观和贸易政策，也需要合适的微观经济和中观经济政策，不仅需要企业本身（技术、设备、组织和劳动关系）的现代化，而且需要其背景（要素市场和企业内部

---

① ECLAC, *Changing Production Patterns with Social Equity: the Prime Task of Latin American and Caribbean Development in the 1990s*, pp. 11-12.

的合作）的现代化。

竞争力的系统性质意味着必须首先注意生产体系的一体化和取得日益增加的一致的生产率水平，因此必须避免各部门在"密封舱"中的发展，寻求建立初级产品出口、制造业和服务业部门之间的紧密联系。例如，在对自然资源部门采取的政策措施中，应该刺激连接工业和服务业的生产网络的建立，以便提高资源的附加价值，增强资源产品的竞争力。至于农业政策，在投资和社会支出方面应该克服偏重城市和工业的偏见，改正向大农场倾斜的做法，以便促进中小规模农业的现代化，并探寻出口农业和中小农场之间互补的可能性。为了建立它们之间的联系，必须发展市场和加强体制建设。

工业政策要求一种逐渐的和有选择的开放进程，整体地推动工业出口，吸收和传播技术进步，支持中小企业。同时，需要宏观经济稳定和一种保护就业的相对的价格体系。

促进生产发展政策的目的在于缩小该地区的平均生产率水平与国际先进地区之间的差距，因此，这些政策是要加强而不是取代市场的地位。为了让市场充分运转，充分的竞争、信息透明也是重要的，国家有责任保证这些市场品质的存在，让市场发挥有效功能的措施包括价格自由、取消管制、对缺乏或分散的市场给予刺激甚至创造性的干预。

关于技术变革、劳动培训和支持性服务的政策。

拉美经委会认为，虽然技术变革发生在企业或某种实体中，但只有在构成企业环境的各种因素共同作用下才成为可能，这些因素包括支持创新的各种专业化服务和实体，如作为技术变革基础设施的研究中心、实验室及其他诸多机构，实际上许多在国际市场上的成功投资由于缺少这些因素而变得非常脆弱。因此，应该加强技术变革的国家体系，强调变革进程的体系性质。国家技术政策的目的有二：一是为所有部门创造有利于吸收技术进步的一般条件；二是在选定的少数领域内集中力量推动其进步，以优化生产结构。20世纪90年代国家技术政策应该集中于三种类型的活动中。第一，在一些被选中的高度优先领域，完善其技术基础设施。这指那些构成生产链条重要环节的部门，但这些环节本身很薄弱，或工业国家尚缺乏技术研究（如密集使用劳动力的技术、热带农业技术等）。第二，推动企业内部对技术革新产生更大的兴趣。第三，利用各种制度安排，建立一种将生产部门和研究机构以及其他的技术基础设施紧密联系起来的网络，以及产品和劳务的生产者与使用者之间密切联系的渠道。①

关于人力资源的培训，拉美经委会强调应该将其置于变革生产模式的关键地位，因为这是把经济增长的考虑与对社会公正的考虑最有可能结合在一起的领域。技术变化的日新月异，该地区各国之间、一国内部之间的差异，对劳动力技能不断变化的要求和生产代理人的多样化，意味着由某一方代理人负担教育、培训和再培训人才的任务是不可想象的。再者，可用于改善培训系统的资金的短缺，意味着必须充分利用不同机构在培训人才方面所起的各种作用。所有这些充分说明，有必要在以下各个阶段和领域逐步地和稳定地实施提高教育供给的长期战略：学前、基础和中等教育，大学，研究中心，培训系统，大众教育和成人教育，在职人员再培训。②拉美经委会特别提出要对企业内部工人的再培训、新参加工作的年轻人的培训、失业或非正规部门的劳工的培训给予特别的关注。

关于基础性生产支持和联络服务，政策建议要求实现电力、水利、通信、银行、保险和交通部门的现代化。对基础设施要做出区分，第一类是基本的基础设施，包括饮用水、地方和农村的道路、健康和卫生设施等，属于满足人们基本需求的设施，第二类是高速公路、港口和远程通信等生产性基础设施。在第一类设施的建设中要把社会考虑放在第一位，在第二类设施的建设中可以纳入市场标准，鼓励基础设施市场的形成。

关于可持续性发展的政策。

变革生产模式必须与保护物质环境相协调，为了达到这样的目的，有必要把环境和地理空间的重要性全部纳入发展进程的考虑之中。为此首先要形成一种国家教育政策和强调可持续发展问题公众意识的社会网络。

制定各种环境政策的一个前提是要对现存资源情况做一充分掌握，研究它们的潜力、利用率和投资水平，这将使环境改善和国土资源计划的有效性成为可能。在健康、海洋污染、河流管理、危险废物的运输和处理方面的公共政策必须包括环境标准和规定。

在环境与经济政策方面要建立密切联系，特别是要保证通过商品和服务价格反映出生产这些产品的社会中所发生的有效的社会成本。例如，最终的

---

① ECLAC, *Changing Production Patterns with Social Equity: the Prime Task of Latin American and Caribbean Development in the 1990s*, pp. 107-110.

② ECLAC, *Changing Production Patterns with Social Equity: the Prime Task of Latin American and Caribbean Development in the 1990s*, p. 17.

经济功效也能促进更大的能源功效和清洁技术的使用。事实上，反映出有效的社会成本和对污染外部性考虑的能源价格，让使用者支付的道路收费，对通过城市交通堵塞地区的汽车征税，对引起严重污染的工业活动征收特别税等，这些做法都是运用价格政策提高经济和环境功效的有效的环境政策。

在评估主要投资项目的时候，要考虑到自然资源成本和环境破坏成本的替代性。事实上，这已经成为国际贸易中的一般做法。这也将开辟新的商机，因为清洁技术的利用、废物的适当处理、污水的循环利用会转变为经济与社会的利益联系、保护环境的有效项目。同样，明确地将国土计划标准纳入各地发展计划中将会加强一种对待环境问题的更正确的思路，在设计基础设施项目时将会优先考虑到可持续发展和社会福利的标准。[①]

3. 变革生产模式的宏观经济方面

拉美经委会在变革生产模式的宏观经济方面的基本思路是，为了保证稳定和持续的增长，保持宏观经济的平衡是关键，这也是 20 世纪 80 年代以来的经验教训之一。拉美经委会强调连贯的和稳定的宏观经济管理。尽管宏观经济政策本身不是充足的条件，但对变革生产模式来说却发挥着基础性的重要作用。因为变革生产模式要求对一整套货币、金融、汇率工具，以及税收和政府开支进行连贯性的管理，这些内容及其运用的顺序、调整计划的渐进性、短期和中期政策之间的联系都需要做出特别周密的决定。克服危机的挑战要求大幅度提高投资率，这意味着人均消费的增长必须低于人均产出的增长，以便增加储蓄。鉴于本地区的收入分配结构，消费增长率的这种减少应该由高收入阶层和政府来承担。

根据这种思路，拉美经委会提出了保持宏观经济平衡、提高投资率、促进储蓄和财政改革的政策。

首先，保持宏观经济平衡必须与变革生产模式结合起来，使宏观经济政策导向经济增长的目的。经验表明，有些调整政策从短期看似乎是成功的，但却从根本上伤害了出口和投资的努力。在当前地区发展战略的重新定向中，经济政策必须有利于对生产性投资和出口的强调。"恢复增长要求一种公共财政的合理平衡、由出口和投资牵动的扩张性周期的启动、对消费和进口

① Eugenion Lahera, Ernesto Ottone, and Osvaldo Rosales, "A Summary of the ECLAC Proposal," *Cepal Review*, No. 55 (1995), pp. 12-13.

增加的控制，这是对整个地区都有效的一般准则。"①尽管各地情况不同，但经济政策必须首先放在现存差距的逐渐减少上，即集中在财政调整、外汇的产生和储蓄、生产能力的扩大上。投资与增长、增长与生产模式变革之间的联系意味着不仅要投资，而且要投资合理，为了获得一种更具有国际竞争力的生产结构，必须有效地配置来自国内和国外的资源。

为了使投资提高到不少于产出22%的平均水平，人均消费的增长必须逐渐慢于人均产出。同时，有必要扩大征税范围和金融工具，以便促进储蓄和投资。促进那些低于贫困线人口的消费的恢复，限制高收入阶层的消费水平以及政府消费的增长，是促进储蓄的重要内容。目前大量资本流入对出口导向的贸易开放是一个挑战，因此，通过调整资本流入和加强公共与私人的国内储蓄就成为保持实际汇率竞争力的关键。在这方面，如果政府能够运用弹性税收，根据支出水平的变化而变化，财政政策将发挥更大的作用。

为加强本地区的资本形成，有必要增加国内储蓄和限制资源流向国外，利用有利于保持稳定和增长的经济政策，推动竞争性的金融体系和资本市场的形成。为了有效配置投资资源，执行一项包括大多数人口参与的金融发展政策是重要的。经验表明，甚至低收入阶层也有储蓄的愿望，只要这种储蓄有利于他们得到商品和服务的奖赏，如建立合理的社会保障制度和住房制度。为促进公司储蓄，税收政策必须有利于利润再投资。为促进个人储蓄，累进所得税收在直接投资和金融投资中应该给予优惠待遇。在农村地区，通过大规模地规范地契将有助于土地市场的形成。对金融部门的谨慎调整将有助于保证银行、金融基金、保险公司和其他代理人的清偿能力。在金融市场和资本形成的关系问题上，应该根据需要用制度来补充和完善金融市场的经营。

20世纪80年代以来的一系列调整对降低本地区一些国家的通货膨胀具有决定性意义，但是，这种调整是以削减社会领域和基础设施领域的公共支出为代价的，它也影响了公共部门经营的效率。坚持财政平衡的巩固虽然必要，但它必须建立在征收财政资源的合理水平上，而不是建立在削减支出上。因此有必要通过财政改革来加强公共部门的金融。财政改革包括税收、预算和公共企业的管理。这涉及减少逃税漏税、加强税收监管、增加税收负担；减少政府的一些非生产性开支，包括军费开支；通过管理现代化或私有化重

---

① ECLAC, *Changing Production Patterns with Social Equity: the Prime Task of Latin American and Caribbean Development in the 1990s*, p. 48.

建公共企业；等等。

4. 变革生产模式的社会发展内容

拉美经委会关于变革生产模式过程中社会发展的基本思路是，变革生产模式需要一种社会凝聚力，否则不会持久，而这种社会凝聚力的形成则需要更多的社会公正，但没有经济增长社会公正又是空谈，而经济增长反过来又要求变革生产模式。这种增长和公正之间的共栖关系通过以下两方面政策的相互补充是切实可行的，即提高效率和促进增长的政策与保证更大福利及更公平的收入分配的政策。根据这一思路，拉美经委会提出了创造生产性就业、教育改革、社会一体化和克服贫困的政策建议。

经济增长和社会公正相结合思路的支柱之一是创造不断增加生产率的就业。为此，必须推动投资的持续增加以保持较高的资本形成水平；必须在开放经济的背景下发展促进生产和技术的政策；必须增加人力资源的投资以适应新的技术要求；必须发展新的工资与生产率的关系；必须加强变革生产模式所需要的雇主与工人之间的文化模式，以便使他们适应企业经营所采取的新的方式。鉴于生产模式的变革正在进行之中，因此，有必要通过采取措施推动工人的再培训和落后部门工人的升级，有必要通过改善健康和安全条件提高非正规部门就业的质量，加强非正规部门独立表达自己需求的能力。

提高公民素质和国际竞争力是教育改革中的两个主要目的。法齐贝尔说，"如果我们不关心人力资源和他们的教育、训练和吸纳科学技术知识，我们就不会获得竞争力和公正。……除非人力资源被给予应有的重视，否则一个国家就不会有竞争力和社会公正"[1]。为提高公民素质和国际竞争力需要两类政策工具，一是解决在知识的覆盖、质量和相关其他方面缺乏公正的政策，二是评价教育体系运行的政策。这两类政策的运用，需要现存的教育体制发生深刻变革，一方面是为加强民族一体化所需要的变革，另一方面是推动非集中化、强调教育机构独立性的变革。在实施教育战略的过程中，必须重新考虑国家的作用，国家应该有能力以一种系统的和整体的方式引导教育、训练和科研活动，以及它们与生产之间的联系；国家应该发挥它不可缺少的纠正教育运行过程中出现的非公正性的作用。

社会一体化是实现社会公正的重要内容。在设计社会一体化的公共政策时，有许多因素被包括进来，如各种行为人的有组织地参与，争取社会流动

---

[1] Fernando Fajnzylber, "Education and Changing Production Patterns," *Cepal Review*, No.47 (1992), p. 7.

的机会，家庭凝聚力，旨在提高生产率和公民参与的教育改革，以及保证普遍覆盖面的、重在预防的卫生制度的改革。政策强调对妇女、儿童等弱势群体给予特别的关注。对原居民团体，要建立一种文化多元主义的有效形式，承认和尊重种族与文化差异的存在，开辟有利于他们在平等的基础上参与社会的渠道。一个能容纳非特权阶层的社会保障制度是促进社会一体化的重要内容。这种制度一方面能提供一种由受益人和制度分享的保险形式，另一方面，能对所有人特别是穷人提供一份得到保障的最低收入。

克服贫困需要专门的补偿性政策，仅仅寄托于经济的持续增长所带来的就业机会和工资的提高是不够的。这种政策应该把着眼点放在社会支出上，对大多数非特权部门给予优先照顾，以便于更有效地利用资源。旨在阻止上下代之间贫困传递的社会投资项目特别重要，如主要针对低收入阶层建立有利于负责任的父母的项目、母子关怀项目、学前教育项目、食品项目等。提高穷人的生产能力是克服贫困的关键。因此，在政策设计中，应该做到通过建立信贷和援助体制来满足小企业主的需要，设立训练和提高劳工技能的项目，改革不利于小企业发展的旧体制，为最贫困者提供社会服务，推动大多数无特权阶层互助组织的建立，利用财政政策的再分配潜力，巩固和完善社会投资基金，建立能在经济逆境中保证穷人社会需求的"社会安全网"，等等。①

5. 改善在国际经济中的地位

拉美经委会关于改善拉美在国际经济中地位的基本思路是，拉美和加勒比地区的一体化以及地区内部的合作会对生产模式变革的巩固做出关键性的贡献，因此，需要进一步重视和支持这一进程。一方面是更大的贸易开放和放宽限制，另一方面是通过明确的协议和政策推动的一体化，这两方面的相互作用至关重要，这些因素之间的联系应该在被称作"开放的地区主义"的旗帜下得到加强。根据这种思路，拉美经委会在对外贸易、金融管理、地区一体化等方面提出了具体的政策建议。

关于对外贸易政策，拉美经委会提出，改善拉美国家在世界经济中的地位要求进一步开放经济，把出口作为引导生产率提高和促进技术进步的一种手段。经济的进一步开放应该是逐步的，与能够得到的外汇相匹配。应该协调关税和准关税保护政策、汇率政策和出口推动政策，以保证给予出口的有

---

① Eugenion Lahera, Ernesto Ottone, and Osvaldo Rosales, "A Summary of the ECLAC Proposal," *Cepal Review*, No. 55 (1995), pp. 16-20.

效保护不少于为进口替代部门提供的保护。避免汇率滞后是保证经济更加开放的关键，政府在这方面的责任是维护宏观经济平衡和激励机制的稳定性，以保证为有利于生产出口产品部门的投资提供清晰的信号。要提倡非传统产品的出口。推动出口企业竞争力的基本条件是保证它们能够得到具有竞争条件的投入品。可行方法之一是这些企业具有为生产出口品而暂时进口投入品的灵活机制；其次是免除关税或出口退税。这类机制也可以扩大到直接的出口者，即为出口商提供投入品的国内生产者。贸易政策的自由化增加了拉美面对不公正贸易行为和贸易伙伴不稳定的风险，因此，各国应该采取或改善它们的反倾销规定、补偿措施、安全条款。同时，必须注意到在这些领域中的新条款不被私人利益用来维持地区保护主义的不公正的行为。

关于金融管理方面的政策，拉美经委会提出，当前的经济衰退是受到了可利用的生产能力的限制，随着各国接近它们的生产限度，就需要调整总需求的增长以防止通货膨胀的出现或过多的对外部门的赤字。同时，也有必要增加投资以便保持产出的增长。管理总需求水平和构成的可运用的工具是财政、货币和汇率政策。如果积极的财政政策的运用受到限制的话，那就只有同时控制实际利率和实际汇率。

为了保持宏观经济平衡和实际汇率的稳定，资本账户的开放程度必须与本地经济吸收和有效配置外部资源的能力保持同步。一开始先开放长期资本，然后设立短期金融资本交易的平台。鉴于资本的外流，对国有企业促进出口的信贷和外国直接投资必须给予优先考虑。在金融体系重组、包括资本运动自由化进程中，以与生产能力发展紧密联系的方式将资源导向储蓄和投资的情况应该给予优先考虑，对国家金融体系与储蓄和投资的联系以及该体系与外部金融市场的联系必须给予更大的关注。鼓励拉美对外投资要求有一项不得歧视本地区投资的政策。生产国际化也要求国际贸易和国际金融，以及对外投资与技术流动的进步。应该在谈判协议中尽力避免双重税收和减少对这种投资的不必要的障碍。

关于开放的地区主义，拉美经委会提出，地区一体化与一种更加开放和透明的世界经济秩序并不冲突，在后者缺失的情况下，一体化是在充满不确定因素的国际经济中的一种分散风险的手段。开放的地区主义形式与特惠协议的相互依赖是一致的，反映在一体化协议中的这种特惠因素，为本地区国际之间地理上的相近性和文化上的相似性所加强。通过这种方式，一体化政策与旨在提高国际竞争力的政策相互补充。开放的地区主义涉及有助于逐渐减少地区内部歧视的计划，这种计划的实现将依赖于部门和国家广泛的市场自由化，每个国家的宏观经济的稳定，适宜的支付和贸易便利安排的建立，基础设施的建立、非歧视性贸易规则、国内法规和标准的运用与协调。针对第三方的共同对外关税和适度的保护水平是减少走私动机和避免指控不公平贸易行为的有效措施。对暂时的地区内部不平衡，可望通过谈判或利用提前咨询方式解决，力求改变报复行为的不断升级。不断加深的相互依赖程度意味着对在诸如劳动标准、法规、移民等新的领域中合作和协调的更大的需求。[①]

拉美经委会认为，一体化应该导向增强各国参与国际经济的具体目标，推动生产结构的关联，促进公共和私人代理人之间的创造性的互动，吸收和传播国际先进技术。政策建议提到，为实现变革生产模式的目标，拉美国家应该通过在次地区和地区层次上发展和扩大企业之间、部门之间、机构之间的联系，以及运用灵活的一体化手段和地区集团来促进革新，学习和推广技术。地区内部贸易的自由化、在运输和贸易便利方面的合作，以及支付手段的恢复，将会扩大市场、促进竞争，因而有助于创造一种区内和区外之需求共生的现象。这会增强竞争力，扩大对本地区和世界其他地区出口的可能性。所有这些可通过在部门政策方面有选择地合作、建立一个更广阔的科技平台、在知识产权和信息技术等方面联合行动等措施来实行。此外，还可以利用合作贸易自由化，也许通过有选择的约束关税，作为一种谈判工具，以保证进入外部市场。最后，有必要加强一体化的体制性基础，使各种公共和私人代理人更大程度地参与决策过程，加强一体化组织的建设，巩固对一体化进程的政治支持和舆论影响。[②]

6. 政治体制和国家的作用

拉美经委会在政治体制和国家作用与变革生产模式关系问题上的基本思路是，变革生产模式必须基于人们对一个民主的、多元的、共同参与的政治背景的确认。也就是说，支持任何国家意图的协议必须通过建立共识来达成，社会冲突必须保持在民主制度能够控制的范围之内。拉美经委会同时认为，国家干预的形式应该发生新的变化，确定公共行为的作用和保证其有效的执

---

① Eugenion Lahera, Ernesto Ottone, and Osvaldo Rosales, "A Summary of the ECLAC Proposal," *Cepal Review*, No. 55 (1995), pp. 20-22.

② ECLAC, *Changing Production Patterns with Social Equity: the Prime Task of Latin American and Caribbean Development in the 1990s*, p. 18, pp. 157-172.

行方式很重要。因此，当公共行为集中于优先安排的事项时，为了给私人企业的经营提供一种稳定的和可以预见的框架，应该加强制度建设。根据这种思路，拉美经委会在参与性政治体系、各种代理人之间的协调、国家改革等方面提出了政策建议。

关于参与性政治体系。

变革生产模式必须得到各种社会团体的支持，根据具体条件分析和确定各种社会团体的构成和政治意向非常重要。例如，中产阶级和城市大众阶层会是变革生产模式的自然支持者，因为他们将会从中得到主要的好处。但由于他们比较重视眼前利益，并不满足于长远的许诺，因此为了得到他们的支持，有必要保证他们短期和中期内能够分享到变革进程的好处，并保证他们能够充分参与到变革进程中。①通过作为利益代表和有效对话者的稳定的社会组织来加强政治参与，对增强民主功能很重要。对帮助个人、团体、社区通过它们自己的努力获得社会进步和共同参与寻求解决问题方案的行动必须给予优先考虑。对那些由于种族、年龄、社会、地域、性别关系的特征通常被排除在发展的好处之外的个人和团体，应该专门为他们创造一种实际参与的空间。这在旨在推动和组织个人及团体参与的具体政策中应该是一个全面扩大的内容，这些参与的个人或团体将在地方、地区、全国的社会政策中和在信息、培训和技术援助等领域中得到好处。

关于各种代理人之间的协调。

在民主社会中，"协调战略"的概念具有决定性作用。这种战略包括政府和主要的政治、社会力量之间就合理变革生产模式、实现社会公正以及由此所必须采取的一系列政策和进行的体制改革达成各种广泛的、明确和含蓄的协议。目前所要做的是给予以下机制和行为以合法性，即一方面会产生与共同目标相适应的行为方式，另一方面又会防止出现损害共同目标的团体利益的行为。政府就长期目标达成一致的能力，和用来实现这一目标的手段，与多元参与的程度、所选择政策的适宜性及其实施的有效性有直接的关系。②

变革生产模式的系统努力要求在社会中建立新水平的协调和形成共识，以便为解决分歧和利益冲突进行沟通和谈判而提供适合的条件。理想的结果

---

① ECLAC, *Changing Production Patterns with Social Equity: the Prime Task of Latin American and Caribbean Development in the 1990s*, p. 18, pp. 58-59.

② ECLAC, *Changing Production Patterns with Social Equity: the Prime Task of Latin American and Caribbean Development in the 1990s*, p. 15.

是加强雇主与工人之间共识的直接形成，国家只是作为被最终诉求的调解人。这样建立的共识将因工人集体谈判能力的加强而受益，并保证了对基本的社会和工会权利的尊重。为了保证有关团体的真正的参与，必须强调公共行为和权力的非集中化与非集权化，以便于其有效地接近民众。新水平的协调行为和共识形成涉及限定经济政策的选择，需要娴熟的政治技巧，在这种情况下，避免当局与社会的分裂是关键。除了促进协议外，还要为沟通和协商分歧营造适宜的背景。

关于国家工作重心和干预形式的改革。

国家工作的重心应该发生变化，要从 20 世纪 80 年代集中解决偿付外债问题转移到推动形成真正的竞争力和社会公正问题上。同时，要分清国家与市场的关系，分清哪些属于国家干预的领域，哪些是主要由市场机制发挥作用的领域。

一般说来，公共部门在消除对增长的各种限制和创造各种经济机会方面发挥着重要的作用，有许多领域需要政府行为发挥作用，特别是弥补市场缺点的领域，如创造外部性、提供公共产品、制定科学与技术政策、采取克服贫困的措施、保证私人权利（教育和健康的权利）的举措、协调社会安全事务和保护环境等。变革生产模式要求对国家和公共管理进行大量的改造，与其说是增加或减少政府行为的作用，不如说是对整个经济体系的效率增加其积极的影响。为此，必须创造短期、中期和长期决策进程之间更紧密的联系，推动部门之间的合作，为加强社会对话和建立共识的努力提供技术支持。

国家必须通过在竞争力和社会公正领域发挥更大的战略性能量来改变其干预的方式，国家不是要接管经济和社会代理人，而是要保证促进稳定和增长的合适的规则和空间的存在。国家还要能够抵消经济动力在诸如教育、健康、住房领域中的社会负面影响，通过运用规范、保护和补偿的手段去改善之。

国家干预的缺点也许像市场的缺点一样严重，但这强调了制度的反应能力、社会立法和经营能力对政策设计和实施的重要性。相比之下，最大的成功也许会是干预形式的变化，后者与市场经营和发展方式保持一致，并避免引起相对价格的重大扭曲。在市场薄弱或不完善的地方，就应该有相应的公共政策被设计出来，在短期内刺激它们的经营，在中期内促进它们的创造或补充。

就公共企业而言，必须采取措施减少或消灭赤字；公共企业的人事政策应该建立在合理的、稳定的独立的水平上；公共企业与它们的供给者的关系应该是完全透明的，并且应该鼓励后者提高它们的技术发展水平和增加它们的生产率；应该对过去建立的公共企业做出客观的估价，如果适合于市场发展的条件存在，那么就可以将它们的活动转移给私人部门。①

总之，《变革生产模式、实现社会公正》的报告和随后的两个文件在对20世纪80年代拉美社会经济发展形势分析估价的基础上，对变革生产模式、实现社会公正思路的微观经济、宏观经济、社会发展、国际经济地位的改善、政治体制的改革和国家的作用等方面做了比较系统全面的阐述，成为拉美新结构主义思路形成的标志。

三、新结构主义经济理论的特点

从上述对新结构主义内容的归纳中，不难发现新结构主义的一些特点。新结构主义是对传统结构主义和新自由主义的扬弃，因此，它既有与二者的相似之处，又与它们有所区别。关于新结构主义与新自由主义的异同之处，法齐贝尔概括得最精练到位。他在接受哥伦比亚《工业与发展》杂志记者的采访时谈到，新结构主义与新自由主义的相同之处涉及四个领域，即改革的紧迫性、全球经济联系、国家的新作用和宏观经济平衡。他认为二者都相信必须加强经济管理方面的改革，必须密切拉美国家与全球经济的联系，必须改变国家在拉美发展新阶段中的作用，必须重视宏观经济平衡。同时，他指出二者在下述八个方面具有差异性。

第一是形成建议的方法。拉美经委会的建议②是以20世纪80年代现实为基础的，它既考虑到国际环境的因素，又兼顾拉美领导机构中所保持的对话和正在讨论、分析的问题。正是基于这种拉美发展进程与世界其他地区发展进程比较的基础之上，而不是基于某种经济理论模式，才决定了拉美经委会的建议更适用于拉美。与此相反，新自由主义建议以理论模式为基础，它力求在理论上为经济的正常运转设计出一种理想化的模式，而后将其付诸实施。

---

① Eugenion Lahera, and Ernesto Ottone, "Osvaldo Rosales, A Summary of the ECLAC Proposal," *Cepal Review*, No. 55 (1995), pp. 23-24.

② 指1990年拉美经委会发表的《变革生产模式、实现社会公正》的报告。

　　第二是社会公正问题。新自由主义假定社会公正将通过市场的运行得到保证，通过市场安排来减轻极端贫困，这一思路只不过是确认极端贫困的存在。拉美经委会认为社会公正是增强竞争力的必要条件，这意味着每一个人都应该直接地或间接地参与生产进程。

　　第三是技术进步问题。技术进步是拉美经委会建议的主要内容，它表示了一种包括所有行为人的学习过程，而这些人之间有一种需要时间和分享的合作关系。技术进步在推动生产力和竞争力中发挥了一种关键的作用，而后者又将使生活水平的提高和以更公正的方式进行财富再分配成为可能。

　　第四是与全球经济联系的形式。拉美经委会认为，通过技术进步得到增强的竞争力是真正的竞争力，而通过降低工资或利用自然资源优势得到增强的竞争力不是真正的竞争力。新自由主义虽然强调与全球经济和出口联系的重要性，但因忽视技术进步的重要性，并没有区分竞争力的不同类型。

　　第五是关于生产部门之间的联系。拉美经委会认为，农业、制造业和服务业具有各自的特殊性，作用各不相同，制造业是技术进步的传播者，发挥着关键的作用，但该部门必须与其他部门建立起相互之间的联系。但新自由主义则假定，各部门之间的关系是中性的，换句话说，它认为各生产部门在推动生产活动方面没有什么区别。

　　第六是关于国家的作用，拉美经委会认为，国家与市场发挥着不同的作用，因此，不能相互替代。与此相反，新自由主义强调国家的辅助作用，认为国家的作用越小越好，即使是针对私人部门不能完成的任务也是如此。

　　第七是关于宏观经济平衡。尽管新自由主义和新结构主义都认为保证宏观经济平衡很重要，但拉美经委会坚持认为，这是经济发展的必要条件，但不是充足条件，这一目标能否实现，在很大程度上取决于一系列体制因素。如果体制结构很弱，政府就应该首先建立或加强维系宏观经济平衡所需要的体制。

　　第八是政治体制问题。在拉美经委会关于变革生产模式、实现社会公正的建议中，建立一种公开的、参与式民主制度是其实质性部分，但在新自由主义建议中，具体的政治制度类型更多的是一种本地偏好问题。

　　法齐贝尔认为，对拉美经委会建议的详细分析会显示出其与新自由主义的基本差异性，相似性是形式上的而非实质上的。①

新结构主义与传统结构主义也有了许多差别。

新结构主义无疑保留了传统结构主义的一些基本观点，如：在国内和世界经济中存在的结构异质性；拉美国家同时存在着几种严重的结构性不平衡；制度因素在拉美国家的欠发达状况中发挥着重要的作用；贸易条件的不稳定和恶化；技术进步成果的不平等分配；等等。另外还有，结构主义的代表人物针对进口替代"简易"阶段已经枯竭所提出的需要使进口替代与出口推动相结合的观点。尽管结构主义存在缺陷，但它的确对公共政策的制定做出了贡献，它对正统经济学的一些批评实际上是正确的，在对通货膨胀原因的理解上，其贡献尤其突出。当实践表明新自由主义理论在拉美国家并没有产生其预期效果的时候，人们自然重新思考恢复结构主义传统的问题，只不过要使其纠正以前的缺陷，更加关注经济政策的制定，更加关注宏观经济的平衡、短期和长期政策措施的结合、旨在保证公共部门和私人部门相互协调的创意，建设一种能够赋予更大程度平等的生产和管理结构，设计能够允许国民经济具有更大自主性的战略和政策等，这种更加完善的结构主义也就是"新结构主义"。

与传统结构主义相比较，新结构主义也强调地区一体化，但强调的是"地区开放主义"；新结构主义也强调国家的作用，但强调的侧重点发生了变化，要求国家注重经济基础设施的建设、注重那些私人部门不能作为的领域、注重宏观经济管理、注重社会再分配领域；新结构主义强调社会公正，但认为实现社会公正的途径既不能像传统结构主义那样单纯强调依靠国家的力量，也不能像新自由主义那样单纯强调依靠市场的力量，而是应该依靠国家与市场两种力量，两条腿走路；新结构主义也强调工业化，但不再是"进口替代工业化"，而是"从内部发展"的工业化；新结构主义不再仅仅强调经济发展中的长期的结构因素，而是也开始重视短期宏观经济管理和政策工具的运用。

总之，新结构主义建立在传统的结构主义基础之上，同时吸收了新自由主义的一些长处，为拉美各国提出了另外一种可供选择的新的发展思路和政策。

---

① Fernando Fajnzylber, "ECLAC and Neoliberalism: An Interview with Fernando Fajnzylber," *Cepal Review*，No. 52 (1994), pp. 205-206.

四、新结构主义经济理论的发展

　　拉美经委会发表的《变革生产模式、实现社会公正》的报告标志着拉美新结构主义思路的形成，但新结构主义思路还不够充实和丰满。松克尔主编的《从内部发展：对拉美新结构主义思路的探讨》一书出版以及拉美经委会一些同类研究成果的陆续出版，进一步深化和完善了新结构主义的思路。

　　奥斯瓦尔多·松克尔 1993 年出版了由他主编的《从内部发展：对拉美新结构主义思路的探讨》一书。①他编写该书的初衷是想就经济发展的重大问题撰写出数篇专题论文作为大学教学的参考用书，以复兴大学对发展经济学的学术兴趣；同时，他也是为了促进当前的经济改革。但在计划进行的过程中，通过参与者之间的交流，逐渐形成了一个大致相同的理论轮廓，各章基本都是先回顾 20 世纪 50 年代的结构主义理论，再与 60、70 年代经济发展的经历相比较，强调它们的成功和失败之处。然后建议改进传统结构主义思路，提出克服危机和重新走上发展之路的总体方针和具体政策建议。

　　在这本书里，松克尔提出了"从内部发展"的新的发展战略。"从内部发展"（development from within）的战略与"内向发展"（from inwoard-looking development）是截然不同的。"内向发展"把重心放在需求、扩大内部市场，以及用当地产品取代原来进口的产品方面，从而形成一种扩大国内消费，重复中心国家的消费模式、工业生产模式和技术模式的战略，具体体现为进口替代进程。这个进程是由极不平等的国内收入分配所造成的一种狭小的、倾斜的内部需求来引导的。也就是说，进口替代进程是以满足社会中上阶层的需求为目的的。这种工业化实际上已经违背了普雷维什工业化思想的初衷，因为普雷维什认为，就像工业革命以来的中心国家一样，拉美国家的国内工业化进程会创造一种内生的资本积累机制，产生技术进步和改进生产力，他当年强调的是生产模式，是经济的供给方面。松克尔重申普雷维什的这一思想，并将其放大。他认为，从内部发展的重心应该放在供给方面，而不是在

---

　　① 其中，松克尔和拉莫斯写的《走向一种新结构主义的综合》一文成为松克尔和苏莱塔合写的《90 年代的新结构主义与新自由主义》一文的主要部分，发表在 1990 年 12 月号《拉美经委会评论》上。见 Osvaldo Sunkel, and Gustavo Zuleta, "Neo-Structuralism Versus Neo-Liberalism in The 1990s," *Cepal Review*, No.42 (1990), pp. 45-51.

需求方面。借用法齐贝尔的话说，这是"一种内部的创造性努力，争取建立一种同本国的具体缺陷和实际潜力相适应的生产结构"。这种发展首先要求建立一批支柱性产业，如钢铁、电力机械、金属加工、基本化学和石油化学，以及能源、交通、通信等基础设施，并积极利用本国的自然资源，加强国内市场的统一和协调。在此基础上，加强大工业与中小企业、科学技术机构、各级人才培训机构、群众性通信手段，以及制定战略、政策、标准的公共机构之间的积极参与和密切配合。一旦各方代表的通信、交流形成，作为一种全国行为的决策水平得到巩固，一种"内生的技术动力的核心"就会形成。[①]这种战略是要创造一种内生的产生和积累技术进步的机制，能使拉美发展其自己的能力以实现带有活力的和生产力的增长。它绝不是要把工业化再度引向"进口替代"，因为这最终将陷入一种无出路的境地。恰恰相反，它是要把工业化引向在长期发展战略中被认为是优先的和有希望的国内外市场，而且在这些市场上，拉美国家能够拥有或能够获得保证自己稳固参与世界经济的相对优势。换句话说，真正的关键不在需求和市场，发展的核心在于供给方面，如质量、灵活性、生产资源的综合和有效使用、对技术进步的审慎吸收、革新努力和创造性……总之，从内部做出独立性的努力，以实现自我持续的发展。[②]

　　同时，该书还进一步强调了把恢复和重视基本的宏观经济平衡作为维持发展进程的必要条件，在深化民主体制中实现社会公正和社会正义。尤其在国家作用的更新方面，该书提出了更加独到的建议。作者指出，鉴于问题的关键不是管理的规模，而是管理能力和协调能力，国家的主要职能可以定位为为发展进程提出一种战略观点，根据这种战略观点调整和维持经济的刺激措施和比较价格，通过对话和协调使所有的社会和政治阶层建设性地参与这种战略。据此，具有这种基本职能的国家，即国家作为协调的有效组织，应与拉美发展的新阶段相适应，新阶段的特点是民主开放和需要对发展战略进行调整。考虑到这种调整和新定义，关于国家的作用，目前需要加强其传统职能（提供公共产品、维持宏观经济平衡和公平）、基本职能（提供最起码的运输和通信基础设施、卫生、住宅、教育等）和辅助职能（通过发展和模拟

---

① Osvaldo Sunkel (ed), *Development From Within:Toward a Neostructuralist Approach For Latin America*, pp. 45-47.

② Osvaldo Sunkel (ed), *Development From Within:Toward a Neostructuralist Approach For Latin America*, pp. 8-9.

预期市场在经济结构竞争力方面提供支持，发展科技基础设施，消除和弥补市场缺陷等等），而不是加强其企业和生产职能。国家作为"从内部发展"的有效推动者，应该制定一个优化干预的战略，该战略包括确立优先干预的领域、对公共管理实行分权和非政治化、建立干预的平衡机制等。

《从内部发展：对拉美新结构主义思路的探讨》一书所提出的理论大大丰富了新结构主义的思路，特别是"从内部发展"战略的提出代表了拉美人试图形成一种新自由主义的替代战略的尝试，是对新结构主义思路的一个重要的补充。

拉美经委会《变革生产模式、实现社会公正》的报告以及随后的报告《持续发展：变革生产模式，社会公正和环境》和《公正与变革生产模式：一种整体考虑的思路》发表以后，拉美经委会在整个 20 世纪 90 年代又从下述四个专题上深化了对 1990 年报告的诠释。

第一是"开放的地区主义"①。拉美经委会的文件强调一种拉美向世界其他地区同时开放贸易的优点，以及通过目前的一体化计划加强地区内部贸易的好处。文件同时指出，在拉美和加勒比地区，伴随各种正式一体化协定形成的是一个"事实上"并列的一体化进程，这种进程为一系列宏观经济和贸易政策所驱动，由私人企业唱主角，同样加强了互惠贸易和投资。1990 年以来，本地区国家之间的私人投资和互惠贸易急剧增长。正式的一体化协定和企业推动的经济联系这两种因素的互补是人们所期望的，也是可行的，其变为现实的关键在于一体化协定的内容和视野能否使这两种类型的相互依赖（官方谈判的特惠协定和贸易自由化产生的市场导向实践）互相支持。所谓"开放的地区主义"，其含义就是指协调这两种类型的相互依赖的一种新的进程。开放的地区主义寻求完成的是制定出明晰的一体化政策，这种政策与提高国际竞争力的政策是一致的，并能对其做出补充。

第二是本地区的金融脆弱性。1994 年代表大会文件的第三部分第一次提到这个问题②，鉴于它对导致 1994 年墨西哥危机和 1997 年亚洲危机进程的警告性视角，这个文件是 20 世纪 90 年代理论工作中的一项重要内容。该项研究对资本市场的脆弱性提出了警告，指出目前资本流入的逆向效果，并不

---

① Cepal, *El Regionalismo Abierto en América Latina y el Caribe: La Integración Económica al Servicio de la Transformación Productiva con Equidad* (LC/G.1801/Rev.1-P), Santiago de Chile: Naciones Unidasl, 1994.

② Cepal, *América Latina y el Caribe: Políticas para Mejorar la Inserción en la Economía Mundial*, (LC/G.1800/REV.1-P), Santiago de Chile: Naciones Unidas,1995.

产生一种生产性投资和出口竞争力的相应增加。特别是他指出使用资本流入作为一种价格稳定因素的危险性，因为这样的行为导致汇率上升，与（要求中长期对外账户平衡的）贸易平衡的表现不协调。它还警告需要建立考虑周全的银行规范政策，尤其在金融自由化阶段更应该如此。

第三是财政问题。直接相关的文件是 1998 年的代表大会文件①，这些文件提供了一种对本地区财政问题的广阔的经验性的和分析性的观点。在"财政公约"中的主要因素是巩固财政调整，增加公共支出的生产率、透明度、推动社会公正和民主体制等。

第四是可持续发展。在整个 20 世纪 90 年代的拉美经委会文件中，包括 1991 年在关于可持续发展地区大会上提交的文件，以及为 1992 年里约热内卢世界峰会准备的文件，都指出了发展与自然和谐相处的需要问题。运用世界峰会的结果（大多数被包含在 21 世纪议程中），拉美经委会扩展了它对可持续发展的研究，特别是分析了公共政策对这些国家的影响，由于一种对发达国家方面和持续发展的资金来源有了新的环境视角，国际贸易谈判也发生了变化。这些研究在为 2002 年约翰内斯堡地球峰会准备的文件中得到进一步巩固。

进入世纪之交以来，拉美经委会的研究突显了全球秩序中严重的非对称性，表明在这一秩序中，拉美和加勒比一体化的条件逆向地影响了该地区的生产和金融条件，引起了严重的宏观经济的不稳定、低水平的经济增长和逆向的社会效果。拉美经委会也根据国际上不断增加的对拉美经济脆弱性的确认，扩大了其针对改革影响的警告性和批评性的观点，宣称需要寻找更加平衡的全球化方式，对过去的改革进行第二次改革。

2000 年和 2002 年的代表大会文件，在国家、地区、国际范围的经济政策议程是相互补充的，它们的建议包括：纠正国际宏观经济和金融的非均衡（新的国际金融构架）；加强制度建设（法律制度、管理机构、有效和牢固的社会契约等）；一种宏观经济稳定的宽阔视野（增长中的稳定、反周期的视野、长期的观点等）；生产性发展战略的实施（加强基础设施、鼓励生产转变和出口的多样化，国家革新体系的发展等）；提高社会联系（在教育、就业和社会保护领域实施统一的社会政策）；环境的持续性（与经济环境、专业化模式再定向、环境服务市场的创造有关的积极的议程）；地区范围的关键作用（开放

---

① Cepal, *El Pacto Fiscal: Fortalezas, Debilidades y Desafíós* (LC/G.1997/Rev.1-P), Santiago de Chile: Naciones Unidasl, 1998.

的地区主义、最弱势行为者的防卫、更强的地区体制所有权的意识等）。①

总之，拉美的新结构主义理论正在不断被发展和完善，并在实践中走向成熟。②

五、新结构主义经济理论的影响

尽管 20 世纪 80 年代新自由主义的经济结构调整并不成功，但这被解释为是新自由主义的改革不彻底的缘故，在强大的外部环境的压力之下，90 年代新自由主义发展范式在整个拉美大陆占据了支配地位。但到 90 年代后期，新自由主义受到越来越多的批判，新结构主义的影响逐渐显露出来。

首先，新结构主义对新自由主义理论的修正产生了影响。拉美新结构主义形成于 20 世纪 90 年代初，并在这 10 年中得到了发展和完善，但 90 年代拉美的主流经济思潮仍然是新自由主义。新自由主义范式在 1989 年被华盛顿国际经济研究所所长约翰·威廉姆森归纳为十条原则，即所谓“华盛顿共识”。随着国际政治格局的转变，如柏林墙的倒塌和苏联式中央计划经济的崩溃，一些东欧和苏联国家从计划经济向市场经济的转型，以及拉美地区重新出现的经济增长和宏观经济的稳定，几乎所有拉美国家都转向了新自由主义改革。但是，由于受新结构主义的影响，新自由主义在 1996 年之后也发生了与新结构主义的趋同。因为在这一年的泛美银行年会上，约翰·威廉姆森提出了“华盛顿共识”的第二个版本，即所谓的“后华盛顿共识”，其中增添了政府应该增加在社会领域特别是教育和健康方面的公共开支，必须加强金融监管，以及必须重视通过对制度和人力资源的投资来创造一种更具有竞争力的市场经济。③这些内容的补充无疑是受到了新结构主义理论的启发。据德国学者查尔斯·戈尔的研究，“后华盛顿共识”的提出是受到了“南方共识”的影响，所谓“南方共识”是一种政策性结论，它是在拉美经委会 1990 年的报告和亚

---

① ECLAC, *"Background Information-Evolution of ECLAC Ideas,"* http://www.eclac.cl/cgi-bin/getprod.

② 佩亚达·金柏认为，从 90 年代末以来，新结构主义的提法在拉美经委会的文件中不再频繁出现，但类似的改革仍在推行，说明新结构主义的许多建议仍在被继续实施。Peadar Kirby, *Resituating the Latin American State, Dublin City:Center for International Studies, Working Papers, 2002.* www.dcu.ie/~cis/2002_3.

③ Robert N.Gwynn, and Cristóbal Kay(ed): *Latin America Transformed: Globalication and Modernity*, New York: Oxford University Press Inc, 1999, p. 83.

太经社理事会 1990 年描述的东亚发展模式的基础上,被联合国贸易和发展会议 1994 年、1996 年、1997 年和 1998 年的《贸易和发展报告》进一步阐述所形成的,这种思路强调了发展的目的是"以人为核心",检验发展的最终标准是人的生活水平是否得到了改善,发展应该建立在民众参与的基础上,建立在发展中国家和援助国平等伙伴的基础上。相反,原来的"华盛顿共识"强调发展的核心是 GDP 的增长,发展是自上而下的、援助国附带条件的帮助以及出口导向的战略。一方面是《贸易和发展报告》中提出的"可持续的人文发展指数"推动了国际多边机构把减轻贫困作为发展的目标,使"华盛顿共识"增加了人情味。另一方面"南方共识"中对欠发达国家经济增长所做的不同分析以及在此基础上提出的发展战略令人信服,迫使"华盛顿共识"转变其观点。①最终是拉美的新结构主义范式影响和改造了新自由主义范式。

其次,新结构主义为拉美政坛坚持"第三条道路"的党派提供了经济政策的理论基础。到 20 世纪 90 年代末,当人们回顾新自由主义改革成效的时候发现,尽管这 10 年里拉美实现了新的经济增长和抑制住了高通货膨胀,发展模式发生了转换,地区一体化得到了加强,但是,其改革付出了沉重的代价,一是经济的快速自由化和外向化加深了国民经济的脆弱性,二是失业增加和非正规部门扩大,三是收入分配差距进一步拉大,贫困人口急剧增加。特别是在 20 世纪 90 年代后期拉美发生了几次金融危机之后,人们增加了对新自由主义理论的怀疑,反对新自由主义政策的呼声开始高涨。新结构主义理论也经历了一个名气大增的时期,以至于美国社会科学界也将对拉美研究的注意力转向了与新结构主义有关的若干课题。②

面对新自由主义政策所带来的问题,一批拉美政坛的新秀试图选择一种既不太右也不太左的所谓"第三条道路",如墨西哥的夸特莫克·卡德纳斯、巴西的卢拉、智利的拉戈斯、委内瑞拉的查韦斯等人,而新结构主义理论就成为这一政治派别所提出的经济政策的理论基础。如查韦斯主张走一条"既不是新自由主义的,也不是国家主义的",而是一条介入二者之间的、市场经济与国家作用结合的、加入经济全球化进程与坚持民族利益并举的道路,也就是他所说的"有人性面孔的资本主义"的道路,其目的是想通过"和平、

---

① Charles Gore, "The Rise and Fall of the Washington Consensus as Paradigm For Developing Countries," *World Development,* Vol. 28, No.5(2000) , pp. 795-799.

② Paul Drake and Lisa Hilbink, "Latin American Studies: Theory and Practice," *UCIAS Edited Volumes* ,Vol. 3(2002), pp. 18-19.

民主革命"，建立一个"公正、民主的社会权利国家"。①由于新结构主义在拉美国家有了"市场"，拉美经委会也从新结构主义理论的提出和完善中重新找回了尊严。

最后，新结构主义思路体现在了拉美左派的发展纲领之中。进入 21 世纪后，随着拉美地区广大民众要求改变现状的呼声高涨、社会运动的兴起，政治民主化进程的推进，拉美的"第三条道路"向左转，左翼运动出现新的高涨，特别到 2006 年大选之后，10 个举行选举的国家中有巴西、委内瑞拉、尼加拉瓜、智利、秘鲁、厄瓜多尔和哥斯达黎加等 7 个国家的左翼或中左翼领导人赢得了国家领导权。加上此前赢得大选的阿根廷、玻利维亚、乌拉圭、巴拿马和多米尼加共和国，结果，除古巴之外拉美已经有 12 个国家属于左翼政权，这些国家的人口总和占拉丁美洲及加勒比地区 5 亿总人口的 70% 以上，面积占拉美总面积的 80%。这些左翼政权上台后，一般都强调加强国家的作用，在经济政策上对社会公正给予更多的关注。例如，查韦斯 1998 年执政后，在委内瑞拉实行土地改革，并实行免费医疗和免费教育等政策。2003 年至今，查韦斯政府推行了促进医疗卫生、教育、就业、住房等事业发展的近 20 项社会扶助计划，并实行免费公共医疗和小学、中学、大学的免费教育。委内瑞拉贫困人口比查韦斯执政之初大幅度减少。巴西劳工党领导人卢拉在 2002 年第一次参加大选的口号是"让巴西人能够吃饱早餐、午餐和晚餐"。四年后，他再次参加竞选的口号仍然是让更多的巴西人摆脱贫困。卢拉在第一个任期内，实现了他所许诺的部分目标。2002 年上台以来，卢拉政府接连推出了家庭补助、教育补贴、东北地区电力发展计划等一系列帮助贫困人口和地区的措施，直接受益人口达 1 亿多，使全国的贫困人口减少 20%。此外，玻利维亚、阿根廷、智利、尼加拉瓜和厄瓜多尔等国家也已经或者表示将要采取同样的支持弱势群体的经济政策。从拉美左派的发展纲领，我们不难看到新结构主义范式的影响。

当然，对新结构主义的影响也不宜估价过高。由于世纪之交以来拉美的经济和政治发展并不尽如人意，因此，新结构主义也遭到了批评。有的学者指出：拉美经委会假定现代制度的变革有助于民主化，但现代技术的引进并没有自动地创造竞争力体系，也没有看到依靠技术的帮助而对社会问题的解决，拉美经委会的乐观主义完全没有得到证实。拉美经委会的确勾画了一种

---

① 苏振兴主编：《拉美国家现代化进程研究》，社会科学文献出版社 2006 年版，第 342 页。

共识的轮廓，但并没有解释如何去实现它；新结构主义发展政策的实行必须由国家启动，但国家如何能使这种建议被接受，如果遇到工会、企业家等利益集团阻碍的话，如果国家本身缺乏自主性的话，如果民主体制不能推动这种激进改革的话，我们是否还要接受威权主义政权？拉美经委会的文件并没有描述从传统的进口替代模式到一种开放的面向世界经济的模式过渡会是如此的不稳定和困难。新结构主义低估了结构调整项目的社会经济成本。①还有的学者指出，拉美新结构主义屈从于新自由主义，虽说是在寻找一条新的发展道路，但吸收了新自由主义的一些实质性的成分，抛弃了结构主义的一些基本因素。作为长期传播拉美经委会理论的喉舌《拉美经委会评论》，在逐渐地向诸如世界银行、国际货币基金组织、经济合作与发展组织等多边机构的一些以其正统立场而著名的作者开放。1999 年 2 月，拉美经委会竟然毫不犹豫地推荐拉美经济美元化。这说明拉美经委会在对新自由主义思潮的认可方面已经走得很远。②

我们认为，总的看来，新结构主义思路不能被解释成是对新自由主义的屈服，而是结构主义在一种新的历史现实下的变通。它是在总结第二次世界大战后的半个多世纪以来拉美经济发展的经验教训的基础上，在世界经济一体化、全球化趋势加速的国际环境下，继承传统结构主义理论的内核，吸纳新自由主义理论中合理成分，对两者加以综合而提出来的，并在 20 世纪 90年代经济发展的实践中不断得到发展和完善。尽管新结构主义思路仍存在缺陷，但在目前的历史条件下，它是拉美各国替代新自由主义理论和政策的唯一可信的和可行的选择。

（本文原载于徐世澄主编：《拉丁美洲现代思潮》，当代世界出版社，2010年出版，标题为"拉丁美洲的新结构主义理论"）

---

① Andreas Steiner, "The Cepal-Concept for Development in Latin America at the End of Our Century, Neostructuralim," http://tiss.zdv.uni-tuebingen.de/webroot/sp/barrios/themeA3a.html.

② 当年富尔塔多对此提出了严厉的批评。见 Héctor Guillén Romo, "From the ECLAC Development Order to Neo-structuralism in Latin America," *Comercio Exterior* , April, 2007.

塞尔索·富尔塔多及其经济发展思想

　　2006 年 11 月 20 日是塞尔索·富尔塔多逝世两周年纪念日，富尔塔多在里约热内卢的寓所去世后，巴西总统卢拉宣布举国致哀三天，他说："富尔塔多对巴西、拉丁美洲和所有发展中国家做出的贡献值得我们为之骄傲。"尽管富尔塔多生前曾对卡多索政府（1995—2002）多次提出批评，但前任总统卡多索仍颂扬富尔塔多为"拉美最杰出的理论家之一"。他说："他是被今天的人们所称呼的'公众知识分子'的化身，大概没有其他人像他那样将他的思想和能力贡献给他那个时代的伟大事业——寻找一条发展的道路。"巴西劳工党发言人宣称，"富尔塔多是一位能够将他的思想与这个国家的贫困紧密联系在一起的经济学家，他的道德榜样将是劳工党的一个基本参照标准"[①]。联合国也下半旗志哀，拉美经委会的执行秘书何塞·路易斯·马奇内亚说，富尔塔多的去世"是拉美经委会和整个世界的一个重大损失"[②]。

　　中国学术界对富尔塔多并不陌生，这不仅因为他的名字与作为拉美结构主义先驱的普雷维什联系在一起，而且因为他的《拉丁美洲经济的发展——从西班牙征服到古巴革命》一书早在 1981 年就被中国社科院拉美所的同志翻译成中文，成为多年来国内学者研究拉美经济发展问题的重要参考书目。1989年他的另一本重要著作《巴西经济的形成》又被徐亦行、张维琪同志翻译成中文，使更多的中国人通过了解巴西经济史而知道了他的名字。富尔塔多是一位多产作家，他一生出版了 30 多本关于巴西和拉美经济发展理论与经济史的著作，被翻译成 15 种语言，向全世界销售了 200 多万本。他的写作风格通俗易懂、引人入胜，因此很受欢迎，特别受到巴西和拉美学生的欢迎。他是20 世纪后半期拉美最有影响力的经济学家之一。

---

　　① 转引自 Cristóbal Kay, *"Celso Furtado: Pioneer of Structuralist Development Theory," Development & Change*, November 2005, Vol. 36, Issue 6, pp. 1201-1207.

　　② 见联合国拉美经委会当日发布的消息，http://www.eclac.org/.

　　富尔塔多于 1920 年 7 月 26 日出生于巴西东北部帕拉伊瓦州的庞巴尔。他 1944 年毕业于里约热内卢的联邦大学法律系。1948 年在巴黎的索尔波恩大学以关于巴西殖民地经济的论文获得了经济学博士学位。当他在同年返回巴西之后，接到了普雷维什要他加入联合国拉美经委会的邀请。他参加起草了拉美经委会的早期重要著作《1949 年拉美经济概览》。1949—1957 年，富尔塔多在拉美经委会工作，尽管时间不长，但却是他理论形成的重要时期，是普雷维什发现了他的天才，任命他为新成立的经济发展部的主任，他成为拉美经委会创立的结构主义发展理论的主要贡献者之一。1956 年，他在墨西哥城拉美经委分部工作的时候，认识了尼古拉斯·卡尔多，后者是剑桥大学国王学院的成员，他用凯恩斯学说对经济发展问题的分析给富尔塔多留下了深刻的印象，应他之邀请，富尔塔多在洛克菲勒学术基金的赞助下到国王学院访学一年（1957—1958 年）。在剑桥他见到了诸如皮埃尔·斯拉法、琼·罗宾逊、皮埃尔·加雷格纳尼、理查德·卡恩、詹姆斯·米德、阿瑟·皮古、A. K. 森等著名经济学家，尤其是卡尔多对他同事的抽象结构理论的局限性所做出的解释、综合和清醒的觉察能力，使富尔塔多为之震撼。就是在剑桥期间，他完成了《巴西的经济增长：从殖民地到现代的概览》一书的写作，该书 1959 年以"巴西经济的形成"为名在里约热内卢出版,后来成为经典著作，也是他最有影响的著作。

　　1958 年富尔塔多回国后被库比切克政府任命为巴西经济发展银行的主任。也正是在那里他构想了在 1959 年建立的巴西东北开发署的计划，这是一个政府机构，负责推动干旱和贫困的巴西东北部的发展，富尔塔多被任命为第一任主任。他抱着对家乡的挚爱情感和将经济学理论运用于实践的想法，领导了东北开发署的工作，直到 1964 年古拉特改革主义政府被政变推翻。1962 年他还被任命为巴西第一任计划部部长，负责起草国民经济计划的工作。政变之后，富尔塔多被剥夺了政治权利，被迫离开了祖国。他接受了许多大学的聘任，包括耶鲁大学、剑桥大学和巴黎大学，他在巴黎索尔波恩大学待得时间最长，是该大学聘任的第一位外国教授，1965—1985 年他在这里讲授发展经济学。

　　从 1979 到 1982 年，他担任了在纽约的联合国发展规划委员会的委员。随着巴西民主的恢复，他被任命为巴西驻布鲁塞尔欧洲联盟的第一任大使（1985—1986 年），1986 年又被任命为巴西文化部长（1986—1988 年）。1987—1991 年他是日内瓦的南方委员会的委员之一。1993—1995 年担任了联合国教科文组织的世界文化与发展委员会的委员，1995—1997 年是国际生态伦理委员会的委员。1997 年他当选为巴西文学院院士，2003 年当选为巴西科学院院士。富尔塔多是卢拉在竞选总统期间的坚定支持者，并为其 2002 的胜利而欢呼。在赞扬卢拉向贫困宣战的同时，他对卢拉政府的经济政策越来越受到国际货币基金组织的制约而表现出很大的关注。当 2003 年卢拉决定重新创建东北开发署的时候，他感到非常高兴。2003 年富尔塔多被提名为 2004 年的诺贝尔经济学奖候选人，但他最终与之失之交臂，诺贝尔委员会失去了一个向南方国家重要思想家授予荣誉的机会。

　　富尔塔多是一位发展经济学家，被联合国世界银行列为发展经济学的先驱人物，[1]并被认为是拉美结构主义理论的创始人之一，尽管富尔塔多本人认为这一荣誉应该属于普雷维什。作为经济学家，富尔塔多的理论渊源比较庞杂。他一开始上大学选择的是法律，他父亲是一名法官。但在大学三年级的时候他的兴趣转向了管理学，对组织管理的兴趣导致他学习计划，而学习计划又把他引向了学习经济学。他兴趣的变动与他早期形成的思想有关。他在回忆文章中谈到，他早期思想的形成来源于实证主义、马克思主义和美国的社会学。他母亲的一位亲戚在他家留下了一批实证主义作家的著作，他 15 岁就开始阅读，"其中关于理性的重要性、所有知识的最高形式是科学知识、知识与进步携手并进的信念都作为不证自明的真理镌刻在我的心中"。由于对历史的兴趣，他受到了马克思主义的影响。"马克斯·比尔的《社会主义和社会斗争通史》第一次使我感受到在历史中探求一种意义是多么美妙的心智经历。对处于一个僵化的等级社会中的我来说，关于社会形态是历史的产物并可被超越的观念使我看到了通过他种视野观察到的世界。这种观念和实证主义关于知识是进步的一个因素的信念结合在一起，使我以不同的眼光看待人与历史的地位：摆脱荒谬宿命的宇宙和获得正义的责任是可行的。"阅读吉尔博托·弗雷耶的《主人与奴隶》使他接触到了美国的社会学特别是文化人类学的理论。"这本著作的最大吸引力在于其揭示了一种全新的知识工具。"[2]在上大学后，这三种思想仍相互交错地继续影响着他。在大学三年级的时候，对社会学的兴趣驱使他阅读了诸如马克斯·韦伯、托涅斯、汉斯·弗雷耶尔、

---

① ［英］杰拉尔德·M. 迈耶主编：《发展经济学的先驱理论》，谭崇台等译，云南人民出版社 1995 年版。这本书中有富尔塔多的自我简介和维多里奥·科尔博对他的简介的评价。

② Celso Furtado, "Adventures of a Brazilian Economist," *International Social Science Journal*, 1973, Vol. 25, Issue 1/2, p. 28, p. 11.

西梅尔等德国社会学家的著作，也就是在那个时候他知道了对他后来产生重大影响的亨利·皮雷尼。"正是皮雷尼关于欧洲中世纪历史的著作以及桑巴特和塞关于资本主义起源，安东尼奥·塞尔希奥（Antonio Sergio）关于葡萄牙历史的著作，使我认识到经济学对理解历史的重要性。于是，是历史学和组织学理论引导我进入了经济学，二者都采用了广博的宏观经济的观点。"但在大学期间他的经济学知识主要是依靠自学得到的。他真正系统地学习经济学是在巴黎索尔波恩大学攻读博士学位的时候开始的，这时他的世界观已经基本形成，但经济学使他的思想更趋于成熟。熊彼特的著作使他确认了早先就产生的技术进步具有第一重要性的思想，《资本论》使他获得了"资本主义具有资本积累的强制性倾向，不管你喜欢与否，它都会扫除一切障碍去实现它的目的"的看法，同时，"马克思使我认识到任何经济决定都意味着某种权力的行使，由于他，我完全不为新古典经济学关于经济是一套自动运行机制的思想所动"。凯恩斯的影响也是决定性的，因为在资本主义经济体系中最重要的决定中心是国家之手。"我要归功于凯恩斯的思想，即没有某种集中决策，换句话说没有一种超级权力结构（从某种程度上讲，资本主义总是国家资本主义），资本主义经济就不能运行。"①凯恩斯使他领悟了经济依附现象的结构性质。

　　富尔塔多的理论贡献集中体现于他对经济发展进程和欠发达特性的理解方面。他在回忆文章中写道：我作为经济学家的研究工作涉及三方面的问题，"资本主义经济的扩张；欠发达的特性；从经济角度研究巴西历史的发展。事实上，巴西的状况仍然是我关注的焦点"②。富尔塔多的学术研究首先是从巴西经济史开始的，他自称是一位"作为历史学家的经济学家"，他的成名之作是 1959 年出版的《巴西经济的形成》一书。这本书的新意在于富尔塔多第一次运用结构主义的方法解释了巴西的经济史，他将巴西 16 世纪至 20 世纪50 年代的历史分为五个阶段，每一阶段都围绕生产要素（甚至还包括了政治和社会因素）加以阐述，并用宏观经济学概念和人均收入状况来分析各个阶段不同的结构变化，试图通过历史分析，探求巴西落后的原因。他后来把这种历史-结构方法沿用到了对整个拉美经济史的研究上。他的研究表明，与美

---

①　Celso Furtado, "Adventures of a Brazilian Economist," *International Social Science Journal*, 1973, Vol. 25, Issue 1/2, p. 28, p. 11.

②　Celso Furtado, "Adventures of a Brazilian Economist," *International Social Science Journal*, 1973, Vol. 25, Issue 1/2, p. 28, p. 11.

国相比，巴西的迟工业化可以部分地用巴西出口农业的生产结构和北美英国殖民地的小农结构之间的差异来说明，由于为保持其殖民地结构带来的收入和财产的集中，巴西的国内市场太狭小。美国作为关键原料的棉花出口加入了第一次工业革命的浪潮，而巴西 19 世纪前半期经济的相对落后阻止了它的出口，其自给部门的增加表现为人均收入的下降。[①] 与格申克隆研究的欧洲大陆 19 世纪后期的迟工业化比较，巴西的进口替代进程并没有导致一种密集的资本品工业的发展和国际贸易模式的改变，1930 年之后的工业化时期巴西贸易格局并没有变成出口制成品和进口原料的模式，而是仍基于少数初级产品的出口，进口则集中于那些需要大量投资和先进技术的资本品和中间产品。[②] 富尔塔多还通过对巴西经济"反常"现象的考察，强调了国家干预经济的积极作用。他用农业和制造业长期形成的发展指标证明在 1929—1933 年，尽管国际价格在下降，但巴西的农业出口生产仍然急剧上升，而且从 1931 年开始制造业产出也在上升，这种"反常"现象的原因是什么？他认为在于当时巴西政府采取的维持咖啡价格的政策。由于政府大量增加咖啡库存或烧掉，在缺少外部信贷的情况下，用扩大货币供给的方式来融资，因此，由于出口价格下降而引起的收入减少为政府增加库存所抵消，进口制成品价格因通货贬值而急剧上升，这种价格上升起到了保护性贸易障碍的作用，同时有助于保持国内需求，刺激了对进口替代工业消费品的投资。这是一种实际上的"凯恩斯主义"反周期性金融赤字政策的效果。因此，富尔塔多指出，"在这一实例中，国家调节的功能（无论运用与否）是十分明显的。诚然，经济可以克服来自外部的沉重的萧条压力，但是制造业部门的生产和积累的能力在先前没有充分发挥，国家的调节作用对这两方面都是有决定意义的。因此，假定国家的'落后状态'可以用历史来解释是恰当的，因为要对落后状态主要负责的经济政策不是命中注定而是由于可以辨认的社会力量的行动"[③]。

富尔塔多通过对资本主义经济扩张的研究提出了中心-外围体系的理论。他认为，现代工业的核心于 18 世纪下半叶在欧洲形成，它是发展成一种世界规模经济体系的一粒种子。随着工业核心的巩固，出现了一种有更大影响的扩张运动。他把这种扩展归纳为三个过程：原始核心的扩展和不断增长的复

---

①　[巴]塞尔索·富尔塔多：《巴西经济的形成》，徐亦行、张维琪译，社会科学文献出版社 2002 年版，第 72-86 页。

②　[巴]塞尔索·富尔塔多：《巴西经济的形成》，徐亦行、张维琪译，第 163-178 页。

③　[英]杰拉尔德·M. 迈耶主编：《发展经济学的先驱理论》，谭崇台等译，第 238 页。

杂性；对低生产率的温带地区的占领；商业渠道的扩大和国际分工。他认为，
"资本主义体系建立在中心-外围、发达-欠发达、支配-依附的两极之上"。这
种体系的发展，使"中心积累甚至更为加速，进一步扩大中心-外围缺口"。
国际分工创造了剩余，但对剩余的占有方式却呈现出多种类型。"整个体系的
推动力来自中心的投资和相关的技术进步。"在外围经济中，生产体系的改
变由外部引起。"人们所谓的欠发达表现为需求蓬勃发展与生产体系积累滞
后之间的不一致。外围参与国际分工的方式说明了何以滞后，中心消费模式
的移植说明了需求何以蓬勃发展。"①

　　通过对巴西经济史和资本主义扩张进程的研究，富尔塔多对欠发达特性
有了深刻的理解。早在 1958 年他作为巴黎索尔波恩大学教授候选人提交的论
文中，他就提出了这样的思想：发展和欠发达是两个在工业资本主义演变的
过程中同时出现的相互交织的现象。他确信，当代欠发达是依附现象的结果，
只有通过用分析其结构（即确认其不变因素）的观点来研究整个制度的历史
演变才能理解。②研究拉美经济思想史的美国专家约瑟夫·洛夫认为，富尔
塔多是第一位"明确提出发展和欠发达是国际资本主义经济扩张同一进程的
部分"③的人。富尔塔多在 1961 年出版的《发展和欠发达：一种发达和欠发
达国家问题的结构观点》（论文集）中对这个命题又做了进一步阐述。他认为
欠发达结构是这样一种结构，即"可用资本的充分利用并不是一个在与现行
活跃的经济部门的技术相一致的生产率水平上吸纳劳动力的充足条件"。欠发
达经济（不同于简单的落后经济）是以各个部门的技术差异为特征的混合结
构，这是由于这些经济中的进口替代工业化进程导致了企业家采取了一种与
国外流行的成本和价格类似的技术，因此，在工业化由外部引导的经济中，
技术成为一种依附的变量。当欠发达经济中的工业化受需求决定的时候，18
世纪和 19 世纪欧洲资本主义经济形成的进程则是由供给因素决定的,这一历
史事实使富尔塔多将经济发展定义为引进增加劳动率的生产要素的新组合。
欠发达被认为是中心-外围体系中的一种永久的特征，而不是发展进程中的一

---

① ［英］杰拉尔德·M. 迈耶主编：《发展经济学的先驱理论》，谭崇台等译，第 247-253 页.

② Celso Furtado, "Adventures of a Brazilian Economist," *International Social Science Journal*, 1973,
Vol. 25,Issue 1/2, p. 28, p. 11

③ Joseph Love，*Crafting the Third World: Theorizing Underdevelopment in Rumania and Brazil*，
Stanford, California: Stanford University Press, 1996, p. 130, p. 153.

个阶段。[1]这些观点最初出现在一篇评论拉格纳尔·纳克斯"平衡增长"概念的文章中。在那篇文章中，富尔塔多指出，欠发达经济中的需求（内部和外部的）动力应该与积累进程一起先后得到研究。按照富尔塔多的观点，欠发达国家（由于高收入集团的消费习惯）缺乏储蓄的动机，无意投资。积累进程应该从经济剩余的产生、利用和分配进程的变动，特别是受对外贸易影响的角度去考察。他在 1955 年的一篇用葡语写成的论文中首先发展了这一思想（先于保罗·巴兰两年把剩余的概念作为他自己研究中的中心概念来使用），并在 1957 年里约热内卢召开的国际经济联合会议上做的对保罗·罗森斯坦-罗丹"大推进"理论的评论中和他 1967 年出版的《经济发展理论》、1980年出版的《发展简介》等书中进一步阐述了这种观点。

　　对欠发达国家的二元经济结构模型，富尔塔多提出了与刘易斯不同的见解。在阿瑟·刘易斯的工业化模型中，由于农业劳动力的无限供给保持了低工资，因此，传统的农业部门的劳动力向现代资本主义工业部门的转移，带来了工业部门的高利润率，有助于更高的资本积累率和增长率。随着农业部门人均生产率和实际工资的增加，二元结构最终会转变为一元结构。富尔塔多认为，欠发达国家的主要特征是存在前资本主义部门，其发挥一种为资本主义部门储备劳动力的作用，从而使资本主义部门保持低工资。在工资保持稳定的情况下，工业化进程利用了主要依靠从发达国家进口的技术，结果快速增加的资本密集型工业导致了进一步的收入集中。伴随收入集中的上升和总需求的降低而出现的更高的资本产出比引起了利润率的下降。因为国内市场狭小，中间产品和资本品工业不能充分利用经济规模。这种利润率的下降导致了一种储蓄水平的不足，无力为下一阶段进口替代工业化进程提供资金。[2]在富尔塔多看来，正是严重的收入分配不平等解释了一旦所谓进口替代工业化"简易"阶段结束后工业停滞的结构性质。拉美的进口替代工业化不再能吸收剩余劳动力和改善收入分配，由此加重了"结构二元性"的现象。可见，在富尔塔多的模型中，二元经济结构中的工业化再生产了二元性和不发达，导致了停滞。鉴于巴西经济在 20 世纪 60 年代末和 70 年代初的高速增长，富尔塔多的停滞论点受到了巴西经济学家的批评。富尔塔多在随后的研

　　[1] Mauro Boianovsky, *"Celso Furtado (1920-2004),"* Entry in Lawrence E. Blume, and Steven N. Durlauf, editors, *The New Palgrave Dictionary of Economics*, London: Palgrave Macmillan, forthcoming, 2005.

　　[2] Celso Furtado, "Development and Stagnation in Latin America: A Structural Approach," *Studies in Comparative International Development,* Vol.1, 1965, pp. 159-175.

究中得出的结论是：在由比较利益和进口替代分别决定的经济增长的两个早期阶段过后，拉美经济走上了一条具有活力的道路，高收入集团的消费需求在一定条件下成为这种体系的引导因素。这种现象促使他进一步研究依附理论。

依附理论是他 20 世纪 50 年代著作中的主题之一，此时他把这种理论引向了文化和技术的概念。他认为，依附现象最初表现在文化领域，是由欠发达地区的上层阶级从发达国家移植的消费模式，这是他们占有在对外贸易比较利益中产生的经济剩余的一种结果。现在，这种现代化了的消费内容通过使其成为生产结构的一部分把依附带入了技术层面。当一些国家试图通过工业化以国内制成品替代进口货的时候，生产结构就分成了两部分，一部分与有关出口和国内市场的经济活动相联系，另一部分由为现代化消费部门而生产的行业构成。[①]在世界经济中的中心-外围关系不仅是由技术进步的利益分配不均确定的，而且是由对跨国公司所支配和控制的现代技术的依附所确定的。在这种依附经济中，经济增长意味着外部和内部剥削的加重，由此而使欠发达更趋于严重。

富尔塔多所论述的关于导致欠发达结构产生及其再生产的因素不是单一的，而是联系在一起相互发生作用的多种因素，它们被归纳为：先前存在的制度母体决定了财富和收入的再分配；与国际分工体系出现联系在一起的历史条件；贫穷国家剥削率的增加和精英利用增加的剩余满足他们的模仿消费，这种模仿消费导致了在消费现代化进程中表现出来的文化分裂；为少数模仿消费集团利益服务的增长导向；为让当地生产与先进国家消费模式媲美所要求的技术成本的上升，反过来，这又为跨国公司的渗透开辟了道路；为了面对为国内市场生产的外汇成本的上升，不得不在制成品伪装下出口廉价劳动。这一系列因素在同一个进程中相互作用，并能够有效地自我再生产。它们联系在一起说明了欠发达结构的特色，意味着欠发达不能混同于落后和贫困。富尔塔多指出，问题的关键在于"一种特殊的历史进程需要一种自主的理论化努力"[②]。在这里，富尔塔多的思想贡献帮助我们理解了像巴西这样一个经历了增长却没有实现向发达社会转变的国家的真实情况。

富尔塔多学术研究的目的是寻找从不发达到发达的道路，因此，他对欠发达问题的思考包含着重要的政策建议，如他 20 世纪 50 年代得出的对发展

---

① ［英］杰拉尔德·M. 迈耶主编：《发展经济学的先驱理论》，谭崇台等译，第 241 页。

② Clóvis Cavalcanti, "Celso Furtado and the Persistence of Underdevelopment," *Revista Pesquisa Fapesp*, Print Edition 106, December 2004, pp. 7-8. http://www.centrocelsofurtado.org.br/.

中国家的三条政策建议是：放弃作为与国际分工相结合时根据的静态比较利益准则；引进计划化作为政府的指导工具；加强民间社团（城、乡工会）的体制，以便扩大国家的社会基础并反对收入分配的流行模式。①由于欠发达不是走向发达的一个阶段，而是一个持续性的结构特征，而市场力量又不能在经济中有效地发挥作用，因此，富尔塔多提出的政策建议着重强调了国家在经济发展中的主导作用。

20 世纪 90 年代，新自由主义在拉美提倡自由竞争，贬抑国家的作用，掩盖国际经济关系中支配与依附的关系，拉美的经济运行和拉美的思想界都受到了严重冲击。所以，人们今天特别感到需要像富尔塔多这样能够独立思考和判断的经济学家。拉美经委会的经济学家理查德·比尔斯克斯基说："回顾 1980—2005 年拉美和巴西的主要趋势，可以发现富尔塔多的贡献尽管时隔几乎半个世纪，但仍然完全是时新的，原因很不幸，在过去的 25 年中，这一地区的增长水平、就业和收入分配都肯定了富尔塔多对在缺乏良好设计和适当实施的国家发展计划情况下的发展前景的怀疑。"②富尔塔多当年在耶鲁大学的同事克洛韦斯·卡瓦尔坎在纪念文章中写道："作为研究发展问题的学者，我认为富尔塔多关于欠发达问题的思想与今天特别相关，尤其是与他在60 年代已经预见到的趋势有关联，即克服落后状态和在欠发达国家形成基于富国模式的同质社会的困难将越来越大。"③2004 年 6 月 14 日在圣保罗召开的联合国贸发会议上，根据巴西总统卢拉的倡议，巴西成立了塞尔索·富尔塔多国际发展政策研究中心，旨在发扬富尔塔多的思想遗产，凝聚国际上的发展经济学家，为新世纪发展中国家的发展提供服务。在 2005 年 10 月巴黎召开的拉美和加勒比经济协会第 10 届年会上，"塞尔索·富尔塔多与拉美和加勒比：趋势与前景"成为会议的主题之一。富尔塔多的思想遗产越来越受到世人的重视。

（本文原载于《拉丁美洲研究》2007 年第 3 期，标题为"塞尔索·富尔塔多及其经济发展思想"）

---

① ［英］杰拉尔德·M. 迈耶主编：《发展经济学的先驱理论》，谭崇台等译，第 254 页。

② Ricardo Bielschowsky, *"Celso Furtado's Contributions to Structuralism and Their RelevanceToday,"* *Cepal Review*, No. 88(2006), p. 8.

③ Clóvis Cavalcanti, *"Celso Furtado and the Persistence of Underdevelopment,"* *Revista Pesquisa Fapesp*, Print Edition 106, December 2004, p. 2.

第二编　拉丁美洲经济史

拉丁美洲殖民地时期的海盗和走私

海盗和走私是拉美历史上富有传奇色彩的一段插曲，它们对新、旧大陆的经济发展曾产生过重要影响。本文拟对拉美殖民地时期海盗劫掠和走私贸易兴起的原因、具体内容及其影响作一初步探讨。

一、西、葡对美洲的贸易垄断政策

从发现新大陆开始，西班牙就对殖民地采取了贸易垄断政策，这种政策的指导思想基于当时欧洲盛行的重商主义，重商主义的早期表现形式是重金主义，即认为"财富就是货币"，一国积累的金银等贵金属越多就越富有，为了获取更多的贵金属，国家应该禁止贵金属外流，实行奖出限入的贸易保护和贸易垄断政策，而殖民地必须为宗主国提供原料，并为宗主国的制成品提供市场。

但最初宗主国的这种政策既不严格也不稳定，只是随着美洲金银矿的发现和大量金银运回国内，才引起了宗主国对美洲的重视，西班牙对殖民地的贸易垄断政策和制度遂日臻完善。作为典型的西班牙贸易垄断制度盛行于 16 世纪 30 年代至 1778 年（该年西班牙颁布《自由贸易法》），其特征是政府组织独家商业机构经营，指定单一港口，规定定期往来日程。具体内容包括如下几个方面。（1）创设贸易署，专管宗主国和殖民地之间的贸易事宜。（2）特许港口制。为了便于控制贸易和征得各种税收，国王把通商限制在西班牙的塞维利亚港（1717 年改为加的斯港），同美洲的韦拉克鲁斯、卡塔赫纳、波托贝洛、哈瓦那等少数几个特许港口。（3）建立"双船队制"，实行军事护航。即由指定的商船队负责对美洲的贸易，船队按规定时间和路线往返美洲，并有大型舰队军事护航。驶往美洲的船只必须在贸易署的监视下登记、装货、

审核文件，在舰队的护航下从塞维利亚港起航。每年驶往新西班牙的船队在
4 月出发，驶往南美的船队在 8 月出发。前者按规定线路驶往韦拉克鲁斯，
在哈拉帕举办集市。后者驶往卡塔赫纳、波托贝洛，在那里举办集市。次年
春天，两支船队在哈瓦那汇合后，返回西班牙，在塞维利亚卸货，接受贸易
署检查。每队的商船数目不等，一般为 40~70 艘，另外配有 6~8 艘军舰护
航。（4）禁止外商参与西属美洲贸易，严禁将非西班牙产品直接运进西属美
洲。在西班牙王室颁布的《西印度法》中，禁止外国人参与殖民地贸易的法
律条款就有 37 条之多，其中一条规定：凡与外国人通商的西班牙人一律判处
死刑并没收其全部财产。（5）限制和禁止西属美洲各地区之间进行贸易。

　　1580—1640 年，葡萄牙与西班牙合并期间，西班牙的贸易垄断制度也推
广至葡属巴西。葡萄牙脱离西班牙后，仍继续奉行贸易垄断。虽然 1654 年给
予了英国同巴西通商的特权，但规定英国商品进入巴西须交纳 23% 的关税。
1661 年的法令规定，对非法同外国人通商者要严厉惩治；由巴西起航和开往
巴西的一切船只，必须编队航行，由葡属西印度公司护航；同时，该公司垄
断了对巴西小麦、植物油、葡萄酒、鳕鱼、食盐的贸易。①巴西各港口之间
的海岸贸易仍被禁止。

　　西、葡对富饶的美洲领土的霸占，引起了大西洋沿岸欧洲国家的垂涎和
妒忌，16 世纪荷、英、法等国的商业资本主义得到了发展，急需资源和市场，
但西、葡的贸易垄断体制限制了它们直接与美洲发展贸易，因此，为了获得
美洲的贵金属、原料和广大的市场，为了打破西、葡对新大陆的垄断性控制，
这些国家不惜诉诸海盗劫掠和走私贸易。

二、海盗劫掠

　　尽管西、葡两国建立了贸易垄断制度，但欧洲列强并没有让它们独享其
美洲新殖民地的利益，特别是当有关抵达塞维利亚港的财富的传闻越来越多
时，海盗劫掠就成为欧洲列强争夺美洲财富的有力武器。所谓海盗劫掠是指
一个国家的船只拦截别国的船只，把船上的贵重货物抢去，对船上的水手和

---

　　① 苏联科学院历史研究所编著：《巴西史纲》上册，辽宁大学外语系翻译组译，辽宁人民出版社 1975
年版，第 63 页。

搭客横施暴行；或一个国家的海盗袭击对手国家的殖民地港口，烧杀劫掠。

1620 年到 17 世纪 80 年代是加勒比地区海盗活动、欧洲海军袭击西班牙属地、"边界之外无和平"的鼎盛时期。早在 1521 年，加那利群岛中的海盗船就已瞄准来自美洲的掉队船只，随着大量贵金属运回西班牙的消息传开后，来自西欧的私掠船和海盗就更多了。海盗活动的主要场所是加勒比海，他们近期的目的是夺走从美洲运往西班牙的大批黄金白银，最终目的是摧毁西班牙的霸权。首批重要的挑战者之一是荷兰人，当时除西班牙外，荷兰的舰队是最大的，1560 年时规模是英国的两倍。17 世纪初，荷兰已拥有全世界商船的 3/4，号称"海上马车夫"。旷日持久的荷兰反对西班牙的独立战争（1568—1648 年）更激励荷兰人发动进攻。当 1588 年西班牙的"无敌舰队"损失于爱尔兰海岸的暴风雨中、西印度航线首次出现紧张状态时，荷兰船只大量进入加勒比海，除伺机袭击船队外，还攻击西班牙的殖民地城镇，并从事贸易活动。1621 年，荷属西印度公司成立，该公司是商人利益集团与国家的联盟，获得国家的军事支持，目的是霸占巴西富饶的产糖地区。1624 年，荷兰向当时在西班牙统治下的巴西发起了进攻，夺取了巴伊亚城，接着又占领了伯南布哥省，到 1630 年已占领了巴西当时领土的 1/2，直到 1654 年才被巴西人赶走。[1]1628 年，臭名远扬的荷兰海盗皮特·海恩劫获了一整队的西班牙运银船只，为他自己和荷属西印度公司获得 1500 万荷兰币的巨额财富，海恩因而被任命为荷兰海军中将。[2]1630 年，德克·德鲁特和皮埃特·伊塔沿着佛罗里达海峡和靠近古巴西端的地方伏击了西班牙的航运，同时，帕特也袭击了卡塔赫纳港，而其他荷兰海盗则在中美洲海岸搜劫，除由武装护航保护的船只外，西班牙航运在加勒比海销声敛迹，而荷兰人却垄断了诸岛屿同欧洲之间的非法贸易。[3]1634 年，荷兰军队占领了加勒比海的库腊索岛，1667 年又占领了苏里南（荷属圭亚那）。

英国的海盗是海盗中的佼佼者。在英国女王伊丽莎白时代（1558—1603 年），海盗劫掠被看成是一种防止西班牙天主教侵略与保家卫国的爱国行为，海盗活动尽管没有得到本国政府的批准，但谁干得最成功，谁就在本国受到最大的尊重，并得到国王的默许和支持。海盗组织的资金和经费，有一部分来自英国的贵族、资本家和国王。弗朗西斯·德雷克爵士是英国海盗和黑奴

---

① 苏联科学院历史研究所编著：《巴西史纲》上册，辽宁大学外语系翻译组译，第 48-49 页。

② 李春辉：《拉丁美洲史稿》上册，商务印书馆 1983 年版，第 125 页。

③ [美]艾·巴·托马斯：《拉丁美洲史》第一册，寿进文译，商务印书馆 1973 年版，第 294-295 页。

贩卖者中最赫赫有名的人物，由于做海盗成功，他得到了伊丽莎白女王授予的爵士封号，被说成是伊丽莎白在海上的"看门犬"。他的海盗团伙是靠一家股份公司组织起来的，这个股份公司的股东之一就是女王本人。德雷克意识到西班牙在西印度的贸易垄断体系有赖于少数几个战略性的瓶颈地区，其中的巴拿马地峡和哈瓦那最易受到来自海上的攻击，因此，他不再采取从前的"海盗活动、私掠船和对西班牙航线攻击"的策略，而是树立了另一种策略的楷模，即夺取、占领战略性港口从而扼杀西班牙的商业体系。1572 年，他袭击了巴拿马地峡，在完成了沿着尼加拉瓜海岸同法国海盗合作的冒险活动后，他带回英国的赃物价值高达 4 万英镑。[①]1577 年，他做了一次环球抢劫的航行，从美洲东海岸，通过麦哲伦海峡到太平洋，在经过瓦尔帕莱索时，将整个城市洗劫一空。他在卡亚俄捕获了一条载有 150 万金币的秘鲁船，到墨西哥海岸，获得更多的载有金银的船只，然后开到加利福尼亚的德雷克湾，做短暂休息，再横渡太平洋，装了一船香料，绕道好望角返英。[②]1585 年，他占领了圣多明各，掠走的赃物价值在 2.5 万英镑以上，[③]次年占领卡塔赫纳后，由于船员患热病而未能等到收齐赎金就放弃了该城。1596 年，他在巴拿马沿海去世。德雷克成了传奇小说中的一个魔鬼，西属殖民地居民的孩子们一听到他的名字就吓得不敢出声。

名声仅次于德雷克的是威廉·霍金斯、沃尔特·雷利爵士、亨利·摩根爵士、汉弗莱·吉尔伯特爵士、托马斯·卡文迪许等人。从 1565 年开始，这些海盗便"烧西班牙王的胡须"，即广泛地蹂躏西班牙殖民地的城市和焚烧船只，而不管两国之间是处于和平还是战争状态。在伊丽莎白女王时代，据估计，海盗带回的赃物竟达 1200 万英镑，这一数目在当时是相当大的。[④]英国的加勒比海盗群在他们的劫掠行动中，奠定了英国海军的基础，英国所自夸的海军和海上霸权实际上起源于加勒比海的海盗活动。在 17 世纪中期，奥利弗·克伦威尔上台执政后，恢复了德雷克的计划。1655 年，他派遣舰队司令威廉·佩恩率领一支达 2500 人的庞大远征队，打算先夺取圣多明各，继而再拿下哈瓦那。但因士兵水土不服，佩恩两次被打败在圣多明各的城外，最后

---

① ［美］艾·巴·托马斯：《拉丁美洲史》第一册，寿进文译，第 284 页。
② ［美］艾·巴·托马斯：《拉丁美洲史》第一册，寿进文译，第 284 页。
③ ［美］艾·巴·托马斯：《拉丁美洲史》第一册，寿进文译，第 286 页。
④ ［美］威廉·福斯特：《美洲政治史纲》，冯明方译，人民出版社 1956 年版，第 138 页。

仅占领了牙买加。①从此，牙买加成了海盗和走私活动的跳板。1668 年，亨利·摩根从牙买加出发，洗劫了波托贝洛港，夺取了若干船只，并勒索了 10 万西班牙银币作为赎金。三年后，他又带领一支大军越过地峡，焚烧了巴拿马城。②英国军队在西印度还占领了巴哈马群岛（1578 年）、百慕大群岛（1609 年）、圣克里斯托弗（1623 年）、巴巴多斯（1625 年）、特立尼达（1797）等岛屿。除利用这些岛屿当跳板外，英国人学习西班牙人，向这些岛上移民达 2 万人，消灭了岛上的土著，输入黑奴，发展烟草、甘蔗种植园。

在海盗事业中，法国人也毫不示弱。法国海盗在 16 世纪前半叶经常袭击西班牙的商船，1523 年，法国海盗胡安·丹戈在亚速尔群岛之外劫取了科尔特斯的两艘运输金银的船只。著名的法国海盗弗朗索斯·勒克莱尔在加勒比海拥有一个 10 艘船的舰队，1550 年他抢劫了波多黎各和埃斯帕尼奥拉的一些城市，1555 年一度占领了哈瓦那。③从 1565 年起，法国海盗袭击了佛罗里达的圣奥古斯丁，并沿着萨凡纳河同印第安人通商，直至 1605 年。法国最凶恶的海盗之一是罗隆诺亚，加勒比海的居民至今犹记其恐怖的残暴行为。法国海盗中的许多人甚至得到了克里斯蒂娜陛下的海盗证书，国王允许他们掠夺和击沉天主教国家的船只。④圣多明各西北附近的托土加岛原来是海盗赃物的集散中心，法、英、荷、葡等国的海盗在此交换货物，策划对西班牙船只和岛屿的袭击。为供给海盗食物，有些海盗就在当地利用印第安人奴隶种植作物，成为农业经营者，另一些人则袭击圣多明各的牧场，盗牛制作牛肉干，并从这两地直接与法国进行贸易。以此为由，法国军队占领了圣多明各的西端，1664 年实现了对它的领土要求，这个岛即后来的多米尼加和海地。法国军队在西印度占领的岛屿还有马提尼克岛和瓜德罗普岛（1635 年）、法属圭亚那（1664 年）。

关于荷、英、法等国海盗抢劫西班牙船只的情况，克罗在《拉丁美洲史诗》一书中写道："在查理一世时代，从西班牙开往美洲的 2421 艘船只，只有 1748 艘开回国，其余 673 艘有些给海盗夺去了，有些被暴风雨毁灭了。后

---

① [英]莱斯利·贝瑟尔主编：《剑桥拉丁美洲史》第一卷，林无畏等译，经济管理出版社 1995 年版，第 367 页。

② [美]艾·巴·托马斯：《拉丁美洲史》第一册，寿进文译，第 291 页。

③ [美]斯塔夫里阿诺斯：《全球通史：1500 年以后的世界》，吴象婴、梁赤民译，上海社会科学院出版社 1992 年版，第 162 页。

④ [委内瑞拉]D. 博埃斯内尔：《拉丁美洲国际关系简史》，殷恒民译，商务印书馆 1990 年版，第 26 页。

来，虽然建立了护航制度（1561 年），但在 1623—1636 年的 13 年内，单是荷兰的海盗就抢劫了 550 艘西班牙船只。"①

为什么 17 世纪 80 年代之前海盗活动比走私买卖更盛行？

首先是地理条件阻碍了走私贸易。因为西属美洲的大城市都在内地，沿海是热带低地，疟疾、痢疾和黄热病流行，欧洲人初来乍到要经历一个水土适应的过程，否则不可能指望在加勒比海地区兴旺发财。当年德雷克不等拿到全部赎金就撤出卡塔赫纳，就是因为时间待得越长就有越多的英国水兵因水土不服而死于疟疾和痢疾。事实上，欧洲人以那时的小船横跨大西洋运来的军队很难进入内地。

其次是货物的供求信息、仓储以及大宗货物的转运问题。当时连塞维利亚的贸易署都难以预测韦拉克鲁斯、波托贝洛和利马市场未来 6 个月的需求信息，更何况受合法贸易排挤的走私商。当他们想等待需求和价格朝着有利于他们的方向转变时，他们在新大陆又没有仓储地，只是在 17 世纪中期以后才想到把占领的岛屿用于建立仓库。例如英国人占领了牙买加后，海盗和商人之间进行了长期的争斗，海盗一方要在岛上种植甘蔗和靛蓝，商人一方则要和西属美洲建立一种走私关系，结果是海盗一方得到了亨利·摩根总督和种植园主的支持，并在很长一段时间都占据上风。另外，走私商和西班牙人一样面临着船只行驶缓慢、货仓小的限制。

最后，战争和海盗本身也排斥了走私，因为即使是走私者也必须同其在岸上的合作者建立起某种最低限度的信任。长期的战争和海盗行为使"边界以外无和平"成为人们的普遍看法：一方如果有力量去夺取对方的货物并毁坏船队与城镇，就不会同对方进行贸易。因此，走私双方一时难以建立起相互信任。

三、走私贸易

走私是非法的但却是和平的贸易。走私和海盗活动一样，都是后起的殖民强国打破西、葡贸易垄断制度的重要手段，但走私主要不是依靠武装劫掠，而是依靠物美价廉的商品重炮。当时西班牙和葡萄牙的国内工业和商品远远

---

① John A. Crow, *The Epic of Latin America*, London: University of California Press, 1980, p. 191.

不能满足殖民地人民日益增长的需要，而英、法、荷等国的工业相对先进，商品数量大、品种多，价格便宜。但西、葡的贸易垄断制度限制了这些国家的商品直接进入拉美市场，为了逃避限制和关税，从中牟取暴利，这些国家的商人便与拉美当地的商人勾结，进行走私贸易。

从16世纪中叶起，走私贸易就在西属美洲殖民地出现了，如1562年英国的约翰·霍金斯非法将从塞拉利昂觅得的一船奴隶运到埃斯帕尼奥拉岛，换取兽皮和糖，利润高得惊人，以至于伊丽莎白女王也对他的第二次航行进行秘密投资。1564年，他再次将一船奴隶运至委内瑞拉和巴拿马地峡，返回时成为英国最富的人。但第三次远航因受到西班牙人的伏击而惨遭失败，从此他走上了海盗的道路。① 到17世纪中叶，走私贸易有了一定的发展。据西班牙驻巴拿马的皇家观察员1624年宣布，当年合法贸易总值只有1446346比索，估计走私贸易总值达7597559比索，后者没有向政府交纳关税或捐税。当时另一个观察员也说，每1000吨货物合法地入口，就有7000吨货物非法地入口。② 但走私贸易的泛滥是在17世纪末和18世纪。之所以如此是因为四方面原因。一是从1688年英国政府就迅速下令鼓励和平贸易，到1690年海盗活动的全盛期显然已经过去。当拉美大陆的克里奥尔商人得知加勒比海岛的外国总督竭力抓获并绞死剩余的海盗时，他们开始与敌对国商人逐渐建立起相互信任，增强了进行贸易的迫切性。二是根据1713年的《乌特勒支和约》，英国享有向西班牙美洲输入黑奴的30年的专利，并被允许每年派一艘不超过500吨的船只到巴拿马地峡的波托贝洛港从事贸易，从而为其从事走私活动敞开了大门。三是英国的牙买加岛和荷兰的库腊索岛已经建成为仓库、囚禁奴隶的圈栏和商业中心。这里靠近市场而且可以得到比较准确的消息，在大西洋长途航行中受到时间和货仓限制的小船，可以先在这里将货物和奴隶贮存起来，等到西、葡属殖民地的价格和需求看涨，然后再将货物从牙买加送往韦拉克鲁斯，或从库腊索送往卡塔赫纳。四是1660—1689年间英国船舶的数量和吨位迅速增加，翻了一番，有许多船不再是小船而是远洋轮。当船的体积和吨位增加后，规模效益扩大了，长途货运运费率也下降了。到1700年，赢利同运输货仓及时间的矛盾得到了部分解决。

走私贸易主要是用欧洲的制成品和非洲的奴隶换取美洲的贵金属、蔗糖、

---

① ［美］斯塔夫里阿诺斯：《全球通史：1500年以后的世界》，吴象婴、梁赤民译，上海社会科学院出版社1992年版，第150、163页。

② John A. Crow, *The Epic of Latin America*, p. 181.

皮革等农矿产品。但具体说来，当时的贸易品种非常多样化。如《波托西编年史》的作者在描述波托西市场的情况时写道：有"法国供给的各种各样的纺织品、白色带子、金银花边、斜纹哔叽、獭皮帽和各种亚麻布制品；法兰德斯供给的挂锦、镜子、雕刻版、贵重桌子、威尔斯亚麻布、花边和一定数量的瓷器；荷兰供给的亚麻布和衣服；德国供给的银剑和各种亚麻桌布；热那亚供给的纸；佛罗伦萨供给的衣服和缎子；英格兰供给的浮花洋布、帽和各种毛织品；塞浦路斯、加的亚和非洲海岸供给的白蜡；亚洲供给的象牙产品；东印度供给的毛服、水晶和宝石；锡兰供给的金刚石；阿拉伯供给的香料；波斯、开罗和土耳其供给的地毯；中国供给的非凡的丝织衣物……"[①]

　　走私贸易的路线有数条。第一条是欧洲—牙买加—哥伦比亚的卡塔赫纳港；第二条是欧洲—特立尼达—委内瑞拉的库马纳和拉瓜伊拉；第三条（奴隶贸易）是非洲—委内瑞拉的拉瓜伊拉；第四条是欧洲—巴西—阿根廷的布宜诺斯艾利斯。殖民地内部各地区之间的走私贸易路线有：墨西哥—秘鲁；阿根廷—巴西；阿根廷—上秘鲁；委内瑞拉—上秘鲁。如墨西哥西海岸的阿卡普尔科港到秘鲁卡亚俄港之间有大片内陆，秘鲁的走私货物一般是在中美洲的港口上岸，然后经陆路运往墨西哥城，以逃避阿卡普尔科港口的关税；反过来，墨西哥来自菲律宾的丝绸和香料在运到秘鲁北部的港口提前登陆，经陆路运往利马，以逃避卡亚俄港口的关税。再如，波托西往南到阿根廷的布宜诺斯艾利斯和巴西的萨克拉门托的走私路线，白银被南运至那里的商人手中，然后不仅流向里斯本，而且流向中国和印度；反过来，某些奢侈品和欧洲的制成品也沿着这条漫长的陆路向北缓慢地流进波托西。[②]荷兰人则将库腊索岛作为中转站，将从非洲贩来的黑奴暂留在岛上，待价格和时机成熟时，再将他们提供给委内瑞拉的种植园主。

　　西班牙政府尽管对走私采取严厉禁止的措施，但毫不生效。在利益诱导之下，不但殖民地商人给予积极的合作，就是殖民地的官吏在收到贿赂之后，也视而不见，听而不闻。到 1761 年，据西班牙的一个委员会的报告，仅英国对西属美洲的走私贸易就达每年 6000 万比索。[③]到 18 世纪末，开进西属美

---

　　① Salvador de Madariaga, *The Rise of the Spanish American Empire Paperback*, London: Hollis & Carter, 1947, pp. 62-65.

　　② ［英］莱斯利·贝瑟尔主编：《剑桥拉丁美洲史》第二卷，李道揆等译，经济管理出版社 1997 年版，第 259 页。

　　③ 李春辉：《拉丁美洲史稿》上册，第 122 页。

洲港口的外国船只，已比西班牙船只多 10 倍。有时西班牙的商品由于价格太贵，无法与私货竞争，甚至被迫又运回西班牙。

　　巴西也是外国走私商的重要目标。按照葡萄牙的规定，葡萄牙船只开进巴西可以不交纳关税，外国船只合法入口则须交纳至少相当于货物价值 10% 的关税。但大批的走私商逃避了这一苛重的关税。在巴西，曾盛行一时的是黄金和钻石走私。17 世纪末，巴西人在米纳斯吉拉斯发现了金矿，继而掀起了黄金热，1700—1775 年成为巴西的黄金（钻石）生产周期。由于当时的行政机构不健全，地形复杂，人们的贪婪和黄金的高利，造成走私的猖獗。王室规定，采矿者必须交纳伍一税，方法是将他们的金砂送到熔铸厂，铸成金条，盖上铸印，同时付讫给国王的伍一税。然后造币厂再把采矿者应得的份额用硬币还给本人。没有铸印的黄金就算是违法的，要没收。为了逃避 1719 年王室关于未经熔炼过的黄金不得携出米纳斯吉拉斯的法律，一些人便采取狡猾的手段，包括把未交纳伍一税的金砂粗制成家庭器皿、项链、手镯和宗教用品，托赶牛贩子和商人通过人迹罕至的道路带出矿区等。里约热内卢和巴西萨尔瓦多的商人也带着金币到矿区收购金砂，然后偷运到沿海城市。

　　巴西海岸有通往葡萄牙、非洲和北欧的走私路线。葡萄牙国王颁令，在船只驶离巴西和到达里斯本时都要检查。1729 年和 1734 年的法律要求必须把所有汇寄的黄金在船只驶离巴西之前登记在运货单上，并且要付给巴西贸易总公司委员会 1% 的费用。对于从巴西驶进塔古斯河的船舶，负责犯罪事务的王家法官要登船检查，黄金和货单则被送往里斯本的造币厂，在那里征收 1% 的费用后，携带者或发货人可领取自己的黄金。但由于执法人（船长和军官）本人参与违法交易，这些法律只能部分地生效。通常到西印度做生意的商船返航进入萨尔瓦多和里约热内卢时，船长和船员便成为走私黄金的传递人。王家军舰最受走私者欢迎，因为其很少会成为海盗的猎物，但携带黄金的军官要收取 3% 的佣金。在驶往里斯本的船舶中，旅客、士兵、水手等人往往会把黄金藏在火器里、糖浆桶里、空心的木雕圣徒像里和船体的隐蔽处。里约热内卢的走私黄金主要运往葡萄牙，而萨尔瓦多的走私黄金则主要指向西非，尽管国王命令不准向西非出口黄金，但金矿需要劳动力，而且有能力用黄金购买奴隶。1721 年，官方估计从萨尔瓦多非法运往米纳海岸的黄金价值为 50 万克鲁扎多，①从西非返回巴西的船只不仅运回了奴隶，而且

---

　　① ［英］莱斯利·贝瑟尔主编：《剑桥拉丁美洲史》第二卷，李道揆等译，第 602 页。

满载着欧洲的商品。向北欧国家走私黄金的方式主要是这些国家的船只借口需要紧急修理或参加捕鲸活动而驶入巴西港口，但事实上船上并没有带捕鲸装备，而是带了棉花、布匹和火药，换回了黄金；或游弋在离巴西海岸的不远处，等待走私商用小船将黄金运到大船上来。尽管王室从 1709—1761 年至少颁布了 24 种法律或敕令，禁止葡萄牙臣民同外国船只做生意，不准外国船只进入巴西港口，但殖民地当局无力执行。原因是巴西港口多而且大小不一，不可能处处设防；海岸线绵长曲折不可能都得到巡逻；外国商品物美价廉，竞争力强。所以，国王的任何措施只能发挥有限的作用。事实上黄金和钻石的走私是广泛存在的，据估计，1806 年单是非法流入欧洲的钻石就价值 200万美元以上。[1]以遇到海难为借口非法驶入里约热内卢的外国船只总是在增加，它们实际上参与了非法买卖，1791—1800 年仅英国的"遇难船只"就由每年的 8 艘增加到 30 艘。[2]

四、海盗劫掠和走私贸易的影响

海盗劫掠和走私贸易所产生的影响是多方面的。

一是导致西、葡王室财富的损失。海盗活动是对王室和殖民者财富的直接劫掠，而走私贸易则是一种通过逃避税收的间接劫掠。当时走私活动广泛且数额巨大，1624 年西属美洲走私贸易总值竟是合法贸易总值的 7 倍，1761年报告说仅英国与西属美洲的走私贸易就每年达 6000 万比索。因此，王室应该得到的税收与实际得到的税收相距甚远，流失的税收往往要大于实际税收的若干倍。

二是瓦解了王室的贸易垄断体制。海盗、走私和公开的战争一起最终破坏了西班牙的贸易垄断制度。1713 年签订《乌特勒支和约》后，英国人并不满足条约规定的在波托贝洛的通商特权，竟在所有加勒比海港口从事走私贸易，1713—1739 年西班牙海岸巡逻队捕获了 58 艘英国船只并没收其货物，当西班牙船长将走私船主詹金斯的耳朵割掉后，引起了英国人报复性的"詹金斯耳朵之战"，这次战争和随后的"奥地利王位继承战争"（1740—1748 年）、

---

① ［美］艾・巴・托马斯：《拉丁美洲史》第一册，寿进文译，第 394 页。

② ［英］莱斯利・贝瑟尔主编：《剑桥拉丁美洲史》第二卷，李道揆等译，第 670 页。

"七年战争"(1756—1763 年)都严重地削弱了西班牙的海上力量,特别是 1762 年英军占领哈瓦那期间,有 727 艘商船驶入该港（1760 年仅 6 艘）,哈瓦那的贸易额激增,港口经济迅速繁荣,这是自由贸易对垄断贸易的挑战。西班牙国王卡洛斯三世意识到贸易垄断体制难以为继,贸易改革势在必行,于是在 1778 年颁布了《自由贸易法》,该法和随后一系列有关法令的主要内容是:允许所有西班牙港口同殖民地各港口进行直接贸易;降低关税;取消对殖民地之间进行贸易的种种限制。但所谓"贸易自由化"仅仅是将塞维利亚（加的斯）商人对贸易的垄断扩大到了所有港口的西班牙商人对贸易的垄断,除战时特殊情况外,殖民地仍被禁止同任何外国往来,对原产地是在外国的货物继续课以 7%的关税。因此,走私贸易一直持续到 1824 年西班牙宣布殖民地港口对所有外国船只开放为止。葡属巴西随着 18 世纪 50 年代葡萄牙首相庞巴尔领导进行的经济改革的开展,于 1765 年废除了船队运输垄断制,翌年又取消了禁止在巴西各港口之间从事海岸贸易的命令。

三是破坏了殖民地的作坊工业。18 世纪后半期,大量走私制成品的涌入尽管在一定程度上满足了殖民地的消费,但却因当地产品无法与物美价廉的进口货竞争而使当地的工业受到损害。普埃布拉和克雷塔罗的纺织工业,库斯科和图库曼的工场作坊,在来自欧洲竞争的打击下奄奄一息。传统纺织品产地瓜亚基尔向美洲其他地方供给的产品,从 1768 年的 440 大包下降到 1788 年的 157 大包。基多的纺织工业也从这时起处于萧条状态,便宜的欧洲进口货抢走了它们在秘鲁和其他地方的市场。[①]

四是传播了启蒙思想。理查德·克莱韦兰德在《航海和商业活动记述史》一书中记载,走私者威廉·萨特和他的同伴于 1802 年前往秘鲁沿海,他们在瓦尔帕莱索逗留了两个月,除从事走私贸易外,还向克里奥尔人阐述独立与财富的关系,并向当地人散发美国宪法和《独立宣言》。像威廉·萨特这样的情况绝不在少数。法国大革命的先进思想不是通过西班牙的殖民者传入美洲的,而是英国人和法国人直接将其带入这些殖民地并扩大开来的。自由思想的传入已成为走私贸易的一件副产品,它也是打破贸易垄断体制的有力武器之一。

五是促进了欧洲的资本原始积累。16—18 世纪是欧洲资本原始积累时

---

① [英]莱斯利·贝瑟尔主编:《剑桥拉丁美洲史》第三卷,徐守源等译,社会科学文献出版社 1994 年版,第 18 页。

期，欧洲工业国家急需大量的货币财富，但由于西班牙和葡萄牙的工业相对落后，它们实际上仅起了一种"传送带"的作用，即英国的工业品流向西、葡，然后通过西、葡转入拉美；拉美的黄金、白银、钻石等运至西、葡，然后通过西、葡注入英国国库。17 世纪末的一份报告显示，在通过加的斯港装船运往美洲的 5300 万磅合法商品中，只有 250 万磅（5%）是西班牙制造的，其余为英、荷、法、热那亚、法兰德斯、汉堡等国和地区制造。[1]18 世纪中叶，葡萄牙从英国进口大量工业品，导致每年 100 多万英镑的贸易逆差，然后用巴西的黄金和钻石来弥补。[2]但这种情况讲的只是合法贸易，海盗和走私则省去了"传送带"的环节和费用，获利更大，直接促进了欧洲工业国家的资本原始积累。正如马克思所说："在欧洲以外直接靠掠夺、奴役和杀人越货而夺得的财宝，源源流入宗主国，在这里转化为资本。"[3]

　　总之，海盗劫掠和走私贸易是后起的殖民强国为争夺西、葡在美洲的利益而使用的两项强有力的武器，它们不仅分享了美洲的财富和市场，加快了自身的资本原始积累，而且最终瓦解了西、葡的贸易垄断体制。

　　（本文原载于《拉丁美洲研究》1999 年第 5 期，标题为"拉丁美洲殖民地时期的海盗和走私"）

---

　　[1] John A. Crow, *The Epic of Latin America*, p. 181.
　　[2] 周世秀：《巴西的"发现"开拓对欧洲的影响》，载黄邦和等主编：《通向现代世界的 500 年》，北京大学出版社 1994 年版，第 259 页。
　　[3]［德］马克思：《资本论》第一卷，中共中央马克思恩格斯列宁斯大林著作编译局编译，人民出版社 1975 年版，第 822 页。

独立后至 20 世纪初拉丁美洲的大地产制

拉美独立后至 20 世纪初这段历史是国内史学界研究的薄弱环节,而对大地产制的专题性研究则近乎空白。本文试图对这一时期拉美大地产制的发展变化及其特点作一初步探讨。

一、19 世纪中期前拉美大地产制的格局

大地产制（Latifundia） 是指一种少数人通过垄断大片土地而对土地上的劳动者进行剥削的制度。它在拉美大陆有不同的名称,在墨西哥叫"哈西恩达"（Hacienda）,在智利叫"丰多"（Fundo）,在阿根廷叫"埃斯坦西亚"（Estancia）,在委内瑞拉叫"阿托"（Hato）,在巴西叫"法森达"（Fazenda）,它通常包括大庄园、大牧场和种植园。

西属拉美的大地产制起源于殖民地初期西班牙官方对殖民者赐予的骑兵份地和牧场, 以及官方对先遣官的土地赐予[①], 在 16 世纪后期矿业经济、畜牧业、城镇建设的刺激下得到了初步发展。在矿业危机和欧洲经济萧条的影响下, 17 世纪一度处于停滞状态。到 18 世纪中叶, 随着宗主国贸易垄断政策的放松, 移民的增加, 矿业经济的复兴, 城镇人口的增长, 大地产出现了第二次发展高潮, 但不久就被独立战争打断了, 然而独立战争并未导致大地产制的变革, 直到 19 世纪中期大地产制仍保持了其独立战争前的格局。

（1）在原来人口稠密的印第安人地区, 如墨西哥中部、危地马拉高地和安第斯山区大部分地区, 大庄园与当地的农民村社并存。在三个世纪的时间

---

① Francois Chevalier, Lesley Byrd Simpson, and Alvin Eustis, *Land and Society in Colonial Mexico: The Great Hacienda*, Berkeley, Cal: University of California Press, 1963;Jean Borde,and Mario Góngora, *Evolución de la Propiedad Rural en el Valle de Puangue*, Tomo.1, Santiago: Editorial Universitaria, 1956.

里，大庄园通过购买、劝诱、欺骗、掠夺等手段，占据了村社的大量肥沃和水浇充足的土地，其中一些地域广阔，但庄园的土地往往与村社和占耕农的土地互相交错，边界并非分明。许多大庄园是双向性的农业组织，即一方面它面向本地乡镇城市的市场，积极参与地区市场经济，另一方面又时常以前资本主义生产形式使用劳动力。庄园主将他们的农产品卖给当地市镇和矿区换回货币，然后他们购买设备、基本生产资料和他们自己不能生产的食品及生活日用品，如国外进口的奇异装饰品和豪华衣物。当然，拥有土地会带来威望，庄园也的确具有自给和消遣的价值，但经营庄园的主要目的还是赚钱。由于维持长期居住劳工的成本相对低廉和附近没有生产厂家，庄园经常拥有自己的石匠、冶金工匠、皮匠等。大庄园刻意追求许多基本消费品方面的自给自足，目的是减少购进商品方面的货币支出，降低劳工的成本费用。在收获季节，庄园从附近村社雇用大量帮工，他们是半无产者。同时，在这些地区还存在一个较为活跃的土地市场，大庄园经常更换主人，并不断分割和合并，对某个庄园的历史往往很难追溯到两三代人以前。因此，这种庄园有别于中世纪自给自足的封建庄园，它们是一种前资本主义成分和资本主义成分的混合物。

（2）在原来地广人稀的地区，如墨西哥北部和智利中部，大庄园占统治地位，并且构成当地的社会、经济和文化中心。在这两地，欧洲人的殖民点扫除了根基不深的土著人口，所剩不多的幸存者被鼓励在大庄园周围定居下来，成为劳役或实物地租的佃户。墨西哥北方的庄园规模特大，萨卡特卡斯州的马盖庄园占地416平方英里，仅名列该州第8位，它基本是个畜牧庄园，平均雇用260个长年劳工，而将草场和小块耕地出租给另外100名佃户。科阿韦拉州的桑切斯·纳瓦罗庄园19世纪40年代占地25000平方英里。越是气候干燥和离市场远的地方，大庄园的面积也就越大。北方大庄园主要是为矿区城镇提供畜力、肉食和粮食的。智利中部的大庄园组织形式相似，但规模小些，而且由于土壤和灌溉条件较好，长年劳工较多。随着时间的推移，在农村被忽视的空隙地带出现了占耕农村落，或在大庄园本身内形成了附属村落，当市场需求增加，要求大庄园增加生产或转产市场所需产品时，它就可以从这些村子里或从流动的劳动者中获得现成的临时劳动力。许多大庄园都有自己的小教堂、商店、学校及其他服务设施，从而成为当地社会的中心。

在巴西，葡王为了殖民于巴西而又不触及王室财库，于1534年将亚马孙河（马腊尼昂）至南巴西（圣文森特）之间的沿海地带划分为15块"大都督辖区",赏赐给被称为"领主"的葡萄牙贵族。受封者对他的领地负有组织、提供资金和管理的责任,并可通过税收和分配土地来补偿他的开支费用,但这项计划失败了,到 1548 年,葡王若奥三世改变了初衷,重申他对都督辖区的权力。巴西的大地产实际上源自此后葡王实行的塞斯马里亚制(Sesmarias),即每个前往巴西的移民都可得到 1~8 平方里格(16.7~50.1 平方英里)的份地,而牧牛主被赐予的份地大至 200 平方里格①。从 16 世纪下半叶起,巴西东北部沿海平原兴起了甘蔗种植园,通常种植园指包括甘蔗种植地、甘蔗压榨厂以及制糖在内的全部综合企业。种植园面积很大,除甘蔗地外,还有牧场和粮食用地,较大的种植园约有 150 多名奴隶,并附有佃农、占耕农,种植园提高产量的主要方法之一就是不断开垦新的土地。由于 18 世纪的黄金开采增加了对驮畜和牛肉的需求,东北部内地的牧牛业又得到了大发展,大牧场常常是无边无际的,如巴伊亚北部的迪亚斯·达维拉牧场超过大部分欧洲国家的面积。经营农牧业的南里约格兰德州的 539 个大地产主,每人占地从 1800 英亩至 90000 英亩不等。②这种大地产制占农村主导地位的格局到 19 世纪中期也没有什么大的变化。

为什么从 18 世纪中期到 19 世纪中期拉美大地产制的格局基本保持不变呢?或者说,为什么独立战争没有成为改变大地产制格局的分界线呢?首先,除海地外,所有的独立运动都是由克里奥尔人(西属美洲土生白人)和马松博人(巴西土生白人)权贵领导的,独立运动实际上是他们同宗主国之间的分离主义运动,独立后他们取代了原来西班牙和葡萄牙统治者的地位,控制了政府,但这个阶层大多都是大地产主,他们并不想去触动原有的土地制度。

其次,独立运动的战火和战后几十年的政治动荡破坏了大地产变革的外部环境。从 1791 年海地革命开始的持续多年的独立运动,使许多地区的经济遭到战火破坏。独立后,各国内部党派纷争激烈,许多派系靠诉诸武力夺取政权,考迪罗(军事独裁者)盛行,政权不断更迭。各邻国之间因边界和其他问题也战争频仍,虽然独立后各国宣布奉行自由贸易政策,但战乱拉长了欧洲商人和金融家渗入拉美的时间,也耽误了许多被战争破坏的矿山的修复,而矿业的复兴则能够为诸如玻利维亚、秘鲁、哥伦比亚、墨西哥等国提供急

---

① Werren Dean, "Latifundia and Land Policy in Nineteenth-Century Brazil," *The Hispanic American Historical Review*, Vol. 51, No.4(1971), pp. 606-607.

② [美]威廉·福斯特:《美洲政治史纲》,冯明方译,人民出版社 1956 年版,第 70 页。

需的发展工业的外汇。

二、19 世纪 50 年代至 20 世纪初大地产制的发展

19 世纪 50 年代之后，尽管地区之间、阶级之间和派别之间仍不时出现争端，但拉美各国政局逐渐稳定下来，各国的注意力也日益转向了发展经济。此时，正值以欧洲为主宰的世界经济在发展一种高度的地区和国际分工体系，这种发展的基本结果是将世界划分成了两部分，一部分是工业化国家，一部分是专门生产农矿产品的非工业化国家，拉美各国落入后一部分之列。这样便有如下因素促进了拉美大地产的发展。

1. 外国资本向拉美的渗入

独立后拉美一度中断了与外部市场的联系，但英国很快就为拉美经济的控制者，20 世纪 50 年代前英国对拉美的贷款和投资尚不多，总额约 1 亿美元，50 年代后加快了步伐，到 1914 年投资总额达 50 亿美元。美国对拉美的投资在美西战争后迅速上升，包括直接投资和证券投资的资本总额从 1897 年的 8 亿美元上升到 1914 年的 16 亿美元。另外，到 1914 年，法国在拉美的投资为 17 亿美元，德国为 10 亿美元。①英国的投资在南美国家占优势，美国的投资则在墨西哥和加勒比地区占优势。这些投资除被用于发展矿业、公用事业（铁路、航运、通讯、电力等）外，有很大一部分被用来发展外向型农业。

2. 农产品国际贸易的迅速增长

19 世纪后半叶拉美对外贸易额每年超过 10 亿美元，并且从 1870—1884 年增加了大约 43%，相比之下，同期英国的贸易额仅增长了 27.2%，5 个主要从事外贸的地区是巴西、阿根廷、古巴、智利和墨西哥，它们的贸易额占拉美贸易总额的 3/4 以上②。阿根廷主要出口畜牧产品和粮食，1853—1893 年出口额翻了 8 番。羊毛出口从 1840 年的 160 万公斤增至 1899 年的 2.11 亿公斤，小麦出口额在 1880—1894 年增加了 23 倍，到 1913 年达到 280 万吨的水平，同年玉米出口高达 480 万吨。巴西的咖啡出口独立时仅占出口总额的 1/5，到 1889 年君主政体崩溃时已占出口总额的 2/3，1906—1910 年年均出

①　[美]E. 布莱德福德·伯恩斯：《简明拉丁美洲史》，王宁坤译，湖南教育出版社 1989 年版，第 183 页。
②　[美]E. 布莱德福德·伯恩斯：《简明拉丁美洲史》，王宁坤译，第 179 页。

口达 826908 吨,1871—1875 年年均出口棉花 1.09 亿磅,年均出口蔗糖 169337
吨,1900 年出口可可 1.7 万吨,仅次于厄瓜多尔的 1.9 万吨,居拉美第 2 位。
智利除出口矿产品外,小麦出口为其赚取外汇作出了巨大贡献,1870—1874
年年均出口小麦 100 多万吨,同期出口羊毛 18780 吨,到 1912 年又增至 12
万吨。乌拉圭 1876—1900 年羊毛和其他牧羊产品的出口增加了两倍。哥斯达
黎加 1855—1915 年咖啡出口增加了 4 倍。墨西哥出口的产品比较多样化,除
矿产品外,还有橡胶、牛、皮革、咖啡、香草、龙舌兰纤维和高级木材,龙
舌兰纤维由 1878 年的 1330 万公斤增至 1910 年的 1.23 亿公斤。1910 年出口
牛 17 万多头。①世界市场的需求导致了拉美农牧业的商品化和面向出口,南
美南端诸国的大片处女地也得到了开发。

　　3. 人口增长和城市化的加速

　　从独立到 19 世纪中叶,整个拉美人口以每年约 1%的速度增长。与此
对照,1850—1900 年,拉美人口翻了一番,总数从 3050 万增至 6190 万(年
增长率为 1.4%),1900—1930 年又增长了 68%,达到 1.041 亿(年增长率
为 1.7%)②。人口增长同出口农业的迅猛发展和大批移民的流入密切相关。
1881—1930 年移入下列国家的人口分别为:阿根廷(400 万)、巴西(200
万)、古巴(60 万)、乌拉圭(60 万)、智利(20 万),但进入墨西哥、中
美洲和安第斯各国的移民则较少。③人口的迅速增长导致了高速度的城市
化,1870—1930 年,阿根廷居住在 1 万人以上的城市中的人口占全国人口
的比例从 17.3%增加到 38.1%,在智利,这一比例从 15.2%增至 38%,在
委内瑞拉则由 16.8%增至 36.7%。巴西、哥伦比亚、墨西哥、秘鲁 1930 年
居住在 1 万人以上城市中的人口占全国人口的比例接近 15%。墨西哥城的
人口从 1877 年的 23 万增至 1930 年的 104 万,阿根廷的布宜诺斯艾利斯
从 1869 年的 18 万增至 1932 年的 217 万,巴西的里约热内卢则从 1872 年
的 27.5 万增至 1940 年的 152 万,④这种人口增长和城市的发展,扩大了国
内农产品消费市场,加剧了对土地的竞争,土地价格因地产主能够支配比
过去更多的劳动成果而上涨。

---

　　① [英]莱斯利·贝瑟尔主编:《剑桥拉丁美洲史》第四卷,涂光楠等译,社会科学文献出版社 1991
年版,第 9 页。

　　② [英]莱斯利·贝瑟尔主编:《剑桥拉丁美洲史》第四卷,涂光楠等译,第 121 页。

　　③ [英]莱斯利·贝瑟尔主编:《剑桥拉丁美洲史》第四卷,涂光楠等译,第 129 页。

　　④ [英]莱斯利·贝瑟尔主编:《剑桥拉丁美洲史》第四卷,涂光楠等译,第 242 页。

4. 自由主义国家施加的影响

许多新建立的国家政权，宣称信奉自由主义，它们代表了大地产主阶级的利益，并利用法律和政策手段保障了大地产制的发展。具体表现在以下三方面。

（1）将教会土地转入私人地主手中。早在 18 世纪 60 年代耶稣会的土地就曾被西班牙当局没收拍卖，但教会土地被大规模地拍卖还是 19 世纪的事情。特别是 19 世纪中叶各国自由派掌权后，他们认为教会不仅是国家建设而且也是实现社会经济进步的主要障碍，因此主张对教会的财富、特权和体制进行全面攻击，宣布了反对教会的法律，成百万英亩的教会土地被强制出售，因价格便宜，不仅使农村庄园主扩大了地产，也使商人和城市自由职业者有可能成为大地产主，从而加强了私人地主阶层，典型的事例是 1854—1867 年胡亚雷斯领导的墨西哥反教会的改革运动。他先是下令宗教社团（指天主教会）处理其不动产，将其售予佃户或公开拍卖，后又宣布将教会财产收归国有，结果，转让或拍卖的教会不动产总值达 1 亿～1.5 亿美元①，因需转手而向政府登记的不动产达 4 万起以上。地主的人数增加了好几千②，在 19 世纪 60 年代的哥伦比亚、70 年代的危地马拉和委内瑞拉、90 年代的厄瓜多尔等地的反教权运动中也都试图缩小甚至没收教会的不动产。同时，在哥伦比亚、秘鲁和智利等国还颁布法令，准许地主赎回其抵押给教会的财产，所付价款仅为原抵押财产价值的 10%～15%，从而清理了拖欠教会的债务，使地主阶级获得了大笔资本。

（2）支持大地产主兼并印第安人村社的土地。由于印第安人的顽强抵抗和西班牙王室对他们的"保护"，到 19 世纪 50 年代，在墨西哥中部和安第斯山区约有 1/2 的土地仍在村社手中，玻利维亚的印第安人仍占 2/3 的耕地。但新国家认为村社窒息了个人的积极性，想通过摧毁村社创造一种小农经济。这样，在国家立法的纵容之下，大庄园便加紧了对村社土地的兼并。1856 年墨西哥颁布了《莱多法》，规定"公民社团（指印第安村社）也必须将其公地转为私产"。但当时并未真正执行，1876 年独裁者迪亚士上台，他在 1888 年、1902 年两次下令执行此法，将印第安村社公地分割为私人地产，以便于土生白人或墨斯提索人购买或掠夺。抗拒的印第安人都被流放或枪杀。在伊达尔哥，有些

---

① Robert J. Knowlton, *Church Property and the Mexican Reform, 1856-1910*, DeKalb:Northern Illinois University Press, 1976, p. 121.

② ［美］乔治·麦克布赖德：《墨西哥的土地制度》，杨志信等译，商务印书馆 1965 年版，第 68 页。

人被齐颈活埋在他们要保卫的土地上，然后一批骑巡队骤马驰骋而过。[①]结果，约 500 万印第安人失去了仅有的一点土地[②]。残存了 300 多年的村社公有制被摧毁了，迪亚士完成了科尔特斯未竟的"征服"。萨尔瓦多对村社公有地的进攻在扎尔迪瓦尔总统任期内（1876—1885 年）达到高峰。1881 年，他废除了公有土地，颁布法令："公共土地所有制的存在妨碍了农业发展，破坏了财富的周转，削弱了家庭联系及个人独立性，公共土地的存在与共和国所接受的经济和社会原则相违背。"随后通过一条法律解散了村社。这一措施使印第安人茫然无措，他们不懂得私人土地所有制，结果被分得的小块土地很快遭到咖啡种植园主的掠夺。[③]秘鲁、哥伦比亚等国家也都从法律上废除了村社所有制。

（3）向大地主和外国私人公司开放国家公有土地。随着国外市场对农畜产品需求的增加，殖民地时期人烟稀少、价值不大的国有土地变得重要起来。新政府通过将其拨给铁路公司，以支付铁路建设费用；拨给土地勘测公司以抵偿勘测费；有条件地划归土地垦殖公司；将其作为对新作物种植或对功臣的奖励；用名义价格出售、发放给政府债券持有人以抵销债务等方式，使大片国有土地落入大地主手中。在有散居的印第安人抵抗的地方，政府首先以武力驱逐和镇压印第安人。如阿根廷政府早在 19 世纪 30 年代就对轴心省布宜诺斯艾利斯的印第安部落进行了血腥征讨，杀戮印第安人达 6000 以上。70 年代又对拉潘帕、里奥内格罗等外围省份的印第安人进行了"荒漠远征"，征服了面积达 2 万平方里格（每平方里格约相当于 3000 公顷）的土地，其中一部分被奖赏给官兵，余者被低价卖给了官僚商人、大地主。[④]再如，墨西哥政府 1883 年颁布的"垦荒法"，号召私人大地主和外国资本家组织土地测量公司，调查国家荒地，将所查出的荒地的 1/8 归公司所有，其余 2/3 公司也有权优先购买。测量公司得到土地后，再分为 2500 公顷以下的单位出售。结果，到 1910 年这些公司共测出 7233 万余公顷土地，其中 17 家最大的公司分到了 3838 万余公顷土地。[⑤]但这些"荒地"中有许多是忽略了正式立案的村

① [美]派克斯：《墨西哥史》，瞿菊农译，生活·读书·新知三联书店 1957 年版，第 240-241 页。

② [美]乔治·麦克布赖德：《墨西哥的土地制度》，杨志信等译，第 149 页。

③ [美]E. 布莱德福德·伯恩斯：《简明拉丁美洲史》，王宁坤译，第 195 页。

④ Saturnino M. Zemborain, *La Verdad Sobre la Propiedad de la Tierra en la Argentina*, Buenos Aires: Instituto de Estudios Económicos de la Sociedad Rural Argentina, 1973, pp. 13-19.

⑤ Frank Tannenbaum, *Mexico: The Struggle for Peace and Bread*, London: Knopf, 1956, p. 139.

社土地和印第安人的居留地。

在前述种种因素的作用之下，拉美大地产制发生了比较深刻的变化，主要特点包括以下几点。

第一，大地产制在拉美大多数地区呈现了巩固和扩大的趋势。由于对农业产品市场需求的急剧增加，国际国内交通体系的扩展和改善，整个拉美的耕地面积扩大了。由于活跃的土地市场的形成，作物种植的特点和移民本身的特点，在拉美少数地区，如安第斯和哥斯达黎加的咖啡种植区，巴拿马、尼加拉瓜和洪都拉斯的某些地区，墨西哥、巴西最南部的几个州，阿根廷的一部分地区和智利南部，出现了自耕农增多的现象。但在拉美大多数地区，大地产制得到了强化。据统计，整个拉美"在 19 世纪一个世纪中并入大地产的土地，等于以前三个世纪并入大地产的土地"①。秘鲁沿海的奇卡马谷地，19 世纪中期的 65 个大庄园到 1918 年被合并为 7 个。②1925 年，智利面积超过 200 公顷的大庄园有 5396 个，占全部农地的 89%，而其他 76000 多处地产仅占农地的 11%。③墨西哥在 1910 年革命前夕有 85%的土地掌握在占全国人口 1%的人手中。玻利维亚富饶的荣嘉斯流域掌握在 516 户地主手里。④委内瑞拉 1891 年 1184 家地主拥有的土地为 14184 平方里格，占私有土地总数的 73.8%。⑤1914 年阿根廷的 10 万小农户只有 96 万公顷土地，而 2000 个大地主却集中了 5400 万公顷土地，⑥8%的农场占全部农地的 80%⑦。1918 年巴西拥有 1 万公顷以上土地的大庄园占全国土地经营单位总数的 0.3%，其土地却占全国耕地面积的 1/4。⑧

第二，外国公司侵占了大片土地。随着外国资本的渗入，一些外国公司通过"购买"、租借乃至武装干涉等方式，大规模侵占和经营拉美的土地，这

① ［美］威廉·福斯特：《美洲政治史纲》，冯明方译，第 314 页。
② ［英］哈罗德·布莱克莫尔、克利福德·T. 史密斯：《拉丁美洲地理透视》，复旦大学历史系拉丁美洲研究室译，上海译文出版社 1980 年版，第 257 页。
③ George Mcbride, *Chile: Land and Society*, New York: American Geographical Society, 1936, pp. 124-126.
④ ［美］威廉·福斯特：《美洲政治史纲》，冯明方译，第 314 页。
⑤ Federico Brito Figueroa, *História Económica y Social de Venezuela: Una Estructura para su Estudio*, Caracas: Universidad Central de Venezuela Caracas,1978, p. 240.
⑥ 樊亢等编：《外国经济史》第二册，人民出版社 1980 年版，第 360 页。
⑦ ［英］哈罗德·布莱克莫尔、克利福德·T. 史密斯：《拉丁美洲地理透视》，复旦大学历史系拉丁美洲研究室译，第 355 页。
⑧ 樊亢等编：《外国经济史》第二册，第 375 页。

成为土地关系中出现的新现象。1910 年，墨西哥全国土地约有 1/4 为外国资本家所占有，其中一半是属于美国人的。芝加哥的索诺拉土地畜产公司拥有 130 万英亩土地，报业巨头赫斯特拥有 250 万英亩土地，巴洛马斯土地畜产公司拥有 200 万英亩土地。[①]1926 年，美国资本控制了古巴耕地的 3/4，在古巴建立了 177 个大甘蔗种植园，每个种植园都拥有自己的堆栈、商店、铁路、码头和警察，俨然是国中之国。[②]美国"联合果品公司"在中美洲 7 个国家掠取了 280 万公顷土地，占这些国家全部耕地面积的 28%。[③]在阿根廷，19 世纪末英国人埃都阿德·卡兹在布宜诺斯艾利斯省南部购买了 30 万公顷土地，建立了一个极大的农场。布列梅股份公司的可齐可农场，拥有 5 万公顷土地。阿根廷境内广阔的巴塔哥尼亚（南美洲的最高地），实际上变成了国中之国，两三家外国公司在这里自设警察、颁布法令，拥有自己的政权。[④]外国资本在拉美霸占宜于耕种或放牧的土地，利用它们生产出口农畜产品，加速了当地农民丧失土地，沦为雇工。

　　第三，大地产同国内外市场的联系加强了。从 19 世纪 50 年代起，拉美各国开始进入国际贸易发展的轨道，按它们出口的初级产品可划分为三大类型国家，即矿产品出口国、热带农产品出口国、温带农产品出口国。各国的大地产主为了追求利润，纷纷转到更加有效的商业性生产方面，形成了专业化生产。在墨西哥、智利、秘鲁和玻利维亚等矿产品出口、大地产的产品主要面向以矿区和城镇为中心的国内市场，但也不尽然，如墨西哥尤卡坦的大地产所产的龙舌兰纤维出口美国，智利的大地产所产的小麦销往欧洲。在热带产品出口国，主要包括巴西、哥伦比亚、厄瓜多尔、中美洲和加勒比地区，以及委内瑞拉的部分地区，大地产主要生产甘蔗、烟草、可可、咖啡，香蕉、棉花、橡胶等产品，主要销往美国，其次出口欧洲大陆国家。在这一时期，加勒比国家的传统蔗糖生产模式发生了技术变革,加工过程中引入了蒸汽机,并开始以铁路运输甘蔗。巴西南部的咖啡生产因种植面积大和劳动生产率较高，产量占到世界总产量的 2/3（19 世纪末），从而推动了基础设施的建设和国内市场的扩大。但其他地方的热带作物生产则更多地保持在传统的经济领域内。在温带农业出口国，主要是阿根廷和乌拉圭，大地产主主要生产畜产

　　① 樊亢等编：《外国经济史》第二册，第 360 页。

　　② 樊亢等编：《外国经济史》第三册，人民出版社 1980 年版，第 303-310 页。

　　③ 樊亢等编：《外国经济史》第三册，第 303-310 页。

　　④ 樊亢等编：《外国经济史》第二册，第 360-361 页。

品和小麦，大面积地利用优质土地使大地产主一开始就得到较高的收益，欧洲移民的涌入带来了先进技术、欧洲化的习惯和态度，以大出口港为中心的运输网和国内市场也迅速形成，这些都有利于大地产主实行农业技术改造，保持较高的出口水平。

第四，大地产上的劳动制度发生了若干变化。原来大地产上的劳动力一般有四种，即奴隶、长年居住劳力（多为债役雇农，也包括一部分劳役佃农）、佃农或分成农、季节短工。19世纪50年代后，一是奴隶制作为一种合法的体制被废除了。中美洲和智利（1823年）、玻利维亚（1826年）、墨西哥（1829年）、乌拉圭（1830年）、哥伦比亚（1851年）、厄瓜多尔和阿根廷（1853年）、秘鲁和委内瑞拉（1854年）、古巴（1880年）都逐一结束了奴隶制。巴西1850年禁止奴隶贸易，1888年也最终废除了奴隶制，被解放的奴隶慢慢转变为占耕农、分成农和农业工人。二是租佃制和分成制协议得到了重新调整，地租形态出现了由劳役和实物混合地租向实物地租或货币地租的转化。不少地区的佃农按惯例享有的权利和保障被剥夺，承租土地的条件变得更苛刻了。像在墨西哥巴希奥这样的地方，佃农能在附近的矿区和城镇出售其产品，庄园主宁取固定的货币地租而不收起伏不定的实物地租。[1]巴西咖啡种植园的分成农也由交纳实物地租变成交纳货币地租。在智利，随着出口英国谷物的增多和北方矿区与圣地亚哥粮食需求的增长，大庄园主在调整租佃协议时要求"因基利诺"（劳役地租佃户）增加劳役，并要他们当劳动力掮客，每个佃户为庄园提供2~3名全日制劳工。新增加的佃户所得到的分成额和其他待遇则大大低于老佃户。[2]阿根廷的租佃制在1880年后占主要地位，佃户交纳实物地租，通常为收获物的1/3，[3]但不少佃户是大佃户，类似租地农业资本家。三是长年居住劳力趋于减少，债役雇农的处境因具体环境不同而变化各异。在内陆地区，村社土地的减少和人口的增长导致了廉价劳动力市场的形成，许多大庄园从经济利益考虑越来越不愿意保留长年居住劳力，而愿更多雇用季节劳工。如在墨西哥中部的一些庄园中，债役农负债很轻，似乎不存在强

---

① Kenneth Duncan, Ian Rutledge, and Colin Harding, *Land and Labour in Latin America*, Cambridge: Cambridge university press, 1977, pp. 23-58.

② Arnold J. Bauer, "Chilean Rural Labor in the Nineteenth Century," *The American Historical Review*, Vol.76, No.4 (1971), pp. 1059-1083.

③ ［英］哈罗德·布莱克莫尔、克利福德·T. 史密斯：《拉丁美洲地理透视》，复旦大学历史系拉丁美洲研究室译，第368页。

制劳动。①但在劳动力稀少而利润又高的特殊地区，如尤卡坦的龙舌兰种植园、亚马孙流域的橡胶种植园、墨西哥东南部的巴耶纳雄耐尔烟草种植园，债役农制却得到加强，除债务束缚外，政府军队、地方警察都被用来维系这种制度。在秘鲁沿海则出现了甘蔗种植园从附近领地招募劳工的"包身契约工"制。这种制度带有欺骗性和强制性，被认为是债役农制的变种。1912 年，秘鲁甘蔗业雇用的这种契约季节工达 2 万余人。②四是季节劳工增多，雇佣劳动关系明显增长。在墨西哥和安第斯山区，村落农民同土地有着根深蒂固的关系，大庄园兼并土地的结果不是完全铲除村落，使农民成为庄园的长年劳力，而是保留了村落，把村民驱赶到极度缩小的贫瘠土地上，村民们依靠这种小块土地难以维持生计，只得外出打工，从而成为半无产者。由于季节劳工的增多，这一时期成年劳工的日工资普遍保持在两个雷阿尔，有时根据劳动的性质外加玉米配给。尽管农业生产增长了，但季节工的实际工资却下降了。但在有欧洲移民大量涌入的国家，特别是阿根廷、乌拉圭和巴西南部，资本主义雇佣关系有较大发展，农业工人的工资水平也较高。19 世纪末，阿根廷潘帕斯地区的季节劳工月工资在 10 英镑左右，相当于当时智利季节劳工工资的 8～10 倍③，1914 年阿根廷农村中的雇佣劳动者已占农业总人口的29.2%④。巴西圣保罗地区咖啡种植业在 1886—1935 年吸引了 278 万外国移民，他们大多都是自由劳动力，补充了废奴后的巴西劳动力市场。1905 年，在巴西西部高原各类农业工人中，有 65%是外国移民。⑤另外，墨西哥北方的雇佣关系在同期也有较大发展。

　　总之，19 世纪 50 年代后，拉美的大地产制被保留下来并得到了扩大，因卷入资本主义的国际分工，大地产的商品生产增多了，资本主义的剥削关系也加强了。但同时仍保持着程度不同的前资本主义剥削关系，在某些地区甚至有加强的趋势，有的学者称此为"第二次封建化"。

　① 韩琦：《论墨西哥的债役农制》，载《山东师大学报》（社会科学版）1989 年第 5 期。

　② ［英］莱斯利·贝瑟尔主编：《剑桥拉丁美洲史》第四卷，涂光楠等译，第 181 页。

　③ James R. Scobie, *Revolution on the Pampas: A Social History of Argentine Wheat, 1860-1910*, Austin:University of Texas Press, 1964, pp. 60-61.

　④ 樊亢等编：《外国经济史》第三册，第 303—310 页。

　⑤ Kenneth Duncan, Ian Rutledge, and Colin Harding, *Land and Labour in Latin America*, pp. 301-321.

三、余论

美国独立战争后废除了大地产占有制、代役租、长子继承制、限定嗣续法等一系列封建残余，随着"西进运动"的发展，政府又实行了民主的土地分配政策，特别是 1862 年《宅地法》颁布后，美国很快出现了一个广大的小农场主阶级，到 20 世纪初，这个阶级分化成农业工人和农业资本家，并在此基础上形成了资本主义大农场。这条"封建大地产→自由小地产→资本主义大地产"的道路就是美国式的农业资本主义发展道路。相比之下，拉美独立后，由于城市资产阶级处于幼年时期，土著居民没有社会地位，传统的大地产主阶级加以激烈阻挠,并没有取得以民主的方式解决土地问题的应有成果，除个别国家外，并没有出现一个人数众多的拥有一定土地的自耕农阶级，而大地产制却被保留下来并得到扩大。这样，拉美国家的农业资本主义发展就只能走一条普鲁士式的道路，即在保存大地产制的基础上变传统地主为资本家，变前资本主义剥削为资本主义剥削。如前所述，19 世纪 50 年代至 20 世纪初，拉美的传统大地产制发生了重要变化，但除阿根廷外，大地产的技术要素变化不大，大地产并没有取得资本主义生产方式的胜利。为什么？原因主要在于拉美各国的经济发展具有强烈的依附性。它们向中心国家出口农矿产品和原料，换回工业制成品，却没有积极发展本国的工业生产，从而既不能向大地产提供技术力量，又不能吸收农村剩余劳力。同时，拉美的农民并没有像英国农民那样被剥夺得一无所有，而是成为半自给自足的生产活动和短期出卖劳动力相结合的"小农"，他们成为大地产劳动力的储存器，这种劳力价格便宜，大地产主可以通过增加劳动力的投入和加强劳动纪律与劳动强度来增加生产，而不必花更多的钱去进行农业技术改造和实行机械化。因此，大地产缺少变革的内部冲动，其资本主义发展水平就不易提高。同时，扩大出口经济所取得的物质进步只局限于每个国家的有限地区，有些远离市场的大地产仍保持传统的经营方式。这样，拉美大地产向资本主义生产方式转变的过程就注定是缓慢的、曲折的，事实上，这个过程直到 20 世纪 50 年代以后才不断加快。

（本文原载于《山东师大学报》1992 年第 5 期，标题为"独立后至 20 世纪初拉丁美洲的大地产制"）

19 世纪拉丁美洲的自由派改革
和土地结构的变动

19 世纪是拉美民族国家的形成和巩固时期，是其适应中心国家工业化需要以原料生产国身份进入世界市场的时期，也是其完成从殖民地向外围资本主义过渡的时期。为了适应世界市场的需要，扩大出口规模，完成向外围资本主义的过渡，拉美各国在经济和社会方面都发生了一系列变化，其中一个最主要的变化就是自由派的改革和土地结构的变动。

所谓自由派是相对于保守派而言的。这是拉美各国独立后统治阶级内部因利害关系不同而发生分裂的两派，他们在国家发展方向问题上提出了不同的主张。自由派主张以欧美为模式，建立共和制，颁布宪法，实行民主，发展工业经济，实行自由贸易。保守派主张沿袭固有的半封建模式，建立集权制，恢复传统的出口经济，以从中获利。两派的斗争贯穿于整个 19 世纪，结果是自由派逐渐占据了上风。

在经济方面，自由派改革主要围绕土地问题展开。受欧美古典自由思想的影响，他们认为发展资本主义必须首先实现生产者和生产资料的分离，形成自由土地和自由劳动力市场。而教会是落后思想的巢穴和鲸吞资本的吸血鬼，其对大片土地的永久占有权，使这些不动产难以进入流通领域，阻碍了土地市场的形成，印第安人村社的"公共土地所有制的存在妨碍了农业的发展，破坏了财富的周转，削弱了家庭继承关系及个人独立性，公共土地的存在与共和国所接受的经济和社会原则相违背"[1]。因此，自由派把剥夺教会土地、对村社土地实行私有化和出售国家荒地作为改革的重点。为了促成劳

---

① [美]E. 布莱德福德·伯恩斯：《简明拉丁美洲史》，王宁坤译，湖南教育出版社 1989 年版，第 195 页。

动力市场的形成，自由派还坚持废除奴隶制和印第安人的旧式贡税制。[①]同时，降低关税也是改革的内容，因为这意味着农村工匠要么被迫与廉价进口品竞争，要么进入劳动力市场。另外，与土地市场形成相联系的还有财政金融等方面的改革。

土地市场的形成是自由派改革的主要目的。根据土著村社土地私有化的程度我们可将所考察国家[②]的自由派改革分为两类：一是村社形式几乎被彻底消灭，即使依然存在，也不能构成实行出口经济的关键部门，如墨西哥、萨尔瓦多、哥伦比亚、委内瑞拉和智利的情况；二是村社仍大量存在，并且与出口部门的发展有着联系，如厄瓜多尔、秘鲁、玻利维亚和危地马拉的情况。但程度也不尽相同。

这两类国家改革的具体情况如下。[③]

墨西哥。墨西哥自由派改革的主要内容包括以下措施和步骤。（1）《莱尔多法》。1856 年 6 月 25 日，在改革高潮中，著名的改革派领袖莱尔多起草的《关于禁止世俗和教会团体占有不动产的法令》（即《莱尔多法》）得以颁布。该法令规定，世俗和教会团体所占有和支配的一切城乡不动产均应转为承租人所有。承租人应在法令颁布起三月内声明占有权，逾期三月则其他人有权告发和购买。土地的占有者在 17 年内以每年偿付土地所得产值的 6%作为补偿（另交 5%的手续费）。土地转归承租人后，教会和世俗团体不得以任何借口收回。未出租的不动产也应在三个月内出售。法令还建议将所得收入投资于工业、农业和商业的发展。《莱尔多法》公布后，1856 年底教会出售的不动产就达 2300 万比索，该法令施行的一年里墨西哥增加了 9000 个新的不动产主。（2）《1857 年宪法》。1857 年 2 月 5 日，墨西哥颁布新宪法，充分肯定了自由派颁布的一系列法令，其主要内容有：禁止教会占有不动产；废除世袭制等贵族特权；禁止奴隶制；取消债役制；劳动必须给予报酬；经营工商业受法律保护；并明确宣布私有财产不得侵犯。（3）1859 年法令。改革法令的颁布在社会上引起强烈反响，教会煽动军队发动武装叛乱，导致了三年的革新战争。为了打击保守势力，改革派采取了更为激进的措施，如在 1859

[①] 通常由土地所有者替印第安人向国家交税，然后要求他们服劳役作为补偿。

[②] 我们重点考察了原来印第安人口较为稠密的中部美洲和安第斯山高原国家，因为这些西班牙语美洲国家农村社会的演变最具有代表性。

[③] 关于各国改革情况的具体数字凡未注明出处者均见 Ciro Flamarion S. Cardoso, and Héctor Pérez Brignoli, *Historia Económica de América Latina*, Barcelona: Editorial Crítica, 1979.

年 7 月宣布了无偿没收教会财产并将其收归国有的法令，更为坚决地剥夺了教会的财产。由于战争的需要，这批财产都以极其低廉的价格出售给了个人，成了资本主义原始积累的重要来源。由于《莱尔多法》也包括世俗团体，因此整个改革时期印第安人村社的土地也被剥夺。根据法令，墨西哥农村中尚遗留的大量印第安人村社的公有地也被转归私人所有。大批土地被地主和土地投机商霸占，失去土地的印第安人无家可归，不得不到大庄园劳动或到城市谋取生路，成为廉价劳力。（4）其他方面。一是大力建造铁路，恢复了首都的优势地位，并把本国与美国、世界市场的利益联系在了一起；二是实行了一系列局部有效的金融方面的改革，包括部分地取消贸易税，实行了银行、货币和海关方面的立法；三是进行了复苏采矿业的尝试；四是设立发展部，建立国家统计系统等，强化国家干预经济的机构。（5）1883 年迪亚斯政府颁布《垦荒法》，成立土地测量公司，以调查荒地为名侵占村社农民的土地，成千上万农民因没有"合法证件"而被乡警从世代相传的土地上赶走。①

　　萨尔瓦多。从 19 世纪 50 年代起，为了适应世界市场的需求，萨尔瓦多的靛蓝种植业开始被咖啡种植业取代。而适于种植咖啡的土地位于中部高原，这里恰恰是全国人口最稠密的地区，市镇很多，每个市镇都有村社土地和公用土地（市政府拥有的耕地）。这种状况使咖啡种植园主获得劳力和土地受到限制，只有进行一次坚决的彻底的自由派改革才能除去这些障碍。萨尔迪瓦尔总统（1876—1885 年在位）主动进行了这样的改革。改革之初，村社土地占萨尔瓦多总面积的 25%，1879 年萨尔迪瓦尔决定，同意让种植一定比例的咖啡或其他经济作物的占有者完全享有那些公地或村社土地。土著村社也曾试图屈从于政府的压力，将原来种植玉米的土地改种咖啡，但他们没有资本或信贷，也没有适当的技术知识。1881 年 2 月的一项法律规定取消村社土地，1882 年 3 月的法令又决定取消公地。村社土地被分成小块土地，为使用者（不管是否为村社社员）所拥有。公地也被分配给了现在的占有者。最初，法律规定了付给村社一定数目的现款和其收回地契的期限，但许多目不识丁的村社社员根本不知道，因此便失去了土地所有权。实际上，一旦公有土地被分成小块土地，咖啡种植园主便开始了兼并的过程，虽然有些情况还没搞清，但有一点是清楚的，即中部高原的土地不久就变成了咖啡种植园主阶级的地

---

① David Bushnell, and Neill MacAulay, *The Emergence of Latin America in the Nineteenth Century*, NewYork: Oxford University Press, 1994, pp. 193-209.

产。1881 年，政府还颁布了《反流浪法》，在罚款、逮捕等威胁下把农民赶
出在没有土地证的情况下占有的土地，强迫他们在雇佣他们的种植园里完成
份内的工作。对那些不履行劳工义务的现象和反抗意图，则实行了坚决的镇
压，如 1889 年镇压西部地区的农民暴动，由此还设置了专门对付农民暴动的
乡村警察，这种乡村警察后来遍布全国。尽管萨尔瓦多的教会并不拥有大片
土地，但教会的土地和其他财产也在改革中遭到了没收。①

　　哥伦比亚。19 世纪中期是哥伦比亚自由派改革的第一阶段，主要措施是
1851 年废除了奴隶制。此前在 1850 年废除了教会什一税和实行政教分离，
同年宣布认真执行以前曾颁布的废除印第安人村社制度的法令，废除对印第
安人处理其所分得的小块土地的权利的限制。南方偏远地区的印第安人仍设
法避免村社制度的消灭，但其他地方的村社土地都被转换为私人小块土地，
印第安人的小块土地经常被克里奥尔地产主收买，自己沦为领取名义工资的
劳工。在一定程度上，村社土地转变为个人财产有助于扩大劳动力市场以及
土地市场本身供给和需求的范围。②1861 年，政府又颁布法律解除教会对土
地的永久占有权，从而彻底地实现了地主地产的集中。同时，政府还颁布法
令废除国家对烟草的垄断。这些措施促进了哥伦比亚的烟草业的繁荣并带动
了黄金的开采和出口。19 世纪 80 年代，自由派改革进入了第二阶段。1886
年宪法提出建立中央集权制政府和实行带有自由派色彩的发展模式。这几年
法律制度方面的调整，分别在货币、财政和信贷方面为出口的发展提供必
要的前提。铁路建设也得到了某种程度的推动：1885 年为 236 公里，1898
年增加到 513 公里，到 1930 年达 2700 公里。

　　委内瑞拉。19 世纪 30 年代，咖啡出口带来了委内瑞拉的经济繁荣。加
拉加斯的寡头势力采取了几项典型的自由派的措施，包括颁布 1830 年联邦宪
法，确定国家的中央联邦体制，为商业资本的发展提供相对统一的市场；取
消贸易税、什一税和烟草专营等以促进生产和出口的发展；颁布《移民法》，
鼓励移民以解决劳动力不足的问题。1848 年又颁布法律，规定出售国家公地，
为政府筹集资金，结果大大加强了地主土地的集中。1854 年，自由党人宣布
废除奴隶制。其时全国奴隶仅剩下 1.4 万人，租地农劳动代替奴隶劳动已势
在必行。1858—1863 年自由党人对保守党人发动的联邦战争，提出的口号就

---

　　①　[美]E. 布莱德福德·伯恩斯：《简明拉丁美洲史》，王宁坤译，第 192-198 页。

　　②　David Bushnell, and Neill MacAulay, *The Emergence of Latin America in the Nineteenth Century*, pp.
213-214.

是"土地和自由"。古斯曼·布兰科时代（1870—1887 年），自由派思想完全浸透到法制建设之中，他实行了若干社会改革：加强市政建设；奖励出口和限制进口；宣布实行世俗教育；取消教会的特权和没收教会的财产；1881 年取消印第安人村社。布兰科的经济社会改革有利于新兴资产阶级的形成和成长，并大大促进了委内瑞拉出口经济的增长。国内生产总值由 1873 年的 3.88 亿玻利瓦尔增至 1891 年的 6.23 亿玻利瓦尔。[①]

智利。19 世纪中叶，智利追求现代化的自由派势力得到发展，出现了资产阶级的自由民主社团"平等社"和激进党，迫使蒙佩雷斯政府向资产阶级让步。1852 年废除了长子继承制，这有利于土地的再分配。同年还废除了教会的什一税。随后颁布了第一批法令（包括民法、商法、采矿法）；通过了海关法、银行法、教育法，以及关于政教分离的法令。成立了专门抓生产的组织，诸如全国农业协会，抵押贷款银行，以及使公私积极性结合起来的制造业促进会。[②]自由派的改革无疑使土地的转移和进一步分割更加灵活可行了，但智利土地所有制的变化至少可以追溯到 18 世纪，因为 1767 年驱逐了耶稣会教士，耶稣会教士是当时智利最大的地主，他们被驱逐后，其土地逐渐为私人所有。18 世纪，智利优质小麦的出口加速了大庄园制和佃农制的发展，土地私有制大大巩固。19 世纪，智利土地所有制发生了重大变化，那就是 1860 年农业危机后，许多旧式大地产主把土地出售给了在贸易、银行、和矿业上发了财的暴发户，而这些人购买土地并不是真正有意从事商品性农业，而是为了防止通货膨胀，因此这样的土地时常转手。由于佃农享有法律上的自由，每当碰到不堪容忍的情况时，他们总能离开农村，到北方矿区或南方正在拓展的边境另寻出路。所以这也是佃农制遭到削弱的时期。但在智利的南方保留了阿劳坎人的村社，在北方安第斯山区还有"艾柳"的村社形式，他们的土地正遭受着白人的蚕食。[③]

厄瓜多尔。厄瓜多尔与秘鲁有着类似的经济地理环境，分为西部沿海地区和东部山区，沿海地带交通方便，天然资源丰富，生产供出口的经济作物，

<hr>

① Domingo Alberto Rangel, *Capital y Desarrollo,* Vol. 3, Caracas: Universidad Central de Venezuela, 1972, p. 343.

② ［智］奥斯卡·穆尼奥斯：《智利的经济和社会：历史进程中的失望和变革》，王西文、黄为葳译，载《国际社会科学杂志》（中文版）1993 年第 4 期，第 39 页。

③ ［英］哈罗德·布莱克莫尔、克利福德·T. 史密斯：《拉丁美洲地理透视》，复旦大学历史系拉丁美洲研究室译，上海译文出版社 1980 年版，第 425-430 页。

主要居住着白人和混血人种。而印第安人村社主要分布在东部山区，农业更多致力于维持生计或供应当地市场的需要。厄瓜多尔自由派的改革是拉美历史上为时最长的。从维森特·罗卡弗尔特试图改革（1834—1839 年）到埃洛伊·阿尔法罗执政时期（1895—1911 年），中间经历了自由派和保守派的激烈较量。厄瓜多尔在 1857 年废除了印第安人贡税制。但改革的最大难题是教会的强大势力，因为教会庞大的地产与山区地主的利益并没有矛盾，沿海经营出口农业的资产阶级也没有与教会发生正面冲突，因此，直到 1904 年才最终颁布了信仰自由的法令，1908 年将"永久产业主"的财产收归国有。剥夺教会土地的一个附带结果是逐渐解放了劳动力。虽然国家在接管教会土地时没有取消短工的欠债，但不再继续实行债务条例，从而在法律上促使了债务的免除。当 1918 年取消农业短工因欠债而被监禁的规定时，法律上承认的强制即告结束，从而使更多的人向沿海移民成为可能。1908 年，基多至瓜亚基尔的铁路建成，山区与沿海的经济联系日益加强。山区印第安人村社早在 18 世纪就失去了大部分土地，失去土地的印第安人被大地产主通过债役农制束缚在土地上，随着山区与沿海联系的加强，债役农制逐渐瓦解。

秘鲁。秘鲁独立后陷入了一种政治混乱和经济停滞状态，直到 1845 年拉蒙·卡斯蒂利亚元帅上台，才使秘鲁恢复了秩序和稳定。同时，秘鲁经济上出现了鸟粪繁荣时期。卡斯蒂利亚执政期间进行了近似于自由派的改革，他下令取消了长子继承制和教会的特权，并以鸟粪收入为后盾，废除了奴隶制，取消了印第安人的贡税制。由于每解放一名奴隶政府要付给奴隶主 300 比索的补偿费，1854 年共有 25505 名奴隶获得解放，结果政府从鸟粪收入中拿出 765 万多比索付给了前奴隶主，促进了北部和中部沿海甘蔗和棉花种植园的扩张。取消印第安人的贡税则打破了一种旧的殖民地时期的地主与村社社员之间的联系。过去，印第安人只有靠到大庄园临时打工或在当地市场上出卖自己的一点剩余产品才能支付那种贡税，而山区地主可以借此榨取印第安人的劳役。但废除贡税后，地主失去了对印第安劳动力的控制，结果加快了山区大庄园扩张的过程，庄园主认为侵占村社土地是确保自己控制劳动力的最好方式。鸟粪出口收入还使秘鲁能够奉行自由贸易，其实施了整个拉美大陆最低的关税并带来了通货膨胀，结果使国内工匠处于同进口品竞争的不利地位。①另外，1852 年的民事法典确认了 1825 年和 1828 年废除土地永久占有权的法律。南美太平洋战争（1879—1883 年）后，由于开辟铁路建设的可能性，安第斯山南部羊毛的出口不仅使山区大庄园出现新的繁荣，而且也助长了对土著村社的剥削，当 19 世纪末塞罗德帕斯采矿业崛起后，更加助长了这种情况。

玻利维亚。玻利维亚的自由派改革经历了两个阶段。第一阶段是苏克雷元帅实行的改革计划，但改革仅在教会和国家关系方面取得了进展。1825 年，政府没收了一般教士的地产，取消了教友会、弥撒活动基金等。1827 年，政府进一步控制了什一税。这时，教团的势力已被摧毁，世俗教士已隶属于政府。但财政改革却未成功，政府试图以全体国民的直接税取代印第安人的贡税，结果遭到反对，1826 年只好重新恢复贡税制。第二阶段的改革发生在 19 世纪后半期。随着采矿业出现新的繁荣，外资进入和铁路的建成，玻利维亚经济被紧紧地纳入了世界市场。政府加紧了对印第安人村社土地的剥夺。1874 年 10 月 5 日的《变卖法》宣布村社已经消亡，命令通过"复查"，分配给村社社员小块土地，余者拍卖。1886 年，梅尔加莱霍政府又颁布了强行购买村社土地的法令，不久，村社土地就被公开拍卖。这种对印第安人的剥夺在充满经济活力的南部拉巴斯地区尤为突出，结果引发了一场大规模的起义，导致梅尔加莱霍下台。此后，地主们改变了策略，土地出售稍有放松，1898—1899 年联邦革命后又趋高涨，延续到 1920 年左右。剥夺村社土地的庄园主一般是政治上的头面人物或在贸易和采矿中占有大量股份的人，对他们来说，庄园可以保证有一笔稳定的收入，以防其他经营中的损失；同时，庄园本身也构成了一笔可以转让的资产，从而可得到所需资金。另外，对村社的进攻还有一个作用，即把劳动力赶到矿业中心，使村社社员发展成真正的矿业无产阶级。因此，庄园的扩大和对村社土地的剥夺将地主和矿业主的利益紧密地联系在了一起。但是，1950 年的一份统计表明，玻利维亚仍有 3779 个土著人村社，占有土地 720 万公顷，约占全国实际耕地的 26%。

危地马拉。独立后危地马拉出口的主要经济作物是一种从树木上提取的胭脂红染料，种植这种作物的种植园不大，对劳动力的需求小，所以高原上的大多数土著村社没有受到影响。但到 19 世纪 60 年代，世界市场对这种产

---

① David Bushnell, and Neill MacAulay, *The Emergence of Latin America in the Nineteenth Century*, pp. 243-244.

品的需求和价格都在下降，咖啡生产便取而代之发展起来。为了扩大咖啡生产，1871 年上台的自由派政府及其后继者推行了改革，在土地所有制方面实行了三项措施。首先，1873 年决定没收由教会控制的大片土地，由政府出售或无偿分配，同时规定，这些土地必须种植咖啡和其他经济作物。其次，1877年废除租让权。这种制度是一种造成租用者享有永久占有权的租佃形式，尽管形式上的所有权没有易手。废除该制度的法律规定，租用者必须在 6 个月内购买他们占有的土地，如果在规定期限内不能购买，就进行公开拍卖。由于大多数占地者无力购买，于是这项法律解放了 74250 公顷土地。最后，分配或以容易付款的形式出售荒地（包括教会土地和占有者未能购买的以永久租让形式出租的地块），用以支持种植咖啡和其他经济作物。从出售土地中得到的资金多数用来购置新生种植园主集体使用的加工咖啡的机器。从 1871 年到 1883 年共出售了 397755 公顷公地。政府意在建立中型地产，防止大地产，但这个目的并未达到。同时，危地马拉保留了土著村社土地所有制。在劳动力问题上政府也采取了多种措施：一是 1877 年颁布《短工条例》，规定每个危地马拉成年男子每年必须为挣工资而至少工作 40 天，命令军警到土著村庄兜捕所有被认为是流浪汉的印第安人，并将其送往当地的咖啡种植园劳动。这些劳工被付给最低的工资并被鼓励贷款购物，结果大多数人沦为债役农。二是 1878 年颁布了《镇压怠工法》，进一步完善了控制农村劳动力的法律。另外，自由派政府还试图建立一个现代金融体系，建设铁路系统的计划在美国的支持下于 1912 年完成。

　　自由派改革的效果如何？是否像英国资本原始积累时期那样实现了生产者与生产资料的分离？

　　从上述各国改革的情况看，第一，改革无疑促进了土地市场的形成。首先，各国都没收了教会的土地，所谓解除"永久占有权"，就是使这些原来不能买卖的"不动产"进入了流通领域。上百万英亩的教会土地转到了私人手中，从生产和技术角度讲这没有造成多少变化，因为在强制出售以前，大部分土地曾由教会出租给私人土地所有者经营，但是突然抛售大片土地，使地价下降并使商人和城市自由职业者有可能加入土地所有者阶层，因而扩大了地主阶级的社会基础。①其次，各国都宣布取消印第安人村社土地制度，对

---

①［英］莱斯利·贝瑟尔：《剑桥拉丁美洲史》第四卷，涂光楠等译，社会科学文献出版社 1991 年版，第 177 页。

其实行私有化（有些国家还出售了公有地），但实施的结果不同。就掠夺村社土地而言，第一类国家较为彻底，最为突出的是墨西哥。墨西哥改革者也像其他国家的自由派一样，其用意是通过对农村公社土地的私有化，以个人所有制消除公社生活的沉闷气氛，并刺激和加强它的发展，通过提高社会流动性，创建一个自由的劳动力市场，以及扩大当时还非常有限的国内市场；同时，也希望建立一个由小农场主组成的中产阶级，以与大地产主抗衡。但印第安人对改革的反应并不一致，在印第安混血种人的市镇和某些印第安市镇中，持有份地者欢迎改革，并很快变成了他们土地的真正的所有者。但大多数印第安人村社只习惯古老的公社制度，面对土地私有制束手无策，得到土地之后因投机商和临近地主的欺骗和兼并而随即失去。约有 500 万印第安人成了无地者。到 1910 年全国 96%以上的农户失去了土地。①第二类国家相对缓和一些，大约只有 1/3 的土地转入私人手中，1/3 仍留在村社手中。②如秘鲁的昌凯谷地，1839 年宪法规定取消村社土地制度，实行私有化后，这里只是对耕地实行了私有化，水利和畜牧仍归集体统一管理，并保存了一部分荒地，直到 19 世纪末，随着人口压力的加大，不再有荒地可供分配，村社生活水平被降到极低程度，一些村民为了生存只好季节性迁徙到沿海大庄园打工和设法接受教育。③最后，被没收的土地成了国家的一种支付手段，也是得到公共工程投资的一种担保手段，从而为建造铁路和交通设施，发展出口经济提供了重要的资金保证。同时，以土地为抵押贷款也成为农业筹资的基本方法。

　　第二，自由派改革也在一定程度上促进了劳动力的自由流动。废除奴隶制解放了劳动力，被解放的奴隶根据不同情况分别转化为小农、佃农、工匠，扩大了农民经济；剥夺印第安人村社的土地迫使无地农民沦为佃农、分成农、债役农、季节性短工、日工；有些国家还制定了类似英国"血腥立法"的反流浪汉法，用国家法律强制无地农民劳动，接受新的劳动纪律。有资料表明，19 世纪 70 年代后在一些偏僻地区地主付给农业劳工的工资普遍下降了，主要原因是强制实行更严密的组织、更严格的纪律、更长的工作时间和每年更

---

① ［美］乔治·麦克布赖德：《墨西哥的土地制度》，杨志信译，商务印书馆 1965 年版，第 148 页。

② ［英］莱斯利·贝瑟尔：《剑桥拉丁美洲史》第四卷，涂光楠等译，第 170 页。

③ ［秘］奥林达·塞莱斯蒂诺：《秘鲁的土地和人民：从 16 世纪到 20 世纪的昌凯河谷》，冯炳昆译，载《国际社会科学杂志》（中文版）1988 年第 4 期，第 64 页。

多的工作日而带来的更高的劳动生产率；[①]关税的降低和铁路的修筑使进口货大量涌入，挤垮了当地的家庭手工业，把工匠们抛向了市场。19 世纪 70 年代后，哥伦比亚曾经很繁荣的桑坦德手工艺中心，制帽、制蜡烛、织布工匠们的生产无法继续维持，因英国兰开夏棉布的竞争，智利的纺纱和织布者消失了。[②]

但是，就整体而言，自由派改革并没有实现生产者与生产资料的分离，拉美也没有完成农业资本主义的改造。何以如此？从根本上看，自由派改革的动力不像英国那样来自本国制造业的发展，而是来自工业化国家对拉美农矿产品的需求，来自外国资本对拉美初级产品生产以及与之有关的基础设施建设的大量投入，这种动力难以持久，而且从土地上分离出来的无产者缺少工业的吸纳，无处可去。

同时，村社土地私有化，使村民由份地持有者变为小块土地的所有者，即小农，他们有权出售自己的土地，在土地兼并浪潮中他们很容易沦为无产者。但除墨西哥外，大多数国家特别在第二类国家，小农的分化和被剥夺并不十分厉害，村社仍保留了一部分土地和原来的集体主义特点，尽管一些小农外出打工，但他们仍保有维持最低生活水平的生产资料，没有变成除了身体之外一无所有的"像鸟儿那样自由的"无产者，充其量只能算半无产者。可以说，在 19 世纪的拉美，典型的工资劳动并没有成为占支配地位的劳动方式，由于佃农、分成农、债役农甚至契约劳工（如秘鲁的华人苦力）的广泛存在，真正的自由劳动力市场远未形成。

第三，改革没有触动具有半封建特征的大地产制。对教会土地的没收和对村社土地的私有化都方便了大地产的兼并和扩张，到 20 世纪初，大地产的土地更加集中，而且大地产凭借对土地和水源的控制，迫使农民到庄园劳动，采取的主要剥削形式是租佃制、债役农制、分成制。当年，英国对农民土地的剥夺经历了从 15 世纪末到 19 世纪上半期的"羊吃人"的圈地运动，没收教会土地，用法律把封建土地所有制改变成现代私人土地所有制，"清洗领地"上的工人等四个阶段。[③]与之相比，拉美的自由派改革不仅时间跨度短，更重要的是没有经历英国改革的第三阶段，既没有禁止封建的剥削方式，又没

---

① [英]莱斯利·贝瑟尔：《剑桥拉丁美洲史》第四卷，涂光楠等译，第 171 页。
② [英]莱斯利·贝瑟尔：《剑桥拉丁美洲史》第四卷，涂光楠等译，第 171 页。
③ [德]马克思：《资本论》第一卷，中共中央马克思恩格斯列宁斯大林著作编译局编译，人民出版社 1978 年版，第 781-817 页。

有分割大地产，没有用国家法律形式将半封建的土地所有制改变成现代的私人土地所有制。之所以如此，是因为自由派改革者是从事出口经济的矿主、商人和大地产主的代表，他们在政治上保护大地产主阶级的利益，这就注定了改革的局限性。因此，拉美在 19 世纪未能完成农业资本主义的改造，土地改革的任务留给了 20 世纪的代表资产阶级利益或工农利益的政府。

（本文原载于《山东师大学报》1999 年第 6 期，标题为"十九世纪拉美的自由派改革和土地结构的变动"）

独立后至 20 世纪初阿根廷、乌拉圭和巴西土地结构的变动

19 世纪，阿根廷、乌拉圭和巴西以大量未开垦的处女地，吸引了大批的外国移民和资本，并以此为基础发展成为世界农产品或经济作物的出口国。在发展出口农业的过程中，它们均保留了大土地所有制，但在生产关系和经营方式方面部分地实现了向资本主义的转变（过渡）。本文拟对它们的土地结构变动和农业资本主义发展道路作一初步探讨。

一、阿根廷潘帕斯地区的发展

阿根廷在殖民地时期的两个经济发展中心分别是西北靠近矿区的上秘鲁（今玻利维亚）及作为港口和首府的布宜诺斯艾利斯，除连接两地的商路沿线外，其他地方的特点是人烟稀少和地区性自然经济。为鼓励殖民和定居，西班牙当局采取了对殖民者实行"赏赐土地"（分配"骑兵份地"和"步兵份地"）的办法，但收效甚微。即使作为拉普拉塔总督辖区首府的布宜诺斯艾利斯，城市周围地区土地的分配也很有限，不到现今布宜诺斯艾利斯省面积的 1/6。在殖民者土地上劳动的是委托监护制下的印第安人、黑奴、自由雇工和季节工。18 世纪下半叶，阿根廷适应国外市场的需求，在布宜诺斯艾利斯周围发展起畜牧业，主要是养牛业，开始时出口商品仅限于皮革和牛脂，后来又增加了咸肉。前者供应欧洲市场，后者供应巴西和古巴的奴隶食用。随着养牛业的发展，阿根廷开始了土地集中的过程，一些殖民官吏、军人和富商成了拥有大面积土地的牧场主。

1816 年阿根廷独立后，养牛业得到进一步发展。19 世纪 40 年代，为适

应欧洲纺织业对羊毛的大量需求，养牛业逐渐被养羊业取代。到 19 世纪的最后几十年，出口农业又得到发展，阿根廷很快成为主要谷物出口国中的一员。为适应经济发展的需要，阿根廷政府采取了相应的土地政策，以布宜诺斯艾利斯为中心，不断拓殖和开发潘帕斯地区①，从而形成了阿根廷土地结构的基本格局。

第一次"边疆扩张"从 19 世纪 20 年代的"永久租佃制"开始到德罗萨斯的"荒漠进军"结束。1822 年，作为布宜诺斯艾利斯省首席部长（1826 年任总统）的贝纳迪诺·里瓦达维亚为了鼓励农业垦殖，在本省实行了出租国有土地的政策，即"永久租佃制"。他授权个人和社团可以在 20 年内以固定的极低的租金租用公共土地（但禁止出售公共土地），申请者只要丈量和要求得到一个选好的地区就可以了。这项政策有利于大庄园主和土地集中，地主可以任意出卖他的权利或把土地转租出去。决定土地价值和管理分配工作的委员会由庄园主控制。在出租过程中，有些个人每人得到 10 平方里格（1 平方里格约合 2618 公顷）以上的土地；到 19 世纪 30 年代，大约有 2100 万英亩（约合 850 万公顷）的公共土地被出租给了 500 个人。其中，许多人是城市来的富人，如安乔雷纳家族、圣科洛马家族、阿尔萨加家族和萨恩斯·巴连特家族，他们是阿根廷土地寡头的鼻祖。②

政府的边疆垦殖计划和土地政策对生活在大草原上的印第安人无疑是个灾难。印第安人失去了猎场，于是他们就不断袭击和抢夺拓殖区的庄园。新的庄园主希望在大草原上有法律和秩序。1829 年，代表庄园主利益的德罗萨斯当选为布宜诺斯艾利斯省省长。为了保护庄园主的安全，遏制印第安人的侵扰，他策划了 1833 年的"荒漠进军"，杀戮了 6000 多个印第安人，向南大大地推进了与印第安人的边界，给布宜诺斯艾利斯省增加了数千万英亩的肥沃土地。同时，他调整了土地分配政策，出台了出售和赠予土地的新法律；对永久租佃制则采取限制乃至取消的办法，逐步将这部分土地收回并转卖。1836—1838 年的土地出售法把大片土地投放到公开市场，其中大部分落到了有钱人手中，特别是那些以前的承租人手中。到 1840 年，这个省的 3436 平方里格土地归 293 人所有，但没有发生抢购风，许多潜在的购买者因经济衰

---

① 潘帕斯地区，阿根廷特有的无树大草原，基本包括布宜诺斯艾利斯、科尔多瓦、拉潘帕、圣菲、恩特雷里奥斯 5 省，约占国土总面积的 1/4。

② ［英］莱斯利·贝瑟尔主编：《剑桥拉丁美洲史》第三卷，徐守源等译，社会科学文献出版社 1994 年版，第 635 页。

退或政局不稳而不愿购买。于是，德罗萨斯就将土地赠予其追随者。[①]1834
年 9 月 30 日法律把多达 50 平方里格的土地赠给参加"荒漠进军"的军官；
1835 年 4 月 25 日法律将多达 16 平方里格的土地赠给参加这一战役的安第斯
师的士兵；1839 年 11 月 9 日对参加粉碎当年南方叛乱的军人赠予土地以示
奖赏，将军得到 6 平方里格，校官得到 5 平方里格，军士得到 1/2 平方里格，
士兵得到 1/4 平方里格。效忠政府的平民也得到奖赏。德罗萨斯本人是最大
的受益者，1834 年 6 月 6 日法律准许他占有乔埃莱-乔埃尔岛，并可用它交
换他在任何地方选中的 60 平方里格的公共土地。德罗萨斯政府此次颁发给士
兵的土地证共有 8500 份，当时存在的农业结构是每个庄园平均 8 平方里格，
不足 1 平方里格的土地证在士兵手中实际上毫无用处，结果发给士兵和农民
的 90%以上的土地证最后落到地主或那些正在购买土地的人手中。[②]到 1852
年，布宜诺斯艾利斯省被占领的土地达到 6100 平方里格，共有 782 个业主。
其中，占地面积超过 15 平方里格的有 74 人，超过 20 平方里格的有 42 人。
在 1835—1852 年，众议院议员中的 60%是地主或从事与土地有关的职员。
德罗萨斯本人的土地约达 136 平方里格。[③]上述情况说明，真正的大土地所
有制在阿根廷已经形成。

　　到 19 世纪中叶，布宜诺斯艾利斯的养牛业逐渐被养羊业取代。当时，欧
洲纺织业的发展所提供的稳定的出口市场，与阿根廷当地的肥沃土地、可改
良的绵羊品种一起促成了布宜诺斯艾利斯养羊业的大发展。1822 年，羊毛出
口额在布宜诺斯艾利斯出口总额中只占 0.94%，到 1861 年占 35.9%，1865
年更占到 46.2%。伴随养羊业的发展不仅是美利奴绵羊品种的引进和欧洲移
民的移入，而且导致了新一轮的"边疆扩张"。

　　1850—1890 年，在圣菲、科尔多瓦和恩特雷里奥斯 3 省先后出现了一个
边疆垦殖过程。政府以优惠的条件向移民出售或出租土地，建立移民区，40
年间共建立了 690 个移民区，占地面积 590 万公顷。[④]由于土地价格的急速
上涨和各省资金的缺乏，这种垦殖计划实际上到 1895 年就停止了。到 1880
年，数千参加移民垦殖的早期定居者成了农场主，但更多的移民由于资金微

---

① [英]莱斯利·贝瑟尔主编：《剑桥拉丁美洲史》第三卷，徐守源等译，第 636 页。

② [英]莱斯利·贝瑟尔主编：《剑桥拉丁美洲史》第三卷，徐守源等译，第 655-656 页。

③ [英]莱斯利·贝瑟尔主编：《剑桥拉丁美洲史》第三卷，徐守源等译，第 656-657 页。

④ [英]哈罗德·布莱克莫尔、克利福德·T. 史密斯：《拉丁美洲地理透视》，复旦大学历史系拉丁美
洲研究室译，上海译文出版社 1980 年版，第 353-354 页。

薄，无力购置农具独立经营，加之世界市场上的小麦价格下降，许多垦殖农破产，不得不将土地转卖他人，自己变成雇农、租佃农和分成农。

19 世纪中期，印第安人仍控制着距布宜诺斯艾利斯和圣菲两省居民区不远的所谓"荒漠地带"，居民遭袭击是司空见惯的事。1879—1883 年胡里奥·A. 罗加将军策划了讨伐印第安人的第二次"荒漠进军"，征服荒漠后兼并的潘帕斯草原的土地达 3000 万公顷①，使草原面积扩大了 1 倍，并使整个巴塔哥尼亚和库约以南各干燥地区都开放了。处理新土地的方式是奖赏和拍卖。1885 年，政府至少将巴塔哥尼亚地区的 1100 万英亩（约合 445 万公顷）的土地分发给了 541 名参加征剿的官兵。②约有 850 万公顷的土地被拍卖。许多土地被卖给了铁路公司。英国公司③就购买了很多土地，如 19 世纪 70 年代，伦敦银行在圣菲省购得 200 万公顷的土地。

1876 年政府曾颁布了公有土地法，即把土地划分成段（每段占地 400 平方千米），每段再划分成 400 块，每块占地 100 公顷；中央的 4 块地留作建立城镇。官方的、私人的或联合开拓移民区的各种计划都得到认可。但实际上，政府在处置大部分土地时采取的方式主要是出售和奖赏，所以在短短的几年内，大部分公共土地已经作为私人财产转让给大牧场主、投机商和移民公司。到 1880 年，潘帕斯地区的土地占有过程基本完成。1914 年，8%的农场占有农地的 80%。④500～1000 公顷的较小农场只占全部土地的 23.5%，1000 公顷以上的农场占 61%，最大的 584 户占潘帕斯全部土地的近 1/5。⑤到 1924 年，潘帕斯地区 60%的土地被 12673 名拥有 1000 公顷以上土地的大地产主所占据。在布宜诺斯艾利斯省，14 家地主拥有 10 万多公顷土地，其中 1 家就拥有 41.2 万公顷土地。⑥

---

① 包括布宜诺斯艾利斯省的 800 万公顷、圣菲省的 500 万公顷、科尔多瓦省的 200 万公顷、拉潘帕省的 1400 万公顷。见[英]莱斯利·贝瑟尔主编：《剑桥拉丁美洲史》第五卷，胡毓鼎等译，社会科学文献出版社 1992 年版，第 343 页。

② [英]莱斯利·贝瑟尔主编：《剑桥拉丁美洲史》第五卷，胡毓鼎等译，第 411 页。

③ 1860—1912 年，英国在阿根廷建立了 37 家拓殖公司。见[英]哈罗德·布莱克莫尔、克利福德·T. 史密斯：《拉丁美洲地理透视》，复旦大学历史系拉丁美洲研究室译，第 363 页。

④ [英]哈罗德·布莱克莫尔、克利福德·T. 史密斯：《拉丁美洲地理透视》，复旦大学历史系拉丁美洲研究室译，第 355 页。

⑤ [英]莱斯利·贝瑟尔主编：《剑桥拉丁美洲史》第五卷，胡毓鼎等译，第 408 页。

⑥ Desmond Christopher Martin Platt, and Guido Di Tella, *International Congress of Americanists. Argentina, Australia, and Canada: Studies in Comparative Development, 1870-1965*, Oxford: Macmillan in Association with St. Antony's College, 1985, p. 63.

　　就土地经营来看，19 世纪中期，在农业垦殖区的雇工制得到一定的发展。如在圣菲省，中部是谷物产区，南部则是牧区。1870—1895 年，就占地规模而言，牧场为 2000～10000 公顷；农业用地为 33～150 公顷，少数达到 600 公顷。就职业构成来看，谷物产区的雇主占 42.9%，职员占 8%，工匠占 7%，劳工占 42.1%；而养羊牧区同样人员的比重分别是 33%、6.8%、0.9% 和 59.3%。谷物产区的雇主比重大说明这里的中小地产主较多，工匠比重大说明这里的作坊多，技术含量较高，这里每个作坊的平均资本投入为 4559 比索，而牧区每个作坊的平均投入仅为 285 比索。种植谷物比养羊业要求更大程度的集约经营。[1]

　　1880 年后，随着外资的增加[2]，铁路网的修建[3]，移民的大量涌入[4]，农业机器的引进[5]，潘帕斯出口农业进入了繁荣时期。但此时土地占有过程已接近尾声，特别是因 19 世纪 70 年代投机商、外国公司和农牧业主进行的土地投机，抬高了土地价格（布宜诺斯艾利斯 80 年代的地价涨了 10 倍），使新到移民无力购买土地，只得租用土地。因此，租佃制盛行起来。大农牧业主越来越多地通过租佃合同将土地分块出租，凭借土地所有权坐收地租。尽管大多数佃户原先只是分成农，但到 20 世纪初许多分成农积累了足够的资金，变成了租佃农场主。他们是农村的资本家，除租进大片土地（500 公顷或以上）外，还使用机器，雇用工人从事商品性农业生产，有些租佃农场主还将土地转租给分成农。[6]

---

　　① Kenneth Duncan, Ian Rutledge, and Colin Harding, *Land and Labour in Latin America*, Cambridge: Cambridge university press, 1977, p. 335.

　　② 英国投资由 1857 年的 300 万英镑上升到 1890 年的 1.75 亿英镑，到 1910 年已经超过 2.9 亿英镑。见［英］哈罗德·布莱克莫尔、克利福德·T. 史密斯：《拉丁美洲地理透视》，复旦大学历史系拉丁美洲研究室译，第 361 页。

　　③ 阿根廷的铁路以布宜诺斯艾利斯为中心呈扇形向潘帕斯地区扩展。1914 年全国铁路总长已达 3.4 万千米。

　　④ 1870—1914 年移入阿根廷的移民将近 600 万，其中永久定居者占一半以上。见［英］莱斯利·贝瑟尔主编：《剑桥拉丁美洲史》第五卷，胡毓鼎等译，第 346-347 页。1881—1910 年，每年净流入的人口相当于原有人口的 2%～3%。见［英］哈罗德·布莱克莫尔、T. 史密斯：《拉丁美洲地理透视》，复旦大学历史系拉丁美洲研究室译，第 357-358 页。

　　⑤ 1914 年农机占农业投资的 24%，拖拉机已经很多了；脱粒机由 1888 年的 818 台增至 1907—1908 年度的 5740 台；收割-脱粒联合机由 1807—1808 年度的 520 台增至 1914—1915 年度的 1760 台。见陆国俊等主编：《拉丁美洲资本主义发展》，人民出版社 1997 年版，第 245 页。

　　⑥ Desmond Christopher Martin Platt, and Guido Di Tella, *International Congress of Americanists. Argentina, Australia, and Canada : Studies in Comparative Development, 1870-1965*, pp. 64-65.

19 世纪 70 年代，在农牧业混合的大地产方面，租佃合同期平均约为 5 年，规定只能种植小麦、玉米或亚麻，交纳的实物地租一般是收获物的 1/3，有时竟达 1/2，剩余部分也经由地主或其代理人售出。但引进佃户耕作的最终目的在于创造人工苜蓿牧场，这些苜蓿是催肥牛羊不可缺少的青饲料，因此，合同要求佃农最后将种了苜蓿的土地交还牧主。租佃农场发展的结果是货币地租日益增加。据 1914 年的资料，20 世纪初阿根廷农村的货币地租已占 44.8%，实物地租占 38.5%。这意味着封建地租形式的解体。但出租土地的期限也越来越短，多半为 3 年左右。这样，一旦遇到坏年景和市场价格下跌，佃户就容易破产。租期短还不利于土地的改良，导致佃户对土地的滥用。1912 年曾发生了佃农要求延长租期、降低租金、对租佃期间的投入给予补偿的斗争。这些要求在 1921 年租佃制改革法律中得到了一定程度的满足。[①]

到 20 世纪初，阿根廷土地的使用分两种情况：一是土地所有者自己经营（1914 年占 50.5%），包括大地主雇用若干名工人经营土地和小农经营自己的土地；二是租佃者经营（1914 年占 49.5%），包括租佃农（牧）场主和小佃农经营土地。到 1912 年，全部农户中只有 32.6% 的农户拥有土地，佃农占 55.1%，分成农占 12.3%。[②]据约瑟夫·S. 图尔钦教授的研究，在他所划分的潘帕斯 7 个不同地区中，工资劳力占当地全部农业劳力的比重分别为 12.8%、16.9%、20.2%、15.7%、24.4%、13.4% 和 24.3%。这些工资劳力一部分是管理人员，但 90% 是雇工。[③]

19 世纪末 20 世纪初，随着阿根廷农业资本主义的发展，出口农牧业得到大规模的扩张。1895—1899 年，小麦平均年产为 162 万吨，玉米为 179 万吨，亚麻为 22.6 万吨。牛肉出口由 1898 年的 5800 吨增至 1912 年的 34 万多吨。到 20 世纪初，牛肉、玉米、亚麻的出口量均居世界第一位，小麦出口量居世界第三位。

---

① Desmond Christopher Martin Platt, and Guido Di Tella, *International Congress of Americanists. Argentina, Australia, and Canada : Studies in Comparative Development, 1870-1965*, p. 65.

② Desmond Christopher Martin Platt, and Guido Di Tella, *International Congress of Americanists. Argentina, Australia, and Canada : Studies in Comparative Development, 1870-1965*, p. 61.

③ Guido Di Tella, and Desmond Christopher Martin Platt, *The Political Economy of Argentina, 1880-1946*, Oxford: Macmillan [for] St Anthony's College, 1986, p. 27.

二、乌拉圭的发展

同阿根廷一样，乌拉圭的经济也是建立在畜牧业出口经济基础之上的。19世纪中叶前，乌拉圭盛行养牛业，牛皮出口欧洲，牛肉干供古巴和巴西的奴隶食用。19世纪40年代，乌拉圭引进了美利奴绵羊，养羊业逐渐占据上风。

1825年独立并没有给乌拉圭带来和平。内部纷争以及巴西和阿根廷两个邻国的干涉，给乌拉圭畜牧业的复兴造成很大的困难。从格兰德战争（1839—1851）、贝南西奥·弗洛雷斯获胜前的内战（1851—1865）、巴拉圭战争（1865—1870），直到洛伦索·拉托雷政府时期（1876—1880），国家体制才略有稳定（到1904年才完全稳定下来）。饱经战乱成为乌拉圭独立后政治生活的突出特点。

乌拉圭的独立并没有改变殖民地时期建立起来的大地产制。在蒙得维的亚城，居住着以地租为生的土地贵族，他们的领地，一般说来，不是当初强占、后经里维拉政府加以合法化的赃物，就是国家以授地方式奖励给"对祖国有功"者的无偿赠品。在农村，拥有大地产的地主是"生命和庄园"的主宰者。他们在自己的领地上实行家长制统治，其妻子儿女，特别是家仆、短工和长工必须绝对顺从。他们的住宅俨然中世纪的城堡，是拥有自己武装的要塞，日落便紧闭大门。在蒙得维的亚郊区的村庄里，居住着自耕农、雇工和放牧人，后两种人深受地主的奴役，他们只有在完成了地主分派的活儿后，才能在自己的小块土地上耕种或放牧。①

1825年，乌拉圭颁布解放奴隶的自由出生法，并停止奴隶买卖，1842年宣布废除奴隶制。为解决经济发展急需劳动力的问题，输入欧洲移民同样成为乌拉圭的国策。1860—1868年大约有5万移民来到乌拉圭，主要是意大利人和西班牙人。②

格兰德战争之后，随着养羊业的发展和铁刺网的广泛架设，擅自占地运

① ［乌拉圭］弗朗西斯科·R. 平托斯：《巴特列与乌拉圭的历史发展过程》，辽宁大学外语系翻译组译，辽宁人民出版社1973年版，第4-6页。

② ［英］莱斯利·贝瑟尔主编：《剑桥拉丁美洲史》第三卷，徐守源等译，社会科学文献出版社1994年版，第697页。1836—1926年移民总数为65万，其中1/4是在1904—1913年到达的。（见［英］哈罗德·布莱克莫尔、克利福德·T. 史密斯：《拉丁美洲地理透视》，复旦大学历史系拉丁美洲研究室译，第359页。）

动才真正开始。此前的养牛业是粗放型的，地产界限不清，土地证书混乱，对游荡在各地的牲畜也缺乏统计。特别应当提及的是，由于在对全国土地测量之前就已经开始架设铁刺网，所以乌拉圭对国有土地未能加以有效地控制。1876 年洛伦索·拉托雷上台后进行了土地改革，被通过的《1876 年土地法典》规定："地产"上必须架设铁刺网，并在架设铁刺网时对地产进行"强制性测量"，明确地产的划界。1862 年铁刺网的进口额仅为 7511 比索，而 1878—1879年铁刺网（包括木桩）的进口额则激增至 450 万比索。①小地产主的利益受到了损害。他们因无力应付架设铁刺网的开支而不得不出售土地和牲畜。从前看管牲畜的农村雇佣劳动者，由于地产划界后牲畜不再容易丢失，也不再被雇用。真正得到好处的是大地产主，他们的土地所有权得到了巩固。以铁刺网围栏等为标志的集约化的养羊牧场主取得了商业企业的新地位，开始向资本主义地主转变。

在土地的经营方面，乌拉圭也沿着与阿根廷类似的道路发展。

1904 年，白党和红党的内战再起。这实际上是大地产主与资产阶级势力之间的斗争，白党是传统养牛业（牧养本地牛）的大地产主的代表，要求选举自由和政治民主，实际上想维持国家分治（1872 年协议允许它控制内地 4/13的省份）。红党坚持保卫政府统一的原则，其代表养羊业和引进改良牛的牧场主的利益。但内战以两党的再次妥协而告终。到 20 世纪初，大地产成为乌拉圭土地制度的支配形式。1925 年公布的资料显示，3196 个庄园占据的土地共计 837 万多公顷，几乎相当于国土面积的 1/2。如内格罗河省，超过 1000 公顷的大地产数为 112 个，共占地 66 万多公顷，为全省土地面积的 78.5%。再如利比格肉制品加工公司，除自有 4 个庄园外，还租用 4 个庄园，共集中了 10万多公顷土地。同一个大庄园主在不同的省份拥有庄园是平常的事情。②

三、巴西圣保罗地区的发展

在巴西，大种植园和大牧场是土地所有制中的主导形式。早在 1534 年，

---

① ［乌拉圭］弗朗西斯科·R. 平托斯：《巴特列与乌拉圭的历史发展过程》，辽宁大学外语系翻译组译，第 150 页。

② ［乌拉圭］弗朗西斯科·R. 平托斯：《巴特列与乌拉圭的历史发展过程》，辽宁大学外语系翻译组译，第 135 页。

葡萄牙国王为了殖民巴西而又不动用王室财库，曾将巴西沿海地带划分成 15 块"将军辖区"（Captaincy），赏赐给被称作"领主"的葡萄牙贵族。受封者对其领地负有组织殖民、提供资金和管理的责任，并可通过税收和分配土地来补偿他的开支费用。但这项计划失败了。巴西的大地产实际上起源于被称作"塞斯马里亚"（Sesmarias）的份地制，即每个前往巴西的移民可得到 1～3 平方里格（1 平方里格约相当于 46 平方千米）的份地。得到份地者必须信仰基督教，交纳什一税；耕种份地，将收成的 1/10 交给国王。因此，这种份地并非是无偿分配的宅地。后来演变为凡能够交纳 300～400 密尔雷斯（相当于 1800 年的 375～500 美元）的人均可得到一块份地。那些没有钱的移民可以擅自占据未被分配的王室土地，虽然这是非法的，但却很少受到惩罚或注意，除非所占土地已经有主。因此巴西还存在一种支持擅自占地者权利的倾向。地主土地上通常使用奴隶劳动，先是印第安人后是非洲人。于是，大地产制、奴隶制和出口经济便成为巴西社会持续 300 多年的主要的经济制度。

在葡萄牙国王若奥六世迁住巴西期间（1808—1821 年），由于大量的份地被分配给宫廷亲信，由自由派控制的里约热内卢"上诉议会"于 1822 年决定终止分配份地，直至立宪会议作出如何分配王室土地的决定为止。

1822 年巴西独立后，立宪会议被佩德罗国王解散，立法权由受自由派控制的众议院行使，1830 年通过的法案制止份地上的免役税和废除长子继承制。同时，号召出租所有的公共土地，包括已经被擅自占据的那些土地，租赁土地的规模不予限制。

当时擅自占地盛行。1845 年，米纳斯吉拉斯省省长报告，该省土地的 44% 是非法占地，仅有 20% 没有被分配。在皮奥伊省，所有土地都被非法占据。占地的唯一标志是一条小路、一口井或一个牲畜栏。[①]这种土地扩张不是经济增长的结果，而部分是由于受废除长子继承制刺激的结果，因为大地产主可以将土地遗赠给每个儿子。

1842 年 8 月，省议会的一项议案提出，国王的土地可通过出售的方式来让与，但其价格要高于市场价，目的在于创造一个引进欧洲农业工人的自我维持的机制，因为地价高，移民无力购买，他们就不得不到种植园劳动，而出卖国王土地的收入可用于资助新来的移民。这项议案于 1843 年 6 月提交到

---

① Werren Dean, "Latifundia and Land Policy in Nineteenth-Century Brazil," *The Hispanic American Historical Review*, Vol.51, No. 71(1971), p. 610.

众议院，结果被修改为：新来的移民在 3 年内不准购买任何私人土地，出卖的王室土地不得小于 1/4 平方里格，准许私人投机者向垦殖者零售土地。关于擅自占地的合法化，法案规定，确认擅自占地有效的最大面积为半平方里格，牧区为 2 平方里格。每平方里格必须纳税 360 密尔雷斯。以后所有的私人土地都必须按每年每平方里格 4 密尔雷斯的价格纳税。但这些内容损害了大地产主的利益，遭到保守派的激烈反对，政府实际上无法履行这些条款。经过保守派和自由派的较量，法案的最后文本是：擅自占有的土地只要持有 20 年，不管其规模多大，都予以确认；对未耕土地的税收减少了 3/4；对以后擅自占据公共或私人土地的个人的惩罚方式是驱逐、罚款和监禁 6 个月。这实际上承认了过去擅自占地者的权利。该文本于 1843 年 9 月 16 日通过，并交参议院批准，但由于保守派内阁的倒台而未能变成法律。

随着保守派力量的再度强大，巴西于 1850 年通过了一项新土地法案。这项法案保留了 1843 年法案的实质部分：国王的土地只能通过出售来让与；份地必须重新审定，擅自占地要加以确认；擅自占据公共或私人土地必须罚款或监禁；公共土地必须测量，并划分为每块约 300 英亩（约 121 公顷）的地块拍卖；最低出价必须低于美国公共土地的现行价格。①但这项法案只得到部分执行，因受多个利益集团的抵制，其规范土地权利和阻止吞并公共土地的主要目的遭遇失败。1878 年农业部长承认，土地测量被放弃，对国有土地的夺取在继续，除殖民公司外，国有土地无人买。1880 年和 1886 年又有人提出两项改革方案。这两项方案虽然表达了中央政府规范土地权利和以小土地所有制取代大地产的愿望，但都未被通过。

1889 年巴西推翻帝制，建立共和国。共和国制宪会议将所有剩余的公共土地转交给新的州（1891 年巴西将各省都改为州）政府。直到 1963 年土地改革，巴西没有统一的国家土地政策，土地政策的制定取决于各州。

圣保罗地区是 19 世纪巴西经济的重心。这一地区的格兰德河、巴拉那河和巴拉那巴内马之间有非常辽阔的平原，还有极好的生态条件，为粗放性的咖啡种植业提供了理想的发展场所。另外，内河交通的便利条件和后来的铁路建设也都有利于新耕地的拓展。这里出产的咖啡很快就成了巴西经济的支柱。咖啡产量由 1870 年的 6.3 万吨增加到 1900 年的 47.9 万吨，到 1927 年

---

① Werren Dean, "Latifundia and Land Policy in Nineteenth-Century Brazil," *The Hispanic American Historical Review*, Vol.51, No. 71(1971), pp. 620-621.

更增至创纪录的 107.9 万吨。虽然土地政策没有变化，但移民和咖啡使这里出现了资本主义农业的发展。

在土地制度方面，圣保罗也同其他地区一样，盛行以投机为目的的擅自占地和大地产制。新的共和国采用联邦制，把土地问题交给各州自行处理。但是，既然帝国政府都没有能够在分配国家土地方面实行一项前后一致的政策，那么在新形势下若想要求各州这样做就更加具有乌托邦意味了。实际上官方的土地政策一直是适应地主和商人的利益的。在圣保罗地区，伪造土地证的大有人在，在不止一个地方，投机者都通过施加直接压力的手段发挥影响，甚至包括使用暴力和暗杀。咖啡生产要求大片肥沃的土地，但是在大批欧洲移民到来之前，圣保罗地区的土地实际上已经被占据完毕。

在劳动力方面，由于 1850 年停止了大西洋奴隶贸易，奴隶制出现了危机。咖啡业的发展要求提供大量劳动力，于是以移民取代奴隶就成为种植园的选择。1886—1935 年，圣保罗接受了约 278 万移民。[①]1886—1900 年是接受移民人数最多的时期，平均每年将近 10 万人。20 世纪初的咖啡危机影响了移民浪潮，但在 1910—1913 年和 1922—1929 年又加快了移居速度。来到圣保罗的移民大约只有 45%留了下来。大部分移民来自地中海沿岸国家。

鉴于土地已经被占据和大庄园盛行的情况，大批移民除了在庄园里做工外，别无他法。最初的劳动制度是分成制，种植园主为欧洲移民预付旅费和第一次收获前的生活费。每个家庭可得到他们所销售咖啡利润的 1/2 及其小块土地收成的 1/2。但因为分成农需要若干年才能还清地主的债务，所以他们实际上成了债役奴。直到 19 世纪 80 年代政府开始资助移民，最初债务的问题才得以解决。最早利用分成制的是作为大地产主的尼古拉斯·德坎波斯参议员，他在 1847—1857 年间引进了 177 户德国、瑞士、比利时和葡萄牙的垦殖农，其他咖啡园主（约有 70 个）也效仿试验，开始时效果很好。但后来暴露出许多问题：移民在不熟悉情况时，与大庄园主签订的条约往往对移民不利；自由的移民与黑奴一起劳动，使移民难以忍受；招募移民的代理人根据其招募的人数领取工资，结果老弱病残者都被带到了巴西，从而使地产主利益受损。因此，19 世纪 60 年代欧洲移民一度中断。直到 1870 年，随着奴隶制的逐渐瓦解和咖啡种植业的大发展，欧洲移民才又增多起来。但劳动制度改为垦殖合同制，即每个垦殖家庭照管大约 5000 棵咖啡树，每照管 1000

---

① Kenneth Duncan, Ian Rutledge, and Colin Harding, *Land and Labour in Latin America*, p. 304.

棵树可得到 50 密尔雷斯（1880 年）到 100 密尔雷斯（1890 年）不等的工资；可得到一小块种植谷物的土地；或者按每 50 升一袋的咖啡豆得到 400～500 密尔雷斯的计件工资。另外，垦殖农闲时可到附近种植园打工，每天可得到 2～3 个密尔雷斯的工资。因此，垦殖合同制不是按工时计酬的纯工资制，而是多种付酬方式的结合物。[①]这种制度一直持续到 1930 年。

欧洲移民的到来促进了小土地所有制的形成。因为欧洲移民有占据土地的强烈愿望，再加上垦殖合同制有利于他们积累资本，所以小土地所有制在圣保罗州得到一定的发展。小土地所有制首先是在咖啡种植业走下坡路的地区发展起来的。咖啡种植不断留下贫瘠的、没有地力的、不能进行大规模种植的土地。那些农村中较贫困的人口，利用当分成农得到的一点资金，获得了这些土地，摆脱依附于种植园的劳动，成为自食其力的人。他们也利用一些自然条件不适合种植咖啡的土地，远远离开咖啡种植的竞争。但圣保罗小土地所有制的大量出现是在 1930 年以后的事情。由于接连不断的咖啡危机，大地产主为解决财政困难，以农村劳动者可以接受的价格出卖土地，从而将种植园分割掉。但是当出现棉化种植业和畜牧业发展的新机遇时，小地产又重新被大庄园吞并。

在南里奥格兰德省、圣卡塔琳娜省和巴拉那省农业垦殖区，不像圣保罗省那样存在大种植园吞并和垄断土地的现象，同时省政府授予移民的土地面积越来越小，由 1851 年的 48 公顷减少到 1890 年的 25 公顷，因而造成小土地所有制的缓慢发展。当阿根廷和乌拉圭的畜牧业出现变革时，类似的变革在这些地方直到 1900 年还没有开始。

尽管部分地区小土地所有制得到一定的发展，但大规模单一种植出口经济作物的大地产制仍是巴西土地制度的主流。如 1918 年巴西拥有 1 万公顷以上土地的大庄园占全国土地经营单位总数的 0.3%，其土地却占全国耕地面积的 1/4。[②]就生产关系而言，在当时巴西农业中，交纳实物地租或货币地租的分成形式是具有代表性的。[③]圣保罗除实行分成制外，还实行垦殖合同制。

---

① Kenneth Duncan, Ian Rutledge, and Colin Harding, *Land and labour in Latin America*, pp. 309-312.

② 樊亢等主编：《外国经济史》第二册，人民出版社 1984 年版，第 375 页。

③ ［巴］路易兹·瓦斯孔塞洛斯、瓦尼娅·库里：《巴西：五百年的历史》，王以铸译，载《国际社会科学杂志》（中文版）1993 年第 4 期，第 25 页。

四、结束语

通过上述研究，我们可将阿根廷、乌拉圭和巴西土地结构的变动情况归纳为两个方面。

首先，三国在独立前就存在一批大地产主，他们的地产所有权可以追溯到殖民地时期。独立后，阿根廷通过出售和奖赏，将大片国有土地变为私人财产。这一土地政策和随后的土地投机活动，发展了阿根廷的大土地所有制。巴西 1850 年的土地法案虽然旨在限制大土地所有制，但实际上没有起多大作用。尽管小土地所有制在巴西部分地区曾一度得到发展，但在份地和擅自占地的基础上发展起来的大地产制在全国仍占主流。乌拉圭殖民地时期的大地产一直延续下来，《1876 年土地法典》进一步巩固了大地产主的土地权利。

其次，这些原来主要经营粗放的养牛业和养羊业的大地产主，当在 19 世纪 70 年代以后世界市场对谷物和咖啡的需求急剧增加时，积极地推动了欧洲移民活动和相对集约经营的谷物和咖啡的生产，但对推动大规模的小农定居不感兴趣。在生产关系上，经历了从奴隶制到分成制和雇工制，再到垦殖合同制（巴西）或租佃制（阿根廷）的转化。

可见，三国的农业资本主义发展基本上走了一条类似普鲁士式的道路，即原有的传统土地关系并非一举消灭，而是慢慢地适应资本主义发展的需要，变前资本主义剥削关系为资本主义剥削关系。但与普鲁士道路不同的是，3 国拥有丰富的处女地，并吸引了大量的外国移民和资本。这些条件又与当年美国的条件相似。

那么为什么三国没有走一条类似美国式的道路呢？"美国式道路"的特点是："地主经济已不再存在，或者已被没收和粉碎封建领地的革命捣毁了。农民在这种情况下占优势，成为农业中独一无二的代表，逐渐演变成资本主义的农场主。"[①]从上述研究可以看出三国没有走这条道路的原因。

第一，三国在独立后没有铲除旧的半封建的土地制度残余，没有分割大地产，殖民地时期的大地产制基本上被保留下来。

---

① ［俄］列宁：《列宁全集》（第 2 版）第十六卷，中共中央马克思恩格斯列宁斯大林著作编译局译，人民出版社 1988 年版，第 205 页。

第二，独立后，三国的大庄园主或种植园主和城市商人结成一个强有力的寡头集团。他们代表大地产主阶级的利益，控制了国家政权。他们实行的土地政策既有利于土地集中，又使自己从中得到最大的好处，从而进一步扩大了大地产制。如阿根廷，1810—1870 年统治各省的 18 个考迪罗中有 13 个是大地产主。德罗萨斯奖赏土地的做法实际上将整个国家变成一个扩大了的庄园，使社会本身就建立在庇护人-依附者的关系之上。阿根廷历届政府认为土地是一种宝贵的资源，通过租借和出售可以获得财政收入，因而鼓励土地投机，不同意无偿分配。

第三，三国没有实行美国式的《宅地法》，因而没有创造出大量的既是所有者又是经营者的自耕农，也没有产生类似的资本主义农场主和雇工的分化。虽然巴西部分地区和阿根廷圣菲省的小农曾得到一定的发展，但没有成为"农业中独一无二的代表"，且他们的农业经营是不经济不稳定的。相反，三国的土地政策鼓励了垦殖合同制或租佃制的发展，但这还不是纯粹的资本主义剥削方式，而是一种前资本主义与资本主义相结合的奴役形式，一种向资本主义剥削的过渡。

第四，虽然三国土地制度的形成几乎与美国同时，但它们与美国处在完全不同的发展阶段上。在美国，工业革命从 1812 年开始，到 1880 年在全国范围内基本上完成；农业资本主义与工业资本主义密切联系、同步发展、相互促进，形成良性循环。而南美三国在 1880 年前尚处于政局动荡之中。阿根廷独立后地方割据、内战纷繁，直到 1862 年巴托洛梅·米特雷当选为第一任宪法总统后才实现了各省的联合。乌拉圭也饱经战乱之苦。巴西在 1888 年和1889 年先后废除奴隶制和帝制后才开始了真正的发展。三国的工商业虽然有一定的发展，但还没有出现从工场手工业到机器大工业的飞跃，因而也就不会出现美国那样的国内工业资本主义的发展所产生的对农业资本主义发展的需求和推动，它们的农业面向的是海外市场而不是国内市场。到 1880 年移民高潮到来时，这里以大地产制为主的格局已定，地价很高，不再有利于小农制的发展。

（本文原载于《拉丁美洲研究》2000 年第 6 期，标题为"独立后至 20 世纪初阿根廷、乌拉圭和巴西土地结构的变动——兼论农业资本主义发展道路"）

1870—1930年拉丁美洲的经济增长

1870—1930年拉美国家经历了出口导向的经济增长，其中，智利、阿根廷、墨西哥、巴西等国尤为突出。富饶的自然资源的开发，导致了一种骤然的、令人难忘的财富增长。如果1900年墨西哥的出口指数为100的话，那么，1877年该指数仅为51.2；智利则由1870年的64.8上升到1900年的167.1；阿根廷由1870年的30上升到1900年的155；[1]巴西人均出口从1870年的1.31英镑增至19世纪20年代的2.83英镑，年增长率约1.6%。[2]

经济史学家们对这段经济发展史的评价褒贬不一，其中有一种"飞地理论"，认为拉美生产依赖于国外市场，并利用了国外的生产要素（主要是资本），出口部门成为与民族经济分离的飞地（enclave），出口部门增加的收入并没有留在拉美国家，而是在很大程度上转移到国外，其中有一部分是通过上层收入集团进口奢侈品的形式汇到了国外。[3]在飞地的情形下，国内需要没有增加，有助于资本积累的储蓄也没有增加。"飞地"对整个经济的影响很小。[4]同飞地理论类似的还有普雷维什的"进口替代工业化理论""依附理论"。它们都同自由贸易的观点相左。

究竟应如何看待飞地理论？1870—1930年拉美经济增长的特点是什么？拉美出口部门的增长是否对整个经济发展起到了促进作用？出口部门是

---

① Roberto Cortes-Conde, "Export-Led Growth in Latin America: 1870-1930," *Journal of Latin American Studies*, Vol. 24, No. 1(1992), p. 164.

② ［英］莱斯利·贝瑟尔主编：《剑桥拉美史》第五卷，胡毓鼎等译，社科文献出版社1992年版，第699页。

③ Celso Furtado, *The Economic Growth of Brazil, A Survey from Colonial to Modern Times*, Berkeley: University of California Press, 1963; Aníbal Pinto Santa Cruz, *Chile: Un Caso De Desarrollo Frustrado*, Santiago de Chile: Editorial Universitaria, 1962.

④ Jonathan V. Levin, *The Export Economies: Their Pattern of Development in Historical Perspective*, Cambridge, Mass: Harvard University Press, 1960.

通过何种传导机制影响整个经济的？这种经济发展模式有没有问题？

C. 迪亚斯·亚历杭德罗在《关于阿根廷共和国经济史的论文》(纽黑文，1970 年版)中认为，鉴于阿根廷的要素禀赋，发展农业专业化是正确的。同其他选择相比，通过出口农产品而换取资本和制成品机会成本更低。他指出，1930 年前的增长可以说成是出口导向的，这并不是因为出口和与出口相关的资本流入提供了一种不断增加的凯恩斯式总需求，而是因为出口和资本流入比实行垄断政策导致了一种更为有效的资源配置。特别是农产品的国内价格，如果在垄断政策下，将会是惊人的庞大。而 1888 年阿根廷却通过大量利用土地投入所生产的农产品的出口将其降低到很低的水平，同时，土地资源的价值也得以发挥。

亚历杭德罗非常赞同加拿大经济史学家的大宗产品理论 (staple theory)。该理论强调，一个国家如果拥有广袤的自然资源，就应该对其加以开发，如果出产的物品在国内市场找不到出路，就应该寻找国外市场。出口增长对经济的其他部分会产生有利的影响，它会使市场得以形成，住宅得以建立，在一定条件下，工业活动得以发展。亚历杭德罗认为 1930 年前阿根廷的经历同这种理论的大框架是基本吻合的。

R. C. 孔德就畜牧业和种植业这两种不同的初级产品生产模式对阿根廷经济发展的作用进行了比较研究。他发现，19 世纪前半期阿根廷的目的在于出口牛皮的牧牛业，仅靠利用土地资源（大草原）而发展，并不需要大量的资本和劳动力，因此，牧牛业只产生了有限的经济剩余[1]，几乎没有关联效应[2]。但 19 世纪 80 年代后出现的种植业（和肉类生产）的大发展，对整个经济产生了巨大影响。农业和肉类生产是劳动密集型生产，有较大的关联效应，尤其是后向关联作用：一方面，除港口外，农村新地区和附近新兴城镇中心（农产品初级和二级市场）的居民需要交通、住宅和服装，对这些商品的需求导致一批建筑、食品、饮料和服装等本国工业的出现。这些企业离市场近，运输成本低。食品工业依靠当地廉价原料，因而收益高。同时，劳动

---

[1] 国外学者经常使用这一概念，指"社会的生产物与生产成本之间的差额"，始见于 Paul A. Baran, and Paul M. Sweezy, *Monopoly Capital: An Essay on the American Economic and Social Order*, New York: Monthly Review Press, 1966.

[2] "关联效应"理论是经济学家赫尔希曼首先提出的，是指在国民经济中，各个产业部门之间存在着某种相互影响和依存的关系，一般包括后向关联和前向关联。后向关联是指一个产业同向它提供投入的部门之间的联系。前向关联是指一个产业同吸纳它的产出（购买其产品）的部门之间的联系。后来，又有经济学家从中引申出需求关联、财政关联等概念。

密集型生产还可以使收入分配较为适当，并提高需求。这同样也推动人们向国内市场的其他经济部门投资。到 1914 年人口普查时，阿根廷当地生产满足国内需求的比例已经很高，食品约占 91%，纺织品 88%，建筑 80%，家具 70%，冶金产品 30%。1895—1914 年，工业企业数目由 22204 个增至 48779 个，资本额由 3.27 亿比索增至 17.87 亿比索，工业就业人数由 175000 人增至 410000 人。耕地面积由 1870 年的不足 50 万公顷扩大至 1914 年的 2400 万公顷，铁路长度 1914 年达到 34000 公里，1880—1912 年经济年增长率超过 5%。出口部门增长传导到整个经济中，"不仅改变了阿根廷的面貌，也改变了它的经济性质，到第一次世界大战前夕，拥有将近 800 万人口的阿根廷由一个比较落后的国家变成一个现代化国家"[①]。

卡门·卡里奥拉和奥斯瓦尔多·逊克尔在《1880—1930 年智利的硝石业增长和社会经济的变化》一文中，针对 G. 弗兰克等人关于智利的硝石业是一种飞地经济的观点进行了考察。研究结果表明，硝石出口的扩大（尽管在很大程度上被外国资本控制）远远不止于一个飞地，而在很大程度上对智利的发展做出了贡献。民族市场的形成、国家的巩固、对消费品和生产投入品需求的增长等，都是一些传导经济增长的机制。

他们的论文展示了出口收入的增加因下述理由而对经济产生绝对影响：（1）它有助于民族市场的形成，这个市场连结北格兰德和它的硝石矿藏同旧中央谷地及新征服的南方的领土；（2）它突然引起了运输网络的建立；（3）它在北格兰德为中央谷地和新的南方领土的农业提供了一个快速扩大的市场。

通过对有争议的硝石资源的技术性质的考察和硝石开发对整个经济的影响的研究，他们指出，硝石业与铜矿业相比，更是劳动密集型产业，由于含量不集中、矿点分布广，则吸纳的人口多，建立的居民点也多，1920 年北格兰德的人口为 28.8 万，超过了铜矿区北奇科的 22.4 万人。大量移民的到来，创造了新城市中心，产生了为供养新人口提供服务及活动的需求，特别是矿区对食品的需求（北格兰德属沙漠地区，没有农业资源，粮食全部依赖外地区供给）导致了国内市场的专业化。

他们还考察了政府作为出口部门所得收入的征收者和分配者的作用，政府对硝石出口征收出口税，1880 年规定为 8.5%，但 1890 年上升到 43%，

---

① Roberto Cortés Conde, Shane J. Hunt, and João Manuel Cardoso de Mello, *The Latin American Economies: Growth and the Export Sector, 1880–1930*, New York: Holmes and Meier, 1985, pp. 319-369. ［英］莱斯利·贝瑟尔主编：《剑桥拉丁美洲史》第五卷，胡毓鼎等译，第 339-369 页。

1880—1924 年年均出口税为 33%。据他们估计，智利政府大约征收了硝石收入的 50%，这些收入被分别用于国家管理机构的扩大、基础设施的建设、各级公共教育的普及。这些公共开支有利于国家的发展。

简言之，他们认为，太平洋战争后北格兰德硝石出口业的扩大意味着：先前荒漠地区的开发、人口的增长和就业、城市和交通网络的建成、国家收入的增加，所有这些因素都转变为对制造业发展的强有力的刺激；同时，19 世纪 70 年代中期开始的比索贬值和关税的提高也都有利于工业的发展。

斯蒂芬·哈伯在《1830—1940 年的墨西哥经济工业化的障碍》[①]一文中指出：自 1868 年以来，使墨西哥经济处于落后状态的那些障碍（地理隔绝、战乱、州际贸易税、土地要素的不流动性）开始消失。据估计，到 1910 年约有 20 亿美元的外资投入墨西哥，其中铁路是主要投资部门。运费的下降通过对现在能够到达的新市场扩大了商品供给，从而有利于整个经济。他还说，在农业部门有一种同工业部门一样的强有力的增长。另外，他指出，迪亚士时期工业发展的阻力来自企业的内部结构。这些工业随着技术变革而进行调整最终将会达到一种成熟阶段。但墨西哥革命产生的政治氛围不利于投资，阻止了工业增长，否则，这种增长在由出口扩大开创的条件下是会继续下去的。据约翰·科茨沃恩估计，1877—1910 年间墨西哥人均经济增长率为 2.3%。在 33 年中人均收入增长两倍多。[②]F. 卡茨则估算出，1884—1900 年间墨西哥国民生产总值年均增长 80%，这种增长速度是前所未有的。其主要应归功于非传统出口产品的大量增长，即工业用矿产品（铜、锌、铅）和农产品（龙舌头纤维、咖啡、糖等）的增长。出口增长提高了出口产区的地位，与中部高原的传统矿区和城市中心相比，北方边境飞速发展的新矿区的重要性提高了，自给自足的农业（村社）和传统大庄园也逐渐为面向出口的商业化农业生产所取代。

梅略和塔瓦雷斯在《1884—1930 年巴西的资本主义出口经济》一文中，对巴西咖啡生产的繁荣周期及其对工业发展的影响进行了研究。巴西在 1870 年后经历了一个咖啡繁荣的周期，咖啡出口由 1871 年的 382.7 万袋增至 1901 年的 1476 万袋。作为这一繁荣周期的结果，巴西 1870—1920 年出口人均年

---

① Stephen H. Haber,"Assessing the Obstacles to Industrialisation: The Mexican Economy, 1830-1940," *Journal of Latin American Studies*, Vol.24, No.1(1992), pp. 1-32.

② John H. Coatsworth, "Obstacles to Economic Growth in Nineteenth-Century Mexico," *American Historical Review*, Vol. 83, No. 1(1978), p. 81.

增长率为 1.6%，国民生产总值人均年增长率为 2.5%。梅略和塔瓦雷斯的文章认为，从当时的国际市场条件看，促使人们产生种植咖啡的强烈冲动和保证种植咖啡能获取高额利润的因素，是铁路延伸带来的处女地的开垦和大量劳动力的使用。咖啡出口的增加带来了出口能力的增加，从而允许：（1）咖啡产业以及城市部门和相关的服务部门得到资本品；（2）以低价格进口消费品，从而保证了劳动成本的低廉。

关于咖啡周期的形成，他们指出，咖啡周期不仅依赖于世界市场的需求，而且依赖于国内供给的条件，这种条件是由咖啡树需要 5～7 年的生长期方能结果所决定的。在短期内，咖啡的供给对世界市场需求的变化是无弹性的，但是供给因巴西政府有意识地干预而受到影响。

咖啡周期的特点是，先出现一个高价时期，伴之以生产能力的扩张、新土地的开垦，随后是供给过剩，价格不断下跌，最终出现经济危机和利润下跌。这种危机扩大到有关咖啡业的城市部门，并由此波及整个经济。

政府为缓解危机影响而采取了不同的政策。一种是当国际咖啡价格下跌时，实行本国货币贬值、外汇汇率上升的政策，这样做有利于咖啡出口，以保持高额利润。这种政策的另一种结果是增加了国内工业发展所需的资本品的进口价格，但由于保护是由汇率提供的，因此，更会增加当地产品的价格，从而带来一种国内部门的扩张。另一种政策是当咖啡供给过剩时，政府通过缩减咖啡种植和购买过剩咖啡并予以囤积来控制供给，这种措施虽然一度有效地稳定了咖啡价格，但却刺激了其他国家咖啡种植面积的扩大，加剧了供过于求的矛盾，最终导致国际市场咖啡价格猛跌，咖啡繁荣随之消失。

梅略和塔瓦雷斯指出，在出口和工业部门之间没有利益冲突，并且工业部门是作为出口扩大的结果而出现的。咖啡的扩张为工业部门的发展提供了如下条件：一是通过货币贬值手段带来的保护；二是劳动力市场的发展；三是咖啡部门没能完全吸收的经济剩余被投资于工业部门，使工业部门获益匪浅；四是与咖啡产业有关的劳动力导致一种对食品和衣物需求的增加，这些需求最初由国外供给，但后来就由国内生产取代了。因为食品和服装生产不需要很多资本，并且技术简单，只要求轻工业和消费品工业的发展就能得到满足。另外，在咖啡繁荣时期，巴西拥有许多利用率低下的资本，工业部门利用这些闲置资本进口了机器设备等资本品，当实施汇率限制和进口品变得昂贵时，这些资本品便被利用起来，促进了工业的发展。

沃伦·迪安在《1880—1945 年圣保罗的工业化》（奥斯汀，1969 年版）

中也指出，咖啡生产的扩张同工业增长并不相互排斥，相反，圣保罗的早期工业化是作为咖啡扩张的结果开始的。在 19 世纪末，由于出口收入增加引起国内市场扩大，由于货币工资的支付和连结国内市场的铁路的建设，工业扩张成为可能。此外，来自出口收入的外汇的利用使资本品的进口成为可能。这样，使收入增加和推动铁路建设的出口成为圣保罗工业增长的主要因素。

据沃伦·迪安研究，到第一次世界大战时，巴西的进口品占鞋靴消费量的不足 5%，帽子消费量的不足 15%，纺织品消费量的不足 20%。到 1919 年，棉纺工业号称拥有 130 万纱锭，渐渐地替代了进口。1920 年时已有 1.3 万多家制造企业，雇用 27.5 万名工人。到 1929 年，巴西钢产量为 5.7 万吨，占消费量的 11%。①

通过评述国外学者对拉美不同国家经济发展的研究，我们认为：

第一，不难看出，1870—1930 年的经济增长是出口导向型的增长。这种增长的发生，首先在出口部门，然后扩散到国内经济的其他部门。一方面由于生产要素（土地、资本、劳动力）的聚合，另一方面，技术进步和完成技术进步的企业家的能力使生产要素得到更为有效的利用，从而使经济增长成为可能。而在此之前拉美自然资源（土地和矿产资源）一度未能得以开发的原因，从需求看，在于人口少、收入低和交通网络的落后导致的缺乏市场；从供给看，尽管有丰富的自然资源，但缺乏资本，在某种情况下还缺少劳动力，更缺乏具备动员和利用各种生产要素能力的企业家。但 19 世纪 70 年代后，远洋运费的下降、通信的便利、国际市场货币流动加大、铁路的铺设，使得拉美国家的产品进入了欧洲市场，同时欧洲的资本、劳动力和技术也得以涌入拉美。从而拉美富饶的资源得以开发。

第二，"飞地理论"似乎不再能站得住脚，因为上述案例研究中不存在纯粹的"飞地"。许多学者都论证了最初的出口活动并没有仅仅局限在出口部门自身，而是通过"关联效应"机制扩展到了经济的其他部门。从出口部门的后向关联看，它推动了港口、铁路、通信设施建立，也推动了开垦土地、采用良种和农业机械，开辟牧场，引进畜种，以及企业家才能的训练。从需求关联看，它推动了人口的增长，收入的增加，国内需求的增加，市场的扩大，资本品的进口，建筑业、轻工业、食品工业的建立。不少学者试图说明，拉美通过开发沉睡的资源，而形成的更有效的资源配置，产生了一种重要的经

---

① ［英］莱斯利·贝瑟尔主编：《剑桥拉丁美洲史》第五卷，胡毓鼎等译，第 728-733 页。

济剩余，其中相当大的一部分被节余下来，并有助于当地的资本形成和经济增长。

第三，与出口导向增长有关的问题也不可忽视。首先是因过分依赖出口而造成的经济脆弱性问题。由于拉美大多数国家的供给受国际市场需求的左右，就供给相对需求价格而言弹性小，原来配置在出口部门的生产要素除为出口服务外，在国际市场上很难找到出路。因此，基于出口部门扩大的经济增长非常容易遭受国际市场价格波动的打击。其次是如何解决国际价格变动带来的国际收支不平衡问题。根本的解决办法是增加出口和减少进口，但在拉美，当发生不利的国际价格变动时，政府往往面临两难选择：增加出口会导致国际收支的逆差和出口部门的危机，减少进口会削减政府的（关税）收入，削弱偿债能力。最后，当资源开始衰退或受报酬递减规律影响时，当资源和人口的最初的有利关系发生变化时，如何随供给条件的变化来调整经济和怎样重新配置资源？这些都是要解决的问题。

尽管有问题存在，但将出口导向的经济增长同后来的内向增长战略相比较，前者充分利用资源优势带动经济增长这一点是值得充分肯定的。

（本文原载于《世界历史》1995 年第 3 期，标题为"1870—1930 年拉丁美洲的经济增长"）

拉丁美洲的早期工业化

　　工业化是指机器大工业在国民经济中发展并达到占统治地位的过程，是一个国家由农业国向工业国转化的过程，是国民经济结构中以农业为主的经济转化为以工业为主的经济的发展过程。拉丁美洲的工业化是从何时开始的？国外学者有两种观点。一是依附论学者和结构主义学者所坚持的观点，即始于 20 世纪 30 年代初的经济大萧条；二是一种比较新的观点，主张把 1914 年、19 世纪 80 年代甚至更早几十年作为工业发展的开端。①这两种观点也分别被一些中国学者接受，但前一种影响更大。究竟哪一种观点更符合实际呢？澄清这一问题意义重大，因为它关系到对拉美现代化进程的分期和成果的正确估价。笔者倾向于后一观点，即认为在 1930 年前拉美国家的工业化就有了一定程度的发展，正是这种发展才为 1930 年以后拉美的进口替代工业化模式奠定了基础。为使人们对拉美国家的工业化有一个较为全面的了解，本文拟对 1930 年前的拉美工业化进程及其特点作一初步探讨。

一、独立后至 1870 年的工业简况

　　19 世纪初独立以后，由于内部战乱和外国商品的倾销，拉美国家的工业处于停滞不前的状态。当时，殖民地末期的两种类型的工业均被保留了下来，即面向国外市场的出口加工业和面向国内市场的工场手工业与家庭工业。就前者看，比较重要的有阿根廷的腌肉工厂、羊毛洗涤和羊脂提炼工厂、制盐工厂，哥伦比亚的黄金开采业，秘鲁和墨西哥的银矿业，智利的铜矿开采和

---

　　① ［英］莱斯利·贝瑟尔主编：《剑桥拉丁美洲史》第四卷，涂光楠等译，社会科学文献出版社 1991 年版，第 266-267 页。

铸造业，古巴的蔗糖业。大约从 19 世纪 40 年代开始，出口加工业得到恢复并有了新的发展。

　　就面向国内市场的家庭工业和工场手工业部门来看，家庭工业一般加工人们所急需的食品，如面包、面粉、腌肉、酒，还烧制家庭使用的餐具、陶器、玻璃制品和砖瓦；纺织工场则生产一些简单的布匹和毛纺织品；手工业部门还利用畜牧业的副产品生产出一系列的消费品，如皮鞋、皮裙、皮裤、马勒、马具、皮带、皮包、皮桶、肥皂和蜡烛；一些小铸造厂可以生产诸如马镫、刀剪（餐具）、手工工具等简单的金属制品。至于更复杂的高级制成品，一般依赖于进口，但其消费仅限于少数上层人物。

　　在西欧国家曾出现过"原工业化"的过程，即由生产力较低、规模较小、面向市场的农村家庭工业向使用现代机器、利用成熟的劳动分工并享有较高劳动生产率的现代工厂制的过渡。它是工业化过程的第一阶段，为工业化创造了诸多前提，如熟练劳动力、资本、先进的生产组织、联系国内外的市场网络、农业的资本化等。[①] 在拉美，所谓"原工业化"就是通过进口技术的转让将工场手工业或家庭工业变成现代制造业的过程。但贝里、利比、巴托等学者的许多案例研究表明，拉美没有经历这样的过程，在到 19 世纪末出现的现代工厂中，没有一个是直接起源于"家庭工业"（cattage industry）的。[②] 相反，拉美现代制造业的发展是一个独立的过程，在 1870 年以后，现代工厂经常成为手工业的直接竞争者，并大大削弱了手工业的重要性。在有些地方，由于交通不便和较高的关税，手工业得到了一定程度的保护，直到 1900 年，在除去南锥体国家以外的大多数拉美国家，手工业仍比现代制造业更重要。但由于缺少资金，缺少拥有社会和政治权力的企业家，以及主要依赖家庭成员劳动的局限性，它们显然无力转化为生产力较高的现代制造业。

　　既然拉美不存在"原工业化"，那么制造业能力的提高就不得不依靠发展现代工厂。然而，在大规模发展现代工业之前，现代制造业本身面临着一些需要克服的困难，如能源供应（煤炭和水力）的不确定、市场需求规模的狭小、运输成本太高、资金融通不便，以及原料供给和政府政策工具的运用等问题。

　　最早的面向国内市场的现代工业是纺织业，如 1838—1845 年墨西哥的纺

---

　　① 钱乘旦主编：《现代文明的起源与演进》，南京大学出版社 1991 年版，第 72 页。

　　② Victor Bulmer-Thomas, *The Economic History of Latin America Since Independence*, Cambridge: Cambridge University Press, 1994, p. 131.

织业曾有过较快的发展。据 1843 年的统计，在全国最大的 59 家纺织厂中，已经有 2 家使用了蒸汽动力，另外的大部分以水动和畜动为主，完全使用手工操作的有 9 家。[①]在其他国家的工业中，使用蒸汽动力者更是凤毛麟角。从整个拉美看，为国内市场服务的现代工业只是到 1870 年以后才真正开始发展起来。

二、1870—1914 年现代工业的建立

19 世纪 50 年代，特别是 70 年代以后，拉美国家出现了一系列推动现代工业发展的有利因素。

人口增长和城市化的发展。1850—1900 年拉美人口从 3050 万增至 6190 万（增加人口中有近一半是外来移民），1930 年又增至 1.04 亿。城市规模迅速扩大，1870—1930 年，居住在城市的人口比重有了大幅度增长。其中，居住在 1 万人以上的城市中的人口占全国人口的比重，阿根廷从 17.3%增至 38.1%，智利从 15.2%增至 38%，委内瑞拉从 16.8%增至 36.7%，古巴 1899 年就达到了 30.7%。另外，巴西、墨西哥、秘鲁、哥伦比亚的这一比重在 1930 年接近 15%，乌拉圭则达到 30%以上。[②]

外国资本的涌入。为了将拉美建成原料产地和商品市场，1870 年后大量外国资本涌入拉美国家。到 1914 年，外国直接投资总额达 75.69 亿美元，其中英国占 47.4%，美国占 18.4%；贷款总额为 22.29 亿美元，其中英国占 67.8%，美国占 13.8%。[③]外资主要投向基础设施、公用设施、出口加工工业和采矿业。

金融机构的建立。发展工业需要银行融通资金，到 1913 年，阿根廷已经建立了 13 家银行，有国际银行的支行 76 家。巴西建立银行 17 家，有国际银行支行 48 家。[④]但是，大多数银行愿意支持初级产品的出口，银行法规对提供给工业所需的长期贷款的条件较为苛刻，倒是欧洲移民团体所创立的银行更愿意为工业服务。

铁路网络的快速形成。从 19 世纪中叶起，主要拉美国家积极筹措资金，

① 陆国俊、金计初主编：《拉丁美洲资本主义发展》，人民出版社 1997 年版，第 56 页。

② ［英］莱斯利·贝瑟尔：《剑桥拉丁美洲史》第四卷，涂光楠等译，第 235、242 页。

③ Victor Bulmer-Thomas, *The Economic History of Latin America Since Independence*, p. 104.

④ Victor Bulmer-Thomas, *The Economic History of Latin America Since Independence*, p. 99.

修筑铁路，建设港口。1851 年秘鲁建成了从利马到卡亚俄的拉美大陆上的第一条铁路，[1]到 1913 年，拉美各国铁路总长达 83246 公里。其中，阿根廷达 31859 公里，巴西达 24737 公里，墨西哥达 25600 公里，这 3 国占整个拉美铁路总长的 98%以上。[2]铁路将矿山、农场与城市和港口连接起来，初步形成了一个交通网络。铁路的修建降低了运输成本，进口数量的增加和商品经济的不断增长，加速了破坏手工业和其他传统制造业的发展进程。

电力公用事业的普及和 20 世纪初水力发电厂的建成投产，使可靠和廉价的能源得到保障。

初级产品出口数量大幅度增加，带来了购买力的稳定提高。1850 年，拉美的出口总值仅 1.59 亿美元，到 1912 年已经达到 15.8 亿美元，增加了近 9 倍。[3]

工业向作为大市场的大城市集中。巴西的咖啡出口导致了人口向里约热内卢和圣保罗的集中。布宜诺斯艾利斯的人口在 1913 年占整个阿根廷人口的 20%，该地成为阿根廷现代工业的主要所在地。蒙得维的亚对乌拉圭潜在的企业家来说，是具有不可抗拒的诱惑力的地方。只有墨西哥稍有例外，尽管该国工业生产的最大部分位于首府，但普埃布拉和蒙特雷仍是 20 世纪初墨西哥重要的工业城市。

各国人均实际收入的提高也极大地影响了工业生产水平。由于阿根廷人口大大少于巴西或墨西哥，因此，随着它的出口收入的增加，对制造业也产生了积极的影响。1913 年其制造业附加价值额为 61900 万美元，人均制造业净产出为 84 美元，而巴西、墨西哥、智利相应的数字为 44000 万美元（1920 年）、31700 万美元（1910 年）、18400 美元；人均附加价值分别为 16 美元、24 美元、53 美元。[4]

政府利用关税政策调整价格水平，促进工业增长。19 世纪中期，拉美国家普遍的关税水平为 25%～30%，1850—1875 年由于手工业行会力量的削弱和自由主义的主张占据上风，一些国家削减了关税；1875 年以后，关税的保护成分增加，到 1913 年拉美的关税比澳大利亚（16.5%）、加拿大（17.1%）和美国（17.7%）都高，有些国家如巴西（39.7%）、乌拉圭（34.4%）和委内

---

① 1838 年古巴建成了从哈瓦那到古伊内斯全长 30 公里的铁路，这是拉美的第一条铁路。

② Victor Bulmer-Thomas, *The Economic History of Latin America Since Independence*, p. 107.

③ Victor Bulmer-Thomas, *The Economic History of Latin America Since Independence*, p. 433.

④ Victor Bulmer-Thomas, *The Economic History of Latin America Since Independence*, p. 137.

瑞拉（45.8%）则更高。①

在上述因素的综合促进之下，从 19 世纪 70 年代起，拉美的现代工业率先在出口部门获得了很大的发展。到"第一次世界大战前夕，拉美的资本密集型出口加工工厂在规模和结构上，都可以与世界上任何地方的同类采掘企业和加工企业相媲美"②。同时，面向国内市场的工业生产也逐步建立起来，但仅限于少数国家，主要是市场规模较大的巴西和墨西哥，出口增长较快的秘鲁，人均收入较高的智利和乌拉圭，以及前三个条件都具备的阿根廷。各主要国家工业发展的具体情况如下。

阿根廷。农牧业的出口、铁路的兴建、移民的流入、城市人口的增加为阿根廷工业发展创造了良好的社会环境。阿根廷的工业包括三类：一是供出口的农牧产品加工业，即肉类冷藏加工业、面粉业；二是应农牧业和交通运输业所需而发展起来的机器（农机、机车等）修理业；三是为满足人们不断增长的生活消费需求而发展起来的食品加工和纺织业。

肉类冷藏加工业完全是应英国市场的需求发展起来的，最早的投资也是英国资本。1883 年，英国组成拉普拉塔鲜肉公司，投资 10 万英镑，在阿根廷的巴拉那河畔小镇坎帕那兴建第一家肉类冷藏加工厂。到 1914 年阿根廷已经有 10 家大型肉类冷藏加工厂，生产罐头和冷冻、速冻牛羊肉，主要销往英国市场，小量出口到南非、荷兰和法国。1910 年，美国资本控制了阿根廷肉类冷藏加工业的 60%，超过了英国。

制糖业基地在图库曼地区，1860 年就引进了蒸汽机，但由于远离出口港布宜诺斯艾利斯，交通不便，生产发展缓慢。1876 年铁路通到图库曼后，制糖业才大跨步发展。甘蔗种植面积由 1875 年的 2000 公顷扩大到 1910 年的 7 万公顷，产糖量由 1885 年的 3 万吨上升到 1910 年的 30 万吨。1914 年，图库曼已经拥有 44 家糖厂，产品不仅供国内市场，还出口到乌拉圭等周边国家和英国。

面粉加工业随着移民流入所引起的饮食习惯的变化和小麦产量的增加而有了较大发展。1895 年面粉产量为 40 万吨左右，到 1914 年产量翻了 4 番，大型加工厂达 400 多家。

酿酒业主要分布在西部门多萨地区，那里盛产葡萄，历史上早就有酿酒

---

① Victor Bulmer-Thomas, *The Economic History of Latin America Since Independence*, pp. 141-142.

② ［英］莱斯利·贝瑟尔主编：《剑桥拉丁美洲史》第四卷，涂光楠等译，第 275-276 页。

业，但铁路修通后才有了较大的发展。葡萄园由 1881 年的 2500 公顷扩大到 1910 年的 4.8 万公顷，圣胡安省也开始种植。引进的法国优良品种淘汰了当地品种。1910 年全国酒的总产量达 3 亿升。

阿根廷的纺织业较为落后，但到 19 世纪末，服装和鞋帽已经可以满足国内市场的需要。麻袋制造业也有较大发展，1900 年有 5 家大型制造厂。

19 世纪 80 年代，阿根廷已经利用进口的铁锭制造供家用和工业用的多种金属产品。1895—1914 年，阿根廷冶金工业雇用的工人人数从 6000 名增加到 1.46 万名。[①]

到 1914 年，已经建成的铁路达 3.4 万公里，把内地和沿海城镇连成一片，初步形成了一个全国性市场。此时，工业生产满足国内需要的比例已经很高，其中食品 91%、纺织品 88%、建筑 80%、家具 70%、冶金产品 33%。1895—1914 年，工业企业数目由 22204 个增加到 48779 个，资本额由 3.27 亿比索增加到 17.87 亿比索，工业就业人数由 17.5 万增加到 41 万。[②]

巴西。外国银行和公司的投资促进了巴西公用设施和基础设施的建设。1883 年第一座发电站在米纳斯吉拉斯建成，到 1915 年已经有发电站 104 座。由于火力发电受到煤炭需要进口的制约，到 1900 年在规模上已经被水力发电超过。到 1908 年总发电量达到 100 兆瓦，1929 年更增加到 780 兆瓦。铁路建设也很快，1890 年有 1 万公里左右的线路，到 1914 年已经延长到 26062 公里。港口、码头都在扩建。

在帝国的最后 10 年，巴西对工业的投资达到 40 万孔多（近 250 万英镑），工厂数目由 1881 年的 200 多家增加到 1889 年的 636 家。这种可观的进步一直持续到共和国时期。1907 年，巴西进行了一次普查，结果表明，全国共有 3258 家工厂，雇用了 150841 名工人。从地理分布看，联邦区的生产占 33%（包括毗邻的里约热内卢州的 7%），圣保罗州占 16%，南里约格兰德州占 15%，以后的其他州都未曾达到 5%。圣保罗州在后来成为全国最大的工业生产基地，占全国工业生产比重的 40%。之所以如此，是因为该州盛产咖啡，从而有利于向工业转移财力、人力和技术，同时这里的水利资源丰富，水力发电得到发展。[③]就全国企业的类别看，当时食品工业占 26.7%，纺织业 20.6%，

①［英］莱斯利·贝瑟尔主编：《剑桥拉丁美洲史》第四卷，涂光楠等译，第 278 页。

②［英］莱斯利·贝瑟尔主编：《剑桥拉丁美洲史》第五卷，胡毓鼎等译，社会科学文献出版社 1992 年版，第 364-365 页。

③ Prado Junior Caio, *História Económica Do Brasil*, Buenos Aires: Ed. Futuro, 1960, pp. 288-290.

服装业 15.9%，化学工业 9.4%，其他工业 27.4%。[1]到 1913 年，一些进口品逐渐被国内工业替代，其中进口品占鞋靴消费量的不到 5%，帽子消费量的不到 15%，纺织品消费量的不到 20%。[2]但是，到 1913 年，工业收入在国民经济中的比重还只占 12%，而咖啡则占 50%，工业的布局也很不合理。

墨西哥。从 1837 年开始修建铁路，到 1873 年才实现第一条铁路的通车。1877 年迪亚斯上台后开始大规模建设铁路，到 1910 年铁路总长度已经达19280 公里，即完成了现今墨西哥铁路的 2/3 的建设。铁路的修筑为国内市场的形成和现代工业的发展创造了良好的条件。

采矿业是铁路建设的受益者。由于铁路解决了地处边远地区矿场的原料、设备和产品的运输问题，加之 1892 年新矿业法颁布后引来的大量外国资本，矿业开始了由传统的矿业生产结构向以最新采矿机械装备的现代化矿业体系的转变。产品既包括金、银等贵金属，也包括铁、煤、铅、铜、锡、石油等工业用矿物。1910—1911 年度黄金产量为 37000 公斤，白银为 230 万公斤，比 1880—1881 年度增长 4 倍。1905 年铜产量达到 65000 吨，成为仅次于智利的第二大产铜国。石油产量由 1900 年的 5000 桶增至 1911 年的 1255.2 万桶，成为当时世界上第二大产油国。

冶金业在铁路和采矿业的带动下也得到发展。北方重镇圣路易斯波多西和蒙特雷，利用英、美的煤和当地的铁于 1891 年建起了大型的钢铁冶炼厂，钢铁产量由 1900 年的 3 万吨增加到 1911 年的 8.4 万吨。

电力工业从 19 世纪后半叶开始出现，先是地方陆续兴建小型发电厂，用电力做照明和小型机械的能源。80 年代后，由于外资的投入和对电能需求的增长，以发电和电机制造为目的的工厂迅速发展。1899 年全国已经建成中小型发电厂 177 家，经过合并和组合最后形成了上百家电力公司，其中最大的27 家投资总额为 3350 万比索。电力能源的开发对其他工业部门使用电力机械促进生产发展起到了巨大的推动作用。

纺织业是墨西哥的传统工业，19 世纪 30 年代在外资推动下，出现了一批技术设备得到更新的大型纺织厂，到 80 年代，这种纺织厂的数目由 59 家增加到 97 家，1902 年最多时达 155 家。工厂的规模由 1886—1887 年度 9000台织机和 23 万个纱锭，发展到 1910—1911 年度的 2.4 万台织机和 72.5 万个

---

① Roberto Cochrane Simonsen, *A Evolução Industrial do Brasil*, São Paulo: Federação das Indústrias de São Paulo, 1939, pp. 25-26.

② [英]莱斯利·贝瑟尔主编：《剑桥拉丁美洲史》第五卷，胡毓鼎等译，第 730 页。

纱锭，工人人数由 1 万多人增加到 3.3 万人。产量由年产粗纱 1437 吨增加到 2766 吨，年产布由 400 万匹增加到 1500 万匹。到 1911 年，墨西哥的纺织品已经基本上达到自给。

加工制造业也得到发展。制糖业的产量由 1901 年的 7.5 万吨增加到 1911 年的 14.8 万吨，26 家大糖厂的产量占总产量的 60%。烟草业从 1890 年开始发展，到 1911 年已经有 300 多家大型烟厂，产量为 9.7 万吨。另外，食品、饮料、造纸、皮革等行业也得到较大发展。[①]

智利。从 19 世纪 40 年代开始，外资开始投资智利的铁路、港口、矿山、公用设施和制造业。到 1913 年，英国的投资达到 3 亿美元，美国的投资接近 2 亿美元。到 1914 年，智利拥有铁路 8638 公里，其中国家所有 5584 公里，超过 60%。19 世纪末，硝石业一跃成为智利的经济支柱。硝石出口由 1880 年的 22.4 万公吨增加到 1915 年的 202 万公吨。但"英智硝石公司"（英国资本）和"劳塔洛硝石公司"（美国资本）是智利硝石业的真正的主人。随着外资渗透的加速和公司规模的扩大，采铜业的生产方法由以前的原始开采变为采用资本密集型复杂技术和大规模生产，1914 年在埃尔特尼恩和丘基卡马塔兴建的两座铜矿分别是世界上最大的露天矿和矿井。同时，智利的制造业无论在企业的数量还是种类方面都得到很大发展。食品和饮料加工、炼糖、皮革制品、木材和纸张、化学品、铸造、机械、金属制造、水泥、陶瓷等各种工业在这个时期都得以建立和发展，大部分技术是进口的，许多企业主是在外国出生的，许多资金也来自国外。据统计，在全国 2449 个企业中，76.5% 是在 1880—1895 年建立的（其他建立于 1880 之前），60%集中在瓦尔帕莱索省和首都圣地亚哥。1887—1893 年，智利甚至建造了近 40 个机车和几十节货车车厢，到 1914 年，智利已经拥有一个愈来愈重要的制造业，其主要是满足国内需要。[②]

乌拉圭。乌拉圭的制造业在移民的影响下得到了发展。1863 年德籍工程师基培特第一次在乌拉圭建立起现代屠宰工厂，从此屠宰业迅速发展起来，到 1905 年，乌拉圭拥有 8 个分厂的全国第一家屠宰冷藏联合企业投入生产，这年的上半年向英国发售的冻牛有 3136 头，冻羊 83277 只。从 19 世纪 80 年代到 1908 年，不仅工业能源消费增加了几乎 3 倍，而且至少在蒙得维的亚，

---

① 郝名玮、冯秀文、钱明德：《外国资本与拉丁美洲国家的发展》，东方出版社 1998 年版，第 65-68 页。

② García Rigoberto F. Cordero y A. Izquierdo, *Economía y Geografía del Desarrollo en América Latina*, México, D.F: Fondo de Cultura Económica, 1987, pp. 413-414, pp. 370-371.

动力全部靠机械手段提供（3/4 靠蒸汽，1/4 靠电力）。工人就业人数由 1889 年的 3 万人增加到 1908 年的 4.1 万人和 1920 年的 5 万人。[①]国内制造业的扩大带来了进口商品结构的变化，1896—1900 年非耐用消费品和中间产品分别占进口总额的 56%和 17%，到 1906—1910 年则分别为 46%和 25%。[②]

秘鲁。1901 年，美国公司买下了塞罗德帕斯科和卡萨帕尔卡铜矿，到 1913 年控制了秘鲁 92%的铜的生产。国际石油公司则买下了秘鲁的油田，1915 年石油出口占秘鲁出口总额的 10%。[③]据统计，1891—1907 年秘鲁进口的不包括食品在内的各类消费制成品从 58%下降到 39%，特别是纺织品从 29.2%下降到 14.7%。当地生产的棉纺制品从 1901 年的 150 万码增加到 1908 年的 2500 万码，本地产品占全部供给的比率由 5%上升到 47%。这种变化在很大程度上归因于本地工业的发展。同时，从数量和价值上看，啤酒、蜡烛、肥皂、香烟、鞋子、衬衫、葡萄酒、家具等产品自给率也都得到提高。到 1905 年，在除出口加工和粮食加工企业外的 111 个城市制造业企业中，有 77 个（69%）是 1890 年以来新建立的。[④]

总的来说，1870—1914 年拉美国家的工业发展可以概括为以下几个特点。

第一，就工业发展的性质而言，是出口带动的工业化。欧洲国家第二次产业革命的发展需求工业原料、产品市场和资本输出，于是，大量欧洲资本涌入拉美，随着铁路建设和通信现代化，拉美政治上实现了稳定，同时创造了有利于经济发展的法律和体制上的条件。外国资本对初级产品加工业的投资，带来了资金和技术；随着初级产品出口的增加，国内利润也有所增加，并向面向国内生产的制造业扩散；而人口增长和外来移民大量入境引起的消费需求上升和工资收入的提高则有利于国内市场的扩大。一句话，出口导向的经济增长带动了工业发展。

第二，工业生产主要是为了供应国外市场，因为优先得到发展的是由外资控制的出口加工业和采矿业，而面向国内市场的制造业，特别是冶金工业和机器制造业极其薄弱。

第三，就面向国内市场的工业生产结构看，主要是轻工业得到了一定的

---

① [英]莱斯利·贝瑟尔主编：《剑桥拉丁美洲史》第五卷，涂光楠等译，第 475 页。
② [英]莱斯利·贝瑟尔主编：《剑桥拉丁美洲史》第四卷，涂光楠等译，第 313 页。
③ [英]莱斯利·贝瑟尔主编：《剑桥拉丁美洲史》第五卷，涂光楠等译，第 614—615 页。
④ Rosemary Thorp, and Geoffrey Bertram, *Peru 1890-1977: Growth and Policy in an Open Economy*, New York: Columbia University Press, 1978, pp. 33-35.

发展，其中食品加工和饮料业占整个制造业产出的比重最大，除巴西（40.7%）和墨西哥（37.7%）外，其他主要国家均在 50%以上，这是恩格尔定律的反映，尽管阿根廷（53.3%）和乌拉圭（51.9%）的这一数字包括了出口的加工食品。在整个制造业产出中，占据第二位的是纺织和成衣业，分别为巴西（33.4%）、墨西哥（29.5%）、智利（20.4%）、委内瑞拉（18.4%）、乌拉圭（11.3%）、阿根廷（9.6%）、秘鲁（7.5%）、哥伦比亚（5%）。巴西的纱锭到1910年就达到了 100 万个的纪录，墨西哥紧随其后。但阿根廷由于受比较利益学说的不良影响，到 1930 年其纺织业仍是不发达的。[①]19 世纪末和 20 世纪初，城市化的发展为建筑业提供了绝好的机会，到1914年除阿根廷外的主要国家都建立起了水泥工业。但金属工业仍很落后，只有墨西哥建立了一个现代钢铁工业部门。

这样，到 1913 年，食品加工、纺织和成衣业占大多数拉美国家制造业的75%，这种不成熟的结构总体反映了该地区人均实际收入水平和消费结构的情况。作为这些工业增长的结果，进口格局发生了变化，非耐用消费品占据的份额急剧下降，到 1913 年，在大国中，资本品、中间产品已经在进口品中占据支配地位，消费品的份额被削减到了 1/3，而在现代工业未扎根的国家，消费品的进口份额超过了 50%。[②]

第四，就技术水平和工厂规模来看，除了出口部门外，便没有大规模的现代工厂了。1914 年前，阿根廷的基尔梅斯酿酒厂、洛马斯德萨莫拉酿酒厂，巴西圣保罗的安塔尔蒂加酿酒厂，里约热内卢的面粉加工厂，墨西哥、巴西、秘鲁的纺织厂都是规模较大和技术较新的工厂，但它们不具有代表意义。大多数情况下，工业企业的规模是小的，技术也是落后的。如布宜诺斯艾利斯1882 年工业企业平均雇佣工人为 6 人，到 1914 年，小工厂仍是绝大多数工业机构的主要特征；智利1914 年雇佣 5 名以下工人的企业仍占本国制造业企业的 1/2 以上。[③]巴西 1920 年工业调查表明，有工厂工人约 27.5 万人，尽管没有将许多小作坊统计在内，平均每个工厂也只有 21 名工人。[④]

第五，主要工业部门控制在外国资本或外国移民手里。19 世纪 90 年代，一些原来由拉美企业家控制的企业纷纷被外国公司购买，制造业中的本国企

① Victor Bulmer-Thomas, *The Economic History of Latin America Since Independence*, p. 138.

② Victor Bulmer-Thomas, *The Economic History of Latin America Since Independence*, p. 138.

③ [英]莱斯利·贝瑟尔主编：《剑桥拉丁美洲史》第四卷，涂光楠等译，第 276—277 页。

④ [英]莱斯利·贝瑟尔主编：《剑桥拉丁美洲史》第四卷，涂光楠等译，第 326 页。

业不断消失。如阿根廷，1913 年拥有工业企业 4.9 万家，其中 3.15 万家是外资企业，1.5 万家是合资企业，本国资本拥有的企业只有 0.25 万家。[①] 再如墨西哥，1904 年外资控制墨西哥工业的具体情况是：铁路 40%，采矿业 98%，电力工业 87%，加工制造业 84%，石油工业 100%，金融业 76%。在当时墨西哥最大的 170 家工业部门中，墨西哥民族资本只占 23%，而私人资本只占 9%。[②]

第六，整个工业化水平仍很低。现代工业发展仅仅局限于少数国家，就这些国家而言，1913 年制造业产出占 GDP 的百分比仍很低，具体情况是：阿根廷 16.6%，智利 14.5%，墨西哥 12.3%，巴西 12.1%，哥伦比亚 6.7%。[③]

三、1914—1930 年现代工业的初步发展

第一次世界大战粉碎了 1914 年前现代工业得以兴起的正常环境：一是进口制成品价格的提高和进口额的减少，包括资本品的减少，从而刺激了国内现有工业生产能力的扩大；二是出口价值的下跌，可能会因为出口收入减少而导致一种对制成品需求的下降，不利于制造业的发展。但这种情况持续的时间并不长，1915 年以后，随着欧洲战争的加剧和对战略物资需求的增加，战略原料（主要是矿产品）和必需食品价格出现上涨，并远远超过 1914 年的水平，重新上升的出口收益再次为一些拉美国家的国内工业创造了有利的市场条件。大战直接或间接地促进了制造业的发展。

智利和秘鲁出现了制成品进口减少和出口收入增加相结合的情况，属于工业发展环境达到最优状态的国家。1914 年后，智利的硝石、铜、铁、钴、锌、钨、锰等矿产品，是最重要的战略物资，国外市场需求量很大，得到了迅速发展。特别是硝石，是制炸药和肥料的重要原料，战争中更是供不应求。战争初期，智利供给世界硝石需求量的 90%。1917 年，智利硝石产量达到 300 万吨，出口 280 万吨，价值为 213.7 万比索，达到历史上的最高记录。[④] 除了采矿业外，智利的纺织、面粉、肉类加工、化学和水泥等工业部门，在

---

① 郝名玮、冯秀文、钱明德：《外国资本与拉丁美洲国家的发展》，第 194-195 页。
② 郝名玮、冯秀文、钱明德：《外国资本与拉丁美洲国家的发展》，第 75 页。
③ Victor Bulmer-Thomas, *The Economic History of Latin America Since Independence*, p. 137.
④ 樊亢等主编：《外国经济史》第二册，人民出版社 1984 年版，第 376 页。

战时也各有不同程度的发展。秘鲁的石油、铜、糖和棉花的国外市场条件十分有利，当时主要依靠出口税的政府收入在 1915 年末到 1918 年从 2800 万比索增至 4000 万比索。①战争期间纺织业和食品加工业得到扩大，1905—1918 年工厂数目增加了 1 倍多。其中，纺织和制衣由 24 家增至 30 家；制革业由 17 家增至 35 家；鞋厂由 1 家增至 7 家；饮料由 9 家增至 104 家；食品加工由 85 家增至 128 家。②工人最集中之处是一些大纺织厂，如比塔尔特厂在 1918 年有 3835 名工人。

　　阿根廷和乌拉圭在战争期间，一方面出现了进口制成品的减少，有利于刺激两国制造业的发展，如纺织业得到急剧扩大，一些新的公司得以建立（如乌拉圭 1920 年有 3704 家从事制造业的机构，另有 401 家其他工业企业）③，但有些部门（如阿根廷的金属业）没有足够的能力对进口减少的刺激作出反应，所以产出实际上是下降了。两国都设法增加对邻国出口制成品，如阿根廷向巴西出口面粉，乌拉圭向阿根廷出口帽子。阿根廷的化学工业随着硫酸铝的首次生产而得到推动，汽车装配业也于 1916 年兴起。但另一方面，由于战争期间出口量的下降和贸易条件的恶化，出口收入减少，随之而来的是对制成品需求的下降。特别是由于政府预算的减少，依赖于公共工程合同的建筑材料业严重衰退。另外，战争期间对资本品和中间产品进口的限制，也对制造业产生了不利影响。就整个工业的运行来看是不景气的，阿根廷制造业指标表明，1919 年未超过 1913 年的产出水平。

　　巴西尽管也出现了出口量下降和贸易条件恶化，但由于选择了通过奉行宽松的财政和货币政策来适应预算赤字，国内需求并没有下降到像阿根廷一样低的水平。统计资料表明，巴西工业在经历了 1914 年最初的急剧下降之后，整个战争年代都是扩张的，1912—1920 年产业工人的数量几乎增加了 1 倍。尽管资本设备的进口受到限制，战时仍建立了 5936 个新的工业企业，全国的工业企业约增加了 1 倍。到 1920 年，巴西制造业企业达 1.3 万家，雇佣工人达 27.5 万。在这些企业中，变化较大的是食品工业，它已经上升到第一位，占整个工业产值的 40.2%，这是因为出现了一个新的部门，即肉类冷藏加工

---

　　① ［美］弗雷德里克·B. 派克：《秘鲁近代史》下册，辽宁大学历史系翻译组译，辽宁人民出版社 1975 年版，第 424 页。

　　② Rosemary Thorp, and Geoffrey Bertram, *Peru 1890-1977: Growth and Policy in an Open Economy*, p. 122.

　　③ ［英］莱斯利·贝瑟尔主编：《剑桥拉丁美洲史》第五卷，胡毓鼎等译，第 476 页。

业，它是由美国人投资兴建的，1918 年出口肉类达 60509 吨。另外，纺织业占 27.6%，服装业占 8.2%，化学工业占 7.9%，其他工业占 16.1%。工业共拥有动力 310424 马力。[①]工业发展到这个地步，已经在国家经济中占有重要地位，国内相当一部分消费品是国产的，替代了进口。但是，由于巴西大部分工业是寄生在高关税和不断的汇率下跌上，主要依赖国内市场，缺乏外部竞争，这就决定了巴西工业只是数量上的增长，质量依然照旧，呈现出规模小、产量低、分散化的特点。

墨西哥的工业运行与其说是受世界大战的影响倒不如说是受其国内革命高涨的冲击，作为当时最重要部门的纺织业的产出在 1913—1918 年下跌了 38%，1921 年制造业的产出仍低于 1910 年水平的 9%。因内战、1913—1916 年过度通货膨胀插曲中的实际工资的崩溃和该国社会基础设施（特别是铁路）的被破坏导致的需求的衰退，削弱了由进口减少可能提供的任何积极的刺激。

第一次世界大战结束后，大量竞争性的国外制成品涌入拉美市场，给许多国家的工业带来了冲击。由于 1920—1921 年出现了一次世界经济萧条，拉美国家通过汇率贬值改善了国际收支并提高了关税保护之后，冲击才得以缓解。同时，随着世界市场需求的恢复和拉美出口收入的增加，刺激了国内市场对制成品的需求。拉美工业发展又出现了较为良好的环境。

智利的铜取代硝石成为主要的出口品，1929 年智利的铜产量达到 32.1 万吨，占世界总产量的 18%，仅次于美国。同时，铜的出口占智利出口额的 40%。[②]智利矿业活动的加强有助于小资本品工业的兴起。到 20 世纪 20 年代末，由当地生产满足的对中间产品、资本品和耐用品的需求份额达到 30%（1914 年是 16.6%），并且 80%以上的对非耐用消费品的需求都由当地满足。该时期智利工业可以看出 4 种主要趋向：生产规模上发生了有利于大企业的变化；本地制造商增加了将近 50%的国内市场占有率；日用消费品如食品、纺织品在国内制造业总产量中所占比重相对下降，而耐用消费品、中间产品和资本货如纸张、化学制品、机械和运输设备的比重增加；制造业增加了它占国民生产总值的相对比例。[③]

---

① Roberto Cochrane Simonsen, *A Evolução Industrial do Brasil*, pp. 25-26.

② [巴]塞尔索·富尔塔多：《拉丁美洲经济的发展》，徐世澄译，上海译文出版社 1981 年版，第 181 页。

③ [英]莱斯利·贝瑟尔主编：《剑桥拉丁美洲史》第四卷，涂光楠等译，第 280 页。

阿根廷工业恢复了战前发展的势头，1925—1930 年工业生产比 1900—1904 年增长了 276%。肉类冷藏加工、面粉、酿酒和制糖 4 大传统工业发展迅速，1929 年面粉产量比 1922 年翻了一番；酿酒由 1920 年的 50 万公斤增加到 1929 年的 83.6 万公斤；肉类冷藏加工业广泛应用美国的先进技术，生产速冻牛、羊肉。同时，建成了一批新兴工业部门，如采矿业、木材业、造纸业、化工业、石油加工业、橡胶加工业、建材业。这些工业的产品主要供应国内市场。如水泥厂由 1917 年的 1 家发展为 1929 年的 10 家，生产水泥 40 万吨；大型纺织厂由 1918 年的 2 家发展到 1929 年的 5 家，拥有 5.24 万支纱锭。工业发展带动了能源工业，阿根廷的石油产量由 1916 年的 2.1 万立方米增加到 1929 年的 140 万立方米，能够满足国内能源需求的 50%。发电量由 1916 年的 22.6 万千瓦增至 1930 年的 78.7 万千瓦。[1]1929 年与 1900 年相比，阿根廷的化学产品增长了 5.1 倍，而金属、机械和车辆产量则增长了 24.6 倍。[2]

巴西工业产出在 1920—1929 年上升 55%，年均增长 5%。工业设备的进口迅速上升，到 1929 年达到高峰，创造了新的工业能力，许多新工业部门得以建立，包括药物、化学品、纺织机器、炼糖机器、汽车零件、磅秤、卡车车体、煤气炉和农具等公司，大规模的钢铁制造业也开始起步，20 世纪 20 年代，一家比利时公司为米纳斯吉拉斯一家新建的以木炭为燃料的铁厂增添了一些炼钢炉和一台轧钢机。圣保罗和里约热内卢的小型电炉开始回收利用废钢铁。到 1929 年，巴西钢产量为 5.7 万吨，占消费量的 11%。[3]1928 年，巴西的企业数目已增至 31745 家，其中有 500—1000 工人的企业有 61 家。1929 年，纺织企业有 359 家，工人有 12.3 万人。[4]纱锭的数量由 1915 年的 150 万个增加到 1929 年的 270 万个，织布机的数量由 5.1 万台增加到 8 万台。[5]同年，巴西的工业生产总值也比 1914 年增长了 3 倍。[6]该时期的最后几年，巴西最重要的特征是在运输设备、化学和电器用品部门出现了两方面互相联系的变化，一是在电力供应量增加和国内需求扩大的影响下，生产能力迅速增

---

① 陆国俊、金计初主编：《拉丁美洲资本主义发展》，第 260-261 页。

② [英]莱斯利·贝瑟尔主编：《剑桥拉丁美洲史》第四卷，涂光楠等译，第 280 页。

③ [英]莱斯利·贝瑟尔主编：《剑桥拉丁美洲史》第五卷，胡毓鼎等译，第 733 页。

④ 苏联科学院历史研究所编著：《巴西史纲》上册，辽宁人民出版社 1975 年版，368-369 页。

⑤ [巴]塞尔索·富尔塔多：《拉丁美洲经济的发展》，徐世澄译，第 99 页。

⑥ 樊亢等主编：《外国经济史》第三册，人民出版社 1984 年版，第 315 页。

长。1921—1928 年，新增 124 座发电站，总能量为 198629 马力。二是这些次一级部门受到跨国公司资本的渗透。1919—1932 年美国的跨国公司在巴西建立了 16 个附属公司，涉及的部门主要是汽车发动机、药品、化学产品、电机、食品。1929 年，英国在巴西的投资总额为 14.19 亿美元，美国的投资总额为 4.76 亿美元。

墨西哥的制造业产量在 1901—1910 年年均增长 3.1%，而 1911—1921 年年均下降 0.9%，尔后又于 1922—1935 年年均增长 3.8%。1923 年，矿业生产基本达到了战前水平。石油开采由 1910—1911 年的年均产值 20 万比索增加到 1920 年的 51.7 万比索。加工工业总产值由 1902 年的 1.44 亿比索增加到 1929 年的 9 亿比索，增长了 5 倍多。[1]1929 年工业（制造、电力、建筑）生产已经超过采矿业。这后一时期墨西哥制造业在质量上发生了变化，即增加了对电力特别是廉价水力发电的使用和公司规模得到扩大。

秘鲁的出口增长虽然很大，但由于出口企业为外国公司所控制，出口收入中的"返回价值"（以工资、税收、原料支出等形式留在国内的部分）却微不足道，如国际石油公司 1916—1929 年的销售总额为 30560 万美元，但"返回价值"仅为 4390 万美元，并且由于关税保护（20.4%）未能恢复到战前水平（25.4%），对国内制造业的刺激被削弱。[2]结果，制造业企业数目在 1918—1933 年的 15 年间仅增加 18%，其中多数企业是为战后国家诱发的建筑热提供建筑材料，而这种建筑热仅持续到 1926 年。纺织业则呈现出增长停滞的趋势。[3]

委内瑞拉的石油开采从 1921 年开始起飞，到 1926 年石油已超过咖啡成为第一出口品。1928 年约有 150 家石油公司在加拉加斯注册，委内瑞拉已成为世界第一石油出口国和仅次于美国的第二石油生产国，1930 年石油产量达到 2011 万吨。随着石油的大规模开采和石油收入的不断提高，委内瑞拉对制造业的投资也逐步增加，1930 年达 1.5 亿玻利瓦尔，工业设备和机器的进口也随之增加，1925—1930 年，平均每年进口额为 1590 万玻利瓦尔。1936 年，委内瑞拉的制造业企业已经达到 8025 家，生产食糖 13037 吨，啤酒 1916 万公斤，棉布 417.5 万米，水泥 37580 吨。[4]

① 樊亢等主编：《外国经济史》第三册，第 315 页。

② Victor Bulmer-Thomas, *The Economic History of Latin America Since Independence*, p. 190.

③ [英]莱斯利·贝瑟尔主编：《剑桥拉丁美洲史》第五卷，胡毓鼎等译，第 644 页。

④ 陆国俊、金计初主编：《拉丁美洲资本主义发展》，第 305—306 页。

　　哥伦比亚的出口在 1905—1929 年翻了 9 番，同期进口增长了 11 倍。关税收入达到空前水平，由 1924 年的 1990 万比索增加到 1928 年的 4120 万比索。1930 年，哥伦比亚依靠保护性关税在纺织、食品加工和其他小型消费品工业方面建立了基础。较大的工厂有麦德林的纺织厂、拉曼努埃利塔和辛塞林的两家糖厂、托利马的圣安娜银矿，以及许多较分散的咖啡加工厂。①

　　其他一些国家，如中美洲和加勒比的小国，再加上玻利维亚、厄瓜多尔、巴拉圭，制造业甚至没有起步。古巴、海地、多米尼加共和国都增加了关税保护，但仅仅是限制了食品进口，促进了国内的粮食生产。

　　总的来看，第一次世界大战的影响是十分重要的，它揭示了拉美国家经济的弱点，凸显了过分依靠对外经济部门的危险性，同时它促使大战前已经投产的工业生产能力得到更有效的利用。而 1919 年后的重新整顿又进一步加强了绝大多数国家工业企业的地位，使工业化又有了比较快的增长。但是，也应看到，1914—1930 年拉美国家工业化的特点没有突破前一阶段的框架。

　　第一，就整个拉美而言，工业化与出口扩大联系密切，工业部门仍然是出口导向模式中的小伙伴。工业产出严重依赖国内市场，而国内需求又是出口部门运气好坏的反映，即工业发展水平与过去的出口增长率和人均出口水平相关。

　　第二，工业部门内部结构的格局没有新变化，仍是采矿业和出口加工业较发达，而面向国内市场的制造业较薄弱；在后者中，食品工业和纺织工业占有较大比重；企业规模普遍较小；重工业比重极小。

　　第三，工业化水平仍不高。阿根廷是最富裕的共和国，也是处于工业最先进行列的国家，20 世纪 20 年代末制造业产值占 GDP 总值的 19.5%，以 1970 年的价格计算，制造业产出为人均 112 美元（但阿根廷的工业深化不如巴西和智利）；第二类国家包括智利和乌拉圭，制造业产值占 GDP 总值的比重分别为 12.6% 和 15.6%，人均制造业产出分别为 65 美元和 93 美元；第三类包括巴西、墨西哥、秘鲁，它们的制造业产值占 GDP 总值的比重分别 12.5%、11.8%、7.7%，人均制造业产出均低于 30 美元。委内瑞拉也属于后一类，其工业和手工业产值占整个 GDP 的 16.1%。其他地方甚至哥伦比亚，现代制造

---

　　① ［英］莱斯利·贝瑟尔主编：《剑桥拉丁美洲史》第五卷，胡毓鼎等译，第 668、671 页。

业部门仍是很小的。[①]

第四，技术方面基本上是转移而不是创造。如技术上最复杂的两个部门，即铁路和出口加工业（冷冻、榨糖、咖啡提炼等），不仅完全使用进口技术，而且没有产生与国内的联系效应。由于钢轨是进口的，采矿业、钢铁业和机械工业都没有得到铁路扩展的推动。

第五，外国通过强大的跨国公司控制着拉美的工业发展。如墨西哥 1928 年在 10.5 亿比索的石油投资总额中，本国资本只占 1158.2 万比索，其余全在外国资本的手里。外国资本控制的工厂多是些拥有现代设备的大厂，从纺织业看，外国资本只占企业数目的 8%，但却占总产值的 66.7%。[②]在阿根廷，肉类加工业占有重要的位置，1926 年的 14 家大型肉类加工企业中，美国资本占 8 家，英国占 5 家，阿根廷本国资本只占 1 家。[③]智利的工业在 1927 年有近 90%的企业是外国人的财产或为外国人所控制。[④]在委内瑞拉，1930 年受外国公司控制的石油生产的产值占整个 GDP 的 32.5%，比其他产业的产值都高。

四、促进工业发展的政府政策

关于政府工业化政策的研究，传统观点认为独立后到 1930 年拉美各国都信奉亚当·斯密的古典自由主义学说，多方面地试图向国外开放它们的经济，积极融入正在扩张的资本主义世界体系中。但实际上，一方面由于固有的伊比利亚人重商主义的传统势力，另一方面迫于当时财政和政治上的考虑，各

---

① Victor Bulmer-Thomas,*The Economic History of Latin America Since Independence*, pp. 190-191.另据富尔塔多研究：1929 年处于工业化进程的国家，工业部门在 GDP 中所占比重分别为阿根廷 22.8%；墨西哥 14.2%；巴西 11.7%；智利 7.9%；哥伦比亚 6.2%。参见[巴]塞尔索·富尔塔多《拉丁美洲经济的发展》，徐世澄译，第 91-92 页。再据海恩斯·R. 松塔格和拉菲尔·德·拉克鲁斯研究，1930 年委内瑞拉工业和手工业产值占整个 GDP 的比重为 16.1%；石油产值占 32.5%；贸易和服务业占 29.96%；农业占 21.4%。见 Heinz R. Sonntag, Rafael de la Cruz, and Stephanie Campbell, "The State and Industrialization in Venezuela," *Latin American Perspectives*, Vol. 12, No. 4(1985), p. 80.

② [苏]阿尔彼罗维奇等主编：《墨西哥近代现代史纲》，刘立勋译，生活·读书·新知三联书店 1974 年版，第 528-529 页。

③ 樊亢等主编：《外国经济史》第三册，第 317-318 页。

④ García Rigoberto F. Cordero y A. Izquierdo, *Economía y Geografía del Desarrollo en América Latina*, México, p. 420.

国政府的政策都是注重实效和主张干预经济的，甚至有少数国家提出了工业化的主张。如智利人曼努埃尔·卡米洛·维亚尔在布尔内斯执政期间（1841—1851）任财政部长，他说："任何以农业为主的国家，任何奴隶制和封建制度显露其丑恶嘴脸的国家，将在人类前进的步伐中掉队……如果我们不坚决而持久地促进工业化，那一前景也威胁着我们。"①1883年智利成立了工业家协会，次年组织了一次国家工业展览，并推动政府通过了具有保护本地工业发展内容的1897年关税法。②墨西哥早在1842年就成立了国家工业署。巴西1889年掌权的新的共和国政府设想了国家工业发展的前景，将农业部改名为工业部，并建立了巴西从未有过的工程学校。1818年和1925年政府两度颁布法令，对生产钢铁的公司给予广泛的特别的鼓励。③乌拉圭在何塞·巴特列的第二届政府时期（1911—1915）显示了国家对制造业促进和控制的趋势。政府建立了3个较为重要的国家银行，对电话、铁路、保险、电力和能源5个部门实行国有化，推动肉类冷藏加工业的国有化，实行政府对烟草、水泥、化学产品和炼油的垄断，设置一批计划机构以保障工业的合理增长。④此外，不少国家的政府在实际操作中采取了事实上的促进工业发展的政策。

第一，关税保护引起了各国广泛的重视。世界经济史专家麦迪森认为，在1870—1913年拉美国家属于世界上保护主义水平最高的国家。⑤在整个19世纪，对外贸征税，特别是向进口商品征收关税是政府收益的主要来源，各国决定增加关税的原因，最主要是考虑国家的财政收入，但不排除有些国家考虑到了对工业的保护。智利1877年出于财政上的考虑，实行了征收10%的关税附加费。1878年进行了较彻底的重新调整，规定对税收普遍增加35%，可以说，这既有财政上的目的，也是对保护主义者情绪作出的反应。新法律体现了差别关税的原则，对机器、工业原料和投入物的进口实行了免税，如对金属加工业的中间产品生铁、钢、锌、铁钉的进口给予免税。1878年法令

---

① ［美］E. 布莱德福德·伯恩斯：《简明拉丁美洲史》，王宁坤译，湖南教育出版社1989年版，第183-184页。

② García Rigoberto F. Cordero y A. Izquierdo, *Economía y Geografía del Desarrollo en América Latina*, p. 319, p. 415.

③ ［美］斯·罗博克：《巴西经济发展研究》，唐振彬译，上海译文出版社1980年版，第38页。

④ ［乌拉圭］弗朗西斯科·R. 平托斯：《巴特列与乌拉圭的历史发展过程》，辽宁大学外语系翻译组译，辽宁人民出版社1973年版，第96-97页。

⑤ ［英］麦迪森：《世界经济二百年回顾》，李德伟、盖建玲译，改革出版社1997年版，第34页。

一直实施到 1884 年，使制造业得到发展。第一次世界大战结束后，智利政府为克服硝石出口大幅度下降的不利处境，调整了关税，保护国内制造业的发展，坚持以国内制成品代替进口商品，结果，制造业的增长速度比战争期间兴旺的出口部门的增长速度快 3 倍。①到 1928 年智利的关税仍高达 35%。②巴西的税收政策在 1880 年后有明显偏袒工业的趋势。1890 年关税法对 300 项进口品的关税提高到 60%，主要是纺织品和食品，而对用于民族制造业的进口品则削减了关税。③19 世纪中叶至第一次世界大战期间，进口税约占巴西中央政府收入的 60%，其中，对棉纺织品的关税占很大一部分。尽管关税偏重财政收入的考虑，但客观上促进了棉纺织工业的发展。巴西的制鞋业也得到类似的保护，由于对鞋类制成品征收高额关税，到 1907 年国内产量已经占全国消费总量的 96%。④乌拉圭 1888 年税法规定，对所有进口品实行 31% 的关税，1912 年又规定，对原料、机器和运输设备予以免税。⑤阿根廷 1890 年的关税条例，在把某些商品列入免税商品表时，还对生产性机器和设备降低税率 5%～10%，但与国内商品竞争的各种工业制成品和食品的税率则提高 60%。所有税款必须以黄金支付。⑥当然，正如托马斯所指出的那样，与实际人均收入水平和人口规模相同的国家所要求的关税保护相比，这种关税保护是不够的，特别是拉美的"有效保护"并不高。⑦

　　第二，以汇率政策作为关税保护的补充措施。汇率变化对国内收益影响很大，它直接影响进口商品的价格、影响国内通货膨胀率，以及关税保护的范围。制造商知道，尽管关税保护能保障进口的制成品价格不下跌或国内生产成本不上涨，但汇率的变化会起到同样的效果。阿根廷就倾向于执行有利于降低汇率的外汇政策，在 1864 年、19 世纪 80 年代初、1899 年，为了防止比索增值而实行固定平价。在其他条件不变的情况下，本币贬值后，以本币表示的进口商品的价格上涨，从而起到一种变形的关税保护作用。巴西在汇

①　[英]莱斯利·贝瑟尔主编：《剑桥拉丁美洲史》第四卷，涂光楠等译，第 294、299-300 页。

②　García Rigoberto F. Cordero y A. Izquierdo, *Economía y Geografía del Desarrollo en América Latina*, p. 419.

③　[苏]阿尔彼罗维奇等主编：《墨西哥近代现代史纲》，刘立勋译，第 184 页。

④　[英]莱斯利·贝瑟尔主编：《剑桥拉丁美洲史》第四卷，涂光楠等译，第 300 页。

⑤　García Rigoberto F. Cordero y A. Izquierdo, *Economía y Geografía del Desarrollo en América Latina*, pp. 397-398.

⑥　[英]莱斯利·贝瑟尔主编：《剑桥拉丁美洲史》第四卷，涂光楠等译，第 301 页。

⑦　Victor Bulmer-Thomas, *The Economic History of Latin America Since Independence*, p. 142.

率贬值期间，工业投资的增长速度就比外汇市场稳定时期更快一些。1878 年智利决定放弃自由兑换后，比索逐步贬值，同样表明对实行需求国内化是一种有效的手段，而且，因为同时也实行了宽松的货币政策，使国内制造业得到发展。对秘鲁和墨西哥来说，也可以看到类似的倾向，当这两个国家的货币实行银本位时，本国白银的生产使它们可以扩大货币基数，同时降低索尔和比索的对外比值，这样国内的生产者就不必为进口商品价格的普遍下降而感到担心。①

第三，出现了促进工业发展的制度变革。包括政治制度的日益稳定、行政机关的专业化、金融立法和金融机构的建立、政府为制造业提供刺激和补贴、现代教育体制的建立等等。

第四，基础结构部门的现代化。铁路网的形成、电报线路的铺设，使全国（或地区）的市场得到相对均匀的分布。通过这些发展起来的服务部门和其他共用事业，降低了工业注册的成本，从而使企业从一开始就以较少的资本从事经营。改善港口设施则减少了中间产品、资本货和燃料的成本费用。许多国家扩大公用设施意味着国营经济成分的增加。

第五，出口收益的增长，这可能是国内制造业发展的最重要的原因。出口贸易使国内利润和收益增加，政府收入和公共事业活动的规模均有增长。在除了采矿业的所有出口经济中，随着出口贸易的增长，对劳动力的需求也不断增加。这意味着领取工资的部门和人员增多、货币经济发展和市场扩大。由此，对制造业的发展提出了多样化的要求。

可见，工业是国家建设过程中的受益者，如果说上述前两方面是国家促进现代工业发展的直接措施的话，那么后三个方面则是国家使工业发展环境普遍改善的间接行动。

五、小　结

通过以上研究我们至少可以得出四点结论。

第一，将 1930 年作为拉美工业化开端是不妥的。依附论学者认为是 20 世纪 30 年代的经济大萧条所造成的混乱局面促进了拉美的工业化，当拉美国

---

① ［英］莱斯利·贝瑟尔主编：《剑桥拉丁美洲史》第四卷，涂光楠等译，第 308-309 页。

家暂时地摆脱了与中心国家的联系时，它们才得到了发展。但事实如前所述，拉美国家的工业化是在 19 世纪 50 年代，特别是在 19 世纪 70 年代以后，适应中心国家第二次产业革命对工业原料和商品市场的需求，在一系列有利因素的综合推动下发展起来的。阿根廷到 1929 年已经具备所有拉美国家中最大的和最成熟的工业结构（纺织业除外）；巴西尽管不如阿根廷富有，但它已经稳步地发展了工业基础，并利用了 20 世纪 20 年代的有利环境增强了它的制造业能力；墨西哥在迪亚斯时期出现了一个工业投资的高潮，在革命年代过后又重新开始了小规模的投资；智利甚至在第一次世界大战前就成功地建立了一个相对成熟的工业基础；乌拉圭是小国中唯一能被称得上是建立了现代制造业的国家，蒙得维的亚的人口密度和高水平收入为工业企业的发展提供了条件；秘鲁在 19 世纪末 20 世纪初出现了一次工业投资繁荣，尽管不久就趋于停滞；哥伦比亚的工业进步因缺乏一个强大的国内市场而被耽搁，但最终在 20 世纪 20 年代建立了一个重要的工业基础。这一阶段所发生的工业变革不仅强调以大机器代替手工业劳动和非耐用消费品的进口，而且还强调生产的专业化和现代工厂所固有的新的组织安排。如果说拉美国家 20 世纪 30 年代的工业化能得到较快发展的话，那正是由于过去已经建立起了相当的工业基础。外部危机不可能在一种没有工业能力或不能维持工厂基本生产结构的经济中促进制造业的发展。1930 年的外来不利冲击并没有创建制造业，仅仅是引起了此前建立起来的工业发展的深化。所以，那种把 1930 年之前拉美国家的工业发展忽略为零的观点显然是错误的，拉美现代工业的开端至少应从 19 世纪 70 年代算起。

第二，结构主义学派忽视 1930 年前拉美各国政府实行工业化政策的观点也是不对的。尽管拉美国家明确提出工业化纲领者为数极少，但在实际操作中，各国政府的一些做法，包括体制的变革、基础设施的改善，甚至促进初级产品的出口，在客观上为工业化提供了前提条件。1870 年后，特别是第一次世界大战期间，不少拉美国家运用财政政策和货币政策，促进了工业的发展。表现得比较突出的是智利、巴西、阿根廷三国。至少可以说，智利由于 19 世纪后期提出了注重实效的促进工业的计划，并在 20 世纪 20 年代通过自觉的需求管理，使制造业成为智利经济中最有生气的部门。巴西政府在政策方面对工业的关心也许大大超出了人们原来的评价，从对皮鞋业和纺织业的保护中积累了经验，到 20 世纪 20 年代它的关税法已经达到相当老练的程度，基本能够适应国内制造业日益发展的需要。

　　第三，过分夸大 1930 年前拉美工业化的观点同样是不妥的。一是 1930 年前的工业化是出口带动的工业化，而不是 1930 年以后的那种进口替代工业化。这种工业化模式强调由外贸出口部门向制造业扩散资金和技术。出口贸易的扩大创造了有利于制造业发展的环境，它使国内利润和收益增加，政府收入和公共事业活动的规模增长，工资劳动者增加，市场需求扩大，从而吸引了资本与技术投入，建立起新的制造业。拉美的工业化是在初级产品出口导向经济增长的带动下发生的，工业产出严重依赖于国内市场，而国内需求则与出口部门运行的好坏密切相关，工业的成熟程度也明显与出口增长率和人均出口水平相关。二是 1930 年前的工业化确切地说，是一种自发的工业化，是经济发展的一种自然结果，而不是一种自觉的工业化。尽管有些国家的政府实行了提高关税和货币贬值的政策，但前者主要是为了增加财政收入，后者在一些国家是应付经济周期，在墨西哥和秘鲁则是世界白银价格下跌引起的客观效果，并非出于保护制造业的主观目的。尽管有些国家提出了发展制造业的设想，但除智利外，多数国家的政府没有前后一致的连贯的发展制造业的战略，在政府决策时，起决定作用的是与外国资本相结合的、代表出口利益集团的大地主和大资产阶级，而非工业资产阶级。①因此，按照结构主义学者定义的工业化，即由代表工业资产阶级利益的政府作为一种发展战略推动的进口替代的工业化，从整个拉美看，是在 1930 年以后发生的。三是 1930 年前的工业化具有发展不平衡、总体水平低、结构不合理、受外资控制等特点，民族工业并没有真正地发展起来。

　　第四，如果前面的三点成立的话，那么，1930 年前工业化的一定程度的发展，必定对同一时期拉美现代化进程产生重要影响。一方面，它有助于扩大拉美国家的生产能力，加速城市化，提高各社会集团的生活水平，导致现代产业工人阶级队伍的形成，工业资产阶级的出现，乃至政治领域发生新的变化。另一方面，该时期工业化所具有的发展水平低、受外资控制等特点则不利于民族资产阶级的成长，造成它的软弱性，同时也不利于社会平等公正原则的实现，工人大量失业、缺乏起码的生活保障和体面尊严，而为数极少的寡头集团成员手中则聚敛了大量的财富，两极分化的现象已初露端倪。这

---

　　① 据科林·M. 刘易斯研究，当时工业家阶级在政治上处于边缘地位，移民企业家没有公民身份，缺乏政治基础。但值得注意的一个现象是，20 世纪 20 年代，在阿根廷、巴西、智利和秘鲁由企业家组成的工业家协会已经发挥着一种压力集团的作用，对国家的决策开始产生影响。见 [英] 莱斯利·贝瑟尔主编：《剑桥拉丁美洲史》第四卷，涂光楠等译，第 314-316 页。

两个方面的确是 1870—1930 年拉美国家存在的客观事实。既然如此，拉美国家的现代化进程是否应该从 19 世纪 70 年代算起呢？

　　（本文分上下两部分，原载于《拉丁美洲研究》2002 年第 6 期和 2003 年第 1 期，标题为"拉丁美洲的早期工业化"）

20世纪拉丁美洲经济发展的特点

20世纪拉丁美洲国家在寻求经济发展、努力实现工业化和现代化方面取得了历史性进步。1900年拉美地区的总人口为7000万,到2000年已经超过5亿,全地区工业产值占国内生产总值的比重由不足10%提高到25%,人均收入增长了4倍多,城市化水平由25%提高到近70%,人均预期寿命由40岁提高到70岁,成人识字率由35%提高到了85%。[①]但是,从横向比较看,1900年拉美大国的人均收入是美国的14%,现在降为13%,拉美地区在世界贸易中的参与比重由7%下降到3%,拉美的贫困状况依然严重。与正在发展中的东亚国家(地区)相比,又被后者在20世纪的后期超过。一个世纪的拉美经济发展史有成有败、有喜有悲,回顾这段历史,总结经验教训,无疑会有利于更好地迎接21世纪的挑战。

一、经济发展模式经历了两次大转换

在20世纪开始的时候,作为对发达国家工业化浪潮的一种反应,拉美正处在经济扩张阶段的中期,这种出口带动的经济扩张结束于1929年世界经济大危机。第二个经济扩张阶段开始于20世纪的30年代至50年代,1982年的债务危机为之画上了句号。1982年以后进入了经济发展的第三个阶段。与此对应,拉美的经济发展模式经历了两次大转换:从传统的初级产品出口导向发展模式向进口替代工业化模式的转换,从进口替代工业化模式向以非传统产品(包括工业制成品)为基础的新的出口导向发展模式的转换。

---

① Rosemary Thorp, *Progreso Pobreza y Exclusion: Una Historia Economica de America Latina en El Siglo Xx*, Washington: Banco Interamericano de Desarollo, 1998, pp. 1-3.

　　初级产品出口导向模式适应了发达国家对拉美初级产品的需求，利用外国资本建立起铁路、港口等基础设施，发挥拉美当地的资源禀赋和劳动力的比较优势，因而有力地促进了拉美的经济增长。虽然 1913 年国际经济中已经出现了不利于这种模式的种种迹象，但直到 1929 年大萧条受到严重打击后，拉美国家才调整发展方向，其主要国家放弃了黄金本位制，对消费品的进口实施了汇率控制和歧视性贸易限制（诸如关税、配额制、多重汇率制），并采取了反周期性的财政和货币政策，这一系列政策被称作内向增长模式。国家通过保护贸易政策和税收、信贷激励为与进口竞争的制造业活动提供方便，进口替代工业部门以及为满足这些工业发展需要的基础设施建设部门和服务业成为最有活力的增长部门。到 20 世纪 50 年代，在拉美经委会结构主义理论的倡导下，更多的拉美国家转向了进口替代工业化模式。许多国家的政府承担起推动工业化的责任，建立国有企业，并通过道路、堤坝、公用事业等的建设合同促进新的企业家形成。全地区的经济在整个 50 年代年均增长5.1%，工业年均增长 6.9%，到 60 年代初，进口替代的初级阶段基本完成。这时，工业化的一些弊端也越来越显露出来，如内部市场狭小、外汇缺口加大、财政赤字增多，最重要的是没有利用资源禀赋优势实现内部资本积累的良性循环。东亚国家在市场饱和后，能很快转向出口替代，但拉美国家却转向了耐用消费品、中间产品和部分资本货的高级进口替代，虽然巴西、墨西哥有向促进出口模式转移的倾向，但 1973 年以后大量低利率贷款的涌入，使它们走向了"负债发展"的道路，错失了向正确的发展模式转换的机会。"内向发展是对 1913 年以后国际市场动荡的一种合理反应，拉美的问题在于，这一阶段启动太慢而延续时间过长。"[①]1982 年债务危机之后，在债权国和国际货币基金组织的压力之下，拉美大多数国家不得不调整发展战略，实施市场化、私有化、自由化、国际化的新自由主义的经济政策，奉行一种以非传统产品（包括工业制成品）为基础的新的出口导向发展模式。但在实际运作中，不少国家出现了过分贬低国家干预的必要性和循序渐进的重要性的倾向，因而又产生了许多新问题。

　　拉美发展模式的转换也可以归纳为从开放到封闭再到开放，其对外出口商品量的变化情况（年复合增长率）反映了这一特点。在 20 世纪开始的时候，

---

　　① ［英］维克多·布尔默·托马斯：《独立以来拉丁美洲的经济发展》，张凡等译，中国经济出版社 2000年版，第 483 页。

对外出口商品量增长拉美国家约为 3.7%，与发达国家的 4.2%相差不大。在 1913—1950 年，拉美为 2.3%，比发达国家的 0.7%要好一些，这主要是在第一次世界大战和第二次世界大战期间，发达国家对拉美初级产品需求增加所致。1950—1973 年，拉美的表现较差，为 3.7%，而发达国家为 9.4%，拉美的贸易壁垒和保护增加了，没有很好地利用发达国家贸易扩张的机会，而同期韩国为 20.3%，中国台湾为 16.3%。1973—1994 年，随着拉美发展战略的调整，出口增长有所加快，为 6.2%，1994—2000 年又增加为 8%，这两个时期，拉美国家的增长高于发达国家（分别为 4.7%和 6.6%），但仍低于韩国和中国台湾的平均数（分别为 11.7%和 12.3%）。[①] 阿尔伯特·赫希曼将拉美国家这种在政策制定中的从市场到国家干预再到市场的容易走向极端的现象称作"钟摆现象"，钟摆是机械的，说明拉美缺少通过达成共识来修正其左右摇摆和产生连续性的能力。[②]

二、经济发展理论出现了两次大更替

与经济发展模式转换的时间大致相同，拉美的经济发展理论也经历了从自由主义到结构主义（依附理论）再到新自由主义（新结构主义）的两次大的更替。

在 1930 年以前的大半个世纪里，拉美经济的主导思想是自由主义。各国政府信奉斯密的自由贸易学说、李嘉图的比较优势理论，并深受阿尔弗雷德·马歇尔关于技术进步的好处可以逐渐地扩散到整个贸易系统的前景展望的影响。而各国的初级产品出口带动了经济增长的良好绩效更佐证了上述理论的正确。但 1929 年大萧条标志出口带动经济增长的失败，拉美结构主义经济理论应运而生，以普雷维什为代表的拉美经济委员会的理论家们提出了中心-外围论、贸易条件恶化论、工业化论、计划化论、经济一体化论等，对推

---

① André A. Hofman, *Long Run Economic Development in Latin America in a Comparative Perspective: Proximate and Ultimate Causes*, Santiago Chile: United Nations ECLAC, 2001, p. 30. http://www.cepal/cl/，此处 "拉美" 是指 8 个主要拉美国家。

② 1996 年 9 月新泽西普林西顿的会晤（Entrevista, princeton, nueva jersey, septiembre de 1996），转引自 Rosemary Thorp, *Progreso Pobreza y Exclusion: Una Historia Economica de America Latina en El Siglo Xx*, p. 301.

动拉美经济发展模式向进口替代工业化转换起到了重要作用。但是，到 20
世纪 60 年代中期，随着进口替代工业化问题的暴露，结构主义理论首先受到
了来自左翼的挑战，所谓左翼是指依附理论，其贡献者包括富尔塔多、松克
尔、卡多佐、多斯桑托斯、马里尼、弗兰克等人，他们对拉美经济失败的根
源做了更加深入的探讨，关注点从经济史扩大到了社会和政治领域，对国际
资本主义给予了强烈的抨击，提出了社会主义的选择方向，但依附理论是受
各国（除古巴外）统治阶级排斥的意识形态，基本没有付诸实践的可能。同
时，拉美经委会形成了一套新的思路，即反对外汇限制，通过经济计划和拉
美市场的经济一体化，以求渡过进口替代的第二阶段（即生产耐用消费品、
资本品的高级进口替代阶段）。这种观点与结构主义关于通货膨胀的观点一起
被标以"结构主义第二阶段"的标签。但到 20 世纪 70 年代中期，结构主义
又遭受到来自右翼的挑战，所谓右翼是新自由主义经济学理论，特别是芝加
哥学派的货币主义经济学，其在军人掌权的南锥体国家影响特别大。到 80
年代，随着债务危机的爆发、中国向市场经济的转型、东亚经济发展的成功、
苏联东欧社会主义体制的崩溃，拉美思想界急剧向新自由主义经济学倾斜，
新自由主义理论家对结构主义和依附理论的明显失败所发起的攻击导致了新
自由主义改革（市场化、私有化、国际化）步伐的加快。同时，结构主义在
总结失败教训、吸收新自由主义理论成分的基础上，产生了新的变体，即新
结构主义，其在不放弃中心-外围论和国家干预观点的前提下，倡导以"从内
部发展"取代"内向发展"；赋予市场、私人企业和外国直接投资更为重要的
地位；并接受了出口导向的发展战略。但新结构主义尚未成为主流经济思想。

三、地区经济一体化曲折发展

拉美地区一体化思想在 19 世纪初的"玻利瓦尔主义"中就有了雏形，但
真正的拉美一体化只是在 20 世纪才变为现实。为了促进拉美发展模式的转
换，20 世纪 50 年代初拉美经委会提出了地区经济一体化的设想，这一设想
将进口替代工业化的概念从国家的层次扩大到了地区和次地区的层次。到 50
年代末，随着进口替代工业化的发展，地区经济一体化作为扩大拉美市场规
模的一种手段受到越来越多国家的重视，同时它也被看作对抗美国经济优势
和扩张主义的一种创造性防卫。拉美的地区经济一体化几乎与欧洲经济一体

化同时启动，开始的时间早，有理论有实践，在发展中国家中独具特色。

但拉美经济一体化并非一帆风顺，而是经历了从兴盛到衰落再到复兴的三个阶段。第一阶段发生在 20 世纪 60 年代至 70 年代初，特点是广泛的国家干预和为逐步取消地区内的贸易障碍、建立共同的对外关税制定了时间表。其间，拉美大陆有三次、加勒比地区有一次建立地区贸易组织的尝试，它们分别是：1960 年 2 月"拉丁美洲自由贸易协会"（LAFTA）的建立；1960 年底"中美洲共同市场协定"（CACM）的签订；1969 年"安第斯共同市场"（ANCOM）的建立和 1968 年"加勒比自由贸易协会"（CARIFTA）的组建。第二阶段是 20 世纪 70 年代后期和 80 年代，是一个整顿和巩固的时期，由于第一阶段的实绩与最初的高期望值差距很大，结果令人失望，也由于受拉美国家内部政治挫折（巴西、阿根廷、智利的军事政变）和外部经济冲击（石油危机和债务危机）的影响，拉美各国放弃了早先的宏伟目标，而主要在局部范围的双边协定基础上采取一些谨慎的合作。第三阶段是 20 世纪 80 年代末和 90 年代的复兴，在新自由主义改革的推动之下，南锥体国家组建的"南方共同市场"（MERCOSUR）于 1991 年达成协议并于 1995 年正式运行，安第斯条约组织和中美洲共同市场也重新焕发了活力，特别是墨西哥与美国、加拿大签署的《北美自由贸易协定》（NAFTA）于 1994 年正式施行，开创了南北合作的新范例。具有讽刺意味的是，1990 年布什政府提出的创建一个"从安科雷奇港延伸到巴塔戈尼亚"的自由贸易区的建议，完全颠倒了 50 年代一体化产生的最初动机。拉美国家为适应经济国际化和全球化的挑战，提出了"开放的地区主义"的新战略。半个世纪的一体化运动对拉美经济的发展发挥了积极的促进作用，如 1962 年，拉美地区内（不含古巴）制成品出口占总出口的 5.1%，而到 1980 年增加到 47%。1990—1997 年拉美地区内出口贸易额增长了 3 倍多，由 161 亿美元增加到 537 亿美元。区内出口贸易的增长快于区外出口贸易的增长，1990—1996 年前者扩大了 160%，后者仅扩大 44%。①区内贸易对实现 90 年代的经济增长做出了贡献。但是，拉美一体化要深入发展，仍面临着一些难以克服的障碍，如"经济政策缺乏连续性，突发的政治经济事件，大多数企业家集团的短视，雄心过大的期望，外部的经济的冲击"②等。

---

① Ricardo Ffrench-Davis, *Reforming the Reforms in Latin America:Macroeconomics Trade Finance*, Houndmills: Macmillan Press, 2000, pp. 182-183.

② ［英］莱斯利・贝瑟尔主编：《剑桥拉丁美洲史》第六卷（上），高晋元等译，当代世界出版社 2000 年版，第 227 页。

四、经济增长绩效相对突出

在 20 世纪的百年发展中,无论与发达国家还是与其他发展中国家的经济增长绩效比较,拉美的情况还是相当不错的。据安德列·A. 霍夫曼对拉美八个主要国家一个世纪 GDP 增长(年均复合增长率)研究的结果[①],在 1900—1998 年间,该八国组合的 GDP 增长率为 4.2%,高于葡萄牙和西班牙组合(I)2.8%的平均增长率,也高于由法国、德国、日本、荷兰、英联邦组合(II)2.8%的平均增长率,甚至高于美国(III)3.1%的增长率,但略低于韩国和中国台湾组合(IV)4.8%的增长率。与第IV组合的差距主要是在 1950 年以后拉开的。

从人均 GDP 来看,1900—1998 年拉美国家的人均 GDP 增长率为 1.9%,而伊比利亚两国为 2.0%,法国等发达国家组合为 2.0%,美国为 1.8%,韩国和中国台湾组合为 2.8%。拉美国家的人均 GDP 增长率相对较低,这与拉美国家人口的快速增长有关,1900—1994 年拉美 6 国(阿根廷、巴西、智利、哥伦比亚、墨西哥、委内瑞拉)的人口平均增长率约为 2.1%,而同期上述 4 个组合的人口增长率分别为 0.8%、0.8%、1.3%、1.8%。

从具体历史时期看,1900—1913 年是拉美国家传统出口导向经济最繁荣的时期,其 GDP 增长率为 4.1%,高于上述其他 4 个组合(2.0%、2.2%、4.0%、1.8%)中的任何一个。1913—1929 年拉美国家的 GDP 增长率仍为 4.1%,而上述 4 个组合分别为 1.5%、2.2%、4.0%、3.8%。1929—1950 年因受大萧条、国际贸易体系崩溃和第二次世界大战的影响,拉美国家的增长绩效下降为 3.9%,但与其他组合(1.4%、1.3%、2.6%、1.8%)相比,仍然是高的,这主要归因于拉美国家进口替代工业化战略的实施(在工业化基础好和市场大的国家绩效更突出,如巴西 5.0%、墨西哥 4.0%、委内瑞拉 5.9%、哥伦比亚 3.6%)、地理位置远离欧洲战场,以及没有遭到战争的破坏。1950—1973 年,由于拉

---

① André A. Hofman, *Long Run Economic Development in Latin America in a Comparative Perspective: Proximate and Ultimate Causes*, pp. 10-11. 8 个国家是阿根廷、巴西、墨西哥、智利、玻利维亚、哥伦比亚、秘鲁、委内瑞拉,它们在 1988 年的人口为 4.1 亿,约占整个地区人口的 80%,其领土占整个地区领土的 80%,并且占整个地区 GDP 的 90%。Andre A. Hofman, *The Economic Development of Latin America in The Twentith Century*, Cheltenham, UK: Edward Elgar, 2000, p. 49.

美国家没有像其他国家和地区那样的战后重建和不能享有战时先进技术的商业利用，也因发展战略失误未能抓住战后国际贸易快速扩张的机会，同时，拉美国家的发展潜力在战争期间得到了发掘，而其他国家却有很大的恢复空间，因此 GDP 增长率为 5.4%，基本落后于其他组合（5.8%、5.7%、3.7%、8.4%）。1973—1980 年，拉美国家在"负债增长"战略的支撑下，GDP 增长仍达到了 4.8%，由于遭受两次石油危机的打击，第Ⅰ、Ⅱ、Ⅲ组合分别下降到 2.7%、2.3%、2.1%；但韩国和中国台湾则为 7.7%，高于拉美国家。1980—1989 年拉美国家因陷于债务危机而下降到 1.5%，其他组合分别为 2.7%、2.6%、3.0%、8.0%。在 1989—1998 年，由于拉美国家转换了发展模式，GDP 增长率重新上升为 4.0%；其他组合为 2.5%、2.0%、2.4%、5.5%，拉美仅次于韩国和中国台湾组合。

伴随经济增长，拉美地区的产业结构也有所变化，到 1955 年，制造业在国内实际生产总值中所占比例已经超过农业。到 1990 年，制造业的比例达到 24.5%，而农业只占 10.3%，采矿业只占 4.0%。尽管制造业有较快增长，但主要集中在几个国家，如巴西（40.2%）、墨西哥（20.3%）、阿根廷（8.6%）、委内瑞拉（5.8%）等 4 个国家就占整个地区制造业份额的 74.9%，其他国家所占份额都很小。[1]同时，由于受到关税和非关税壁垒的保护，大多数企业效率不高，主要是面向国内市场，难以参与国际竞争。

五、技术进步先快后慢

在发展中国家中，拉美国家对科技进步的重视并不晚，早在 19 世纪后期，阿根廷、墨西哥、智利等国家就开始重视科学技术的发展，引进国外资本和先进技术，推动了早期工业化的发展。到 20 世纪 30 年代和 40 年代，拉美国家倡导进口替代工业化发展模式的目的之一就是要弥补与发达国家先进技术和生产力的差距。特别是 50 年代和 60 年代，该地区的制造业越来越具有技术密集型和资本密集型的特点。1945—1973 年，拉美国家劳动生产率年均增长超过了 3%，与新兴工业化国家的 4.3% 和发达国家的 4.5% 并不低多少。投

---

① ［英］维克多·布尔默·托马斯：《独立以来拉丁美洲的经济发展》，张凡等译，第 11—12 页。

资率占 GDP 的比重由 1950 年的 16%上升到 1973 年的 19%。[1]跨国公司的直接投资带来了新的生产设计、新的技术和新的管理方式。在国有企业，特别是一些战略部门（如阿根廷的国有石油公司和煤炭公司、墨西哥石油公司、巴西石油公司）中，政府领导了研究与开发。可以说，到 20 世纪 60 年代末，拉美主要国家的科学技术进步程度在发展中国家中是居于优势地位的。但 80 年代以后，随着拉美经济陷入危机，东亚新兴工业化国家的崛起和快速发展，拉美的技术进步相对落后了。如 90 年代初，拉美的研究与开发经费支出占该地区 GDP 的 0.4%，仅仅高于北非（0.3%）、撒哈拉以南非洲（0.3%）和一些中东国家（0.2%），低于世界其他地区。就国别而言，没有一个拉美国家达到了占 GDP 的 1%的水平，而东亚的 5 个新兴工业化国家和地区（韩国、新加坡、马来西亚、中国台湾和中国香港）却占 GDP 的 1.6%，相当于拉美的 4 倍。[2]从 80 年代初到 90 年代初，东亚在美国和欧洲获准的专利数分别是拉美在两地获准专利数的 7 倍和 5 倍。如果以世界科技专利产品的科技密集度平均数为 100，拉美对美国和欧洲出口产品的科技密集度指标分别为 5 和 3，而东亚 3 国和中国的台湾及香港则为 58 和 19，东亚出口产品的科技含量远远高于拉美。[3]形成这种差距的原因除了投入不足外，最重要的是拉美的科技创新体制不健全，科研与开发活动多集中在高校和政府科研部门，企业本身很少从事这类活动，从而限制了应用技术的推广和吸收。

　　从教育发展看，拉美是发展中国家教育水平比较高的地区。阿根廷早在 19 世纪 60 年代就开始迈向大众化的初等教育，是 20 世纪拉美最早由国家免费向所有人口提供初等义务教育的国家。巴西在 19 世纪末城市人口的识字率约 50%。智利在 20 世纪 20 年代实施了初等义务教育。哥伦比亚在 19 世纪中期开始推动初等义务教育，到 20 世纪初识字人口占到总人口的 30%。墨西哥在 1910—1917 年革命后也开始实施了初等义务教育。20 世纪的 50 年代至 70 年代末是拉美经济快速发展的时期，也是教育成就显著的时期。1950 年，拉美文盲率为 42%，到 1987 年降为 16%。在所有拉美国家，基础教育都实现了义务教育，到 80 年代末，小学教育的覆盖面达到学龄儿童人数的

　　① Rosemary Thorp, *Progreso Pobreza y Exclusion: Una Historia Economica de America Latina en El Siglo Xx*, p. 169.

　　② 联合国教科文组织：《1996 年世界科学报告》（UNESCO, *World Science Report*, 1996），转引自江时学等：《拉美与东亚发展模式比较研究》，世界知识出版社 2001 年版，第 249-250 页。

　　③ 江时学等：《拉美与东亚发展模式比较研究》，第 253-254 页。

90%。高等教育扩张最快，18—23 岁年龄组的人口中，1960 年接受高等教育的只占 3%，到 1980 年上升到了 13.5%，到 1988 年则增长了 5 倍。[1]但是，拉美的教育质量不算高，初等教育存在晚入学率高、重读率高、辍学率高的"三高"现象。1980 年，15—19 岁人口中没有读完小学的竟将近 50%。同时，拉美存在教育经费向高等教育倾斜的现象，一般来说，初等教育和中等教育对经济和社会的回报率要高于高等教育的回报率，因此，教育经费过多地用于高等教育，会使广大普通劳动者的技能得不到提高。1980 年以后，拉美的教育与经济衰退同步，出现了滑坡现象。到 2000 年，拉美初等、中等和高等三个等级的入学率分别为 99%、55%、27%，成人文盲率降为 12.7%，但全地区人均受教育的时间是 5.2 年，大大低于发达工业化国家。[2]

从生产率的角度看，椐霍夫曼对拉美 8 个主要国家劳动、资本和全要素生产率对整个 GDP 增长的贡献情况分析[3]，1950—1980 年，三者各占的比例为 22%、38% 和 40%；80 年代分别为 34%、31%和 35%；90 年代又变为 30%、31%、39%。其中，全要素生产率反映了技术进步的贡献。第一个时期的全要素生产率为 40%，说明了进口替代工业化时期的技术进步含量比较高，80 年代下降为 35%，出现了恶化的迹象，这同劳动力投入增加和资本投入减少是一致的。到 90 年代全要素生产率为 39%，说明尽管有所改善，但技术进步对经济增长的贡献仍没有恢复到 80 年代初的水平。也就是说，20 世纪最后 20 年拉美的技术进步基本上是停滞不前的。而同期发达国家的全要素生产率在 GDP 中所占的贡献为 60%左右。

六、宏观经济的失衡持续存在

宏观经济的失衡集中表现在国际收支的不平衡和国内财政的失衡上。拉美国家与东亚相比，私人储蓄率较低，经济发展的资本积累长期依赖外资和政府储蓄，由于宏观经济管理不善，国际收支的不平衡和通货膨胀问题长期

---

① 苏振兴、袁东振：《发展模式与社会冲突》，当代世界出版社 2001 年版，第 165-166 页。

② UNDP, *Ideas and Contributions: Democracy in Latin America: Towards a Citizens' democracy*, UNDP, United States of America, 2004, p. 46.

③ André A. Hofman, *Long Run Economic Development in Latin America in a Comparative Perspective: Proximate and Ultimate Causes*, pp. 18-19.

存在。

20 世纪，拉美发生了两次重大的国际支付危机，这两次危机都改变了拉美经济的发展方向。第一次支付危机发生在大萧条年代。第一次世界大战后，纽约取代伦敦成为最主要的国际金融中心，在奉行美元外交的美国政府的支持下，拉美各国在发行公债、取得公共部门贷款和外国直接投资方面日益转向美国，大量美国资本涌向拉美，以至于被称为"百万美元舞翩跹"，但各国几乎没有将贷款用在生产项目方面的保证，有些国家的贪污腐败令人震惊，据估计，仅有约 36%的美国贷款被用于基础结构项目。①结果，当 1929 年出口产品价格下降、公共和私人外债的固定名义利率保持不变时，无形加重了拉美国家的国际收支负担。在还债支出不变而出口收入下降的压力之下，进口数量和价值不得不减少，随之而来的是作为政府收入主要来源的进口关税无法维持，大多数拉美国家经历了政府更迭，接着就是拖欠债务和以后 15 年间流入拉美的私人资本的近乎中断。发展战略由外向转为内向。第二次世界大战之后，该地区主要依靠外国直接投资和政府间贷款，到 1968 年来自官方渠道的资本占该地区公共外债的 60%。70 年代形势发生了新变化，两次石油危机导致大量石油美元涌向欧洲货币市场，各银行急于找到有利可图的贷款对象，而拉美国家不满于直接投资的种种限制，其新的宏伟发展规划急需新的资金来源，遂成为外国放贷的首选市场。但到 1981 年，世界性的经济衰退带来以美元计价的世界贸易价格下跌和发达国家保护主义的盛行，拉美国家的出口受阻，外汇收入减少，同时，国际金融市场的利率急剧上升，因浮动利率和私人贷款性质而形成的债务无形增加，从 1979 年底至 1982 年，拉美债务总额由 1840 亿美元猛增至 3140 亿美元，以墨西哥 1982 年 8 月宣布无力履行债务合同为标志，拉美国家陷入了第二次重大的债务危机，这次危机迫使拉美国家不得不再次改变发展战略。可见，国际收支失衡是拉美经济发展的长期制约因素。

对利用通货膨胀促进经济增长的问题，货币主义和结构主义曾有过激烈的争论，前者认为通货膨胀是有害的，稳定的价格水平是经济增长的必要条件，后者认为通货膨胀是经济增长不可避免的负产品，适度通胀甚至是经济增长的"润滑油"。在 20 世纪前半期，拉美通货膨胀率的上升与经合组织国家基本上是同步的，并且差距不大，如 1900—1913 年，拉美（6 个主要国家）

---

① ［英］莱斯利·贝瑟尔主编：《剑桥拉丁美洲史》第六卷（上），高晋元等译，第 70 页。

的通货膨胀率是 3.7%，经合组织国家则是 1.4%；1913—1929 年二者分别为 4.3%和 4.7%；1929—1938 年分别为 1.1%和-0.7%；1938—1950 年分别为 14.5%和 21.9%。但到第二次世界大战后，受结构主义理论影响，整个地区的通胀出现了不断攀高的趋势，与经合组织国家的差距不断拉大。如 1950—1973 年二者分别为 21.5%和 4.1%；1973—1980 年分别为 88.9%和 9.6%；1980—1994 年分别为 252.4%和 4.0%。①在 80 年代债务危机期间，由于要偿还公共债务和给私人债主越来越多的补偿，许多拉美国家的消费价格水平一年的增幅达 3 位、4 位甚至 5 位数字，如尼加拉瓜为 11250%（1988 年），玻利维亚为 11750%（1985 年），阿根廷为 627%（1985 年），秘鲁为 667%（1988 年），巴西为 586%（1988 年），墨西哥是 132%（1987 年），这些国家一度陷入了恶性滞涨，②对经济发展造成了恶劣影响。进入 90 年代，随着货币主义改革的深入，政府财政赤字减少，拉美地区的平均通货膨胀率终于由 90 年代初的 3 位数降到了 1999 年的单位数字。

七、初级产品出口在经济增长中始终占据重要地位

尽管拉美的工业化在 20 世纪得到了长足的进步，但初级产品出口在经济增长中始终占据重要地位。拉美具有得天独厚的资源禀赋，其人均土地面积是美国的两倍以上。早在 19 世纪下半叶，拉美国家适应发达国家的需要形成了单一产品制。到 1913 年，初级产品出口集中程度依然很高。在大多数国家中，最主要的一种商品占出口总额的 50%以上，只有两个国家（阿根廷和秘鲁）最主要的出口品占出口总额的不足 25%。在 18 个国家中，两种最主要的商品占出口总额的 50%以上，在 13 个国家中占 70%以上，在 3 个国家中占 90%。③在进口替代工业化发展阶段之初，并非所有拉美国家都有条件利用当时的机会转向内向发展战略，在 20 个主要拉美国家中，除 6 个国家（阿根廷、巴西、智利、哥伦比亚、墨西哥、乌拉圭）外，其余 14 个虽然不反对工业化，但仍继续奉行鼓励初级产品出口的政策，其中有些国家（如秘鲁、厄瓜多尔等）鼓励新的初级产品出口或大力发展次要产品出口，只是到了 20

---

① André A. Hofman, *The Economic Development of Latin America in The Twentith Century*, p. 19.

② ［英］莱斯利·贝瑟尔主编：《剑桥拉丁美洲史》第六卷（上），高晋元等译，第 450 页。

③ ［英］维克多·布尔默·托马斯：《独立以来拉丁美洲的经济发展》，张凡等译，第 71 页。

世纪 60 年代，进口替代工业化才在这些国家取得一定的地位。由于受到关税和其他进口壁垒的保护，拉美大多数工业企业生产效率并不高，所生产的产品质次价高，不能参与国际竞争，只能供应国内市场，因此不得不依靠初级产品出口换汇来支付中间产品和资本品的进口。70 年代，初级产品的价格一度上涨，达到前所未有的高度，贸易条件大幅度改善，不少拉美国家出口价值猛增，它们较好地利用了这一机会。初级产品出口对进口替代工业化做出了巨大贡献。80 年代，拉美国家的发展模式进入新的出口导向发展阶段，尽管有些国家（如阿根廷、巴西、墨西哥、智利、哥伦比亚等）断断续续地实施了促进非传统产品（包括制成品）出口的战略，但仍有十多个国家由于工业基础薄弱，没能完全放弃以矿产品和农产品出口为基础的传统出口导向增长模式，强调以初级产品出口换汇。这样，到 80 年代末，拉美初级产品在全部出口产品中的比重仍占到 2/3。同时，一些国家出口的许多非传统制成品，诸如纺织品、革制品和家具等，仍依靠自然资源。因此，初级产品仍是拉美同世界其他地区连接的主要贸易纽带。拉美国家与东亚国家（地区）的重要区别之一，是拉美国家有初级产品出口为进口替代工业化提供外汇，而后者却没有，联想到第二次世界大战后拉美国家缺少外援的历史背景，如果没有初级产品出口，拉美国家的发展模式转换就很难成功。但是，也许正是由于有丰富的自然资源可供出口换汇，拉美国家在进口替代的第二阶段没有能像东亚国家那样充分利用当地劳动力资源发展劳动密集型的出口工业，从而落后于东亚国家（地区）的发展，正是所谓"成也萧何，败也萧何"。1990 年，虽然拉美国家的制成品和半制成品出口额在出口总额中已经占到近 40%，但只有巴西和墨西哥的制成品出口额在出口总额中超过了 50%。[①]在拉美大多数国家，初级产品生产和出口仍然占重要的位置，这一特点似乎被国内只强调拉美工业化成就的学者忽略了。

八、收入和财富分配长期不公

众所周知，库兹涅茨曾就经济增长与收入分配之间的关系提出了倒 U 型模型，认为在经济增长的初期，收入分配的差距会拉大，但随着经济发展水

---

① ［英］莱斯利·贝瑟尔主编：《剑桥拉丁美洲史》第六卷（上），高晋元等译，第 206 页。

平的提高，到达一定阶段后，收入分配差距会通过"涓滴效应"而自然缩小。在拉美国家则有一种说法，即人均产值达到 600 美元时，收入分配就开始由差距不断扩大的趋势向逐步缩小的趋势转变。但这一理论对拉美国家的情况却并不完全适用。因为在 20 世纪，拉美国家人均收入增加了 4 倍多，但贫困状况却没有大的改善。具体就 20 世纪后半期的发展情况看，拉美 8 个主要国家的平均基尼系数是：1950 年为 0.491，1960 年为 0.494，1970 年为 0.522，1980 年为 0.506，1990 年为 0.511，1997 年为 0.502。[①]这表明从 1950 年到 1970 年基尼系数是上升的，70 年代有些拉美国家的分配政策有所调整，同时也是出口和经济增长加快的年代，因此，基尼系数有所下降，但在 80 年代"失去的 10 年"中，基尼系数有所回升，到 90 年代，随着各国经济发展的恢复，基尼系数又有所下降，总的看，呈一种微小波动状态。2003 年，拉美国家人均国内生产总值已经达到 3856 美元，但收入差距缩小的趋势依然没有出现，巴西的基尼系数甚至高达 0.640（1999—2003 年的平均值），整个拉美地区收入分配的集中程度是世界上最高的。从世界范围的比较看，德英英格尔和斯奎厄在《世界银行经济评论》（1996 年第 3 期）发表的《衡量收入不均的一套新数据》[②]中提到，20 世纪 60 年代，整个拉美地区的基尼系数是 0.53，而撒哈拉以南非洲为 0.499，南亚为 0.317，东亚和太平洋地区为 0.346，经合组织与高收入国家为 0.329。到 70 年代，拉美为 0.499，其他 4 组地区分别为 0.485、0.323、0.344、0.330。到 80 年代，拉美为 0.510，其他分别为 0.396、0.322、0.344、0.322。进入 90 年代以后，拉美为 0.500，其他分别为 0.423、0.317、0.348、0.332。从这套统计数字可以看出，拉美地区收入分配状况有 70 年代改善、80 年代恶化、90 年代好转的趋势，但与其他地区相比基尼系数是最高的，而且一直是居高不下[③]。这种居高不下恐怕不能用短期内经济增长状况来说明，其主要原因如下。一是同拉美的历史文化有关，殖民地时期拉美的土地、矿产资源、教育机会的分配就存在着严重的不平等现象，独

[①] André A. Hofman, *Long Run Economic Development in Latin America in a Comparative Perspective : Proximate and Ultimate Causes*, p. 26.

[②] Klaus Deininger, and Lyn Squire, "A New Data Set Measuring Income Inequality," *The World Bank Economic Review*, Vol.10, No. 3 (1996).转引自 André A. Hofman, *Long Run Economic Development in Latin America in a Comparative Perspective: Proximate and Ultimate Causes*, p. 24.

[③] 另据联合国开发计划署报告中的数据，2000 年拉美地区的基尼系数为 0.552，全地区贫困人口达 2.25 亿（2003 年），占总人口的 43.9%。见 UNDP, *Ideas and Contributions: Democracy in Latin America: Towards a Citizens' Democracy*, UNDP,. United States of America, 2004, p. 48.

立后，这种不平等不但被保留了下来，而且在不少国家是被扩大了。二是在20 世纪的经济发展过程中，受传统的社会经济权力结构的制约，拉美大多数国家的政府在改善下层民众的贫困状况方面并没有做出多少实际可行的努力，而重工轻农的政策、通货膨胀政策、就业教育政策等在某种程度上加重了下层民众的贫困。相反的例子是古巴，古巴在革命胜利之后，对收入分配政策进行了重大调整，因此，其基尼系数一度是拉美国家中最低的（1970 年为 0.25）。

九、体制改革效果不佳

体制改革包括两个方面：一是各国内部阻碍经济发展的传统体制的改革，二是不合理的国际经济体系的改革。20 世纪拉美国家对这两个方面的改革都付出了自己的努力，但总的看没有收到预期效果。

自 20 世纪 20 年代，为适应经济发展的需要，拉美曾出现了一些经济体制的创新，如银行制度、公司制度、司法制度逐步得到健全。50 年代以来，为适应进口替代工业化需要，国有企业、发展银行、促进工业和农业发展的机构得以建立。80 年代以来又有私有化、自由化、市场化、国际化的新自由主义改革。这些体制上的改革和创新对推动经济发展都起到了一定的积极作用，但是，这些体制变革基本上都是浅层次的，没能从根本上改变传统的社会经济权力结构。

土地制度的改革无论是对促进经济增长、缓和两极分化、扩大市场规模、降低通货膨胀，还是对削弱土地精英的影响来说都是非常必要的。著名拉美史专家弗兰克·坦南鲍姆指出，"如果拉美在工业扩张、政治稳定和民主政府的发展以及一种充分适应现代需要的教育体系的建立方面落后于美国和欧洲的话，那么主要应该归咎于大庄园制度"[1]。但是，20 世纪拉美土改与东亚国家（地区）相比是不成功的。1910 年，墨西哥革命拉开了拉美土改的序幕，从那时开始拉美土改经历了四个阶段，[2]即：1910—1940 年的墨西哥的土改；50 年代的危地马拉和玻利维亚的土改；60 年代的 13 个国家比较广泛的土改；

---

[1] Frank Tannenbaum, *Ten Keys to Latin America*, New York: Knopf, 1964, p. 91.

[2] 韩琦：《拉丁美洲经济制度史论》，中国社会科学出版社 1996 年版，第 177-204 页。

60 年代末和 70 年代秘鲁、智利、尼加拉瓜的土改。土改的方式主要包括：建立集体合作社或国营农场；政府将公地或征收自地主超过限额的土地低价出售或无偿分配给农民；向边缘地区和政府荒地进行移民垦殖；对大地产主没有利用或利用率不高的土地征收累进土地税。至于农民受益情况，据罗斯玛丽·索普的研究，古巴、玻利维亚、墨西哥的农民从土改中受益最多，前两国的受益农户占总农户的 3/4，墨西哥的受益农户接近 50%；尼加拉瓜、秘鲁、委内瑞拉的受益农户均占 1/3；萨尔瓦多为 1/4；智利为 1/5；巴拿马、哥伦比亚、厄瓜多尔、洪都拉斯、哥斯达黎加均为 10%左右；其他国家则低于 10%。[①]但是，由于缺乏对受益农户资金和技术的支持，政府又允许出售土地，所以很快发生了分化，不少人的土地被地主重新兼并。具有讽刺意味的是，出于对土改的恐惧，大地产主常常主动地采用资本主义经营方式和农业新技术，结果，农业现代化采取了在不彻底变革生产关系的前提下选择技术变革的道路。土地的高度垄断使中小地产得不到发展，农业人口被过早地排挤到城市，造成了拉美的过度城市化。

在变革不合理的国际经济体系问题上，拉美政治思想家阿亚·德·拉托雷和马里亚特吉早在 20 世纪 30 年代初就曾展开过辩论，前者提出了反帝反封建的资产阶级改良主义道路，后者则提出了无产阶级领导的反帝反资的社会主义革命道路。从 40 年代末开始，拉美经委会先后提出了进口替代工业化、地区经济一体化、建立国际经济新秩序的理论，并在 50 年代至 70 年代得到了广泛的实践，拉美经委会的理论实质上属于改良主义路线，提倡在不根本改变原来的社会制度的前提下，加强拉美的自主发展，改善拉美国家在国际经济体系中的脆弱地位。而危地马拉的哈科沃·阿本斯政府（1951—1954年）、玻利维亚 1952 年革命、古巴革命（1959 年）、智利阿连德政府（1970—1973年）、尼加拉瓜桑地诺革命阵线（1979—1990 年）等，尝试通过更为激进的革命道路来摆脱资本主义国际经济体系，其中只有古巴在一段时间内获得了部分成功。但就目前状况看，上述两种类型的尝试都不能算是成功的，80 年代的债务危机严重削弱了拉美国家经过 30 年的发展而刚刚增强起来的综合国力，90 年代末新自由主义改革在一些国家的失败使拉美国家的发展前景雪上加霜，今天，尽管巴西、阿根廷和墨西哥已经拥有了一定的技术能力，但

---

① Rosemary Thorp, *Progreso Pobreza y Exclusion: Una Historia Economica de America Latina en El Siglo Xx*, p. 166.

整个地区对大多数资本品的需求仍然不得不由外部满足，拉美国家对外部技术、外部市场和外部资金更加依赖，在面对世界经济波动时所表现出来的脆弱性不但没有减轻反而加重了。拉美国家未能成功地转变在国际资本主义经济体系中的处境。

十、结　语

20 世纪的拉美经济发展呈现出上述 9 个明显的特点，这些特点表明拉美的百年经济发展并非是一部失败的历史，而是有成有败，有喜有悲。拉美国家为实现经济发展和现代化进行了艰难而有益的探索，在发展模式和发展理论上经历了两次大的转换，并率先进行了外围地区经济一体化的尝试，经济增长绩效相对突出，技术和知识也得到了积累。但是，与发达国家的早期发展和后来的东亚国家相比，拉美的发展尚不算成功，经济结构和社会结构的改变并不显著，初级产品出口在经济增长中始终占据重要位置，收入和财富分配不公的现象长期存在，分析其中原因，固然与技术进步相对缓慢、资本积累不足、宏观经济管理水平不高等因素有关，但最重要的问题是发展模式转换的延误，最根本的原因是传统体制变革的不彻底。为了更好地面对 21 世纪的挑战，拉美尚需要进行更加深入持久的改革。

（本文原载于南开大学世界近现代史研究中心编：《世界近现代史研究》第二辑，2005 年出版，标题为"20 世纪拉丁美洲经济发展的特点"）

秘鲁殖民地时期的经济制度

在西班牙美洲殖民地 300 多年的历史中，秘鲁土著暴动和起义的次数最多，规模最大，反抗殖民统治最激烈。1780—1782 年的图帕克·阿马鲁二世起义席卷了整个秘鲁总督辖区。如何解释这种现象？这当然同印加人的民族意识有关，但更重要的是由于西班牙殖民统治的残酷性造成的，下述委托监护制、大地产制、商品摊派制和米达制等经济制度的令人难以忍受的特征，体现了西班牙王权的压迫性特点，了解它们的运作方式有助于解释印加人的行为。

委托监护制（encomienda）。委托监护制是西班牙国王为奖赏有功的殖民者（发现者、征服者、平息叛乱者、殖民开拓者）而实行的一种变形的封建领主制。在这一制度下，国王将某一地区一定数量的印第安人"委托"给殖民者由其"监护"，受委托者被称为"委托监护主"，享有向印第安人征收贡税和征用其从事各种劳动的权利；负有保护印第安人并使之皈依天主教的义务；同时还必须居住在他的委托监护区所在的省份，向国王效忠，提供军事服役，并依所监护的印第安人的数量向国王缴纳一定比例的税；委托监护权本身不含有土地所有权、司法权；印第安人名义上仍是国王的自由臣民，土著村社拥有自己的土地，村社内部事务仍由卡西克（酋长）管理。[1]秘鲁最早的委托监护权是由征服者弗朗西斯科·皮萨罗代表国王于 1534 年授予的。早期的委托监护区非常之大，一般由 5000 到 10000 户印第安人构成，到 1540年在前印加帝国的范围内已经有了约 500 名委托监护主，但并非所有殖民者都能得到委托监护权，此时没有得到委托监护权的西班牙成年男子约有 5000 名。[2]

---

① Robert S. Chamberlain, "Castilian Backgrounds of the Repartimiento-Encomienda," *Contributions to American Anthropology and History* (Washington, D.C.: Carnegie Institution of Washington, 1939), Vol. 25, pp. 23-53.

② Magnus Mörner, The Andean Past: Land, Societies, and Conflicts. New York: Columbia University Press, 1985. p. 38.

委托监护主经常滥用权力，任意驱使和剥削印第安人。印第安人缴纳的实物贡税包括玉米、大豆、小麦、大麦、土豆、辣椒、可可、鸡蛋、鱼、蜂蜜、蜡饼、盐等食品，骆马、鸡、火鸡、猪等牲畜，棉布和其他纺织品、陶制品、贵金属，有时是货币。土著提供的劳役包括为委托监护主耕种土地、放牧牲畜、采矿、搞建筑、当搬运夫、从事家庭服务等。贡税的种类和数量，劳役的形式、范围和时间全凭委托监护主的意愿和需要来决定。印第安人被要求每年到委托监护主土地上劳动若干周或几个月，为此有些印第安人甚至要走 40 里格（386.4 华里）的路，结果不得不荒废了自己家的土地。[①]一些委托监护主将他们所监护的市镇和地区视为国王赐予的个人财产，吞并委托监护区的土地，并将他们所监护的土著出租给他人使用，甚至将委托监护权出卖和转让给他人，他们自认为对土著拥有司法管辖权。由于西班牙人对印第安人的残酷剥削，同时也由于西班牙人和他们的黑人奴隶传染给没有免疫力的土著以天花、麻疹、疟疾、伤寒症等疾病，土著人口急剧减少，1532—1625 年，秘鲁的土著人口从 900 万下降到 70 万，中部沿海谷地下降得更快，到 1575 年就从原来的 85000 人降至 3441 人。[②]

国王担心委托监护主的权力膨胀危及王权，同时也为了阻止他们"杀鸡取卵"的做法，1542 年颁布了旨在逐步废除委托监护制的《新法律》，其中规定：取消王室官吏和教士的委托监护权；不再授予新的委托监护权；委托监护权的现持有者死后其委托监护权收归国王；废除人身劳役，只准征收实物贡税。该法律遭到了委托监护主集团的强烈反抗。当时国王因皮萨罗兄弟和阿尔玛格罗之间发生内讧，下令没收所有参加内讧的殖民者首领的委托监护权，结果，执行使命的新总督刚到秘鲁，就被贡萨洛·皮萨罗杀死。一些殖民者甚至推举贡萨洛·皮萨罗为国王，想脱离西班牙。国王被迫做出了暂时的让步，撤销了有关废除委托监护权的一些规定。但在 1548 年镇压了贡萨洛·皮萨罗的叛乱后，1549 年国王就取消了委托监护制中的人身劳役，使委托监护制变成了单纯的贡税制，同时每个委托监护区所应缴纳的贡税的数量不再由委托监护主随意决定，而是由总督区检审庭的法官决定。委托监护权只准世袭三代。更重要的是，作为土著大量死亡的结果，委托监护主所得到

---

① ［美］弗雷德里克·B. 派克：《秘鲁近代史》，辽宁大学历史系翻译组译，辽宁人民出版社 1975 年版，第 64 页。

② Magnus Mörner, *The Andean Past: Land, Societies, and Conflicts*. New York: Columbia University Press, 1985.p. 40.

的贡税也大大减少了。委托监护权已由一种半封建的特权转变为一种恩俸形式，委托监护主也由一种特权集团转变为一种依靠贡税生活的贵族。1720 年，西班牙国王正式下令废除委托监护制。

大地产制。西班牙人自罗马时代就成为一种市镇型居民，这种市镇也称城市公社。它除拥有公地外，允许市民拥有自己的份地，市镇享有广泛的自治权，市政会是市镇的权力机构，这一传统也被殖民者带到了秘鲁。在新市镇的建立过程中，新市镇除留出公用地外，对每个具有新市镇公民权的殖民者，根据其功绩大小分给一块"步兵份地"（一百英亩以上）或一块"骑兵份地"（约为步兵份地的 5 倍），新成立的市政会承担了分配土地的权力。新市镇的土地从何而来？在理论上，西班牙帝国政府尊重土著的土地所有权，试图把西班牙人拥有的土地限制在不损害土著利益的空地上，但在实践中，这一原则并未得到遵守。

新市镇最初占用的是"合法空地"，即在印第安人村社土地中专门划拨出来的、由村社社员无偿耕种的并用于供养国王及政府官员和神职人员的土地，分别被称为"王田"和"神田"，当印加政权被推翻后，这些土地就被宣布为西班牙国王所有，可由新市镇占用。但征服初期，西班牙人得到的土地毕竟有限，到殖民地末期，大多数最好的农业用地已经从印加人那里转移到了西班牙人手中。这一过程是怎样发生的呢？它包括三个环节：土著腾出空地；西班牙人兼并土地；通过法律程序使侵占的土地合法化。首先，鉴于 16 世纪土著人口的大量死亡，托莱多总督（1569—1581 年在任）为了加强对土著的经济剥削、宗教训导和部分的西方化，下令按照殖民当局的统一规划，对原来零乱分散的土著村社进行合并和调整，将他们集中到参照西班牙市镇风格重建的土著"归化村"。这一重新安置印第安人的措施腾出了大片土地。另外，在 17 和 18 世纪，许多土著村社的印第安人为逃避提供米达徭役和人头税而放弃他们的土地，背井离乡。依照西班牙法律，米达役夫和人头税的数量是根据一个给定省份户籍册的人数来确定的，外来人员可以不必承担这种义务。结果避难者大有人在，1775 年的一份资料表明，拉帕斯和楚奎萨卡地区，外来的壮年劳力占 58%，库斯科占 38%，瓦曼加占 28%，秘鲁总督辖区没有一处其外来者少于 20%。[①]避难者放弃的土地转归村社处理，村社则将它们出

---

① John Howland Rowe, "The Incas Under Spanish Colonial Institutions," *Hispanic American Historical Review,* Vol. 37, 1957(2), p. 180.

卖给西班牙人，用得到的货币纳税。

其次，西班牙人对土地的兼并。西班牙大地产主所拥有的地产主要有以下几种来源：土地赐予（如骑兵份地）；廉价购买；交换（用次地换好地）；蚕食相邻的印第安人的土地；通过与印第安人结婚而得到的土地；利用种种欺骗手段得到的土地；印第安人自愿捐献的土地。

最后，使非法占有的土地权利合法化，这一步骤是通过王室对土地的审查而完成的。1591 年陷于财政困境的西班牙国王为增加财政收入连续颁布两道命令，要求对殖民地西班牙人的土地所有权进行全面审查，凡持有土地者必须交纳一笔费用方可获得土地所有权。殖民当局要尽量地多出卖空闲的公有土地。秘鲁的马凯斯·德卡涅特总督执行了这一命令，使国王的财政收入大大增加。1631 年国王又下令进行新的土地审查，命令中甚至写道，即使那些没有合法权利而要求得到土地的人，如果能支付足额的费用也可得到这一地权。但这一命令及其不良后果引起了土著的强烈抗议，以至于国王不得不在 1651 和 1654 年的法令中命令秘鲁总督组织一个印第安人土地赔偿委员会，处理在土地审查中发生的纠纷。关于该委员会的工作，我们可举阿班凯谷地克奥尔瓦尼村的例子说明。1656 年土地赔偿委员会接到了该村村民递交的土地不足的请愿书，视察员来到该村，根据村民的计算，重新丈量了他们的土地。为了确定土地是否足额，他使用了下述原则，即每个纳税人应该拥有 4 图普土地，每个仆从 2 图普，卡西克假定为 16 图普，助手为 8 图普。20 图普被留出来用做给增加人口的余地，10 图普用作公用土地。该村的全部人口为 556 人，视察员发现他们的土地比最小需求还少 266 图普。于是指示从土地审查时掠走的最好土地中拿出 266 图普归还村社，并确定村社享有这些土地的所有权。[①]这个例子说明了到底有多少土地转移到了西班牙人手中。土地赔偿委员会工作到 1662 年，它的目的是保证每个纳税人有一小块土地（5口之家 9 英亩），但没有努力设法归还所有从土著手中非法攫取的土地。土地审查一直持续到 18 世纪，1754 年的土地法令规定：凡要求得到的土地超过了原来所有权的部分，可以通过交费而获得所有权。在利马有一个永久法庭，专门处理土地买卖和土地审查遗留的纠纷，但机会总是有利于西班牙人对土著土地的掠夺。

---

① John Howland Rowe, "The Incas Under Spanish Colonial Institutions," *Hispanic American Historical Review,* Vol. 37, 1957(2), p. 182.

西班牙人通过以上手段建立起大地产和对土地的垄断，又通过委托监护制、米达制、债役农制为大地产主提供劳动力，剥削印第安人。

商品摊派制（repartimiento）。这是西班牙人将剩余商品和普通商品强卖给印第安人的制度。这一制度同地方长官辖区制（corregidores）的出现相联系。1565 年，总督卡斯特罗根据国王的命令在各行省设立了专门管辖印第安人的地方长官辖区制，地方长官负责辖区内的安全和行政司法管理，并向印第安人征收人头税。但是，他们的任期很短（如果由总督任命就当一两年，由国王任命则三到五年），薪金极少，也没有正常晋升的机会。在这种条件下，获得地方长官职位的唯一动机就是这一岗位所提供的贪污的机会，因为这一岗位的权利广泛。因此，大多数地方长官都带着一个目的上任，即在他们执政的短时间内尽量地聚敛财富，而达到这一目的的唯一方式就是牺牲印第安人的利益。

地方长官很快就发现了剥削他们所控制的印第安人的方法，那就是从事商业活动。尽管 17 世纪有多个王室法令禁止地方长官经商，但他们仍无视这些法令。因为有不少地方长官的位置是买来的。王室从 17 世纪 70 年代开始买卖这一官职，其价格大大高于任职所能得到的薪金。如卡哈塔姆博地区的地方长官 3 年任期的价格为 26500 比索，而这一位置的年薪仅为 1000 比索。1741 年曼•德埃尔科罗瓦鲁蒂阿花 16000 比索买了昌凯地区的地方长官的职位，但年薪仅为 800 比索。[①]怎样才能收回他们买官的钱呢？商品摊派制就成为他们的选择。该制度通常由地方长官的代理人配发给每个印第安人家庭成员由地方长官武断地确定的一定数量的商品，包括牲畜、家庭用品、服装、橄榄、刮胡刀以及在印第安人生活中完全多余的长筒丝袜和珠宝饰物之类的奢侈品，[②]印第安人被迫高价购买，并常常以低于他们付出的价格把这些商品或其中未腐烂的商品再送回西班牙人的市场出售，希望能够收回部分的损失。如果有人不想要商品或嫌价格太高，也难能到法庭上诉，因为地方长官本人就是地方法庭的一审法官，如果购买者拒绝合作，他会面临地方长官治安权力的威胁。当时商品摊派制的一般价格是，骡子高于成本价的 150%，衣服及其他产品则高于成本价的 100%以上。但有些贪婪的地方长官往往将

---

① [英]莱斯利•贝瑟尔主编：《剑桥拉丁美洲史》第二卷，李道揆等译，经济管理出版社 1997 年版，第 417 页。

② John Howland Rowe, "The Incas Under Spanish Colonial Institutions," *Hispanic American Historical Review,* Vol. 37, 1957(2), p. 167.

摊派商品的价格提高到原价的 5—6 倍。

商品摊派制引起了土著的强烈抗议，总督曼索·德贝拉斯科（1745—1761 年）建议国王将商品摊派制合法化和规范化，于是，1751 年国王下达命令，指示在利马建立"洪达"（执政委员会），制定各省分摊商品的数量和价格目录，按目录规定分摊的商品将是合法的。但是，依照目录在行省中分摊的商品的价值大多数不能弥补地方长官买官的花费，因此，地方长官无意服从法律。结果商品摊派制的合法化使土著的命运更加困苦。地方长官仅把目录规定作为征收销售税（货物售价的 2%—6%）的基础，在地方长官的任期内不再是一份摊派商品的清单，而是增加为两份或更多份，所以，其收入至少也增加了一倍或更多。地方长官还把印第安人的贡税挪用为购买摊派商品的资本，并擅用权力将所有其他经商者排挤出他的辖区，而在向生活在死亡边缘的土著榨取如此多的财富时往往还伴随着暴力。

地方长官的贪婪达到了如此顶点以至于在合法的商品摊派制下，他们开始将下层西班牙人也包括在了摊派的范围内。西班牙人之所以愿意接受摊派商品，是因为如果他们欠地方长官的债务，地方长官将保护他们免受其他债权人的骚扰直到其债务被偿清为止。但凡事有一个限度，当阿雷基帕的地方长官巴尔塔萨·德森特马纳特在一年半完成了两份摊派清单时，[①]他就为 1780 年流血的城市平民骚动铺平了道路。

绝望的土著从 1770 年开始不断地发动起义，规模急剧增加，一些地方长官或他的代理人经常遭到暗杀。秘鲁有思想的官员对这种情形于心不安，害怕如果印加人绝望到极点会发生总暴动。拉帕斯的主教格雷戈里奥·德尔·卡姆波曾催促废除商品摊派制和付给地方长官足够的薪金。他指出，如果摊派的负担能减轻的话，土著将会愿意适当地增加贡税。但印加人的耐心已经耗尽，终于爆发了 1780—1782 年图帕克·阿马鲁二世领导的印加人大起义，起义军很快发展到 6 万人之众。在起义的压力下，西班牙当局被迫立即做出某些让步，在库斯科召开的战时会议上宣布了 1780 年 11 月 20 日废除商品摊派制，该措施于 12 月 7 日在利马获得批准，并上报国王，国王通过 1781 年 7 月 12 日的公文加以认可。在西班牙帝国，尽管商品摊派制 1784 年后在某些地区又死灰复燃，但它再也没有取得合法地位。

米达制（mida）。这是西班牙殖民者实行的奴役印第安人的一种徭役制度。

---

① ［英］莱斯利·贝瑟尔主编：《剑桥拉丁美洲史》第二卷，第 126 页。

Mita 一词是克丘亚语轮流制之意，原指印加时代抽调印第安人为公共工程或其他方面的国家任务而服役的一项制度，而米达约（midayo）是指轮流服役的人或役夫。西班牙人占领秘鲁后，盗用了这一制度。米达制被广泛地应用于为西班牙人种地、放牧、建筑道路和房屋、作坊劳动、为驿站旅客服务，以及开采金、银矿等。

1574 年，秘鲁总督托莱多经国王批准正式在采矿业中实施米达制。法令规定，每年每个印第安人村社必须抽调 1/7 的成年男性（18—50 岁）到附近矿区服役，期限为 4 个月，按周付给工资。期满后由另一批人代替，他们则可返乡。由于每劳动一个星期要休息两个星期，实际要在矿上待 12 个月。同时，改变单一征收实物贡税的惯例，强制印第安人缴纳更大比例的货币贡税。据说国王的目的是要使印第安人摆脱委托监护主的滥用，建立一支领取薪金的土著劳动力，限定印第安人服役的时间，因为从理论上讲，一个役夫在 7 年中只需服 4 个月的劳役。[①]但实际情况却大相径庭。

波托西银矿的米达制是最大的和最沉重的米达制安排。它从库斯科到塔里哈长 800 英里和宽 250 英里的整个高地抽调劳力，它建立的时候影响了 16 个省 45 万人民的生活。例如，1758 年抽调的役夫约有 14248 人，到达波托西后被分为三部分，轮流工作，每部分工作一周休息两周，因此实际的"当班米达"为 4749 人。[②]"当班米达"每天工作 12 个小时，每周劳动 5 天，周日休息，周一用来为一周的工作做准备。

关于波托西矿工的经济状况，有资料表明，16 世纪末自由矿工明加（mingado）的日工资为 12 雷阿尔，依此比率在一个月能挣 30 比索（每个比索为 8 个雷阿尔）。据估计，一个矿工仅每月的食物花销就是 28.5 比索，如果他是家庭的户主的话，包括税收的其他义务将使他的全部支出达到 60 比索。如何弥补这一赤字？一个很明显的方式就是矿工的妻子和孩子与他一起劳动。另一个附加收入的来源是矿工的分成所得，即在星期日，当西班牙人的矿业开采停止下来后，任何想做工的印第安人都可以到矿井采矿石，然后与矿主分成。这一机会显然不会被浪费，如 1773—1777 年的一个例子表明，由分成矿工上缴到雷斯卡特斯银行的白银比西班牙矿主在上述年份中每年上

① John Howland Rowe, "The Incas Under Spanish Colonial Institutions," *Hispanic American Historical Review,* Vol. 37, 1957(2), p. 172.

② John Howland Rowe, "The Incas Under Spanish Colonial Institutions," *Hispanic American Historical Review,* Vol. 37, 1957(2), p. 173.

缴的数目还要多。①当然，这是西班牙矿业经营较差的一个时期。

这样，付给自由矿工（明加）的工资仅是他的基本生活需求的一半。而米达役夫的工资被固定在每日 4 个雷阿尔，是自由矿工工资的 1/3，但他只需要在 3 个星期中按这一价格劳动一个星期，其他的两个星期他可按自由矿工的价格劳动，于是，依据在一个月中强制劳动的轮班次数，他的月收入将为 20 或 25 个比索。米达役夫的合法工资在两百年保持不变，而自由矿工的工资随着劳力供给和生活成本的变化而有所浮动。但自由劳力价格总是比米达劳力价格高。因此，米达役夫的工资所得不足以果腹，只好向矿主借债，而债务要用延长工期来偿还，有些矿工旧债未清又欠新债，循环不已，永无回家之日。

米达役夫不良的经济状况因他们不得不撤家带口长途跋涉到波托西劳动的这一事实而加剧。从楚奎托到波托西的一百里格要花费米达役夫两个月的行程；廷塔和基斯皮肯奇的米达役夫得花 3 个月才能到达波托西。米达役夫通常要随身带领他们的家庭，并不得不携带行程所需的食品和被褥，于是，行程的速度是由小孩的力量和骆马群的能力决定的。如 16 世纪 90 年代楚奎托的一次米达役夫离家服役，是包括 7000 个男人、女人和孩子并有用于运输和驮载食品的 40000 头骆马和羊驼的大迁徙，他们在滚滚的尘埃中缓缓移动，使目击者感到"似乎整个国家都在迁徙"，晚间他们就露宿在寒冷的荒野上。从法律上讲，米达役夫行走的时间被假定是付费的，但在 16 和 17 世纪，他们实际上并未被付给任何费用。西班牙矿主说，他们扣留米达役夫前来波托西的旅途费用是用于对米达役夫缺员人数的补偿，而扣留他们的回家旅费是因为米达役夫欠了债。到 18 世纪，西班牙矿主仅付给他们返程的旅费，由于几乎所有到达波托西的米达役夫不再回家，所以也就没了什么资金负担。况且，所付费用极低，每里格 0.5 雷阿尔，米达役夫每天仅走 2 里格。另外，矿主以整数计算里格，并且只是从波托西计算到每个省份最近的城镇而非到米达役夫的家。实际上等于米达役夫自己支付了他们的旅费。此外，米达役夫还要给负责征调工作的"米达官"以及监督员送礼行贿，并且，所缴纳的人头税也比原来在家缴纳的数额高 1 倍，这一规定背后的歪理是，印第安人在矿山是在挣硬货币，而在家里他们仅是在务农。

米达役夫的劳动条件急剧地恶化。在 16 世纪 90 年代，矿工采矿两班倒，

---

① ［英］莱斯利·贝瑟尔主编：《剑桥拉丁美洲史》第二卷，第 133 页。

白班劳工在日落时被夜班劳工换下来。大约在 1610 年，矿主断定，换班是在浪费时间，于是他们开始让矿工从周一到周六晚上一直在矿井下。采矿者 3 人一组，一人干活，其他两人在矿井下吃饭或睡觉。换班由蜡烛定时，蜡烛熄灭就是换班的时间。采矿工用撬棍、楔子和 20—25 磅的镐头采矿，岩石是那样的坚硬以至于被喻为"火石"。矿井狭窄，潮湿炎热，通风恶劣，照明不良。搬运工的命运更悲惨，他们用皮囊装着矿石在弯弯曲曲的有时仅容一人通过的通道里爬行，然后攀扶岩石上凿出的石阶、或用砍出凹口的树干做成的陡梯、或捆绑在柱子中间的皮条软梯往上攀登。他们被要求在 12 小时内完成 25 袋矿石的搬运配额，每袋 100 磅。如果完不成配额，就相应地削减其工资，这样大的配额一般是难以完成的，结果他们常常不得不自己出钱雇用助手。当工作面扩大时，工作面内形成巨大空穴，失足下跌是常有的事，许多人丧生或严重残废。更为普遍的是井底与地面温差带来的疾病，由于矿井很深，有的深达 600 英尺，在那个深度是很热的，搬运工身背矿石上到地面后，置身海拔近 16000 英尺高度、滴水成冰的温度之中，呼吸道疾病是常见的结果。当采用了爆破作业后，工作面的尘埃更加重了这种疾病。[①]

万卡维利卡水银矿的米达役夫所受的苦难可能更为严重。在 18 世纪 20 年代，这里每年征调的役夫约为 2200 人。松软滑动的岩石经常塌方，有毒气体令人窒息。特别在提炼阶段，一是粉碎机产生许多粉尘，引起矿工矽肺病；二是在汞齐化的各个阶段，即在水银和矿石混合过程中矿工赤脚踩混合物时、在从汞合金蒸馏出水银时，以及在焙烧洗出的矿物回收水银时，矿工都易受到水银的毒害。持续低烧和间隔性的干咳是一般症状，有些矿工严重时会突然喷吐含有水银毒素的鲜血而死，牙床溃疡、头发脱落、周身下意识地颤抖、酣睡症和瘫痪是常见的后遗症。

米达制给土著社会造成了非常恶劣的影响。首先，造成秘鲁土著人口大量死亡。有人把米达制比作"绞碎印第安人的机器"，称波托西为"地狱之门"。仅 1620—1754 年当地印第安人口数量就锐减了 1/3，从 598026 人跌至 401111 人。[②] 死亡者一般都是户主，结果造成一个个家破人亡的悲剧。由于米达役夫很少能够生还，所以在亲属为他们送行时，其场面的悲惨无异于举行葬礼。1657 年的一份报告说，万卡维利卡地区有的母亲为了避免让孩子服役而把她

---

① [英]莱斯利·贝瑟尔主编：《剑桥拉丁美洲史》第二卷，第 134 页。

② Leon G. Campbell, "Recent Research on Andean Peasant Revolts, 1750-1820," *Latin American Research Review*, Vol. 14, No. 1 (1979), p. 5.

们的孩子致残。[1]有人估计在米达制的重压之下，印第安人的死亡率达 70%。[2]其次，破坏了印第安人村社的生活秩序。波托西周围 16 省每年征调的 13500 名米达役夫通常都携带家人同行，因此，据保守的估计，每年约有 50000 人迁进或迁出波托西。人走了，村社的农业生产活动被打乱了。许多人根本不愿意再回家，宁愿放弃他们的房屋和土地，到陌生省份的某个西班牙人的大庄园劳动或到不受波托西米达制影响的边远地区，在那里（直到 1732 年）他们可以作为"外来人"被免除米达制劳役和人头税。但是，每一个逃跑者都增加了留在家里的人们的负担。随着土著人口的下降，每 7 年轮换一次的常规被打破了，米达役夫轮换的次数更加频繁了。早在 1596 年就有米达役夫刚刚从矿山虎口余生返回家园，旋即又被迫再次应征服役的先例，到 1600 年情况恶化到了极点，米达役夫每隔一年就要到波托西服役一年。结果印第安人的田园荒芜，灌溉系统废弛，道路网被毁，高原印第安人聚居区呈现出一片悲凉凋敝的景象。最后，米达制造成秘鲁人口结构的复杂化。由于大量土著被投入矿井，致使秘鲁沿海种植园劳力奇缺，于是殖民当局大量输入黑奴，1640 年输入的黑奴已达 2 万多人，到 1795 年在沿海地区劳动的黑奴达 5 万多人。黑奴的到来加剧了种族矛盾和社会冲突。

但是，殖民者却通过剥削印第安人而一夜暴富，据估计，仅波托西矿区在米达制基础上生产出来的白银价值就达 164000 万比索。[3]波托西的人口最初只有 3000 人，1580 年增至 12 万，到 1610 年达到 16 万人，成为当时美洲人口最多和最富有的城市。

另外，米达役夫也被分派到总督辖区从事制造业的作坊或工场劳动。大多数作坊是使用欧洲型脚踏织布机制造粗呢、粗布的纺织工场。还有一些专门制造索具、麻袋布、草鞋、毛毡帽、皮革产品、火药、火绳枪的导火索作坊。在 1680 年仅基多就有 3 万多人在各纺织工场劳动。每个作坊被派给 100—400 人的米达役夫不等，大多数役夫是 9—17 岁的男孩。从雇主的角度看，这种制度有多种好处：首先，法令中规定男孩的工资大大小于成人的工资；其次，男孩不必从事其他种类的米达劳役，所以，制造业的扩张不会像专门使用成人劳力的矿主那样被切断一般的劳动力供给。

---

① Magnus Mörner, *The Andean Past: Land, Societies, and Conflicts*. New York: Columbia University Press, 1985, p. 55.

② 张凯：《秘鲁历史上的"米达"制》，载《拉丁美洲史论文集》，东方出版社 1986 年版，第 81 页。

③ 张凯：《秘鲁历史上的"米达"制》，第 82 页。

按照 1664 年的作坊法令，为作坊提供的米达役夫被要求从两里格范围以内的村社中抽调，役夫被付给的旅费为每里格 0.5 个雷阿尔，每 6 个月更换一次。在工作的年份，必须被允许休息 40 天以照料他们的庄稼。合法的工作日是从上午的 7 点到下午的 5 或 6 点，其中早饭有半个小时的休息时间，午饭有两个小时的休息时间。织布工和织毛工一年付给 47 比索又 2 个雷阿尔，其他的成年工人得到 40 比索又 4 个雷阿尔，男孩被付给 24 比索又 2 个雷阿尔。

但作坊制度却受到大量的滥用。作坊主给工人规定过多的日定额，并惩罚那些没有完成定额的人。命令他们加班加点，每天工作的时间长得惊人。还随意克扣工资或以实物代替现金支付，工人入不敷出，向工场主告贷，经常陷入永无清偿的债务之中。为防止工人四处闲逛，工场的车间通常是锁着的。作坊通常拥有非法刑具和监狱，监工任意对工人挥舞皮鞭。作坊主雇用由梅斯提索人、黑人或穆拉托人充当的专业恶棍，追踪逃跑的劳工或通过恐吓他们的妻儿迫使他们回来。也许可以引用两件事来说明西班牙人和土著是如何看待作坊劳工的。其一是涉嫌预谋 1737 年印加人起义的 89 个人被判罪，作为一种惩罚被他们送到作坊劳动。另一个是 1623 年琴恰伊科恰的印第安人提出，如果他们被免除到作坊服役，他们宁愿去可怕的万卡维利卡。[①]纺织工场已经发展成剥削劳工的血汗工场。

总之，通过对殖民地时期秘鲁经济制度的上述研究，我们至少可以加深三个方面的认识。

第一，对该时期秘鲁经济制度本身有了更深入的了解。委托监护制曾被国内史学界译为"大授地制"，误认为它是大庄园制的起源，其实它并不授予土地，大庄园制起源于"步兵份地"和"骑兵份地"的赐予；米达制引入了工资机制，尤其"明加"是一种自由雇工，加上殖民当局要求土著交纳货币贡税，对当地商品经济和资本主义的发展具有一定的促进作用。

第二，委托监护制通过贡税和劳役对印第安人的残酷剥削；殖民者大地产制的建立对印第安人土地的剥夺；商品摊派制对印第安人的敲诈勒索；米达制对印第安人的种族灭绝，所有这些正是印第安人持续不断的暴动和起义特别是 1780 年图帕克·阿马鲁二世大起义的真正背景，也是"压迫越深，反抗越强"这一道理的验证。

---

① John Howland Rowe, "The Incas Under Spanish Colonial Institutions," *Hispanic American Historical Review,* Vol. 37, 1957(2), p. 179.

　　第三，上述经济制度使殖民地财富源源不断地流入宗主国和欧洲，在那里转化为资本，从而加速了欧洲资本原始积累的进程，促进了资本主义的发展。据估计，殖民者仅借助米达制生产出来的金银财富就价值约 25 亿比索，[①]在那个时代这简直是一个天文数字！而在整个殖民地时期，秘鲁死亡的印第安人不少于 850 万！这进一步验证了马克思的名言："美洲金银产地的发现，土著居民的被剿灭、被奴役和被埋葬于矿井，……这一切标志着资本主义生产时代的曙光。"[②]

　　［本文原载于《聊城师范学院学报（哲学社会科学版）》2000 年第 1 期，标题为"西班牙殖民统治时期秘鲁的经济制度"］

---

① ［美］弗雷德里克·B. 派克：《秘鲁近代史》，第 57 页。
② ［德］马克思：《资本论》第一卷，人民出版社 1975 年版，第 819 页。

智利大庄园制度的起源

  大庄园是拉美土地制度的一个重要特征，它曾经对拉美人民的经济、政治和社会生活产生过重要而又深远的影响。国外学者对拉美大庄园制度的研究发轫于 20 世纪初，在第二次世界大战后的土地改革运动中达到高潮。其中，大庄园的起源问题是该研究的焦点之一，并形成了两种主要研究范式：一是关注法律制度的作用，即探讨委托监护制与大庄园制之间的联系；二是考察经济动因，即探讨商品经济与大庄园的关系。[1]国内外学者已经对墨西哥大庄园的起源作了较为深入的研究，但对西属美洲其他案例的探讨则较少。[2]智利在殖民地时期属于西属美洲的边缘地区，其土地制度的演变与作为中心地区的墨西哥既有一致性，又有差异性。为了认识边缘地区的差异性，为了更全面地了解拉美的大庄园制度，本文拟对智利大庄园制的起源作一个案剖析。

---

  ① Magnus Mörner, "The Spanish American Hacienda: A Survey of Recent Research and Debate," *The Hispanic American Historical Review* , Vol. 53, No. 2 (1973), pp. 183-216.

  ② 国内学者对墨西哥大庄园制的研究见韩琦：《墨西哥大庄园制的形成及其经济结构》，载《历史研究》1990 年第 5 期；王文仙：《试论殖民地时期墨西哥大庄园的特征》，载《世界历史》2004 年第 4 期；等等。国外学者对墨西哥大庄园制的研究见马格努斯·默纳前文综述。关于智利大庄园制的研究，国外学者多侧重于 19 世纪中期以后的时段，而对其起源问题缺乏关注，少量的研究散见于智利土地制度史或乡村社会史的著作中，如 George Mcbride, *Chile: Land and Society*, New York: American Geographical Society, 1936.Jean Borde, Mario Góngora, *Evolución de la Propiedad Rural en el Valle de Puangue*, Santiago: Editorial Universitaria, 1956. Mario Góngora, *Origen de Los "Inquilinos" de Chile Central*, Santiago de Chile: Editorial Universitaria, 1960.国内学者尚未对此进行专题研究。

一、委托监护制与恩赐地

同西属美洲中心地区一样，智利大庄园的起源与委托监护制和国王分配给殖民者的恩赐地紧密相连。

1541 年，佩德罗·德瓦尔迪维亚在智利建立起殖民统治，此人曾是秘鲁征服者皮萨罗的部将，在秘鲁的征服过程中积累了丰富的殖民经验。与墨西哥和秘鲁相比，此时的智利具有三个重要特点。（1）在地理上处于边远地区。当时没有巴拿马运河，从欧洲来的旅程除了通过巴拿马地峡外，要由海路绕过合恩角或由布宜诺斯艾利斯取道陆路翻越安第斯山脉，行程耗时且艰险。在北方，由于大沙漠和安第斯山的屏障，与秘鲁的联系通常是经过海路。（2）这里的印第安人社会由为数众多的部落组成，没有建立起像阿兹特克或印卡那样成熟的农业文明，从事农业的印第安人大多处于半定居状态，还有一些是从事采集和渔猎的部落，发展水平较低。（3）缺乏像墨西哥和秘鲁那样丰富的贵金属矿藏。由于这三个特点，在殖民初期，智利对殖民者缺少吸引力。虽然早期征服者曾在中央谷地的北部、海岸山脉的西北部和比奥比奥河以南通过开采沙金而获得了不菲的财富，但到 1600 年，这种致富的门径被封闭了，因为北部矿床枯竭，且征服者在比奥比奥河一线遭到阿劳坎印第安人的顽强抵抗，西班牙人在与阿劳坎人的战斗中惨败，被迫退后到比奥比奥河以北。因此，所谓的"智利"，事实上是局限于安第斯山和太平洋之间的中央谷地的部分，北面以通向沙漠的过渡地带为界，南面以比奥比奥河为界，长约 560公里，宽 160 公里，属于地中海气候，土地肥沃，水源较为充足，适于农耕。这些土地便成为殖民者后来开发的可靠资源。

瓦尔迪维亚刚在智利站稳脚跟，就引进了他所熟悉的委托监护制。委托监护制是一种西班牙王室报偿征服者的殖民制度，其起源于 8—15 世纪的光复运动，在美洲表现为国王授权委托监护主向印第安人摊派劳役、征收贡税和传播天主教等特点，最初的委托监护权不能世袭，也不含所监护土地的授予。[①]智利印第安人的社会组织较为松散，他们习惯于在一定区域内（通常

---

① Silvio Zavala, *De Encomiendas y Propiedad Territorial en Algunas Regiones de la América Española*, México, D.F., México: Antigua Librería Robredo, de José Porrúa e hijos, 1940.

为河谷）迁移，过着半定居的农业生活。因此，这里的委托监护制往往以土著酋长（cacique）为单位，将某一酋长及其下属分配给某一个西班牙人，而不同于墨西哥那种以地域为单位，将某一村社或市镇的印第安人分配给某一西班牙人。[①]在征服初期，委托监护权的分配对象主要是立有军功的征服者。1544 年 1 月 20 日，瓦尔迪维亚在被征服的圣地亚哥地区，向 60 名部下分配了委托监护权，并向其他士兵保证随着征服向南方推进，将会分配更多的委托监护权。但事后发现该地区的印第安人口太少以至于不能保证这么多的监护权的存在，遂于 1546 年将委托监护权减至 32 个。[②]当时，构成一个委托监护权的土著人数因所在地区不同而不等，在智利中部，在第一次分配监护权的时候，瓦尔迪维亚为自己留下了 1500 个印第安人，给副官伊内斯·苏亚雷斯（Inez Suarez）500 人，赫罗尼莫·德·阿尔德雷特（Jeronimo de Alderete）400 人，其他人则更少，大致在 50 至 100 人之间。但在土著人口较多的南方，一个监护权下的印第安人就增加了很多，如瓦尔迪维亚拥有 40000 印第安人，他的内弟拥有 15000 人，弗兰西斯科·德·比里亚格兰（Francisco de Villagran）得到了 30000 人，佩德罗·德·比里亚格兰（Pedro de Villagran）得到了 15000 人，赫罗尼莫·德·阿尔德雷特（Jeronimo de Alderete）得到了 12000 人，佩德罗·德·奥尔莫斯·德阿吉莱拉（Pedro de Olmos de Aguilera）得到了 8000 人，安德烈斯·埃尔南德斯·德科尔多瓦（Andres Hernandes de Cordova）得到了 6000 人，其他人分得的印第安人数目也都相应地增加了。[③]并非所有西班牙人都能得到委托监护权，如 1555 年持有监护权者有 200 人，而当时的西班牙人则超过了 400 人。

在 1590 之前，西班牙人的主要经济活动是役使印第安人淘金，他们对土地尚未产生浓厚的兴趣。那些委托监护主往往具有军官和矿主的双重身份，瓦尔迪维亚本人就拥有多处淘金产业。受监护的印第安人一般要服八个月的矿役，委托监护制给智利带来了数十年的金矿业繁荣。据当时的一位军士记载，1553 年，仅基拉科亚（Quilacoya）矿区就有两万印第安人劳动力，他们每天为委托监护主生产 200 磅黄金。[④]征服时期的记述多有夸大事实之嫌，

---

① George Mcbride, *Chile: Land and Society*, p. 76.

② Diego Barros Arana, *Historia General de Chile*,Tomo.1, Santiago de Chile: Editorial Universitaria, 1999, pp. 219-222.

③ George Mcbride, *Chile: Land and Society*, p. 77.

④ Pedro Mariño de Lobera, *Crónica del Reino de Chile*, Santiago: Imprenta del Ferrocarril, 1865, p. 144.

但仍可证明当时的淘金规模之大。1547 年，瓦尔迪维亚向秘鲁运去了大约 4 万比索的五一税；考虑到贪污和瞒报的产量，1541—1547 年，智利印第安人为殖民者生产的黄金远不止 20 万比索；1542—1560 年，智利的黄金产量超过了 700 万比索。①在这一时期，一些总督推行了宗主国有关委托监护制的新法令，试图限制印第安人劳役制，将其变为贡税制，但收效甚微。由于与阿劳坎人的战争处于僵持状态，智利的委托监护主担负着军事义务，他们要提供武器、马匹和人力，这些军功贵族是殖民地当局倚重的对象，政府不可能以牺牲安全的代价来限制委托监护权。因此，智利的委托监护制长期保持了劳役制的特点。与阿劳坎人的战争也不断补充了委托监护区的劳动力，有资料显示，到 17 世纪初，委托监护区的劳动力几乎一半为阿劳坎人战俘。②

　　但是，在少数有定居印第安人的地区，委托监护权的分配采取了按村落分配的形式。在这种情况下，由于印第安人缺少地权概念，随着印第安人口的锐减，西班牙人便会采取各种方式侵吞印第安人的土地。如为了满足自身的生活和军事需要，也为了给淘金的印第安人提供衣食，一些委托监护主会在委托监护区内经营农牧业和手工业，这可以从当时的政令中得知。如 1546 年，在调整圣地亚哥监护区时，瓦尔迪维亚要求那些被取消监护权的西班牙人在 15 天内撤走监护区内的牲畜和动产，已播下的种子由继任者赔偿；总督甘博亚（Gamboa，1580—1583 年在任）命令监护主"不得进入印第安人村落"，并从所监护的土著村落中撤除采矿工具、畜群、粮食和碾坊；1584 年，总督索托马约尔（Sotomayor，1583—1592 年在任）规定，未服矿役的印第安人需要照管本村落内属于委托监护主的牲畜，每人每年可获得 1 件毛料衣服的报酬，并有偿为监护主从事修建畜栏、建造牧屋、洗涤和修剪羊毛等工作。③由此可见，部分委托监护主在监护区内经营农牧业，主要是为了就近利用劳动力，但同样也便利了对印第安人土地的侵吞。由于处于开疆拓土时期，智利尚未建立起完善的地方行政和司法体系，委托监护主对印第安人及其土地的实际支配权力很大。如监护主胡安·包蒂斯塔·帕斯特内（Juan Bautista Pastene）侵占了临近交通线的监护区土地，他的儿子于 1583 年通过

---

① Brian Loveman, *Chile: The Legacy of Hispanic Capitalism,* New York: Oxford University Press, 2001, pp. 77-78.

② George Mcbride, *Chile: Land and Society*, p. 86.

③ Mario Góngora, *Encomenderos y Estancieros; Estudios Acerca de la Constitución Social Aristocrática de Chile Después de La Conquista 1580-1660*, Santiago de Chile: Editorial Universitaria, 1970, pp. 9-13.

向都督申请恩赐地（mercedes）将这些占地合法化，此后又利用强占、购买等手段继续蚕食监护区，成为潘戈谷地最有权势的地产主之一。[1]还有案例表明，曾有委托监护主通过与土著酋长女儿联姻的方式，获得了他监护区的印第安人的土地。[2]因此，委托监护制作为"拓殖工具"，被认为是形成大庄园的一种间接方式。

但智利大庄园的真正起源来自直接的土地赐予，即恩赐地。按照西班牙王室法令，每个新建立的市镇都拥有分配土地的权力。1541 年 3 月 7 日，瓦尔迪维亚沿用了其他西班牙人为使自己的权力合法而实行过的程序，先以国王名义指定了 11 名官员，建立起圣地亚哥市政会。然后由市政会选举他为都统。之后，市政会的主要工作之一就是代表国王向最早的 150 名殖民者赐予土地，即"恩赐地"，依据征服者的身份分为"步兵份地"和"骑兵份地"两种。根据王室 1513 年 6 月 8 日的一份文件，"步兵份地"包括宅基地、果园、林园、农田、牧场等各种类型的土地共达 100 英亩，分配给没有头衔的征服者或普通市民；"骑兵份地" 5 倍于"步兵份地"，包括上述各种不同性质的土地共约 500 英亩以上，分配给那些在军队和政府中有头衔的人。但在智利的土地赐予文件中，很少用"步兵份地"和"骑兵份地"的字眼。恩赐地按位置和用途划分，包括三种基本形态：城镇中心的宅地（Solar）、市郊的园地（Chácara）、远郊的牧场（Estancia）。[3]前两种含有可让渡的私人产权，牧场最初只包括使用权的赐予。从规模看，尽管受赐者多为"骑兵"，但他们最初得到的恩赐地面积并未达标。如迭戈·奥罗（Diego Oro）在 1547 年获得 260 公顷土地；安东尼奥·米内兹（Antonio Miñez）于 1557 年取得 35 公顷土地；帕德雷·迭戈·帕斯（Padre Diego Paz）在 1559 年获取 182 公顷土地。1547 年前的恩赐地面积更小，如市政会重新核实的四块恩赐地分别为 52 公顷、67 公顷、49 公顷和 18 公顷。[4]但是，到 16 世纪末，恩赐地的面积扩大了。驱使地主获取更多土地的主要动力或是为了防止其他土地所有者的竞争，或是为了迫使印第安人在丧失土地后向他们提供廉价劳动力，或是出于扩大

---

① Jean Borde, Mario Góngora, *Evolución de la propiedad rural en el Valle de Puangue*,Tomo.1, Santiago: Editorial Universitaria, 1956, p. 43.

② George Mcbride, *Chile: Land and Society*, p. 88.

③ Ernesto Greve, *Mensura General de Tierras de Ginés de Lillo, 1602-1605. Tom. 1. Introducción de Ernesto Greve*, Santiago de Chile: Imp. Universitaria, 1941, p. XXI.

④ 市政会档案记载了这些地产的长度和宽度，单位是瓦拉（vara），这里的公顷数是麦克布莱德估算的。George Mcbride, *Chile: Land and Society*, p. 103.

经济规模的需求。当时，许多恩赐地本来就是印第安人居住的土地，不少恩赐地靠近印第安人的土地，殖民者往往以恩赐地为核心，通过各种手段，逐渐向周边蚕食、扩张，最终恩赐地会成为大地产。

可见，智利的大庄园起源于国王恩赐地的分配，委托监护制则为殖民者提供了印第安人的劳役，但在部分地区，该制度便利了委托监护主侵吞印第安人的土地，成为一种导致大庄园产生的间接方式。

二、地权审定与大牧场形成

在 16 世纪，对于主要精力放在征服和黄金开采上的殖民者来说，重要的不是土地，而是劳动力。但在 17 世纪，畜牧业成为经济的主要侧重点，土地的重要性被凸现出来，殖民者设法兼并土地，在经过王室对土地权利的审定之后，非法占地合法化，大牧场随之形成。

从 16 世纪末开始，智利的经济重心便由黄金开采业转向了新兴的畜牧业。这种转型一方面是由于土著劳动力的锐减和矿业资源的枯竭。据估计，因矿役、瘟疫和战争等对印第安人的冲击，中央谷地和其他地方的印第安人的数量由 1570 年的 45 万降至 1590 年的 42 万，后又骤减至 1600 年的 23 万，[①] 30 年间丧失了近一半人口。同时，南方阿劳坎人的顽强抵抗，使得殖民者开辟新矿区和增加劳动力的希望破灭。另一方面，秘鲁的波托西银矿欣欣向荣，对皮革和油脂等畜产品的需求不断增加，而这些产品都能在智利生产，而且畜牧业对劳动力的需求远少于金矿业。于是，智利经济史上的"黄金时代"便被"油脂世纪"取代，秘鲁对畜产品的需求刺激了智利牧场的扩展，进而导致了土地升值与土地兼并。

为了扩大牧场，殖民者加紧剥夺印第安人的土地，其主要手段是设法增加或扩大恩赐地。一方面，西班牙人申请购买土著村落的土地，由印第安人保护官批准，所购地产成为恩赐地。另一方面，印第安人消亡后留下大量"无主"土地，殖民者趁机向政府提出土地赐予申请，通常会得到批准。1597 年，印第安人保护官出售了土著部落在梅利皮亚、坎查和通卡等处的土地，又于

---

① Rolando Mellafe, *La Introducción de la Esclavitud Negra en Chile: Tráfico y Rutas,* Santiago: Univ. de Chile, 1959, pp. 217-223.

1601 年出售了位于内莫卡兰的印第安人土地；与此同时，殖民当局的土地赐予范围扩展到整个潘戈谷地，到 1604 年，该地区的印第安人被排挤到 200—400 夸德拉①的狭小区域。②此时，单块恩赐地的面积也不断增加，如在 1600 年，兰卡瓜的两块新恩赐地的面积分别达到了 1000 夸德拉和 1300 夸德拉（相当于 5200 英亩），此后一些恩赐地的面积甚至达到了 4000—5000 夸德拉。③殖民者的兼并行为遭到了印第安人的抵制，但后者仍难以摆脱失去土地的命运。例如，1625 年，一个名叫胡安·德阿斯托加的西班牙人求购阿空加瓜的一处牧场，遭到土著的拒绝，他就直接向都统申请这片 2000 夸德拉土地的赐予，后来由于印第安人保护官的干预，这项赐予在 1629 年被取消，但这个牧场最终于 1635 年被出售。④异族通婚也助长了土地兼并的现象。由于印欧混血种人作为擅自占地者流入印第安村落，改变了这些村落的人口构成性质，从而剥夺了印第安人原来所享有的法律保护。所以，印第安人村落更加容易被并入私人地产。

　　土地权利的审定是大地产形成的重要一环。土地兼并导致许多土地地界混乱、产权不明甚至没有土地证书，印第安人的诉讼增多，出现了大量财产权的案件，这种现象在西属美洲的其他地方也普遍存在。于是，西班牙王室决定采取措施审定土地权利证书，明晰产权，意在将被侵犯的公地收归王室。1603 年，智利都统以国王名义任命希内斯·德利略为特别审查官，全权负责土地权利的审定事宜，通过测量土地，凡是非法占地将被归还给印第安人或国王，而合法占地，将承认其主人的产权。但是，德利略调查的结果表明，许多原来官方赐予的小块土地现在变成了大地产，这种大地产往往是以原来小块土地为核心向周边扩张累积的产物，到目前已经很难纠正。因为在将近一个世纪的时间里，印第安人拥有自己土地的证据已经被销毁，殖民者在国王土地上已经建立了自己的地产，如果将土地归还给印第安人或国王，在殖民者看来是不公正的。他们声称，如果这样做，将会引起各地的反抗风暴，将会给正处于繁荣的智利农业带来灾难。因此，唯一的解决办法就是承认既

---

① 1 夸德拉（cuadra）在智利和阿根廷约合 1.69 公顷，在拉美其他地区约为 0.71~0.75 公顷。

② Jean Borde, Mario Góngora, *Evolución de la Propiedad Rural en el Valle de Puangue*, Tomo.1, Santiago: Editorial Universitaria, 1956, p. 44

③ George McBride, *Chile: Land and Society*, New York: American Geographical Society, 1936, p. 104.

④ Mario Góngora, *Encomenderos y Estancieros: Estudios Acerca de la Constitución Social Aristocrática de Chile Después de la Conquista 1580-1660*, Santiago: Universidad de Chile, 1970, pp. 46-47.

成事实，德利略也正是这样做的。通过土地审定，德利略解决了许多个人之间以及个人与国王之间的纠纷，明确了土地的产权。没有证据表明印第安人或国王得到了被归还的土地。相反，大地产作为农村财产的一种典型形式得到了官方的认可，确立了其合法的地位。

在德利略之后的年代里，对非法占地的审定继续进行了若干次，通过这种审定，大地产的非法占地慢慢变成了合法财产。在当时甚至出现了一种名义价格的买卖政策，即牧场主可以按每夸德拉土地两个里尔的便宜价格将非法占有的公地变成自己的财产。这种政策自然刺激了殖民者对剩余公地的申请和侵占。如在 1604—1620 年间，剩余公地的申请风行一时，获得者多为毗邻公地的地产主，有位殖民者仅在 1618 年就申请到总面积达 2000 夸德拉的多块公地，但前提是他在这些公地的核心地区有一块仅 400 夸德拉的合法牧场。①此时，恩赐地的法律内涵也发生了变化。在征服时期，牧场的受赐者仅拥有居住、建造畜栏等使用权利，并不能排斥其他放牧者。但 1583 年之后，牧场与宅地、园地一样，成为排他的、可让渡的私人财产，这从制度层面反映了土地的私有化进程。

17 世纪中期之后，智利中央谷地的优良土地已基本被分配完毕，而此后土地产权变化的主要方式是买卖、继承和捐赠。土地买卖虽然有利于大商人成为大地产主，但同时也是造成大地产被分割的原因之一。但长子继承制有利于维持不动产的完整性和保持大地产的稳定性。从 17 世纪后半期开始，智利实行了长子继承制，一些大地产主通过向国王申请贵族头衔和长子继承权，使得自己的大地产保存下来。信徒捐赠是教会团体获取土地的主要途径。当大地产为教会持有之后，将不再被转让和分割，有助于其完整保存下来。1593年耶稣会进入智利，主要依靠私人捐赠维持其传教活动。1683 年之前智利的耶稣会先后隶属于巴拉圭和秘鲁，其组织和教产规模都很小，如 1652 年耶稣会士才 68 人。只是 17 世纪末之后，耶稣会的地产才逐渐膨胀起来，当 1767年耶稣会被驱逐时，其拥有的 60 处大庄园被当局出售或出租。

在 17 世纪，劳动力制度也发生了新的变化。作为劳役制度的委托监护制趋于衰落。由于战争、瘟疫和逃亡，委托监护制下的印第安人数目急剧减少，到 1610 年，在所有委托监护主中，没有一人监护的印第安人是超过 100 人的，

---

① Jean Borde, Mario Góngora, *Evolución de la Propiedad Rural en el Valle de Puangue*, Tomo.1, Santiago: Editorial Universitaria, 1956, p. 47.

大多数为 40—60 人。在整个"智利王国"，所有被监护的印第安人不超过 5000 人。[1]王室在 1600—1635 年下发了一系列法令，宣布废除印第安人劳役，只需每人每年缴纳 10 比索左右的贡税。但是，印第安人没有货币，唯一能够付出的就是劳役。于是，委托监护主与印第安人订立契约，由自己支付印第安人少量工资，并允许其在大地产上居住，给予一小块土地供其维持生计，条件是后者要为监护主服劳役。也就是说，由原来无偿使用劳动力转变为有偿使用。委托监护主将他们监护的印第安人安置在大牧场是常见的现象。除此之外，大牧场的劳动力还有另外两类群体。一类是雅纳科纳（yanacona），他们不是早期殖民者从秘鲁带来的印第安人，而是那些脱离原来的监护主或原来村落而移居到牧场上的印第安人，包括阿劳坎人战俘。他们为大牧场主劳动，从而获得小块土地的使用权，但并不被严格束缚在土地上。1614 年，圣地亚哥的雅纳科纳有 2162 人，如果算上另外 1000 多名来自原村落的纳贡印第安人，其实际数量约为 3200 人，而仍然居住在原来村落中的印第安人仅剩下 696 人。[2]另一类是西班牙人与印第安人混血的后代——梅斯蒂索人（mestizo）。相比于土著人口的减少，混血人群体则不断壮大。1570—1620 年，白人血统占多数的梅斯蒂索人由 1 万人增加到 4 万人，土著血统占多数的梅斯蒂索人和黑人的数量由 7000 人增长至 2.2 万人。[3]梅斯蒂索人习惯于当兵，但军队对他们的吸纳数量有限。这些人在 17 世纪逐渐融入乡村社会中，一部分人成为大牧场的总管或牧牛人；另一部分人租赁牧场土地，用于放养自己的牲畜，以实物作为象征性的租金，还承担牲口圈集、守卫地界等义务。这是大地产劳动力"梅斯蒂索化"的表现。另外，一些贫穷的西班牙人、自由的穆拉托人（黑白混血后代）和黑人也加入到了承租者行列。[4]

三、小麦出口与大庄园形成

18 世纪，智利经济模式发生了新的转型，小麦出口取代了原来的油脂与

---

① George McBride, *Chile: Land and Society*, New York: American Geographical Society, 1936, p. 85.

② Mario Góngora, *Origen de los Inquilinos de Chile Central*, Santiago: Universidad de Chile, 1960, p. 30.

③ Rolando Mellafe, *La Introducción de la Esclavitud Negra en Chile: Tráfico y Rutas,* p. 226.

④ Mario Góngora, *Origen de los Inquilinos de Chile Central*, pp. 33-47.

皮革出口，大地产的形态随之也由大牧场转变为大庄园；同时，劳役佃农成为大庄园劳动力的主要形式。

　　智利经济格局的转变缘起于 17 世纪末的秘鲁大地震。1687 年，秘鲁发生的大地震摧毁了当地的农业灌溉系统，造成小麦减产和价格飙升，增加了秘鲁对智利农产品的需求。最初，智利的小麦出口量猛增，但生产并未获得相应增长，以至于造成本地的粮食短缺，迫使官方实行出口限制。1700 年之后，小麦出口常规化，当地的生产也随之扩大。①粗放利用的牧场被改造成农田，大地产呈现出农业特性，其称呼开始由 17 世纪的大牧场更换为 18 世纪的大庄园（hacienda）。但这种转型并未导致单一的农业生产，大庄园实际上代表着以小麦种植为主，兼营畜牧业和葡萄种植的混合农业，这源于智利的地貌和气候条件。中央谷地处于安第斯山和海岸山之间，地形较为崎岖，且属于冬雨型区域，农业对灌溉的要求较高。庄园内部一般包括水浇地、旱地和山地三部分，各自的比例因地区而异。②水浇地主要承载农业生产，旱地和山地多用于畜牧业。以耶稣会为例，马克西莫（Máximo）学院的庄园位于中央谷地腹地，农业条件较好，拥有耕地、葡萄园和牧场，还有三座用来加工面粉的磨坊。但布卡莱穆（Bucalemu）学院的庄园处于海岸山附近，且缺乏灌溉水源，这里就以放牧为主，没有葡萄园和磨坊，油脂和牲畜是主要的收入。③以小麦生产为主的混合农业在 18 世纪后期趋于稳定，反映在当时的出口结构中。如 1785—1789 年，智利向秘鲁出口了约 116 万法内加的小麦，价值约为 203 万比索；油脂约 11.2 万担，约合 18 万比索；腌肉 5289 担，约为 10.7 万比索；葡萄酒 1.8 万多罐，约合 31 万比索。以上产品在出口总值中的比重分别约为 36.7%、3.3%、1.9% 和 5.6%。非农业出口品中最重要的是铜，其出口值约为 188 万比索，所占比重约为 34.1%。④自殖民地晚期开始，

①　Diego Barros Arana, *Historia General de Chile*,Tomo.5, Santiago de Chile: Editorial Universitaria, 1999, pp. 219-221.

②　据现代学者估算，在智利的 75.7 万平方公里国土中，肥沃水浇地、次等水浇地、肥沃旱地等耕地的面积约为 5 万平方公里，仅占国土总面积的 6.6%；150 万平方公里的山地和贫瘠平原可用于放牧；而剩余四分之三的土地为荒漠、安第斯山及其余脉、海岸山、湖泊等，几乎没有农业价值。Encina Francisco Antonio, *Nuestra Inferioridad Económica: Sus Causas Sus Consecuencias*, Santiago: Universitaria, 1981, pp. 36-37.

③　Walter Hanisch Espíndola, *Historia De La Compañia De Jesús En Chile. (1593- 1955)*, Buenos Aires: Francisco de Aguirre, 1974, pp. 144-146.

④　Ross Agustín, *Reseña Histórica del Comercio de Chile Durante La Era Colonial*, Santiago de Chile: Imprenta Cervantes, 1894, p. 261.

智利的经济就以农矿业出口为主，这种模式一直延续至今。

　　农业增长促进土地升值，巩固了大庄园形态的大地产制。由于土地兼并已经于 17 世纪完成，"小麦世纪"只是带来土地制度的局部调整。首先，经济变迁再一次导致社会权贵的新陈代谢，以巴斯克人为主的新移民融入大庄园主阶层。1700—1810 年，随着商业机会增多，约有 2.4 万西班牙人移民智利，其中约一半来自巴斯克或纳瓦拉地区。①巴斯克人是新旧大陆的商业"弄潮儿"，他们在智利购买土地，并与早期的大地产主相结合，形成了所谓的"巴斯克-卡斯蒂利亚贵族"。如圣地亚哥·德·拉腊因·比库尼亚（Santiago de Larraín y Vicuña）拥有多处庄园和房产，与传统显贵塞尔达（Cerda）家族联姻，并于 1736 年获得了长子继承权，②拉腊因家族至今仍是智利最显赫的财团之一。其次，耶稣会地产于 1767 年之后被拍卖，巩固了私人大庄园。1683年，智利成为独立的省教区，耶稣会在各地增设学院，并经营着 60 个肥沃的大庄园，隆加维、蓬塔、兰卡瓜和布卡莱穆四处庄园的日后成交额都在 8 万比索以上。③耶稣会遭驱逐后，世俗富豪购买了这些地产，强化了私人大庄园的土地垄断地位。最后，智利大庄园的区域格局基本奠定。以中央谷地而言，大庄园集中于北部地区，即阿空加瓜河与毛莱河之间的区域，这里远离阿劳坎战场，而且拥有首府圣地亚哥与港口瓦尔帕莱索。而毛莱河至比奥比奥河之间的南部地区则存在着大量中小庄园，该地区紧邻南方边界，农业生产时常受到战火破坏，所以较少得到权贵们的青睐。据 1779—1782 年的地方官报告，在 47 个 5000—40000 夸德拉的特大庄园中，北部地区占了 39 个，南部仅有 8 个；149 个 1000—5000 夸德拉的大庄园均位于北部；1575 个500—1000 夸德拉的中小庄园则全部处在南方。④

　　小麦种植导致劳动制度变革，形成了以劳役佃农为主体的大庄园劳动力。在劳动制度层面，大牧场与大庄园的最大区别是前者使用少量相对自由的劳动力，而后者则依靠大量固定于土地上的佃农。17 世纪的劳动力匮乏导致大

---

① Simon Collier, and William F. Sater, *History of Chile, 1808-2002*, Leiden: Cambridge University Press, 2004, p. 18.

② Juan Mujica, *Nobleza Colonial de Chile: Linajes Españoles*, Santiago: Zamorano y Caperan, 1927, pp. 146-147.

③ Diego Barros Arana, *Historia General de Chile*,Tomo.6, Santiago de Chile : Salesianos, 2000, pp. 215-222.

④ José Garrido Rojas, Cristián Guerrero Yoacham, and María Soledad Valdés, *Historia de La Reforma Agraria en Chile*, Santiago Chile: Editorial Universitaria, 1988, p. 22.

牧场的粗放经营，而 18 世纪的人口增长则保障了基于密集劳动的小麦生产。1778 年，圣地亚哥主教辖区有将近 26 万人；圣地亚哥城的居民由 1690 年的 1 万人增长到 1790 年的 2.5 万人；1791 年，康塞普西翁主教辖区的人数突破了 10 万。①小麦种植兴起后，大庄园盛行土地租佃（arrendamiendo），即给予佃农（arrendario）小块土地，供其居住和耕种，由后者缴纳租金并提供必要的劳役。佃农由无地劳动群体构成，其主体是梅斯蒂索人，源于 17 世纪的大牧场承租人（prestatario）。佃农的劳役内容既保留了"油脂世纪"的牲口圈集，又增添了为大庄园主耕作收获、清理水渠、运输产品进城等义务。随着大庄园生产规模的扩大，佃农的劳役负担不断增加，在殖民地晚期增添了给主人做家内仆役的义务。由此，佃农对大庄园的依附关系逐渐增强，其名称也在 18 世纪后期固定为劳役佃农（Inquilino）。②劳役佃农是智利农村商品经济滞后的产物，佃农的小块份地仅能维持家庭消费，难以生产足够的剩余产品来缴纳实物或货币地租，从而只能以工代租。但他们有迁移的自由，劳役内容也依习惯或协商而定，这明显不同于墨西哥的债役农。至于大牧场上的雅纳科纳，他们在 18 世纪成为自由雇工，没有直接转化成大庄园的佃农。由于土地的数量有限，而人口又不断增加，并非所有的人都有机会获得租佃权，那些流动人口就成为季节工，是大庄园劳动力的必要补充。此时，在委托监护制下的印第安人与作为大庄园主的监护主之间的关系，已经蜕变成雇佣关系。有一份报告写道，潘戈谷地监护制下的印第安人每月能得到 6 比索的工资，仿佛他们是普通的雇佣劳工。但作为一种早已衰败的制度，③委托监护制迟至 1791 年才被废除。值得注意的现象是，大庄园的印第安人在 18 世纪发生了"梅斯蒂索化"，他们为了逃避向王室缴纳贡税，在语言、衣着和生活方式上逐渐放弃了原来的传统，而向梅斯蒂索人靠拢，并借此跻身佃农阶层。

　　智利大庄园的形成是大牧场转型的结果，带有明显的外源性特点，预示着独立后的国民经济将长期依赖初级产品的出口。到殖民地末期，尽管智利

　　① Carlos Hurtado Ruiz Tagle, *Concentración de Población y Desarrollo Económico: El Caso Chileno*, Santiago Chile: Universidad de Chile Instituto de Economía, 1966, pp. 48-49.

　　② Mario Góngora, *Origen de Los "Inquilinos" de Chile Central*, pp. 49-104.

　　③ 1757 年，智利仅残存 50 个监护权，所监护的印第安人大部分不足 20 人。Helen Douglas-Irvine, "The Landholding System of Colonial Chile," *The Hispanic American Historical Review*, Vol. 8, No. 4(1928), pp. 494-495.

的土地所有者达到 1 万人，但全智利的大部分土地却为 2000 家大庄园所占有。大庄园制成为智利最重要的殖民制度遗产。

四、结　语

上述研究表明，智利大庄园如同西属美洲中心地区一样，起源于国王分配给殖民者的恩赐地，通过各种形式的土地兼并，然后经官方对土地权利的审定，最终形成合法的私人大地产。与中心地区的不同是：（1）由于印第安人社会的原始性、分散性和非定居性，委托监护权主要是以酋长为单位分配的，尽管委托监护制在某些地区成为大地产起源的"间接方式"，但它长期保持了劳役制度的特点；（2）在墨西哥和秘鲁，大庄园是 16 世纪中期至 17 世纪中期在本地矿区和西班牙人城镇需求的拉动之下形成的，而智利大庄园是在 18 世纪随着小麦出口的发展而形成的，比中心地区晚 1 个世纪。但"黄金时代""油脂世纪"和"小麦世纪"的阶段性特点彰显了智利经济的外源性特征；（3）由于地处边疆以及与阿劳坎人的战争，作为一种奖赏制度的委托监护制持续到 1791 年，大大晚于王室最终宣布废除的 1720 年；（4）殖民地末期，中央谷地的印第安人消失了，因为除了战争、瘟疫死亡外，有一部分印第安人逃亡到了南部阿劳坎人地区，剩下的印第安人或与白人混血，在人种和血统上成为"梅斯蒂索人"，或逐渐放弃原来的传统生活方式，接受西班牙人的生活方式而"梅斯蒂索"化，他们多以"劳役佃农"和"季节工"的身份生存于大庄园经济之中，到 1800 年，智利中部已是一个只有白人和混血人的殖民地，而没有墨西哥和秘鲁中心地区那种白人、混血人和印第安人的三重结构，在种族组合上不那么复杂，在文化上的一致性更高，这对智利后来的发展产生了深远的影响。

（本文原载于《史学集刊》2012 年第 2 期，标题为"论智利大庄园制度的起源"，曹龙兴为第二作者）

智利硝石业的发展与早期现代化

　　智利的早期现代化在 19 世纪拉美诸多国家中称得上是佼佼者,这与它的硝石业的发展密不可分。在国内以往的研究中,有的学者将硝石业定位为"智利单一经济的典型例子",是一种"桎梏",①忽视了硝石业对智利经济的带动作用。有的学者虽然注意到了它的有利影响,但尚缺乏深入的分析②。本文试图通过对智利硝石矿藏特征和智利政府作用的深入研究,说明智利的硝石业与一般作为"飞地经济"的矿业不同,具有较大的"联系效应",由于这种"联系效应"和智利国家选择了比较正确的政策,智利的早期现代化才取得了卓有成效的进展。

一、太平洋战争和硝石业的发展

　　1879 年爆发的太平洋战争使智利拥有了世界上储量最为丰富的硝石矿区,从而使智利摆脱了 19 世纪 70 年代经济衰退的局面,进入了"硝石时代"。太平洋战争是以智利为一方,以玻利维亚和秘鲁为另一方,为争夺硝石矿区而发生的战争,这场战争有着深刻的社会经济背景。

　　首先,在战争之前智利人就在硝石矿区占据了比较有利的地位。1830—1879 年是智利的第一个经济发展周期,在中部智利的北方有两个省,即科金博(Coquimbo)和阿塔卡马(Atacama),总称为北奇科(Norte Chico),智利企业家和欧洲企业家以及技术人员聚集在这里进行了矿产资源的开发和

---

　　① 钱明德:《十九世纪智利经济发展探索》,载《世界历史》1990 年第 3 期,第 92-93 页。

　　② 陆国俊、金计初主编:《拉丁美洲资本主义发展》,人民出版社 1997 年版,第 365-366 页;苏振兴:《拉美初级产品出口模式及其影响》,载《拉丁美洲研究》1994 年第 6 期;韩琦:《1870—1930 年拉丁美洲的经济增长》,载《世界历史》1995 年第 3 期。

出口活动，主要产品是黄金、白银和铜，但这些矿藏的开采很快就趋于衰落了。以这一地区为基地，他们的采矿活动逐渐向更北的地方延伸，到 19 世纪 60 年代已经在玻利维亚的安托法加斯塔（Antofagasta）省和秘鲁的塔拉帕卡（Tarapacá）省站稳了脚跟，这两地总称北格兰德（Norte Grande），主要产品是硝石（硝酸盐）。其年均出口量在 1850—1854 年为 3 万吨，到 1875—1878 年则增长到 30 万吨[1]。在北格兰德的硝石开发中，智利人发挥了重要的作用，一是他们在该地区人口中占重要的比重，是该地区企业家和劳动力的重要来源。二是智利人在该地区硝石业中投入了大量资本。三是智利的瓦尔帕莱索港在 1835 年后逐渐取代了秘鲁的卡亚俄（Callao）港，一跃成为南美洲太平洋沿岸的重要港口。

　　其次，19 世纪 70 年代智利和邻国都受到了经济危机的打击，开始重视硝石的开采。对智利来说，19 世纪 70 年代是"幻想破灭的十年"[2]。因为从 1873 年开始，国际经济出现了严重的衰退，智利的出口经济也陷入了困境。智利出口的两大矿产品（白银和黄铜）的世界市场价格直线下跌。出口部门的急剧缩减导致全国经济产生了连锁反应，国家财政收入吃紧，以至于国内外收支难以平衡。智利政府的债务负担也因此不断增加，"1860 年，政府债务总计 1670 万比索，到 1878 年已上涨至 7090 万比索"[3]。不仅如此，长时间处于稳定状态的比索开始贬值，由于害怕出现恶性挤兑现象，阿尼瓦尔·平托总统（1876—1881 年）下令停止实行兑换钞票，因此钞票就变成了强制性的法定货币。伴随金融危机的是越来越多的资本外逃现象。祸不单行的是，1876—1878 年，智利的主要农业产区（中央河谷地带）接连遭受干旱和洪水袭击，出现了连续三年的农业歉收。生活费用上涨使成千上万的智利人陷入贫困。智利经济已经处于崩溃的边缘。无独有偶的是，邻国秘鲁因修建铁路政策不当和鸟粪资源趋于枯竭也陷入了严重的财政危机，玻利维亚作为刚刚恢复的白银生产大国之一，也受到了国际市场白银价格下跌的打击。面临国际经济危机的冲击，智利和它的邻国都开始重视起世界需求量日益增多的硝

---

① Roberto Cortes-Conde, and Shane J. Hunt, *The Latin American Economies: Growth and the Export Sector 1880-1930*, New York: Holmes & Meier, 1985, p. 178.

② ［英］莱斯利·贝瑟尔主编：《剑桥拉丁美洲史》第五卷，胡毓鼎等译，社会科学文献出版社 1992 年版，第 506-507 页。

③ Michael Monteón, *Chile in the Nitrate Era: The Evolution of Economic Dependence 1880-1930*, Wisconsin: University of Wisconsin Press, 1982, p. 18.

石开采业。"智利政治家知道从控制沙漠的行为中可能获得的好处，并且也同样知道这个国家在 1879 年的悲惨的经济地位。"①

最后，玻利维亚政府政策的失当引发了太平洋战争的爆发。自从独立之后，智利与其北方邻国玻利维亚和秘鲁对阿塔卡马沙漠中智利北部边界线就存有争议，但在那片不毛之地的资源（硝石）在商业上尚无开采价值，以及外资和企业还没有着手开采之时，这个问题并不尖锐。但随着智利劳工和资本以及英国资本的进入，硝石需求量和产量的增加，特别是 19 世纪 70 年代三国经济萧条之际，北格兰德地区的硝石越来越受到重视，边界问题日显突出。秘鲁政府为了解决自身的财政问题，于 1873 年介入到硝石生产中。先是对硝石实行专卖，1875 年又对硝石矿实行了国有化，这使智利资本遭受到严重损失。智利与玻利维亚最初通过签订一系列条约调节了彼此的关系。1866年，智利与玻利维亚达成协议，把两国国界定在南纬 24 度，并平分南纬 23度至 25 度区域之间的硝石开采所获得的税收收入。协议的达成换来了两国之间暂时的和平与稳定。然而，由于玻利维亚新上台的政府废除了所有在1865—1871 年制定的法令，两国于 1872 年再启谈判，到 1874 年双方终于签订了《马丁内斯-巴帕蒂斯塔协定》。新协议批准了原定南纬 24 度一线的国界。同时，玻利维亚保证在 25 年内不增加在玻利维亚领土上开采硝石的智利人或企业所必须交纳的税收。作为交换条件，智利不再分享在边境以北的地区得到的财政收入②。但是，在 1878 年，玻利维亚单方面撕毁了双方在 1874 年签订的协定，对在玻利维亚境内的智利硝石公司课以新税，即"每公担征收10 分钱的出口附加税"③。当智利硝石公司以此法令违背了 1874 年协定为由拒绝交纳税收时，玻利维亚政府宣称要将智利安托法加斯塔硝石与铁路公司拍卖以抵税收。这家公司的许多股东都是智利的政界人士，有些甚至位居部长之职。他们不断向智利政府施压，要求智利政府捍卫协定内容，绝不能向玻利维亚的独裁政府屈服。1879 年 2 月，智利军队占领了安托法加斯塔，并控制了沿海地区。秘鲁根据 1873 年与玻利维亚签订的攻守同盟密约也卷入进来，于是冲突逐渐升级，最终演化为三国之间的太平洋战争。

---

① ［英］莱斯利·贝瑟尔主编：《剑桥拉丁美洲史》第三卷，徐守源等译，社会科学文献出版社 1994年版，第 629 页。

② Thomas F. O'Brien, "Chilean Elites and Foreign Investors: Chilean Nitrate Policy 1880-1882," *Journal of Latin American Studies*, Vol.11, No.1(1979) , p. 106.

③ ［英］莱斯利·贝瑟尔主编：《剑桥拉丁美洲史》第三卷，徐守源等译，第 628 页。

经过四年的战争，智利最终获胜。1883 年 10 月《安孔条约》的签订标志着太平洋战争的结束。条约规定，秘鲁永远将塔拉帕卡省割让给智利，并且同意智利占有它的塔克纳（Tacna）和阿里卡（Arica）两省，为期 10 年。之后举行公民投票决定最后归属，得主要向失主支付 1000 万智利银比索①。1884 年，智利与玻利维亚政府单独签订协议，玻利维亚将唯一的沿海领土安托法加斯塔割让给智利。此次战争的胜利不仅使智利走出前十年经济萧条的困境，而且使其领土面积扩大了 1/3，并获得了盛产硝石的天然矿区，赢得了发展硝石业的基本条件。

虽然智利得到了盛产硝石的北格兰德领土，但硝石矿业的所有权归属问题仍等待智利政府的妥善处理，这直接关系到能否很好地利用这一资源促进本国经济的发展。如前所述，秘鲁政府曾于 1875 年宣布对境内的硝石实行国有化。当时无力以现金对原硝石矿主给以补偿，只好代之以债券。战争期间，债权人希望智利政府能够承认并兑现这些债券。但问题是，如果智利政府这样做的话，那将要承担极大的风险，因为至 1880 年底，伦敦银行、墨西哥银行和南美银行以其自身或客户名义持有的这种债券价值将近两百万索尔②。智利的债务负担无疑会大大增加，这对正在经历战争消耗的智利而言几乎是不堪承受的。但智利鉴于欧洲不仅是其太平洋战争期间战时物资的主要来源，而且日后也将会成为智利贷款的主要渠道。因此，还是认真考虑了债权人的要求。为此，智利成立协商咨询委员会专门处理硝石业所有权问题。

协商咨询委员会提交的报告避开了国家干预硝石业的秘鲁模式，建议将这一行业归还给私人，同时确保智利政府的最大利益，即对外运的硝石征收出口税③。1881 年 6 月 11 日，智利政府发布了关于硝石业的法令，规定任何人只要将为某企业发放的 3/4 的债券交付给智利国库作为购买价的一部分，并以现金方式支付其余 1/4 即可获得这家企业；1881 年 9 月 9 日，修改后的法令则将所需债券的数量降至购买价的 50%；最后，1882 年 3 月 28 日的法令规定给予债券持有人明确而非暂时的企业所有权，并对无人认领的企业实施拍卖。④从这三次法令中可见，智利政府私有化的条件越来越宽松，希望

---

① 公民投票后来并未举行，直到 1929 年两国达成协议，塔克纳还给秘鲁，阿里卡归智利。

② Thomas F. O'Brien, *The Nitrate Industry and Chile's Crucial Transition: 1870-1891*, New York and London: New York University Press, 1982, p. 54.

③ [英]莱斯利·贝瑟尔主编：《剑桥拉丁美洲史》第五卷，胡毓鼎等译，第 512 页。

④ Thomas F. O'Brien, *The Nitrate Industry and Chile's Crucial Transition: 1870-1891*, p. 55.

尽快解决硝石业的归属权问题。因为获取硝石产区的真正目的是利用硝石业提高政府财政收入和推动智利经济的发展。由于将硝石业还给了私人，私人承担了生产、运输和销售的责任，同时政府对出口硝石征税，这样就使智利政府获得了一个重大的收入来源而无需亲自卷入这些事务。这种私有化政策确保了硝石业能在最短时间内以最快速度恢复，不仅能够迅速解决智利的经济危机，而且也避免了与债券持有人及其政府之间的正面冲突，为硝石业的繁荣发展提供了保证。

太平洋战争之后，北格兰德地区的硝石业得到了快速发展，并带动了全国经济的发展，以至于1880—1920年被称为智利历史上的"硝石时代"。从硝石生产和出口额看，在太平洋战争结束之前硝石生产就已经恢复到战前水平。1879年智利硝石出口额仅为12.5万吨，到1880年已增至27.5万吨。1890年其出口额达到了100万吨，至1909年更是突破了200万吨，到1928年出口额为296万吨，接近突破300万吨[①]。在1880—1928年，智利的硝石出口除了个别年份外，一直都是在逐年增加的。硝石加工厂的数量和雇佣人数，也在直线上升。据统计，1890年左右，大约有50家硝石加工厂进行生产，至1910年，生产硝石的加工厂已增至102家，到第一次世界大战前夕，其数量已经接近140家。1886年左右，硝石矿区的工人仅有4534人，至1890年其雇工人数已经达到13060人，并且在1895年雇工人数超过了2万人；虽然1896—1900年雇工人数稍有下降，但是总体而言，在矿区工作的人数都维持在16000人左右；1900年之后，雇工人数仍不断增加，甚至在1917年到达了56981人[②]。

太平洋战争后，硝石业的资本构成也发生了变化。战前秘鲁资本占1/2以上，战后秘鲁资本消失了。1884年硝石资本的分布情况如下：智利资本占36%，英国资本占20%，德国资本占17%，英国移民的资本占14%，其他国籍的资本占13%。但在随后的10年中，英国资本迅速上升，到1895年达到了60%，智利资本则下降为13%。[③]智利政府对这种情况曾表示出关切，担

---

①　Roberto Cortés Conde, *The First Stages of Modernization in Spanish America*, New York: Harper & Row, 1974, p. 66.

②　Markos Mamalakis, "The Role of Government in the Resource Transfer and Resource Allocation Processes: The Chilean Nitrate Sector, 1880-1930", in Ranis Gustav, *Government and Economic Development*, New Haven: Yale University Press, 1971, p. 185.

③　Roberto Cortes-Conde, and Shane J. Hunt, *The Latin American Economies: Growth and the Export Sector 1880-1930*, p. 199.

心外国资本对硝石业的垄断，因为硝石矿主通常会采用组成联盟的方式，对硝石进行限量生产，控制硝石出口额以防止硝石价格下跌。但限量生产往往会减少智利政府的出口税收。智利总统巴尔马塞达（1886—1891 年）鼓励智利人更多地参与这一行业。1900 年以后，英国资本很快出现了下降的趋势，到 1925 年英国资本下降到 23%，智利资本上升到了 68%，剩下 9%的资本为其他国家所有。智利资本在硝石资本构成份额中的增加意味着当地可以获得更多的硝石收入和分享更多的硝石繁荣所带来的利益。

但是，硝石繁荣更多地是取决于国际市场需求。19 世纪后期欧洲和美国的农业大发展，先后增加了对智利硝石的进口。由于农业要受到气候和其他因素的影响，欧美国家对硝石的需求是不稳定的，往往会出现供过于求的情形，导致销石市场价格下跌，国际市场需求的多寡决定着硝石出口曲线的高低变动。但直到第一次世界大战之前，智利的硝石供给始终处于垄断地位。然而，第一次世界大战之后欧洲（主要是英国和德国）市场对硝石的需求锐减，特别是德国发明的人工合成硝酸盐技术的出现，使智利天然硝石逐渐丧失了在世界市场上的垄断地位，到 20 世纪 20 年代，智利硝石在世界产量中的比重从 90%下降到 24%左右①。世界经济大萧条的到来则更严重地打击了智利的硝石出口经济。

二、硝石业的"联系效应"和早期现代化

矿业通常被认为是一种典型的"飞地经济"，因为它只分布于少数矿产区，所需资本和设备主要由外国提供，使用当地劳动力很少，产品全部以原料形式出口，是一种资本密集型的产业，对当地社会经济发展的带动和辐射作用很小。但智利的硝石生产具有其特殊性，即它具有比较大的"联系效应"②。正是这一特点使得硝石业成为智利经济的引擎。

---

①　[英]哈罗德·布莱克莫尔、克利福德·T. 史密斯编：《拉丁美洲地理透视》，复旦大学历史系拉丁美洲研究室译，上海译文出版社 1980 年版，第 452 页。但由于新兴的美国市场增加了对硝石的需求，因此，到大萧条之前智利硝石的产量一直在增长。

②　"联系效应"理论是美国经济学家赫尔希曼首先提出的，是指在国民经济中，各个产业部门之间存在着某种相互影响和依存的关系，一般包括后向联系和前向联系。后向联系是指一个产业同向它提供投入的部门之间的联系，前向联系是指一个产业同吸收它的产出的部门之间的联系。一般认为，与工业品相比，初级产品生产的"联系效应"小。

智利硝石业之所以具有较大"联系效应"，其主要原因如下。一是它的矿藏储量大、开采价值高。所谓硝石也被人们称为硝酸盐，为无色晶体，在其他国家也有这种矿藏，但智利的天然硝石却具有矿藏规模大、品位高、矿层厚、埋藏浅、易开采等特点，它分布于南纬 19 度至南纬 26 度之间，包括塔拉帕卡省、安托法加斯塔省和阿塔卡马省北部的长 750 公里、宽 0.5 公里至 10 公里的地带。这里的矿床是断断续续的，离海岸为 40～80 公里，海拔在 650～2300 米的高度，由于地处阿塔卡马沙漠地带并受到洪堡寒流的影响，该地区气候干燥，雨水稀少，从而保证了矿藏的高品位和长期的开采价值。硝石的用途主要是做肥料和炸药，19 世纪适逢欧洲和美国农业大发展，需要大量肥料，特别是当秘鲁的鸟粪资源枯竭后，智利的硝石就成为欧美农业耕作的抢手货，它们对这种资源的需求日益增长，达 40 余年之久。

二是矿藏分布广泛和硝石开采的劳动密集的特点，决定了矿区和沿海的众多居民点的建立，以及交通网络的形成。硝石的开采与黄金、白银、铜等贵金属矿的开采不同，它不是集中于某一地点，而是比较广泛地分散于矿区各地，到 20 世纪初已经有 100 多处矿点。当时将这些矿点与沿海港口联系起来的纽带是私人拥有的铁路，这种铁路始建于 19 世纪 70 年代，到 1881 年已经有 339 公里，1905 年增加到 1787 公里。[①]在沿矿区的海岸有 9 个较大的港口和一些小港口。这些港口和矿区居民点的人口增长很快，1885—1895 年从 88000 人上升到 141000 人，增长了 60%。从 1895 年到 1907 年北格兰德地区的人口达到了 234000 人，增长了 66%。到 1920 年达到了 288000 人。该地区占整个智利人口的比重由 1885 年的 3.5%上升到 1920 年的 7.7%[②]，而此时整个智利的人口为 373 万人。因此，与铜矿相比，硝石开采是一种劳动密集型和分布广泛的产业，当它与其他因素结合在一起的时候对整个国家经济会有更大的带动作用。

三是北格兰德地区属于沙漠地带，不具有农业资源，这里的居民们不可能为自己生产食物，他们的生产和生活用品几乎完全依赖于外部的供给。因此，随着这里人口的聚集，就形成了一个巨大的市场。如果把北格兰德地区的人口与当时全国城市人口比较的话，这里的人口占全国城市人口的比重从

---

① Roberto Cortes-Conde, and Shane J. Hunt, *The Latin American Economies: Growth and the Export Sector 1880-1930*, p. 193.

② Roberto Cortes-Conde, and Shane J. Hunt, *The Latin American Economies: Growth and the Export Sector 1880-1930*, pp. 150-151.

1885 年的 13%上升到 1907 年的 21.1%,占首都圣地亚哥人口的比重则从 47%
上升到 70%。所以，这是一个仅次于圣地亚哥的全国第二大市场。它需要从
中部和南部地区进口大量农牧业产品。卡门·卡里奥拉和奥斯瓦尔多·松克
尔的研究表明，在 1884—1885 年间，北格兰德的小麦消费量占国内小麦消费
量的 5%，而到了 1904—1905 年间，这个比重上升至 10%。土豆的消费也呈
现同样的上升趋势①，同期，大麦、肉干、葡萄酒的消费量也占很大比重。
因此，他们认为，"硝石扩张时期为中部和南部的农牧业产品在北格兰德地区
创造了一个市场，至少到 20 世纪的 20 年代，这是智利农业扩张和转变的一
个重要因素"②。

　　四是硝石出口增加了国家的收入。在 1880—1924 年间，全部硝石及其副
产品碘的出口价值的 33%为政府税收，在剩下的 2/3 出口价值中，企业家的
利润和生产成本各占一半。也就是说，智利政府能够得到硝石业总利润的将
近 1/2③。在这三个 1/3 的出口价值中，首先，代表当地生产成本的 1/3 大多
数被用来为工人提供消费品和维持采矿业务经营，这一部分资本使北格兰德
地区形成了一个不小的消费市场，增加了该地区通过沿海港口与中部、南部
智利的贸易往来，促进了全国经济网络的形成。其次，政府支配的 1/3 出口
价值被用于扩大政府的各项活动，包括加强政府机构、增加公共工程、提供
城市服务、促进教育事业等等。最后，另外的 1/3 为企业家所获得，最初由
于外国资本在硝石业中占很大比重，因此，这部分利润大多数被汇往国外，
但随着智利资本的增多，特别是 1900 年之后智利资本的快速上升，这 1/3 的
出口价值中越来越多的部分也被保留在了智利,对智利经济产生着推动作用。

　　可见，智利的硝石业的确具有与一般矿业不同的"联系效应"。但这种"联
系效应"的产生则需要多种因素的结合，即：客观上智利拥有位于特殊地理
位置和地理环境的大量高品位的硝石矿藏；适逢 19 世纪欧美农业发展引发了
对天然硝石的大量需求的机遇；主观上智利政府硝石政策的运用得当。正是
这些主客观因素的有机结合，才使得智利的硝石业较好地发挥了"联系效应"，
成为智利经济的发动机，由此也带动了"硝石时代"智利早期工业化、城市

---

　　① Roberto Cortes-Conde, and Shane J. Hunt, *The Latin American Economies: Growth and the Export Sector 1880-1930*, p. 168.

　　② Roberto Cortes-Conde, and Shane J. Hunt, *The Latin American Economies: Growth and the Export Sector 1880-1930*, p. 170.

　　③ Roberto Cortes-Conde, and Shane J. Hunt, *The Latin American Economies: Growth and the Export Sector 1880-1930*, p. 155.

化的发展以及社会结构的变动。

　　智利第一批工业企业出现在 19 世纪 50 年代，是伴随初级产品出口而产生的炼铜厂和面粉加工厂。19 世纪 70 年代经济危机发生后，智利比索贬值，导致进口成本大大提高；同时，平托政府实行了提高关税的政策，从而刺激了一些纺织厂、食品加工厂、玻璃制造厂、酿酒厂的发展。太平洋战争则推动了智利的军备制造业，因为政府要为一支规模不小的远征军提供装备和武器，并长达 5 年之久。智利原本没有生产炮弹和子弹的企业，但在陆军上校马图拉纳（Maturana）的指导下，军械厂不仅生产出了 600 枚炮弹，而且制造了装甲钢板，为各式战舰重建了锅炉。有一家军械厂的工程师甚至设计了一艘鱼雷艇。[1]一些小型的军械厂则生产出子弹、军靴、军毯等。战争结束后，由于硝石繁荣的直接或间接影响，智利的工业得到了更为坚实的发展。

　　1883 年，智利工业促进协会（SFF）在政府的鼓励和支持下宣告成立。它"将智利工业部门组成为有凝聚力的核心，这个核心强大到足以在公众舆论面前有效地保持工业界的目标，并负责同政府的直接联系"[2]。该协会主持了 1885 年、1890 年、1894 年和 1904 年的工业展览，专设一个移民办公室，负责引进企业家和技工，并在智利 6 个城市建立了工业学校。1880 年后，智利工业发展速度明显提高，至 1895 年，智利大约有 2500 家制造工厂，而超过 75%的工厂都是在 1880 年后建立的。1911 年的工业调查显示，当时智利的工厂数量为 5722 家，雇用人数为 74618 人。1918 年工业调查显示，小规模工厂的数量为 4661 家，资本总投资为 984.8 万比索；而规模较大的工厂共有 2820 家，平均每家的雇用人数为 25 人，资本总投资达到 6.26 亿比索；45%的工厂所有权归属智利人，46%的工厂属于外国人，剩余的公司则是智利与国外合资创办的。[3]工厂数目和雇用人数的增加说明了智利工业的快速发展，并且为智利民族资本所有的工厂数目接近 1/2。这个阶段，智利工业发展主要集中在食品、服装等消费品工业的生产上，建筑材料、化学品、铸造、机械、金属制造业都有较快的发展。"不管怎样，到 1914 年智利已经拥有一个

　　[1] William F. Sater, *Chile and the War of the Pacific*, Lincoln: University of Nebraska, 1986, p. 116.

　　[2] Henry W.Kirsch, *Industrial Development in a Traditional Society: The Conflict of Entrepreneurship and Modernization in Chile*, Gainesville, Florida: University Presses of Florida, 1977.转引自[英]莱斯利·贝瑟尔主编：《剑桥拉丁美洲史》第五卷，胡毓鼎等译，第 518 页。

　　[3] Karen L. Remmer, *Party Competition in Argentina and Chile: Political Recruitment and Public Policy, 1890-1930*, Lincoln: University of Nebraska Press,1984, p. 37.

越来越重要的制造业，它主要满足国内需求，但有些较大企业在邻国拥有出口市场。"①"至 1915 年，智利本国能够满足国内消费品需求的 80%。"②

伴随智利早期工业发展的是早期城市化。硝石繁荣带来的进出口贸易的增长，加强了智利主要城市商业和金融中心的功能，这种情况与早期工业化结合在一起在城市中创造了新的就业机会。同时，19 世纪后期中部智利农业发展取得了很大的进步，表现在农耕面积扩大了，牧养的牲畜增多了，土地制度有所改革，新的耕作技术被引进。③农业的进步和变革节省了农村劳动力，于是，这些剩余劳动力就涌向城市。有资料表明，1875—1930 年中部地区的农业人口基本保持不变，维持在 100 万人左右，而同期城市人口则从 40 万上升到 133 万，增加了 90 多万人。该地区的农村人口在全部人口中所占比重从 71% 下降到 44%。中部地区的农村人口占全国农村人口的比重从 48% 下降到 24%。人口向城市聚集的倾向也很明显。在 19 世纪最后 10 年和 20 世纪初，当全国人口年均增长率为 1.5% 的时候，2000 至 2 万人居民点的人口年均增长率为 2%，而 2 万人以上大城市的人口增长率则为 3% 以上。④1870 年之前，全国 10 万人以上的大城市只有首都圣地亚哥，到 1930 年瓦尔帕莱索也超过了 10 万人。据统计，从 1870 到 1930 年，居住在 1 万人口以上城市的人口占全国人口的比例从 15.2% 增加到 38%⑤。智利的城市面貌也发生了极大的变化，弗兰克·文森特在 1885 年访问瓦尔帕莱索时写道："我深为智利这一著名海港的文明外貌所感动，……宾馆的餐厅以及许多商店里用上了电灯，街道是比利时式的铺筑路，……一些建筑的样式很精美，有几座华丽高雅的教堂，主要街道由电车串联起来。"⑥在 20 世纪初，凡到过智利首都圣地亚哥的外国游客，都赞赏这里的市容整洁、经济繁荣和文明进步。这时，

① [英]莱斯利·贝瑟尔主编：《剑桥拉丁美洲史》第五卷，胡毓鼎等译，第 534 页。

② Simon Collier, and William F.Sater, *History of Chile, 1808-2002*, Leiden: Cambridge University Press, 2004, p. 159.

③ 农业产出的增长表现在小麦产量由 1877—1878 年的年产 287 万公担增长到 1912—1913 年的 627 万公担；牛的饲养量由 1874 年的 25 万头增长到 1919 年的 220 万头；葡萄酒的产量由 1877—1878 年的不足 50 万百公升增长到 1926—1927 年的 250 万百公升。见 Roberto Cortes-Conde, and Shane J. Hunt, *The Latin American Economies: Growth and the Export Sector 1880-1930*, p. 219, p. 173.

④ Roberto Cortes-Conde, and Shane J. Hunt, *The Latin American Economies: Growth and the Export Sector 1880-1930*, p. 161.

⑤ [英]莱斯利·贝瑟尔主编：《剑桥拉丁美洲史》第四卷，涂光楠等译，社会科学文献出版社 1991 年，第 237-238 页。

⑥ [美]E. 布拉德福德·伯恩斯：《简明拉丁美洲史》，王宁坤译，湖南教育出版社 1989 年版，第 201-202 页。

智利主要的大城市都有了电灯、电话、有轨电车、有覆盖的下水道、铺筑的马路、具有各种装饰的公园，以及受法国建筑影响的新式建筑物。

早期现代化也催生了新兴的阶级，影响了社会结构的变动。首先是中产阶级群体的扩大。工业化和城市化增加了商人、银行家、企业家、工程师、教师和政府官员。1888 年，智利的第一所私立大学（智利天主教大学）建成。硝石收入使得政府机构得以扩大，政府公务员人数显著增加，1880 年仅有3000 人左右，到 1919 年增长到 27000 余人[①]。在 19 世纪和 20 世纪之交，智利的中等阶级已经占到总人口的 10%左右。第一次世界大战前，约 10 万欧洲移民来到智利，他们虽然只占智利人口的 4%，但智利商业公司的 32%和工业的 49%为外国移民所拥有，他们壮大了中产阶级的队伍[②]。其次是工人阶级的形成。在北部矿区，先后在硝石业和铜矿业出现了工人阶级。与阿根廷不同的是，智利的工人阶级主要是由本地人组成的，1895 年阿根廷人口中的 25%是外国人，而智利的这一百分比不足 3%。智利的工人从一开始就能直接进入政治舞台。第一次较大规模的罢工于 1901 年发生在北部矿区的伊基克，并持续两个月之久。1909 年，智利劳工联盟（FOCH）成立，其主要创建者路易斯·艾米略·雷卡瓦伦在唤醒智利工人的阶级意识和组织工人运动中发挥了重要的作用。1912 年，他创立了智利的第一个工人党（"社会主义工人党"），该党在 1922 年成为共产党，并加入了共产国际[③]。1919 年，劳工运动达到高潮，劳工们在工会的领导下为抗议高通货膨胀而举行集会，在 8月份举行的示威游行中有 10 万人从总统府门前走过，但由于此后的罢工受挫，罢工的数量逐渐减少。1918 年，智利的中等阶级和工人阶级联合，成立了自由联盟，自由联盟在颇孚众望的阿图罗·亚历山德里的旗帜下，赢得了对众议院的控制，在 1920 年竞选中阿里罗·亚历山德里也赢得了总统位置。

三、国家在早期现代化中的作用

智利早期现代化之所以能够取得比较突出的成效，不单纯是依靠硝石本

---

① Roberto Cortes-Conde, and Shane J. Hunt, *The Latin American Economies: Growth and the Export Sector 1880-1930*, p. 204.

② ［美］E. 布拉德福德·伯恩斯：《简明拉丁美洲史》，王宁坤译，第 205 页。

③ José Del Pozo, *Historia de América Latina y del Caribe: 1825-2001*, Santiago: LOM, 2002, p. 94.

身的"联系效应"，关键还在于智利国家发挥了重要的作用。智利国家精英集团比较早地萌生了工业化的意识，他们制定的关税政策有利于保护国内制造业的发展；智利政府能够利用市场机制激励本国和外国资本开发硝石资源，并能够借助强有力的国家政权征收较大比例的出口税；更重要的是，智利政府能够将出口收入用于国家的基础设施建设和人力资本的投资，从而为国家的长远发展奠定了坚实的基础。

在拉美国家中，智利是独立后获得政治稳定较早的国家之一。它的 1833 年宪法被认为是一部"冷峻的现实主义宪法"，该宪法没有沉溺于欧美宪法的"民主"幻想中，而是赋予总统以强大的权力，并规定总统每届任期为 5 年，可以连任两届。结果从 1831 年之后的 4 届总统均获得连选连任，到 1871 年的 40 年间政局稳定，经济发展，从而使国家政权得到了巩固。而同时期拉美的大多数国家则仍处在考迪罗主义的纷争之中。尽管 19 世纪 70 年代智利遭遇了严重的经济危机，但智利政府能够积极地采取各种措施正确应对。为了保护本国企业主的利益，它不惜诉诸战争，这时，稳定的政府传统和较强的国家凝聚力产生了作用，无论在军事还是非军事组织方面，智利都比两个敌对国家强大，经济实力也具有优势，并且得到了外国资本的支持。最终，智利获得了太平洋战争的胜利。

早在太平洋战争之前，智利的统治精英们就萌生了工业化的意识。在曼努埃尔·布尔内斯总统时期（1841—1851 年）担任财政部长的曼努埃尔·卡米洛·维亚尔曾说过："任何以农业为主的国家，任何奴隶制度或封建制度显露其丑恶嘴脸的国家，将在人类前进的步伐中掉队……如果我们不坚决而持久地促进工业化，那一前景也威胁着我们。"[1]因此，从 19 世纪 50 年代开始，智利的工业就小有发展。19 世纪 70 年代智利陷入初级产品出口危机之后，许多有识之士注意到他们的国家严重依赖出口，主张对萌芽工业部门采取一种强有力的保护措施。"智利是个原材料生产国，是自然与世界市场的奴隶。为了摆脱此次危机和避免类似危机的发生，智利应该结束对农业和矿业的传统依赖，实现经济多元化并发展工业。"[2]他们认为国内工业的创建不仅能够结束智利对欧洲技术的依赖，而且可以将智利人从交纳"贡税"的境地中解

---

① [美]E. 布拉德福德·伯恩斯：《简明拉丁美洲史》，王宁坤译，第 183 页。

② William F. Sater, "Economic Nationalism and Tax Reform in Late Nineteenth Century Chile," *The Americas,* Vol.33, No.2(1976), p. 320.

救出来；另外，工业化可以提供就业，创造中产阶级①。正是在这种背景下，智利出台了 1878 年关税改革法案。

　　1878 年关税法规定，与国内产品存在竞争的进口产品和奢侈品的关税税率是 35%；工具、机器等物品的税率为 15%；对咖啡、茶叶、烟草等征收较高的特殊税；而对其他的进口产品征收 25% 的关税。②此次关税法对进口产品税率进行了普遍的上调，但对工业所需的原材料和设备等给予优惠，免税进口的产品数量增加。对于本国已经能够生产的工业品，诸如鞋子和成衣之类的物品要征收最高的关税，但如果进口物品是为了工业目的，则可以免税或只交纳 15% 的最低税率③。当然，在当时经济危机的背景下，新关税法的主要目的是增加财政收入，但对原材料和设备进口免税的规定无疑有利于工业的发展。从政策实施效果来看，"纺织、制鞋、造纸、家具制造这些消费品工业和食品加工从 1878 年法令得到了更多的好处，那些资本货工业，最明显的是金属加工业也受益匪浅，它的半成品进口，如生铁、钢、锌、铁钉等都是免税的"④。

　　太平洋战争之后，硝石出口税的逐渐增长使得政府拥有了一个新的财政来源，从而为智利政府实施保护性关税提供了条件。1883 年，财政部长提出，所有的原材料都应该实行零关税进口以便建立国内工业；1886 年，立法机构着手研究能够实行所有机器设备零关税进口的政策，以便建立新的工厂或使现存的工厂更加现代化。⑤此时，不仅政府尽力促使本国工业的建立，而且工业家在 1883 年成立了自己的机构，即工业促进协会。企业家的力量在逐步增长。政界与商界人士逐渐达成了共识，即智利必须成为一个工业化国家，而对工业实施保护性关税是扶持工业的有效手段之一。1897 年，智利政府再次对关税法进行了修改。此次法令规定了 60% 和 30% 的保护性税率，25% 的普通税率，5% 的特殊税率和免税几大类。政府制定的保护性税率都被用于工

　　① William F. Sater, "Chile and the World Depression of the 1870s," *Journal of Latin American Studies*, Vol.11, No. 1 (1979), p. 91.

　　② William F. Sater, "Economic Nationalism and Tax Reform in Late Nineteenth Century Chile," *The Americas,* Vol.33, No.2(1976), pp. 321-322.

　　③ William F. Sater, "Chile and the World Depression of the 1870s," *Journal of Latin American Studies*, Vol.11, No. 1 (1979), p. 94.

　　④ [英]莱斯利·贝瑟尔主编：《剑桥拉丁美洲史》第四卷，涂光楠等译，第 300 页。

　　⑤ William F. Sater, "Economic Nationalism and Tax Reform in Late Nineteenth Century Chile," *The Americas,* Vol.33, No.2(1976), p. 330.

业品，但是部分农产品和以农业原材料为基础的制成品也享受保护性关税①。此后，智利的关税法又修改了一次，即 1916 年的法令。该法令中的保护主义内容比 1897 年关税法有过之而无不及，以至于"1916 年美国联邦贸易委员会发表的《贸易报告》抱怨制成品的进口关税上涨了 50% 至 80%"②。结果，这一时期机器和工业原材料进口大大快于消费品进口。智利的保护关税政策无疑对早期工业化起到了促进作用。

除了保护性关税政策外，智利政府关于硝石业产权和硝石出口的政策奠定了"硝石繁荣"的基础。如前所述，太平洋战争之后，智利控制了矿藏丰富的北方沿海地区，智利政府在如何处理硝石业产权问题上，没有效仿秘鲁国有化的做法，而是利用市场机制，把硝石业的产权放给私人所有，这样既鼓励了私人（包括外资）投资和开发的积极性，又使政府在不直接卷入具体经营业务的前提下征收出口税。"1880 年至 1924 年间，来自硝石出口的总收入大约为 69 亿金比索，而在这期间来自硝石及其副产品碘的出口税大概为 22.41 亿金比索。"③即政府所获得的硝石出口税占整个硝石收入的 1/3。硝石出口税在政府收入中所占的比重逐渐提高，由 1880 年的 4.7% 增加到 1890 年的 48.15%，至 1915 年达到最大值 60.16%。政府的财政总收入也随硝石繁荣而增加，由 1880 年的 4873 万多比索增加至 1889 年的 8087 万余比索，至 1918 年达到 2 亿多比索。④政府通过硝石出口税获得大量收入这一事实非常重要，从政治角度看，它意味着政府有能力对硝石业中的本国和外国资本家行使权力，可以强制性地让他们履行纳税义务，这说明政府的社会基础比较巩固，一个由中部地区企业家和大地主组成的复杂联盟在支持着政府的这种行为。

智利政府不仅是硝石财富的征收者，而且是这部分资源的配置者。能

① Thomas C. Wright, "Agriculture and Protectionism in Chile, 1880-1930," *Journal of Latin American Studies,* Vol. 7, No. 1 (1975), pp. 52-53.

② Gabriel Palma, "From an Export-led to an Import-substituting Economy: Chile 1914-1939," in Enrique Cárdenas, José Antonio Ocampo, and Rosemary Thorp, *An Economic History of Twentieth-Century Latin America,* Vol.2. Houdsmills Basingstoke Hampshire New York: Palgrave, 2000, p. 48.

③ Markos Mamalakis, "The Role of Government in the Resource Transfer and Resource Allocation Processes: The Chilean Nitrate Sector, 1880-1930", in Gustav Ranis, *Government and Economic Development*, New Haven: Yale University Press, 1971, p. 192.

④ 以上数据来自 Markos Mamalakis, "The Role of Government in the Resource Transfer and Resource Allocation Processes: The Chilean Nitrate Sector, 1880-1930", in Gustav Ranis, *Government and Economic Development*, New Haven: Yale University Press, 1971, p. 184.

否合理有效地使用硝石收入对智利的早期现代化至关重要。"硝石时代"政府财政支出的资料表明，财政支出的重点放在了国内公共工程建设和交通设施的改善上。1920 年，国内发展项目几乎占据了整个财政支出的 50%，其花费资金高达 56 万美元；行政支出在总支出中的比重从 1875 年的 54%下降到 1920 年的 15%；国防支出先升后降，在 1900 年后基本上维持在 19%左右；社会支出的比重在 1875 年至 1889 年间不断提高，在 1889 年占整个财政支出的 16%，而后出现下滑趋势，维持在 12%左右；财政功能的支出（偿还公债）也呈现出下降趋势，从最高年份 1885 年的 48%下降到 1920 年的 11%。[1]

在 19 世纪的最后 20 年，智利政府加强了对铁路、城市公用设施和公共工程的建设。"在圣马利亚总统执政时期（1881—1886 年），政府在国有铁路的新机器设备上投资了 100 万比索，中央铁路线延长了 146 公里。"[2]在巴尔马塞达执政时期（1886—1891 年），新成立了工业和公共工程部，包括邮电局、饮水系统、下水道、路灯、铺路等城市公用设施得到了普遍的改善。在交通建设上的支出包括对 1200 公里铁路新干线和 1000 公里公路的投资。桥梁、电报设施和港口也得到了财政的资助。[3]在政府财政的大力支持下，"到 1914 年，智利拥有铁路 8638 公里，其中属国家所有的 5584 公里，超过 60%"[4]。铁路的延长不仅有利于加强智利中央政府对地方的控制，而且有利于全国统一市场的形成。铁路促进了农业和农产品加工业的发展，同时也促进了早期工业化，铁路修建与火车制造本身就是工业发展的标志。到 1887 年，除了轮子是英国生产的之外，机车的所有部件都是智利本国生产的。[5]

在巴尔马塞达总统时期，投入到教育上的资金已经是过去的 8 倍[6]。公共教育的发展既体现在师生数量的增加上，也体现在高等学院的发展上。"在

---

① Roberto Cortes-Conde, and Shane J. Hunt, *The Latin American Economies: Growth and the Export Sector 1880-1930*, p. 205.

② Thomas F. O'Brien, *The Nitrate Industry and Chile's Crucial Transition: 1870-1891*, pp. 81-82.

③ Thomas F. O'Brien, *The Nitrate Industry and Chile's Crucial Transition: 1870-1891*, pp. 81-82.

④ [英]莱斯利·贝瑟尔主编：《剑桥拉丁美洲史》第五卷，胡毓鼎等译，第 533 页。

⑤ Jack B. Pfeiffer, "Notes on the Heavy Equipment Industry in Chile, 1800-1910," *The Hispanic American Historical Review* , Vol. 32, No. 1 (1952), p. 140.

⑥ Gabriel Palma, "Trying to 'Tax and Spend' Oneself out of the 'Dutch Disease': The Chilean Economy from the War of the Pacific to the Great Depressio," in Enrique Cárdenas, José Antonio Ocampo, and Rosemary Thorp, *An Economic History of Twentieth-Century Latin America*, Vol.1, Houdsmills Basingstoke Hampshire New York: Palgrave, 2000, p. 236.

公共教育系统工作的行政人员和教师的数量在 1800 年只有 500 人，而到了 1900 年人数增加至 3700 人，在 1930 年达到 12650 人。……在公立学校就读的学生数量由 1869 年的 2 万人左右增加至 1895 年的 15.2 万多人，至 1910 年接近 30 万，1925 年又上升到 50 多万人。"[1]学生人数增加带来的直接影响就是文盲的减少。1895 年智利的文盲人数占总人口的 70%，到 1920 年下降到了 50%。[2]高等教育的发展是教育向纵深拓展的标志。这时的高等教育尚属于精英教育，其培养的人才是智利国内各行业的领导者。1860 年，智利公立高等学院仅有 1 所，1900 年增至 10 所，1925 年达到了 13 所。[3]其学生人数由 1886 年的 968 人上升到 1914 年的 4024 人。[4]教学内容上也从一味强调人文学科转为开始注重自然科学和技术。对基础设施和教育的投资具有一种长期效应。它们对智利日后的发展将产生重大影响。

总之，作为矿产品的硝石之所以能带动智利早期现代化的较快发展，一方面是由于智利硝石业具有较大的"联系效应"，另一方面在于智利国家发挥了重要的作用。智利国家精英集团比较早地萌生了工业化的意识，他们通过不断修改关税政策来保护国内制造业的发展。智利政府能够利用市场机制刺激硝石资源的开发，并能有效地征收较大比例的出口税，特别是能利用硝石出口收入实现雄心勃勃的公共工程和教育计划。智利硝石业的发展历程说明，即使在自由主义昌盛的初级产品出口发展阶段，政府经济政策的正确与否也十分关键，对早期现代化道路的成败发挥着重大影响。发展中国家应该注重政府在经济发展中的作用，平衡"无形之手"与"有形之手"之间的关系。

（本文原载于《世界历史》2010 年第 2 期，标题为"智利硝石业的发展与早期现代化"，胡慧芳为第二作者）

---

① Roberto Cortes-Conde, and Shane J. Hunt, *The Latin American Economies: Growth and the Export Sector 1880-1930*, p. 159.

② Simon Collier, and William F Sater, *History of Chile, 1808-2002*, p. 180.

③ Roberto Cortes-Conde, and Shane J. Hunt, *The Latin American Economies: Growth and the Export Sector 1880-1930*, p. 207.

④ Brian R.Mitchell, *International Historical Statistics: The Americas 1750-2000*, Houndmills Basingstoke Hampshire: Palgrave Macmillan, 2003, p. 755.

智利经济社会转型的特点和经验

1973 年 9 月 11 日，世界的目光转向了智利，这一天皮诺切特将军发动政变推翻了民选总统阿连德，终止了智利"走向社会主义道路"的实验。随后，引进货币主义政策，私有化、自由化、市场化成为描述新体制的关键词，在严厉的军人统治之下，智利开始了经济-社会转型。本文试图对这一转型的特点和经验作一初步探讨。

一、智利的转型是由国家资本主义向市场
资本主义的转变

智利的国家资本主义开始于 1925 年，当时政府出台了一部新宪法，其中尽管规定了"私人财产不可侵犯"，但同时也提到国家有权在被认为符合全民利益的时候作为最终的仲裁者剥夺私人财产和干预市场。1927 年，伊瓦涅斯（Carlos Ibanez）将军被选为总统后，智利加快了进口替代工业化进程，选择通过国家保护推动工业化，1938 年成立了"生产开发公司"（它后来成为掌管所有智利国有企业的总公司），先后在钢铁、能源、甜菜糖业、公用事业等部门建立起了生产企业，1939 年大地震后政府又趁机成立了国家发展银行。从 1958 年以后，国家在经济活动的几乎各个方面都起着主要作用，国家控制了 GDP 越来越大的部分，从亚历山德里时期（1959—1964 年）的 38%，增长到弗雷（Frei Montalva）时期（1965—1970 年）的 43%。国家的投资份额甚至更高些。①但经济活动的基本单位仍然是私人公司，它们可以向国家贷

---

① ［英］莱斯利·贝瑟尔主编：《剑桥拉丁美洲史》第八卷，徐壮飞等译，当代世界出版社 1998 年版，第 320 页。

款发展自己的企业。20 世纪 50 年代，私人垄断资本已经形成，爱德华多（Edwards）家族与全国 1300 多个大公司中的 290 个有千丝万缕的联系，在全国的银行、保险公司、船运、商品农业、矿业、制造业的所有资产中占了 70.6%。有人估计，全国的各种工业和金融活动大约控制在 15 个强大的垄断集团或"家族"手中。在农村，占农村人口 10%的地主拥有 86%的可耕地，而 75%的全国农民仅拥有 5%的土地。同时，作为国民经济命脉的铜矿业控制在外国跨国公司的手中，而到 60 年代，国家岁入的 70%～80%来源于铜的出口。这样，从 50 年代后期开始，通货膨胀率上升，外贸和制造业萧条，失业增加，旧的国家主导的经济发展模式已经失去了活力，新的政党和民众运动兴起，推动政府进行改革。但 1970 年上台的阿连德政府选择了更为激进的国家主义，他加速私人资本的国有化和土地改革进程，到 1973 年，国有企业从 1965年的 68 家上升到 596 家，其中 325 家是工业企业，18 家是银行。同年，国有企业的总产出达到智利 GDP 的 40%，其中占公用事业的 100%，矿业的85%，交通运输的 70%，银行的 85%。[①]同时，实行收入再分配政策，新政府刚执政不久，就把工人的最低工资提高了 50%，职员工资提高了 30%。然而，国有化和土改不仅引起了大资产阶级和大庄园主的强烈抵制，而且在政策的具体执行中也伤害了中小企业主和中小庄园主的利益。按国家规定，应对全国 3.5 万家企业中的 150 家左右的大企业实行国有化，但实际被征收和干预的企业，80%是中小企业。很多地方的农民占领了庄园（共计 1767 个），而这些一般都是中小庄园。提高工资所带来的购买力的大幅度提高很快就造成了供应短缺，导致黑市蔓延、囤积居奇和通货膨胀。结果，经济结构改革激化了社会矛盾，引起了社会动荡。1972 年，公私部门的罢工次数达 3289次，其中，10 月份的卡车主罢工引起了的全国性的罢工罢市。1973 年铜矿工人大罢工达两个半月之久，7 月卡车主再次罢工，使全国 70%的运输停顿，工业生产中断，全国陷于瘫痪。同时，美国暗中一直在支持反对派颠覆阿连德政权。在反对党的联合进攻下，人民联盟政府到 1973 年 9 月已经无力控制局势了。皮诺切特将军正是在这样一个背景下发动政变推翻了阿连德，建立了军人政府。他们所要完成的不仅是推翻阿连德的任务，还有建立新社会的任务，实现经济社会的新转型。这个新社会正如我们后来看到的，不再是极端国家主义的了，而是一种信奉自由市场理念的经济和社会模式。

---

① Eul-Soo Pang, *The Internacional Political Economy of Transformation in Argentina，Brazil，and Chile Since 1960, New York:* Palgrave Macmillan, 2002, p. 157.

二、转型模式随着改革的深入逐渐形成和完善

智利自由市场经济-社会模式是经过了具有不同特点的三个阶段而逐渐形成和完善的。

第一阶段是皮诺切特政府的前半期（1973—1981 年），特点是极端正统的新自由主义。

军政府上台时并没有一个拯救经济的方案，于是就在企业领袖和政治家中咨询建议。但企业领袖除了对市场经济表示欢迎外，还劝说政府对自己的企业给予补助和优惠作为快速恢复经济的保证，而基督教民主党的政治家除了赞成开放的市场经济外，还号召要用强有力的国家之手引导经济，要回到"现代的混合经济"。结果，企业家领袖塞斯（Raul Saez ）和莱尼斯（Fernando Leniz）成了改革的实际领导人。但他们领导的改革，第一年不见成效，通货膨胀高达 375.9%，失业率上升，实际工资下降，国家岁入减少 1/3。这时，负责经济计划部的前海军军官凯利（Roberto Kelly）告诉皮诺切特需要下猛药，说服他放权给"芝加哥弟子"重组经济。

所谓"芝加哥弟子"，是一个由 26 人组成的知识精英小组，他们并不全在美国芝加哥大学上过学，也不全是智利人，但他们拥有共同的新自由主义理念——要用他们的知识拯救智利陷于崩溃的经济[①]。其中的代表人物是德卡斯特罗（Sergio De Castro），他拥有芝加哥大学博士学位，是参与政变的海军上将梅里诺（Jose Toribio Merino）和凯利的密友，在政变前就负责起草了长达 500 页的被称为《砖》的经济报告，该报告后来被认为是智利军人政府经济政策的基石。德卡斯特罗认为，市场经济是智利从不发达走向发达的唯一道路。智利的经济问题不是阿连德执政三年形成的，而是 20 世纪 30 年代以来长期发展的结果。为使智利经济重新融入全球经济，他和他的同事们提出了三个政策目标：放宽国内经济、贸易自由化、国有企业私有化。1975 年 4 月，军政府任命考阿斯（Jorge Cauas）为财政部长，率领"芝加哥弟子"实行"休克"疗法，包括：旨在降低通货膨胀的减少货币供给和政府开支；

---

① 他们有的毕业于美国哈佛大学（pinera）或哥伦比亚大学（cauas and buchi），其中 13 人在智利天主教大学教过书，5 人在智利大学工作过，3 人当上了财政部长或经济部长，布奇还成了 1989 年的总统候选人。

降低进口关税；裁减公职人员；国有企业私有化；恢复财政平衡和稳定等。结果是快速的，也是惊人的，虽然财政赤字从 1973 年占 GDP 的 27.7%减少到 1975 年的 2.9%。但因进口关税从历史最高水平的 200%降到 44%，进口品激增带来了国内无效率企业的大量破产，失业人口比重上升到了 19%，GDP下降了 12.9%。这种经济衰退太剧烈太痛苦了，智利需要一种先恢复后增长的政策。于是，军政府以德卡斯特罗取代了考阿斯。从 1976 年经济开始走向复苏，1979 年在德卡斯特罗主持下着手实行了所谓"七个方面的现代化"：劳动、社会保障、教育、健康、地方政府的分权化、农业和司法等领域的改革。军政府试图通过这些改革使前一阶段的成果体制化。1977—1981 年，GDP年均增长超过了 5.5%。

第二阶段是皮诺切特政府的后半期（1982—1989 年），政府对先前的政策给予了重要的修正。

1982 年，在世界经济衰退的影响下，同时也由于"芝加哥弟子"金融政策的失误，智利陷入了严重的经济危机。16 家银行（包括两家大银行）破产，失业率达到 32%，通货膨胀率上升，GDP 下降了 14.1%，政治动乱再现。有人批评说，"芝加哥弟子"中没有一个是"成熟的经济学家"，他们并没有真正搞懂弗里德曼的货币主义学说，因为弗里德曼并不完全排斥国家干预。军政府开始失去了对"芝加哥弟子"的信任，1982—1984 年间先后更换了 5 位财政部长，实行了诸如停止私有化进程、货币贬值、提高关税、增加税收的政策，在 1974—1979 年第一轮私有化进程中，将 492 个国有企业归还或出售给了私人，而在这时至少有 50 个被私有化的企业又重新回到了国家的监管之下。1985 年 2 月，埃尔南多·布奇被任命为新的财政部长。布奇曾就读于美国哥伦比亚大学，在 70 年代曾是"芝加哥弟子"最早的合作者。他想实施一种使智利经济在遇到经济危机的时候不再回到"糟糕的往日"的新政策，结果想出了"以债权换股权"的方法，使 36 亿债务转移到了私人投资者手中，同时推行了第二次私有化，4 年间（1985—1989 年）政府拍卖了 28 个国有企业，并通过削减支出（包括退休者、军人、文官的工资）平衡预算，通过税收优惠激励企业的投资，放弃了过去为抑制通货膨胀实行的固定汇率，代之小幅度调整的爬行汇率，还深化了养老金改革，特别是提出了"建立在外部竞争之上的经济增长"模式，增加非传统产品的出口。布奇的政策为智利经济注入了新的活力，1986—1988 年年均经济增长率达到 5%，1988 年失业率下降到近 12%，通货膨胀率下降到 20%，国外投资相当于 GDP 的 17%，国内储蓄相当于国内产出的 22%。但由于整个军政府时期经历了 1974—1975 年和 1982—1983 年两次大的经济危机，所以 1974—1989 年 GDP 的年均增长率为 2.9%，并不高。①

第三阶段是回到民选的文官政府统治时期（1989 年至今），力求获得兼顾公平的经济增长。

1990 年智利实现了军人政府向文人政府的过渡，至今已经经历了三届总统，他们虽然在政治上与军政权对立，但却都肯定了军政权经济政策的积极方面和成就。同时，在继承和延续军政府自由市场经济模式的框架下，加强了社会政策方面的改革。

艾尔文（Aylwin）政府（1990—1993 年）的一个口号是"增长而兼顾公平"，承诺在保证经济增长和稳定的宏观经济管理的前提下，改善收入分配和增加社会服务方面的支出。首先通过税收改革增加了社会项目下的支出，到 1993 年达到了占 GDP 的 15%；其次是将社会支出重点放在最贫困阶层，提高最低工资（24%）、增加最低收入阶层的补助和改善基础教育；再次是建立团结和社会投资基金（FOSIS），为各地区的社会组织包括非政府组织的扶贫项目提供资助，4 年间资助了 52000 个项目；最后是修改劳动法，重新赋予工人包括罢工、组织工会、集体谈判等一系列被军政府取消了的权利。②艾尔文的财政部长叫福克斯利（Alejandro Foxley），毕业于美国的威斯康星大学，他巧妙地运用了汇率和利率政策，保持了经济的平稳发展，结果，1990—1993 年 GDP 年均增长 7.7%，贫困人口由 40%减少到 27%。

弗雷（Eduaido Frei Ruiz-Tagle）上台一个星期后就宣布他的政府（1994—1999 年）将优先解决贫困问题，"坚持增长，消灭贫困，实现名副其实的公正"，决心在他的任期结束时，也就是在 21 世纪的黎明，使智利成为拉美第一个消除贫困的国家。他成立了官、民两个消除贫困委员会和一个全国反腐败委员会，增加了社会救助计划的拨款。但是，他延长前任政府税收改革的试图遭到了企业界和右翼政党的强烈反对，将劳工法扩大到非工会内工人（占劳动力的近 3/4）的试图也受到了议会的阻挠。艾尔文任期贫困人口的减少与经济增长率高、就业扩大和通货膨胀率低有很大关系，但 1998 年亚洲金融危机

---

① Ricardo Ffrench-Davis, *Economic Reforms in Chile: From Dictatorship to Democracy*, Ann Arbor: University of Michigan Press, 2002, p. 7.

② Pilar Vergara: *In Pursuit of "Growth with Equity": The Limits of Chile's Free-Market Social Reforms*; NACLA Report on the Americas, May/June, 1996, http://www.rrojasdatabank.org/chile2.htm.

和铜价下跌打击了智利经济，使弗雷任期经济增长率为 5.6%。结果，贫困人口虽然有所减少（减至 20%），但消除贫困的目标并没有实现。

拉戈斯（Ricardo Lagos）政府（2000—2005 年）提出要让智利人更加"有尊严"地生活，强调构筑社会安全网，增加公共工程的投资力度以创造就业机会，政府的公共开支要向最贫困阶层倾斜。从 2002 年开始，政府实行了被称作"智利团结"的扶贫计划，其发动志愿者走进全国 22.5 万个最贫困家庭，为穷人进行教育和劳动培训，政府在一定时期内提供补贴，参加该计划的贫困家庭也须作出相应承诺。同时，政府还再次提高了最低工资的水平，由艾尔文政府时期的月最低工资 1.8 万比索（约合 45 美元）提高到 2000 年的 10 万比索（约合 217 美元）。[1]但由于受世界经济衰退的影响，2000—2003 年智利的 GDP 年均增长仅为 3.25%，2004 年才恢复到接近 6%，贫困人口的比重仍为 19%。[2]

智利的经济-社会模式由国家主导型向自由市场主导型的转变已历时 30 多年，是经过了具有不同特点的三个阶段而逐渐形成和完善的。虽然在不同时期有"激进""缓和"之分，有政策侧重点的差异，但建立自由市场经济的基本方向没有变，通过市场自由化、贸易自由化和国有企业私有化的不断深入的改革，原来的"大政府"现在变成了"小政府"，经济的主体是私人经济，市场机制在经济运行中发挥了主导作用。但如果把智利模式理解为完全的自由放任那就错了，因为一是政府一直都在通过政策和法律手段对经济进行宏观调控，包括对外资进出境的限制[3]二是智利仍拥有国营企业，铜矿产品出口额一般占出口总值的 45%左右，而其中将近 1/2 生产来自国有企业。

三、发挥比较优势，建立出口导向增长模式

智利是拉美地区的中等国家，1960 年人口才 760 万，到 2002 年人口达到了 1511 万人，其中城市人口占 86.6%。其国土面积为 756715 平方公里。

---

① 王晓燕：《智利改革重点的转移》，载《拉丁美洲研究》2004 年第 3 期。

② *Chile Writing the Next Chapter in a Latin American Success Story*," Mar 31st 2005\SANTIAGO\ From The Economist print edition, http://www.economist.com/World/la/displayStory.cfm?story_id=3811345.

③ 1974 年政府颁布外资法即第 600 号法令，规定外国资本进入智利 3 年后方可自由汇出利润，在投资前 10 年，所得税税率为 49.5%；1985 年准许外国直接投资以债权换股权的方式进入，但在前 10 年内不得撤回。

国内市场狭小，需求有限。但智利拥有非常丰富的矿、林、水产资源，铜的蕴藏量居世界第一，还是世界上唯一生产天然硝石的国家。根据智利的这种国情和世界经济环境的变化，1985 年财政部长布奇提出了"建立在外部竞争力之上的经济增长"模式，实际上就是经济增长方式由"内向发展"到"外向发展"的转变，要求企业家将眼光转向国外，提高企业的国际竞争力，到国外寻求新的市场。为此，政府采取了一系列调整产业结构、改革经济体制、大力促进出口的措施。后来的发展表明，这种转型是成功的。表现在一是出口企业增加了。1975 年智利只有 200 家出口企业，1986 年出口额在 10 万美元以上的本地、合资和外资企业达到了 896 家，1996 年又增加到了 5588 家。2004 年已经超过了 6000 家。二是出口产品实现了多样化。20 世纪 60 年代铜的出口额曾占到智利出口总额的 85.6%，70 年代下降到了 70.6%，到 1984 年下降到了 57.2%，到 90 年代中期，维持在了 40%—45% 之间，同时，制成品出口从 60 年代的 10.5% 增加到 70 年代的 24.3%，再到 1985—1989 年的 32.8%。政府大力推动鲜果蔬菜、葡萄酒、林业（木材、纸浆与纸）和渔产品等非传统产品的出口，利用南北半球季节时间差的优势，不失时机地占领北半球农产品市场。三是出口市场实现了多元化。1975 年，智利产品只出口世界上的 50 个国家和地区，重点是欧洲，到 20 世纪 90 年代中期，智利的出口市场实现了欧洲、亚洲和美洲各占 1/3，形成了向全世界 177 个国家和地区出口的多元化局面，特别是近两年，中国已经成为智利的第二大出口国，智利国民经济的独立性大大增强。

　　智利的这种增长模式是资源密集型和劳动密集型的，发挥了当地的比较优势，顺应了国际分工的趋势。有一种观点认为，在智利转型过程中存在着一个不可忽视的问题，即非工业化倾向。制造业在 GDP 中所占的比重由 1973 年的 28.2% 下降到了 1995 年的 16.7%，这种非工业化倾向将会导致经济和技术竞争力的下降。究竟应该怎样看待这个问题？这是一个关系到如何估价智利转型成果和发展道路的问题。在全球化时代，对于世界上许多中小国家来说，有没有可能和必要去建立一个部门齐全的工业体系？它们是不是非要走先工业化再信息化的道路，总是跟在发达国家的后面跑？如果它们能充分利用自己的自然资源、人力资源、地理位置等方面的比较优势，选择某几个经济部门或领域作为自己的发展重点，以其比较高的劳动生产率和水平在世界上赢得独特的经济地位，难道不是现实可行的道路吗？1995 年智利的经济结构情况是工业占 GDP 的比重为 16.7%，矿业为 17.8%，农业为 8.1%，服务业为 57.4%。①可见，矿业比重大大超出了一般国家的水平，其工业、矿业合在一起所占比重为 34.5%。智利的问题恐怕是在利用比较优势的基础上，适时地实现要素禀赋结构的升级，提高企业的国际竞争力水平，走新型工业化道路，北欧国家过去和今天的模式应该是智利效仿的榜样。②

四、在市场经济的框架内建立社会保障体系

社会保障体系被称作"社会安全网"，建立新型的社会保障体系是智利经济-社会转型的重要内容之一，也是保证转型成功的基础条件。社会保障体系包括社会保险、医疗保健服务、社会救助、社会优抚、社会福利等若干方面，而最基本的是社会保险制度的建立。智利在这方面的转型首先是从养老金开始的。

1973 年以前的社会保障制度是现收现付制，其中的养老金制度是政府通过向雇员和雇主征收社会保险税的办法筹集资金，专门设立社会保险帐户，政府统一管理社会保险基金，由国家财政统筹拨款，经银行系统发到个人手中，不足部分由政府财政收入弥补。这种制度到 20 世纪 70 年代末已经暴露出系统混乱、财务状况恶化、赤字增加、分配不公、人口老龄化使在职人员负担沉重等等弊端。抨击者认为，这种制度有累退倾向，与其自身标榜的福利救济作用完全相左；个人收益与个人努力脱钩不利于调动个人的积极性；复杂的制度管理程序容易滋生腐败。③皮诺切特上台后，将研究和建立新的社会保障制度的任务交给了"芝加哥弟子"，其中先后担任过劳动和社会保障部长的米格尔·卡斯特（Miguel Kast）、特莱萨·因方特（Maria Teresa Infante）、何塞·皮涅拉（Jose Pinera）发挥了重要作用。新的制度早在德卡

---

① Róbinson Rojas (1997), "Fifteen Years of Monetarism In Latin America," http://www.rrojasdata bank.org/scream.htm.

② 瑞典工业化的成功是基于其铁矿和木材，在这两种原料加工出口的基础上，逐渐形成了产业之间的前向和后向关联效应，木材业促成了纸张和纸浆生产，铁矿业为钢铁和机床工业提供了基础条件。然后全方位融入经济体系，利用世界市场发展自己。Blomström Magnus, and Patricio Meller, *Diverging Paths: Comparing a Century of Scandinavian and Latin American Economic Development*, Washington D.C. Baltimore Md: Inter-American Development Bank, 1991.

③ ［智］M. 因方特、J. 阿里斯蒂亚、J. R. 温杜拉加：《智利社会保障改革历程》，班颖杰译，载《经济社会体制比较》2000 年第 6 期。

斯特罗等人写的《砖》中就初具轮廓，但最后方案直到 1980 年 11 月才被通过，在何塞·皮涅拉的领导下实施，这标志着智利改革的真正开始。新制度规定，所有公、私单位的劳动者都必须将自己月工资的 10%存入养老金个人帐户，（另外还要扣除 3.44%作为失业、伤残、人寿保险存入私人基金），并选择受国家监督的"养老金管理公司"（AFP）进行管理，当时全国有 15 家这样经过国家批准建立的私营股份公司，它们负责经营和管理这些基金以使其增值（管理费为个人工资的 2.9%），最后，退休者根据其在职期间存入金额的多少和增值率来领取相应的养老金。新制度的实质是将社会保障制度私营化。同时，国家对在旧制中退休的人员仍继续提供养老金保障。老人老办法，新人新办法，实际是一种公共养老金和私人养老金并存的"双轨制"，到现在，旧制已经逐渐并轨到新制。新制度刚开始实行时遇到了很大的阻力，但发展的结果超出了人们的预期。首先是给投保人带来了较高的收益，1981—1998 年，全国养老金的平均收益率为 11%。其次是推动了国民储蓄率增长，智利的储蓄率由 1981 年的 15%猛升到 1995 年的 27.6%，因为养老金的增加占到国内总储蓄的 30%以上，养老金资产从 1981 年占 GDP 的 0.84%上升到 1999 年的 53.3%，到 2003 年底总计约为 498 亿美元。[①]再次，养老金通过 AFP 投资于金融资产，有力地促进了资本市场的发育。最后，大大减轻了政府的财政负担。养老金覆盖率逐年增加，参加计划的人数已经由 1981 年的 144 万人增加到了 2003 年底的 700 多万人（占全国就业人口的 90%以上）。有人说智利也许是唯一连出租车司机和看门人都每天关心报纸上股市行情的国家。

在养老金制度改革的同时，智利还进行了医疗保健制度的改革，实行了医疗保健机构的部分私有化，成立私营医疗保险公司，为中上收入的社会阶层提供新的医疗保险选择。2001 年，智利政府又颁布了失业保障法，建立了失业保险基金。

随着养老金制度的建立和医疗机构的部分私有化，分散的社会救助计划也从社会保险中分离出来，形成了一个相对独立的系统的社会救助制度。社会救助计划主要包括养老救济金、统一家庭津贴、生活用水补贴、失业补贴和住房补贴。政府的社会救助金由福利标准委员会负责管理和支付。其他社

---

① 江时学、高川主编：《2004—2005 年：拉丁美洲和加勒比发展报告》，社科文献出版社 2005 年版，第 153 页。

会计划的专项资金通过附属与社会保障部和其他有关政府部门的各种基金及机构划拨。为了使社会救助计划的补贴得到更合理与公平的使用，政府从1987年开始采取了一种对申请救助计划的人建立个人档案、实行资格认定的新方法，①从而使最急需救助的社会群体得到优先救助。在智利的社会救助体系中，教会、私人机构等非政府组织扮演着重要的角色。

建立养老金制度的成功和随后的其他方面的社会保障体系的初步形成，使智利社会逐渐成为一个有了安全感、稳定感的社会。

五、威权政府为经济-社会转型开辟了道路，经济-社会转型又反过来促进了政治民主化

威权政府启动和促进了智利的经济-社会转型。1973年政变发生时，智利的政治、社会极度混乱，经济濒于崩溃的边缘。皮诺切特上台后，意在消灭智利生活中的整个政治和社会运动，而不管其是左派还是右派。他通过一系列狡猾的手段将权力个人化，将权威集中在自己手中，建立了独裁统治。他为巩固政权不惜大量践踏人权，但在经济上却是自由市场经济体制的忠实信徒和坚定的支持者，他放手让"芝加哥弟子"设计和操作新体制，为他们和他们的继任者的工作提供良好政治空间，因为权威政府的性质不需要议会对一项改革方案的实施进行反反复复的讨论，也不必在乎来自强大工会的压力。皮诺切特自己并非无事可做，他负责在经济危机的时候不失时机地更换财政部长和经济部长；负责镇压由于大规模私有化而失业、情绪激愤的工人；并强制推行私人养老金制度，为智利的经济改革"保驾护航"，使一系列经济改革不致因其不可避免的社会代价而中断和夭折。如养老金法令刚出台的时候极不受欢迎，被称为"受咒骂的法令"，因为它提高了退休年龄的标准，取消了与薪金挂钩的养老金制，这种运作机制的"大改大动"触动了所有在政府行政部门位居高职的官员的利益，包括军队中的将军。社会与劳动保障部长拉米雷斯（Vasco Costa Ramirez）拖到离任前的最后一天才签署它。②由于人们对新体制心存疑虑，因此必须规定在一定日期后对参加工作的人强制实

---

① 刘纪新：《智利的社会救助制度》，载《拉丁美洲研究》2001年第5期。

② ［智］M. 因方特、J. 阿里斯蒂亚、J. R. 温杜拉加：《智利社会保障改革历程》，班颖杰译，载《经济社会体制比较》2000年第6期。

施。在这个历史关头，皮诺切特坚定地推动了法令的通过及其付诸实施。再如，1982 年金融危机爆发后，智利经济形势恶化，从 1983 年开始首都出现了每月一次的游行示威，政府一面镇压社会运动，1984 年有 4 万个政治犯被投进了监狱；一面加速改革步伐，实施了拍卖国有企业和债权换股权等措施。曾在 1982 年任财政部长的卢德尔斯（Luders）事后回忆说，如果不是军政权，国家也许摆脱不了经济危机。很多人都有同感。①因为军政权能够轻易地控制住不同政见者并使其保持沉默，强制性地实施改革政策而不必征得广泛的社会同意。

但是，经济发展与政治民主之间应该是一种正相关的关系。这种关系的内在逻辑是：经济发展提高了人们的受教育程度，很多受过高等教育的人开始形成相互信任、追求满足和凭能力竞争的性格，这些都是与民主政治相伴随的；经济发展使得社会集团之间有更多的资源可供分配，因此也促进了融合和妥协；经济发展要求对外开放，这自然会带来发达国家民主观念的影响；经济发展促进了中产阶级的扩大，他们相信他们有能力通过政治选举来促进他们的利益。②从长期观点考察，这种逻辑关系同样适用于智利，政治上专制和经济上自由共存的现象仅仅是转轨时期的一种暂时现象，这种扭曲的关系终究是要被打破的，尽管智利来得迟了一点。

从 20 世纪 80 年代开始，智利的民主化进程重新启动。70 年代末出现的整个拉美地区的民主化浪潮对智利的民主化进程起到了重要的推动作用。智利军政府逐步在政治上采取了某些松动措施，1980 年宪法规定军政府有 8 年的过渡期，也就是到 1988 年通过公民投票，皮诺切特有可能重新当选，再任 8 年，也有可能下台。军政府在面对日益下降的合法性和支持做出民主制度的承诺时，试图通过组织选举重新恢复他们的合法性，他们期待选民会让他们继续当选。但这种期待被证明是错的。智利是具有长期的资产阶级民主传统的国家，政党政治比较成熟，1980 年以后，这些政党积极行动了起来，并在结束军人统治、恢复民主政体问题上逐渐达成了共识。1988 年 10 月，以基民党为首的 17 个反对党联合组成了"争取投反对票协调委员会"，以 55%对 43%的选票拒绝了皮诺切特继续执政 8 年的提议。

---

① Eul-Soo Pang: *The Internacional Political Economy of Transformation in Argentina, Brazil, and Chile Since 1960*, Palgrave Macmillan, 2002, p. 162.

② [美]塞缪尔·亨廷顿：《第三波——20 世纪后期民主化浪潮》，刘军宁译，上海三联出版社 1998 年版，第 77 页。

1989 年 12 月大选前，基民党又与其他 16 个政党成立了反对派联盟"争取民主协调委员会"，艾尔文作为该联盟的总统候选人在大选中最终获胜。但是，根据 1980 年宪法，皮诺切特交权后，仍继续担任陆军司令至 1997 年。同时，皮诺切特时代遗留下的贫困问题和为滥用人权的受害者伸张正义的问题需要新政府面对。

1988 年公民投票和 1989 年引人注目的选举表明了智利人民重建民主的愿望，90%以上的登记选民参加了选举，两次选举都是自由的和公平的，这种民众对民主政治的确认，为文官政府巩固宪政秩序奠定了坚实的基础。艾尔文和弗雷政府在消除贫困和政治民主方面作出了积极的努力，并取得了良好的结果，到 1998 年 3 月年皮诺切特终于交出了军权，智利彻底完成了军人政府向文人政府的过渡。

六、智利经济-社会转型的经验

根据国际货币基金组织的资料，2004 年智利人均 GDP 将达到 5506 美元，位居世界第 52 位，世界竞争力排名第 26 位，居拉美地区第一位。智利是一个中等国家，历史背景、社会制度、基本国情与中国均有很大差别，就是在拉丁美洲国家，智利也有其特殊性，因此，智利经验有不可效仿的一面。但是，作为发展中国家在全球化浪潮面前如何谋求发展、趋利避害，智利经验具有一定的启发意义。

第一，审时度势，顺应时代潮流。有一种观点认为，20 世纪的时代特点在第二次世界大战以前是"革命与战争"，第二次世界大战到 20 世纪 70 年代末是"冷战与霸权"，80 年代以后，特别是 90 年代以来是"全球化"。如果这种观点正确的话，那么，智利的转型正处在两极争霸趋于缓和、美国力量占据上风的时候。从内部看，智利的极端国家主义已经走到了尽头，从外部看，美国出于争霸的原因，极力颠覆和阴谋推翻阿连德政权，相反，阿连德政府获得的来自苏联的支持却非常微小。这就注定了阿连德政府的失败。皮诺切特上台后推行的向自由市场经济的转型基本上是顺应了世界经济全球化的发展趋势，特别是其出口导向发展模式，很好地利用了本国的资源优势和劳动力优势。所以，总的看，智利的经济发展趋势一直不错。

第二，起用专家治国，灵活调整政策。皮诺切特本人是军人出身，不懂经济，正因为如此，他对经济专家很尊重，他起用了"芝加哥弟子"，放手让他们设计和操作改革进程，为他们创造良好的施展才能的环境。而艾尔文政府和弗雷政府的财政部长分别毕业于美国威斯康星大学和美国哈佛大学，都非常精通市场经济理论。弗雷总统本人就是企业家出身，而拉戈斯总统本人则拥有美国杜克大学经济学博士学位。可以说，正是这些通晓西方经济理论的经济学家成为推行智利经济-社会转型的灵魂。但是，从智利转型的轨迹看，智利的成功更重要的是在于其不死搬教条，在建立自由市场经济模式基本方向不变的条件下根据形势变化而灵活调整政策，修正某些极端的主张。如皮诺切特时期就经过了多次重大调整，包括当智利因"休克疗法"而陷于1974—1975 年经济危机不能自拔的时候，以德卡斯特罗换下了考阿斯；1982—1983 年经济危机时不仅多次更换财政部长，甚至一度将私有化了的企业再度国有化，最后采纳了布奇的"建立在外部竞争力之上的经济增长"的方针。文人政府上台后，又提出了"增长而兼顾公正"的口号，弥补了军政府时期社会政策的不足之处，使转型模式逐渐完善和丰满了起来。提倡专家治国，灵活运用政策是智利政府执政能力不俗的表现，与拉美其他国家相比，智利政府和公共部门的运作相对"透明"和更讲"效率"，以法治国的特点比较突出，官员的收入受到法律的监督，智利是拉美比较廉洁的国家之一。

第三，在稳定和增长的前提下，兼顾公平，追求和谐发展。政治稳定和经济增长是实现平等的前提，但仅有稳定和增长而忽视人权和贫困问题，就不是和谐的发展，这样的发展不会持久。军政府时期以独裁政治的形式平息了智利的社会动乱，为经济-社会转型创造了相对稳定的环境，并在一定程度上促进了经济的增长。但是，这是一种有缺陷的发展模式，积累了大量的矛盾和问题。文人政府上台后，一方面强调经济增长，因为没有增长就不会有最起码的平等，同时，也强调社会公正，因为忽视平等最终会扭曲发展。所以，文人政府所追求的"增长而兼顾公正"的发展模式是一种正在走向创建和谐社会的可取的发展模式。

第四，社会保障体系的建立是转型成功的基础和关键。作为转型的配套措施，智利改变了由国家出面举办全部社会福利的做法，将养老金和医疗保健机构部分私有化，强调通过市场机制的作用，激励劳动者自我积累、自我保障，调动劳动者的生产积极性；激励经营公司之间的竞争，提高效率、减少开支，以最大限度的福利保证来吸引投保者。养老金改革的初步成功，不仅克服了旧制度中的种种弊端，而且使退休者晚年生活有了保障，在职者消除了后顾之忧。长期的财政不平衡问题得到了有效的解决，政府在摆脱了对社会保险补贴的沉重负担后，可以拿出更多的钱用于社会救助计划，将公共开支向最贫困阶层倾斜，发挥社会保障制度的再分配功能，促使社会的和谐发展。可以说，新的社会保障体系使智利的经济和社会逐渐走向了双重的良性循环。当然，也应该看到，社会保障制度的私有化在一定程度上束缚了国家以传统的社会政策影响人们生活水平的能力。

（本文原载于《拉丁美洲研究》2005 年第 4 期，标题为"智利经济–社会转型的特点和经验"）

巴西经济发展的阶段性特点

　　巴西联邦共和国位于南美洲东部。面积851.03万平方公里，居世界第5位。国土88%位于热带地区，最南端属亚热带气候。自然资源非常丰富。现有人口1.816亿（2004年），其中白种人占54.03%，其他为混血种人、黑种人和印第安人。巴西境内最早的居民是印第安人，葡萄牙人在16世纪到来后，对巴西实行了长达三个世纪的殖民统治，重商主义政策主导了巴西经济的发展。19世纪后期巴西在咖啡经济的带动下，启动了早期工业化，但直到20世纪30年代进口替代工业化运动开始以后，巴西经济结构才发生重要转变。1964年军人政变后，在官僚威权主义的统治下，出现了所谓"巴西奇迹"。巴西城市化和工业化水平显著提高，城市化率从20世纪40年代的31.3%上升到了1991年的75.5%，工业在GDP中所占比重从1947年的不足20%增加到了1992年的39%，同时，初级产品在GDP中所占的比重从1947年的28%下降到了1992年的11%。与其他主要拉美国家一样，20世纪80年代巴西也陷入了严重的债务危机。在经历了几届政府提出的改革创意失败之后，1994年开始实施的雷亚尔计划稳定了巴西经济，并且使此后10年的巴西经济增长率超过了全球经济平均增长率。尽管巴西的发展较快，但仍饱受官僚腐败、暴力犯罪、文盲和贫穷的困扰。

一、蔗糖、黄金周期与重商主义（殖民地时期）

　　1500年，葡萄牙航海家卡布拉尔在绕过好望角前往印度的途中，误入巴西的巴伊亚海岸。他在那里竖起一个刻有葡萄牙王室徽章的十字架，宣布葡萄牙对这块土地的主权。在此后的三个多世纪里，巴西基本上是处于葡萄牙的统治之下。

　　葡萄牙殖民者到来之前，巴西境内大约生活着 300 万印第安人，他们处于原始社会的不同发展阶段。葡萄牙人占领巴西后的头几十年，主要经济活动是开采巴西木。这是一种生长在巴西海岸一带的一种乔木，从它的木质中可以提取一种红色染料，曾畅销欧洲市场，利润很高。巴西国名因此而来。到 1550 年左右，巴西沿海的巴西木已被砍伐殆尽。

　　1530 年，葡萄牙国王迫于巴西被法国人侵占的危险，决定对巴西大规模殖民。他派马丁·阿丰索·德索萨率队远征巴西，带去一批牲畜、甘蔗种子和少数黑奴，同时宣布授予移居巴西的臣民以份地（Sesmaria）。此后，移民不断增加，垦殖范围不断扩大，甘蔗种植在巴西沿海地区特别是在东北部地区得到迅速发展。在移民的份地上产生了以奴隶劳动为基础的甘蔗种植园，糖坊也相继出现，主要生产粗糖和酒精。糖坊的建立要具备多种条件，包括甘蔗种植、加工设备、厂房建设、运输车辆和建设主人住宅，以及购买奴隶、牲畜、饲料等其他事项。甘蔗加工要经过榨取甘蔗汁、纯化、净化等环节，要求完善的技术。磨甘蔗要通过一个由水力或畜力推动的鼓轮系统来完成。糖坊的劳动力最初使用印第安人奴隶，1570 年以后逐渐转向使用黑人奴隶。据估计，在 1550—1855 年间，从巴西港口进入的黑奴达 400 多万人，其中大部分是男性。一个黑奴的价格在 17 世纪上半叶大约通过他为期 13—16 个月的劳动就可以清偿。由于气候条件优越、土地广袤、劳动力便宜以及葡萄牙宗主国的支持和欧洲市场对蔗糖的大量需求，巴西迅速成为世界上最大的蔗糖生产国。到 1600 年巴西已经有近 200 个糖坊，每年产糖在 8000—9000 吨，黑奴人口达到 5 万人。到 17 世纪 20 年代，巴西的糖产量增加到每年 1.4 万吨。[1]蔗糖生产促使巴西东北部成为殖民地最重要的经济和社会活动中心，直到 1763 年萨尔瓦多仍是巴西的首府，该城市的人口在 1750 年近 4 万人。17 世纪中期以后，由于荷兰人的侵入和法、英属西印度群岛蔗糖业的竞争，巴西的蔗糖生产趋于衰落。尽管如此，到 18 世纪中期，巴西的蔗糖产量仍占新大陆蔗糖生产的 10%，年产 2.7 万吨，在圣多明各（6.1 万吨）和牙买加（3.6万吨）之后居第 3 位。

　　随着 17 世纪末蔗糖周期的趋于尾声，继之而来的是 18 世纪的黄金周期。1790 年左右，巴西在今米纳斯吉拉斯州地区发现了大量金矿，1729 年又发现

---

① Herbert S.klein, *African Slavery in latin America and the Caribbean*, New York: Oxford University Press, 1986, pp. 42-43.

了钻石矿。消息传开后,巴西各地的冒险家和葡萄牙等地的移民蜂拥而至。18 世纪前 60 年来到巴西的移民达 60 万人。黄金和钻石的开采成为巴西经济的主要支柱,在其鼎盛时期的 1750—1760 年,黄金年均出口在 200 万英镑。[①] 黄金热促进了巴西疆域的形成和开发,由于各种寻矿和猎奴的探险性活动导致原来属于西班牙的大片领土被兼并;黄金开采对食品和运输牲畜以及肉食的需求,带动了周边地区的发展和国内市场的形成;矿业经济导致殖民地经济和政治中心转向中南部地区,1763 年巴西首府从萨尔瓦多迁移到输入奴隶和输出黄金的里约热内卢。但是,由于技术原始和掠夺性开采,到 18 世纪末黄金周期就结束了。

除了蔗糖和黄金外,殖民地经济活动还有畜牧业、烟草和棉花生产。畜牧业主要集中在两个地区:一个是东北部地区,别一个是圣保罗以南的巴拉那河、乌拉圭河流域。东北部畜牧业的发展是由蔗糖业带动起来的。南部畜牧业的发展则与矿业经济联系在一起,这时不仅养牛,而且开始大量饲养骡子,用以做矿区和港口之间的运输工具。烟草生产在 17 世纪曾是仅次于蔗糖的第二大出口贸易活动,最大的产烟区在巴伊亚小海湾地区。18 世纪后半期,随着英国纺织工业的发展,特别是美国革命暂时打断了美英贸易,巴西经历了一个短暂地向英国出口棉花的高潮。棉花种植区最初集中在东北部,但很快扩展到了南里约格朗德州,得到了广泛的发展。到 19 世纪初,由于美国棉花生产的大发展,巴西失去了其在世界市场上的地位。

在整个殖民地时期,葡萄牙对巴西实行的是重商主义政策。按照这种政策的要求,殖民地要对宗主国的富足做出贡献,主要途径是让殖民地从事大规模的出口生产,为宗主国获得大量总收入,宗主国享有对殖民地贸易的垄断权。宗主国规定,食盐、肥皂、烟草、酒精等生活必需品均由王室专营,一些葡萄牙能生产的制成品禁止巴西生产。对矿业生产实行 1/5 税。巴西人经营任何商品和进行任何交易都要缴纳重税。宗主国垄断巴西的全部对外贸易,并且仅限于里约热内卢、累西腓等少数港口。这种政策在刚开始时限制了殖民地经济的发展,但由于种种原因,宗主国曾一度放松了对该政策的执行,客观上造成了殖民地精英的成长。当 18 世纪后期庞巴尔改革时期重商主义政策再度加强时,殖民地与宗主国的矛盾被激化,推动了巴西人独立意识

---

①　[巴]塞尔索·富尔塔多:《巴西经济的形成》,徐亦行等译,社会科学文献出版社 2002 年版,第 62 页。

的觉醒。重商主义政策的遗产是独立后巴西单一产品制的形成。

二、咖啡周期与早期工业化（1822—1930 年）

　　巴西于 1822 年独立，成立了巴西帝国（1822—1889 年为"帝国时期"），保留了原有的社会经济结构。1808 年，为逃避拿破仑的入侵，葡萄牙王室迁到了里约热内卢，开放了巴西港口，使巴西获得了贸易自由，并废除了禁止巴西发展制造业的法令，宣布对工业原料进口免税，对发展纺织业和钢铁工业补贴，鼓励发明创造和引进机械。但是，1810 年葡萄牙与英国签署了航海贸易条约，规定对英国出口到巴西的商品只征收 15%的关税。结果使巴西失去了关税保护，工业化的企图化为乌有。王室到达巴西，改进国家管理体制，加强中央集权，兴办科教文卫事业，实行自由贸易，这些措施有利于独立后巴西的经济发展和国家的统一。

　　独立后的巴西在经过了一个短暂的困难时期后，迎来了咖啡繁荣周期。咖啡最早是 1727 年从法属殖民地卡宴引进巴西的，先是在北方种植，但生产区逐渐移向南方。里约热内卢州、圣保罗州，巴拉那州相继成为咖啡主要产区，因为这些地方的气候和土质条件适宜，并便于输出。1831 年，巴西咖啡的出口额第一次超过蔗糖。咖啡繁荣周期大约是从 1850 年开始的。在 19 世纪 50 年代，咖啡出口数量每年接近 300 万袋（每袋 60 公斤），到 20 世纪头 10 年就稳步上升到年均大约 1300 万袋。①美国成为消费咖啡的主要国家，其次是德国、荷兰和斯堪的纳维亚国家。1870 年，巴西与美国的贸易额为 3100 万美元，而所有其他南美国家的全部贸易额为 2900 万美元。美国从巴西的进口额 4 倍于它对巴西的出口额。到 1914 年美巴贸易额上升到 1.4 亿美元。

　　咖啡种植园主要建立在大地产的基础之上，前期以黑奴劳动为主，19 世纪中期以后逐渐由欧洲移民雇工代替。1850 年，巴西正式宣布取缔海外奴隶贩运，但在国内范围由东北部向中南部的奴隶贩运却活跃起来，据估计，1864—1874 年，东北地区的奴隶人数从 77.4 万减少到 43.5 万，而咖啡产区的奴隶人数则从 64.5 万增加到 80.9 万人，仅圣保罗一州就从 8 万人增加到

---

① [美]斯·罗博克：《巴西经济发展研究》，唐振彬等译，上海译文出版社 1980 年版，第 28 页。

17.4 万人。①这种国内奴隶贸易一直延续到 1888 年巴西宣布废除奴隶制。同时，巴西政府通过颁布新土地法等措施吸引外国移民。有些州政府组织移民公司，通过提供旅费和多种津贴大量招募外国移民。1851—1870 年迁入巴西的移民多达 21 万。废除奴隶制后，形成了新的移民高潮，据统计，1887—1930 年大约有 380 万移民进入巴西。

第一共和国时期（1889—1930 年），咖啡繁荣达到了顶峰，产量占世界总产量的 70%。由于共和国初年咖啡种植业急剧扩大，1896 年已经开始出现生产过剩、价格下跌的趋势。到 1905 年价格下跌了 50% 以上，巴西积压的咖啡达 1100 万袋，等于当时世界年消费量的 70%。因此，巴西的咖啡种植园主于 1906 年在圣保罗州的塔乌巴特城集会，确定了一项旨在稳定咖啡供应的协议：由政府购买过剩咖啡以维持供求平衡，保持咖啡价格稳定；购买资金将来自外国贷款；债务的还本付息将以对每袋出口咖啡的新征税收来支付；采取措施减少咖啡种植。②根据这项协议，巴西政府仅在 1906—1910 年间就收购过剩咖啡 850 万袋，向国外借款 1500 万英镑。但协议中的最后一条被普遍忽视了，咖啡价格的稳定进一步刺激了咖啡种植业的扩大，结果积存的过剩咖啡惊人地增长，1929 年产量达到 2890 万袋，而出口仅 1430 万袋，其他咖啡生产国也乘机增加生产，加剧了供求矛盾。大危机来临后，咖啡价格从 1929 年 9 月的每磅 22.5 美分猛跌到 1931 年 9 月的 8 美分。③债权国也因为危机而停止贷款并要求巴西还债，巴西政府终于失去了对局势的控制，不得不把大量积存的咖啡付之一炬，持续了一个世纪的咖啡繁荣结束了。咖啡生产对巴西早期现代化具有重要意义，它吸引了外国移民，发展了铁路建设，促进了城镇的兴起，扩大了对工业消费品的需求。咖啡贸易为本国工业成长提供了资金和有利的国内市场。

在咖啡繁荣的后期，最北部的亚马孙地区同时出现了橡胶生产的繁荣景象。19 世纪 90 年代以来，世界自行车狂热和汽车的普及刺激了橡胶业的发展。巴西的橡胶出口从 1880 年的 0.7 万吨增加到 1912 年的 4.2 万吨。1910 年的橡胶出口值占巴西出口总值的 40%，已和咖啡出口值相近。橡胶生产促

---

① ［巴］伯勒斯·福特斯：《巴西简明史》，刘焕卿译，社会科学文献出版社 2006 年版，第 108-109 页。

② ［巴］塞尔索·富尔塔多：《巴西经济的形成》，第 142 页。

③ ［巴］塞尔索·富尔塔多：《拉丁美洲的经济发展》，徐世澄等译，上海译文出版社 1981 年版，第 175 页。

进了亚马孙地区的开发和城市化，贝伦和马瑙斯成为该地区的两大现代城市，1890—1900 年流入这一地区的移民达 11 万人。但是，1915 年之后，亚洲橡胶的竞争使巴西丧失了优势。在橡胶繁荣的同期，巴西的可可生产也曾取得重要地位。可可生产集中于巴伊亚州南部，其出口由 1890 年的 1700 吨上升到 1920 年的 6.5 万吨。但此后不久，其优势便被非洲国家取代。

　　1840—1930年间巴西见证了一种早期工业化。引起这种工业化的因素主要是：收入的增长、汇率政策和财政政策的有效性以及诸如第一次世界大战这样的外部因素。另外还有交通运输的扩张、电力能源的增加、城市化、外国资本的输入，以及一个充满活力的企业家阶层的形成。到1914年，在巴西的外国私人投资总数达到了11.96亿美元，其中英国占6.09亿美元。在1889年帝国时期的最后一年，巴西的工厂数目仅有636家，而到1920年，巴西的制造业企业上升到1.3万家，雇用工人达27.5万人。[①]但是，这一时期的工业发展主要是一种包括纺织、服装、食品、饮料和烟草加工在内的轻工业的发展，1929年工业部门在国内生产总值中所占的比重仅为11.7%。这种工业化仅仅是一种"出口扩大的反映"，并不是统治集团工业化战略的结果，也没有导致经济结构的重要转变。

三、外部影响和进口替代工业化（1930—1964 年）

　　世界经济大危机沉重打击了巴西的"咖啡经济"，出口收入锐减，外资中断，进口下降，生产萎缩。咖啡种植园主和出口商主宰国家政治舞台的基础不复存在。1930 年，代表新兴工商业资产阶级利益的瓦加斯上台执政，标志着巴西资产阶级掌权时代的开始和保守的寡头政治的结束。从 1930 年到 60 年代初，是巴西进口替代工业化的第一阶段，其间巴西大致经历了四任总统，即热图利奥·瓦加斯政府（1930—1945 年、1951—1954 年）、欧里科·加斯帕尔·杜特拉政府（1946—1951 年）、儒塞利诺·库比契克政府（1956—1961 年）和若昂·古拉特政府（1961—1964 年），其中受经济民族主义思想影响的瓦加斯政府和受发展主义思想影响的库比契克政府对推动进口替代工业化发挥了重要的作用。

---

　　① 韩琦：《拉丁美洲早期工业化》，载《拉丁美洲研究》，2002 年第 6 期。

　　瓦加斯具有比较强烈的经济民族主义思想，他认为："在 20 世纪，爱国主义远远不够，一个国家必须在经济上强大。"他在 1931 年就宣布："最大的问题是，也可以说我们经济的基本问题是钢铁。对巴西来说，钢铁时期将标志着我们经济的繁荣时期。"他在第一次执政时期（1930—1945 年）为推动进口替代工业化采取了一系列措施。如在大萧条初期瓦加斯政府就开始增加政府支出，而且数字巨大，从而保持了国内收入和需求。同时，实行本币贬值，使外国货物价格更为昂贵。这样，在需求基本不变而进口减少的情况下，以往投资于咖啡生产的资本就转向投资工业，从而加速了巴西经济结构的巨大变化。不仅传统类型的制造业有所发展，而且诸如金属、化学、水泥等新兴工业的产品都有了实质性增长。第二次世界大战爆发后，虽然出口减少，但贸易条件有显著改善，使出口总额有所增加，同时，国际货源短缺，工业制成品进口锐减。于是，巴西政府积极鼓励发展本国工业以替代进口，如对私人企业增加贷款和补贴；建立大型的国有骨干企业（国营钢铁、电力、矿业和制碱公司等）；发展基础工业（1941 年建立沃尔塔雷东达大型钢铁厂）；以法律形式确立国家对自然资源的自主权；实行最低工资法和八小时工作制；等等。结果，1931—1940 年巴西经济年均增长率为 4.6%，1941—1947 年更快，达到了 5.1%，其中工业部门的增长达到了 6.5%。[①]

　　1956 年上台的库比契克政府面临一些有利条件。以阿根廷著名经济学家劳尔·普雷维什为代表的拉美经委会，以结构主义为理论框架，从国际贸易理论入手，提出"贸易条件恶化论"的命题，明确指出工业化是外围利用技术进步好处、改变不合理经济结构、摆脱不发达状态与依附地位的"唯一有效道路"，为巴西进口替代工业化指明了方向；20 世纪 50 年代后半期，西欧、日本等国经济已经恢复，整个世界经济呈发展之势，资本输出活动得到加强；国内政局相对稳定；前几届政府的努力为这一时期的发展作了铺垫。其中包括杜特拉政府在 1947 年实行的进口许可证制度，对基本品和投入品（如燃油和机器）的进口提供优惠，而不鼓励消费品的进口。1953 年瓦加斯政府实行的多重汇率制度，即对被认为重要的进口货以一种优惠汇率买进来，对能在国内生产的进口品则实行高汇率，并且只配给少量的外汇。这些制度有力地推动了进口替代工业化。库比契克政府继续执行加速工业化的方针，采取的主要措施是：成立全国发展委员会，强化国家的经济职能和管理职能；提出

---

① [美]斯·罗博克：《巴西经济发展研究》，唐振彬等译，第 33 页。

一个包括 30 个项目的五年发展计划，重点放在在内地建立新首都巴西利亚，大力推动"增长点"工业和能源动力工业上；政府主动承担基础设施方面的投资，将基础工业方面的大部分发展项目留给私人部门去完成；采取灵活的政策，大量吸引外资和外国技术。结果，1957—1961 年成为战后巴西经济第一个高速发展时期，GDP 年均增长率为 8.3%，其中工业年均增长率为 10.7%。[1]制造业结构也出现了一定的变化，诸如纺织、食品、服装等传统工业部门比重下降了，而交通运输设备、机械、电力设备和设施、化学工业都扩张了。根据工业普查的资料，1949—1960 年间，非耐用消费品工业的份额大量下降，从接近 60%下降到了 43%。耐用消费品的份额急剧增长，从不足 6%增长到18%以上，而中间品和资本货部门的份额经历了适中的增长，分别从 32%增长到 36%和从 2.2%增长到 3.2%。

但是，进口替代工业化的弊端也逐渐显露出来。如大量的预算赤字和信贷加剧了通货膨胀率，由 1956 年的 14%上升到 1960 年的 33%；过分依赖进口设备和技术，导致国际收支恶化；农业生产结构落后，城市居民实际工资下降，国内市场狭小；工业生产面向国内市场，忽视制成品出口。1962 年上台的古拉特政府制定了经济调整和改革的三年计划，但是，在实行计划的过程中遇到了层层阻力，结果，1964 年被军人政变推翻。

四、"巴西经济奇迹"与负债增长（1964—1980 年）

从 1962 年开始，直到 1967 年，此间，巴西经济失去了活力，国内生产总值的增长率下跌到了 4.0%，而工业生产总值增长率也下跌到了 3.9%。其原因一是进口替代工业化战略导致的问题；二是政治动荡阻碍了那些影响经济增长的因素的消除；三是 1964 年 5 月上台的军政府所采取的政策调整有一个滞后期。新上台的军政府一方面通过严厉镇压手段消除政治反对力量，恢复国内政局稳定。另一方面，提出"政府经济行动计划"，通过削减公共开支、提高赋税、收缩信贷、控制工资来稳定经济。为纠正外部不平衡，对本币实行了周期性贬值。其效果是通货膨胀率由 1964 年的 91.9%下降到 1967 年的24.3%，从 1965 年开始外贸出超，1967 年国际收支实现略有盈余，国内生产

---

① 苏振兴等：《巴西经济》，人民出版社 1983 年版，第 20 页。

总值增长率由 1963 年的 1.5% 提高到 1967 年的 4.9%，从而为下一阶段发展奠定了良好的基础。

　　1968—1974 年被称为"巴西经济奇迹"时期，其特点是经济高速增长伴随较低的通货膨胀率。在此期间，国内生产总值年均增长率为 10.1%，其中工业增长率达到 12.2%，农业增长率为 5.9%。年均通胀率在 20% 左右。这种"经济奇迹"的出现与前一阶段经济调整取得的成效密不可分，同时，当时世界经济加速增长，国际贸易活跃提供了有利的国际环境。更重要的是因为军政府采取了高速增长的战略，新战略的实质是以庞大的发展计划和高速增长指标带动整个国民经济发展；国家资本、本国私人资本和外国资本"三驾马车"并驾齐驱，在国家资本起主导作用的前提下，有效利用外资促进经济发展；选择新的工业增长点，改革经济结构，推动工业化向资本密集型和技术密集型工业转移；扩大对外关系，大力鼓励出口，提出"出口即出路"的口号，积极开拓国外市场。这一时期巴西政府先后实施了三个发展计划："发展战略规划"（1968—1970 年）、"政府行动的基础和目标"（1972—1974 年）、"第一个国家发展计划"（1972—1974 年）。这些综合性发展计划包括了一系列经济和社会指标，旨在加速国家经济发展和促进全国一体化。为落实计划，巴西政府出台的政策措施包括：加速旧东北部的工业发展和对亚马孙以及中西部处女地的生产性开发；加强全国公路网、通信网的建设，建设卫星通信体系；着重发展耐用消费品（汽车、家电、轻型飞机）、机械制造、采矿业、基础材料工业（钢铁）、中间产品（石油化工、化纤、化肥、有色金属等）等工业；建立"出口走廊"，发展本国远洋商船队，实行小幅度本币贬值，推动制成品出口；大量引进外资和外国技术，鼓励外资企业与本国公、私企业合营；加强农业发展。这些措施的结果，不仅导致巴西经济高速增长，而且经济结构也从量变发展到质变。例如，1960 年工农业产值之比为 0.9∶1，1975 年变为 2.69∶1，工业产值超过农业产值 1 倍多。1974 年，在制造业产值构成中，轻工业与重工业比分别为 40.3% 和 59.7%，重工业比重比 1960 年提高了 26%。同时，巴西的工业品出口得到了迅速增加，从 1963 年的 1.4 亿美元增长到了 1973 年的 6.2 亿美元。加工和半加工的工业制成品在出口中所占据的比例，从 1963 年的 5.0% 增长到了 1974 年的 29.0%。另外，1970 年城乡人口构成分别为 54.92% 和 45.08%，城市人口比 1960 年增加了 22%。

　　"巴西经济奇迹"也带来了负面影响，主要包括：财富过度集中，贫富差距进一步扩大，如果把 100 作为 1959 年 1 月的最低工资指数，到 1973 年

1月，这个指数便下降为 39；外国资本大大扩张了在巴西的势力；国际收支恶化，外债急剧增加；某些地区和部门之间发展不平衡的问题仍然未得到解决，特别是本国能源生产远远跟不上经济发展的需要。

1973 年石油危机的打击，使巴西面临的问题更加尖锐化，巴西遭受了贸易条件的急剧恶化。但巴西选择了一条经济继续高速增长的道路，1974 年军政府提出了"第二个国家发展计划"，旨在推动资本货和基本原材料的进口替代，并对能源建设（核计划、替代汽油的酒精、水电站、石油勘探等）进行大规模的投资。该战略的实施使巴西 1974—1980 年间的实际 GDP 年均增长率达到了 6.9%，工业增长率为 7.2%。但这也明显提高了巴西的进口需求，导致巴西经常账户赤字，从 1973 年的 17 亿美元增加到了 1980 年的 128 亿美元。于是，借债成为促进增长的重要手段，特别是 1979 年后，政府鼓励借债以平衡国际收支。结果，巴西的外债从 1967 年的 34 亿美元增加到了 1982 年的 702 亿美元，占当年 GDP 的 28%。当然，国际环境变化也是巴西外债增加的重要原因，1973 年后国际金融体系充斥了大量石油美元，为巴西低息贷款提供了方便，但到 70 年代末国际利率大幅度攀升，无形中加重了巴西的债务负担。随着外债的增加，巴西的通货膨胀也急剧攀升，其综合物价指数从 1973 年的 16.2%上升到了 1980 年的 110.2%。

五、债务危机和经济调整、改革（1982—2006 年）

石油危机的打击、国际利率的提高和巴西负债增长的战略使巴西在 20 世纪 80 年代陷入了外债危机、经济衰退和高通货膨胀的困境。整个 80 年代巴西政府是在谈判外债、稳定经济和反通货膨胀中度过的。尽管 1985 年萨尔内文人政府执政后，先后颁布了"克鲁扎多计划""布雷塞尔计划""夏季计划"等，试图抑制通货膨胀，调整经济结构，创造条件自主发展，但均未获得预想的结果。1981—1992 年，巴西 GDP 年均增长只有 1.4%，人均收入下降了 6%。由于债务危机和公共部门投资能力的丧失以及经济预期的不确定性，总投资占 GDP 的比重从 21%下跌到了 16%。20 世纪 80 年代被称为"失去的十年"，其带来的问题影响到了 90 年代。

1990 年 3 月科洛尔政府上台后，立即颁布了"科洛尔计划"，其主要内容包括有期限地冻结银行存款，减少市场流通货币，冻结物价，重新制定货币纠正法，裁减公务员、精简公共机构和对国有企业私有化。目的仍然是降低通货膨胀，稳定经济；同时，对外开放，使巴西企业参与国际竞争。1992年10月，科洛尔总统因被指控贪污而遭弹劾下台，该计划也宣告失败。副总统伊塔玛尔·弗朗哥宣誓就任总统。1993年，经济虽然再次增长，但通货膨胀率仍居高不下。人们普遍认为，没有认真的财政改革，经济将不会持续增长。这种共识推动总统任命了一位有声望的经济学家费尔南多·恩里克·卡多佐担任财政部长，后者制定了"雷亚尔计划"。该计划没有采取前几届政府采用的"休克疗法"，其主要内容是限制公共开支，加速国有企业私有化，通过提高银行基准利率控制需求，同时通过进口抑制物价上涨，将货币名称由克鲁塞罗改为雷亚尔，并与美元挂钩。继续实行经济对外开放，支持企业现代化的改革和调整。1995年卡多佐就任总统后，继续贯彻"雷亚尔计划"。在经历了许多失败的尝试之后，从1994年7月开始实行的"雷亚尔计划"终于成功地消除了通货膨胀。它试图通过将雷亚尔与美元挂钩来打破通货膨胀的预期，结果，通货膨胀率由1994年以前的四位数下降到1997年的一位数，经济也开始恢复增长。

　　20世纪90年代后半期，巴西经济发展出现了经济稳定增长、低通货膨胀率、外资大量涌入、经济结构深刻调整的特点，工业化逐步向电信、航天航空、信息技术等高技术产业方向发展。政府转向实行对外开放的经济自由化改革和第二次"绿色革命"等农业现代化改革，提高了巴西参与经济全球化的程度，但也进一步加强了巴西对国际资本和市场的依赖，结果反而削弱了国民经济的抗干扰能力，1999年初和2002年6月，巴西先后遇到了金融动荡，再次使经济和社会发展受挫。卢拉总统（2002—2006年）上台后，经济得到了恢复和较快发展，2004年，GDP增长5.7%，2005年3.2%，2006年为3.8%，2006年，卢拉获得了总统连任。

　　总之，进口替代工业化使巴西在20世纪80年代初进入了新兴工业化国家的行列。在这一工业化进程中，巴西一方面依赖外资谋求经济发展，另一方面也一直试图通过国家干预力量纠正对外依附、经济结构和贸易结构失调以及由此引发的一系列严重的经济和社会问题。尽管遭受了80年代债务危机的严重打击，但巴西经济经过调整和改革，到21世纪初又焕发了新的活力。目前，巴西已经成为拉美第一经济大国，有较为完整的工业体系，工业产值居拉美之首。钢铁、汽车、造船、石油、化工、电力、制鞋等行业在世界享有盛誉，核电、通信、电子、飞机制造、信息、军工等领域的技术水平已跨入世界先进国家行列。巴西可耕地面积约 4 亿公顷，被誉为 "21 世纪的世界粮仓"。 巴西矿产资源丰富，位于巴西水域的大西洋大陆架油田的发现，使得它的石油储量翻了 3 倍。按照汇率计算的国内生产总值排序，2008 年巴西以 1.7 亿万美元位居世界第八大经济体，成为公认的具有巨大发展潜力的 "金砖四国" 之一。当然，巴西现代化进程中的挑战也不少，如巴西失业率仍然保持在较高水平上；外债仍不断增加；教育中的留级和辍学率居高不下；热带雨林被大量砍伐破坏、环境日益恶化；特别是两极分化十分严重。在 2000 年，巴西的贫困人口比例高达 65%，其中仅靠每天 1 美元生活的赤贫人口占总人口的 28.7%，据世界银行统计，2004 年巴西的基尼系数达到了 0.6，尽管 2007 年下降到 0.521，但巴西改善下层民众生活水平、减少贫困人口数量仍任重道远。

（本文原载于韩毅主编：《外国近现代经济史》，高等教育出版社，2021 年出版）

墨西哥政府的深化改革难题

2012 年 12 月 1 日，培尼亚·涅托（Peña Nieto）就任墨西哥新总统，随后推出了一系列"深化改革"的计划和措施。在过去的一年中，涅托政府的改革已经取得了一些进展，但在改革的进程中也遇到了不少阻力。随着改革向纵深发展，涅托政府的改革将会遭遇到更为棘手的难题。研究墨西哥"深化改革"的进程及其难题，及时分析并总结墨西哥化解改革难题的经验教训，将有助于为中国"深化改革"提供借鉴。

一、墨西哥"深化改革"的方向

2013 年 9 月 2 日，墨西哥总统培尼亚·涅托在总统府松林宫发表了上任以来的第一次政府工作报告。他在报告中总结了从上任至 8 月 31 日政府工作的成绩，重申了政府未来的各种目标和计划，并呼吁民众继续推行改革，以建立一个繁荣的墨西哥。涅托称："墨西哥正面临一个深化结构改革以利用其宝贵财富和巨大潜力的伟大机遇。正因如此，政府才决定直面多重挑战。""墨西哥进行伟大的改革是可行的，我必须强调改革正在进行当中。""我们事先知道实现墨西哥的伟大变革将是复杂的，因为有惯性和阻力需要克服。""我呼吁全体墨西哥人，不要害怕改革，墨西哥已决定不断前进、超越过去。""让我们一起来创造历史吧！"[①]

涅托总统强调的"深化结构改革"，其主要精神是为了使国家的发展适应全球化新形势所要做出的经济、政治、社会等方面的一系列重要转变。他说："我们有明确的方向。我们有精力和决心来推动和改变我们的国家。"他所说

[①] "Mensaje íntegro de Peña Nieto por su Primer Informe-El Universal," *www.eluniversal.com.mx/...* */mensaje-primer-informe-epn-9473.02 de septiembre de 2013.*

的"明确方向"是报告中提到的五大目标，即建立一个和平安宁的墨西哥、一个富有包容性的墨西哥、一个有教育质量的墨西哥、一个繁荣发展的墨西哥和一个在国际事务中负责任的墨西哥。[①]

墨西哥"深化结构改革"的方向是在 2012 年 12 月 2 日，即佩尼亚·涅托就职典礼后的第二天确定的。当时，执政党革命制度党（PRI）与右翼政党国家行动党（PAN）和左翼政党民主革命党（PRD）三大政党的主席同新任总统一起签署了一项《墨西哥协议》（Pacto por Menxico），该协议包括了三大政党商定的 95 项改革举措。墨西哥 31 个州的州长、墨西哥市的市长、国会上院和下院的主席都出席了签字仪式。2013 年 1 月，墨西哥的绿色生态党（PVEM）也签署了这一协议。这一跨党派的政治协议代表了涅托总统的一个政治胜利，因为它是一项对多种关联改革议程的政治支持和保证。根据这一协议，反对党不太可能阻止拟议的改革，利益团体也会发现改变或破坏改革议程的游说将更具有挑战性。[②]

《墨西哥协议》旨在直面困扰墨西哥多年的政治和经济"惯性"，进行多方面的改革。该协议确定了三个核心，即加强墨西哥国家、政治和经济民主化、社会权利的利用和扩大。包括五个方面的内容，即民主治理；透明度，问责制和反腐败斗争；权利和自由；安全和司法；经济增长，就业和竞争力。具体有 95 项举措，涉及教育改革、电信改革，能源改革，财政改革，社会保障改革，安全改革，政治改革和反腐败等[③]。根据文件要求，该协议提到的改革必须在 2018 年第二季度（即培尼亚·涅托六年执政结束时）完成。2013 年的改革重点是教育改革及电信、能源、财政改革。

二、墨西哥的改革进程与阻力

2013 年涅托政府主要实行了教育、电信、财税和能源等方面的改革，各项改革的具体情况如下。

---

① "Primer Informe de Gobierno-Presidencia de la República," www.presidencia.gob.mx/informe/ 02 de septiembre de 2013.

② "President Peña Nieto's Reforms and What They Mean for Business in Mexico,"AMI,may 2013, *americasmi.com/.../president-pena-nietos-reforms-and-what-the*.

③ "Pacto Por México," www.indetec.gob.mx/.../Pacto_Por_México_2012.

1. 教育改革

墨西哥的公共教育系统是经济合作与发展组织成员国中的最差者之一。据该组织 2012 年发布的数据，截至 2010 年，墨西哥 15—29 岁既没有上学也没有工作人数是最高者之一。有望从中学毕业的学生仅占入学人数的 47%。大约 43%人口不符合基础教育的关键技能（如阅读、写作和数学）的要求。[①]教师工会一直是墨西哥实力最雄厚、根基最稳固的工会组织，控制着整个教育系统。它的 150 万个成员不仅拥有"铁饭碗"，还享受高规格的医疗和社会保险，教师的聘用和解雇大权也掌握在工会手中。墨西哥教师资格审查制度的落后，严重影响了教育质量，并对墨西哥各行业从业人员的竞争力造成了不利影响。另外，还有上千名非教职人员长期领取教师工资。因此，教育改革的主要目的是：（1）恢复国家对公共教育的控制权，由教育工会交还给国家；（2）改革将创建一个自主的国家教育评估体系，通过对教师表现的监督使教师队伍专业化，从而结束教师岗位的继承、买卖和终身保有；（3）国家统计和地理研究所将进行一次普查，以确定在墨西哥公共教育体系中学校、教师和学生的精确数目（被怀疑有成千上万的教师在吃空饷）；（4）提高教育质量。

教育改革法案作为宪法修正案在 2013 年 1 月得到批准，并在 2013 年 2 月 25 日由总统签署。9 月 10 日，墨西哥总统还正式签署了旨在对教育系统进行改革、建立教师教学水平评估体系的《教师职业一般法》。在此之前，这项法案已先后在墨西哥国会参众两院获得通过。涅托说，这一法案是提高墨西哥教育水平的基本步骤，将为墨西哥的长远发展提供人力资本。

但是，教育改革遭到了教育工会和部分教师的强烈反对。2 月 26 日，在任 23 年的墨西哥教育工会主席埃尔瓦·伊斯特尔·戈尔迪亚（Elba Esther Gordilla）被警方正式逮捕，罪名为贪污和挪用大量公款。但这并没有能够阻止反对者的行动。首都和地方发生了十多次教师罢工和大规模游行示威。8 月下旬，4 万多名来自全国各州的教师封锁了首都墨西哥城主干道改革大道和贝尼托·胡亚雷斯国际机场，造成了墨西哥城交通和秩序的混乱。教师们在索卡洛广场搭起帐篷举行示威，迫使涅托总统原计划 9 月 1 日在国民宫举行的第一次国情咨文演说拖后到 9 月 2 日举行，地点改在了松林别墅。[②]

---

① Eleanor Warnick, "Mexican Teachers Protest against Peña Nieto's Education Reform," toglobalist. org/.../mexican-teachers-protest-against-pena-nietos. October 20, 2013.

② Scott Campbell, "Under Attack, Mexico's Teachers Fight Back Against Neoliberal 'Reforms'," elenemigocomun.net/2013/.../mexico-teachers-neoliberal-refor. September 12, 2013.

　　墨西哥官方媒体报道，教师因害怕无法通过考试而失业，因此称教育改革侵犯现有教师的劳动权。但事实是，教师并不反对评估，而是反对政府自上而下的"一刀切"的评估标准。他们认为，政府缺少对教育者、地方需求和传统的尊重，没有考虑民族差异和地区差异。政府提出的教育改革既不会改善教育，也不会解决当今墨西哥面临的更严重的问题，如收入不平等、受教育机会和资源的差异、缺乏基础设施、贫困和不发达等。利用教师当替罪羊是政府推卸解决这些问题的责任的一种方法。联邦政府不应该指责教师，而是应该征求和听取他们的意见，在制定任何教育改革时要留意地方和区域的差异，并在减少经济不平等和改善物质条件方面承担责任。①这后一种呼声不无道理。来自瓦哈卡州特万特佩克地区的教师告诉记者，他们那里有的地方至今没有通电，连电都没通，怎么谈得上电化教育？政府的建议是非常不合逻辑的。

　　2. 电信改革

　　墨西哥是世界上电话费最昂贵的国家之一。其电信和广播行业缺乏竞争，拖累了经济增长的速度。自 20 世纪 90 年代以来，美洲电信公司一直被视为是墨西哥的垄断企业，它控制了墨西哥 70% 的移动市场和 80% 的固网市场。同时，其在拉美市场也占有主导地位。如在哥伦比亚的市场占有率为 60%，在巴西为 24%。美洲电信是世界首富卡洛斯·斯利姆（Carlos Slim）旗下的电信公司，斯利姆和家人持有美洲电信公司 40% 的股份。另外两家公司（墨西哥电视公司和阿兹特克电视台）则垄断了广播电视市场，墨西哥电视公司占 70% 的市场份额，而阿兹特克电视台则占有其余的 30%。

　　电信改革旨在打破垄断，鼓励竞争。2013 年 3 月 11 日，电信改革法案被提交国会，4 月 10 日，总统签署了新法案。新法案调整了关于外国投资方对电信和广播电视企业持股比例的上限，允许海外电信投资从 49% 增长到 100%，并将广播电视公司的外资占股比例上限提高到 49%。这就意味着美洲电信公司将面临来自国外的竞争。美洲电信旗下的墨西哥电信公司（Telmex）是最大的宽带服务提供商，而墨西哥电视集团（Grupo Televisa）、阿克斯泰勒（Axtel）、麦加夏布莱（Megacable Holdings）等都是较为弱小的竞争者。现在这些小公司都可以引进大量的国外资本，与美洲电信展开竞争。

---

　　① Hilda Vázquez Medina, "Mexican Education Reform from Below," www.bostonreview.net/blog/mexican-education-reform-below. September 16, 2013.

　　根据新法案，墨西哥将创建一个新的独立的电信监管机构，即联邦电信院（Ifetel），它的预算三倍于旧机构（联邦电信委员会）的预算，其有权撤销具有垄断行为的公司的经营许可证。另一个新的监管机构是联邦经济竞争委员会，它将促进竞争，对占有 50%以上国内市场份额的电信和广播电视企业有权进行拆分重组。

　　新法案将终结电信大亨斯利姆的垄断地位。据估计，在未来 5 年内，斯利姆手机市场的份额将会被削减到 50%以下。引进外国竞争，也将降低墨西哥昂贵的通信价格。但是，许多人对此并不乐观，因为以前多年斯利姆曾以法律禁令和诉求成功地击退了试图削弱他的电信市场份额的多次努力①。2013 年 12 月 9 日是二级立法被通过的最后期限，但却被推后了，估计要等到 2014 年 2 月。有媒体称，二级立法出台的延迟可以给美洲电信公司和墨西哥电视公司更多的时间去准备防御措施，以应对将试图削弱它们在墨西哥垄断地位的新的监管机构②。斯利姆的墨西哥电信公司已经为控制二级立法带来的不确定性而投资了 10 亿多美元。

　　3. 财政改革

　　墨西哥是拉美地区税收水平最低的国家之一。据政府统计，墨西哥的税收相当于 GDP 的 13.7%，而拉美其他地区的平均税收则为 18.4%。③墨西哥财政收入过度依赖石油收入，大约 1/3 来源于墨西哥国家石油公司（Pemex）。增值税税收占国内生产总值 3.9%（2010 年），而其他拉美国家在 6%—9%之间，均远远高于墨西哥。另外，收入税和消费税的税收漏洞过多。在正规部门的就业人数中存在着社会保障负担过重的问题。

　　财政改革的目的是寻求减少政府对国家石油公司收入的依赖，允许国有公司更有效地进行投资。改革也将通过对墨西哥非正规部门的正规化以及更好地调节地方税收来扩大税收基础。那些有利于富人的不成比例的补贴，如一些土地和能源补贴将被淘汰。另外一个目的是简化和完善税收代码。全面的财政改革不仅对能源改革，而且对《墨西哥协议》中提到的其他部分的改

---

　　① Dave Graham, "Mexico Telecom Law Should Cut Slim Market Share Below 50 Percent: Lawmaker," www.reuters.com/.../us-mexico-telecoms-slim-idUSBRE99910P. Oct 10, 2013.

　　② Dave Graham, "Secondary Laws for Mexico Telecoms Overhaul to be delayed-lawmakers," www.reuters.com/.../mexico-reforms-idUSL2N0J80OW201311 Nov 23, 2013.

　　③ Agence France Presse, "Mexico Senate Passes Fiscal Reform," www.france24.com/.../20131031-mexico-senate-passes-fiscal-r... 31 October 2013.

革都是至关重要的，95 项举措中的 46 项都取决于这项改革的可行性。

10 月 31 日，参议院通过了税收改革法案，其中包括对高热量食品的征税从 5%增加到 8%，对含糖饮料征收 10%的附加税，对那些每年收入 300 万比索（合 230000 美元）或以上的人征收的最高所得税率从 30%增加到 35%。它也将统一全国的增值税，结束边境地区较低的税率。将对矿业利润增加税收，该项收益的 50%将被用于矿产项目所在地的市区建设。对股市的利润和股息也将征收 10%的税收。另外，还将通过电子报税系统规范 520 万家小企业。据称，这套税收改革措施将为政府增加 140 亿美元的非石油税收，将会使 2014 年的国内生产总值提高 1.1%。

但是，10 月 30 日的国会辩论并不顺利。在讨论将靠近美国边境地区的增值税率从 11%提高到 16%时，国家行动党因不满执政党"一言堂"的作风拂袖而去。一位国际商会的领导人警告说，如果真是这样改革的话，"墨西哥将失去竞争力，并在该地区处于一个不利的地位，因为许多外国公司将会转移到其他国家"[①]。还有经济学家指出，这项改革最大的问题是主要针对已经纳税的中产阶级的个人收入和已经有了不少税收负担的公司企业，而没有扩大税基。"这是一个不明智的'改革'方案，将有可能在 2014 年被迫进行修改。"[②]

4. 能源改革

墨西哥能源改革迫在眉睫。因为自 2004 年起,墨西哥石油产量逐年减少。石油产能已经下降 1/4；成品油进口大幅增加，1/2 汽油需要从美国进口；国家垄断所带来的沉重的债务和人员负担、高额赋税、内部腐败等问题已经严重制约了墨西哥石油公司的发展；政府财政收入的 1/3 来源于国家石油公司，但其产量减少导致向政府输送资金的能力不断下降；据估计，墨西哥的能源储量在 1150 亿桶左右，其中 3/4 被确认为非常规能源（深海油和页岩油气），由于墨西哥石油公司缺乏必要的资金和技术，无力勘探和开采，迫切需要通过改革将能源领域的发展带入新纪元。

12 月 12 日，墨西哥参议院通过了具有里程碑意义的能源改革法案，从而结束了对石油 75 年的国家垄断。法案的主要条款涉及将石油和天然气业向

① Patricia Rey Mallén, "Business Owners Don't Like Mexico's Fiscal Reform," www.ibtimes.com/business-owners-dont-mexicos-fiscal-reform.. October 25 2013

② Andrés Rozental, "How Will Mexico's Tax Reform Affect the Country's Economy?" www.brookings.edu/.../18-mexico-tax-reform-affect-country-e... November 18, 2013.

私人投资开放，允许以服务合同、利润分享协议、产量分成协议和许可证四种形式进行合作。建立由中央银行运作的"主权石油基金"以维持石油业的稳定发展，这项基金将分别以不同的比例用于养老保险制度、基础设施建设和人才培养计划。国营石油公司的董事会将不再包括工人工会的代表。能源部长将成为墨西哥国家石油公司的董事会主席。该法还对私人公司生产和分配电力敞开了大门。改革法案计划在实施两年之内，将国家石油公司和墨西哥联邦电力委员会（CFE）转变以盈利为目的的企业。①

12 月 16 日，改革法案已经被大多数墨西哥州议会通过。接下来国会将有四个月的时间草拟制定并通过二级立法。按照能源部的预测，通过吸引私人投资，并通过竞争降低能源成本，在培尼亚·涅托执政期间，石油改革将每年至少能贡献国内生产总值 1%的增长率。

但是，改革法案的通过遇到了很大的阻力。因为大多数墨西哥人将该国的石油储量和国有石油公司视为国家独立的象征。由于石油产业在墨西哥民众心目中"民族主义"的地位，6 月发布的调查显示，65%的墨西哥人反对打破墨西哥石油公司的垄断地位、向私有资本开放市场。7 月 1 日，墨西哥城的民众举行示威，抗议政府将墨西哥石油公司"私有化"。反对者认为，解决问题的办法是政府不再向国家石油公司抽取过高的税收，允许它留出资金进行再投资。另外，墨西哥石油公司高层腐败每年造成了数十亿美元的损失。如有媒体报道说，石油工会领导人卡洛斯·罗梅罗（Carlos Romero）及其家人生活十分奢侈。政府应该革除腐败。

12 月 1 日是涅托总统上任一周年的日子，墨西哥城大约有 4 万民众走上街头游行。游行人群高举的条幅写着："对出卖墨西哥国家石油公司的行为说不""想卖就卖你自己，墨西哥的石油是我们的"。这一大游行是由前左翼民主革命党领导人安德烈斯·洛佩斯·奥夫拉多尔（Andres Lopez Obrador）组织的，他对群众说，"我们今天游行就是为了避免国家财富遭到劫掠"②。在国会讨论通过法案的过程中，左翼民主革命党也表示了极力反对。

5. 其他改革

除了上述改革外，墨西哥国会还通过了劳动改革法案和政治改革法案。

---

① Eduardo Ramos-Gomez, "Landmark Reform Opens Up Mexico's Energy Sector," news.silobreaker. com/landmark-reform-opens-up-mexicos-ene. 8 January 2014.

② Agence France Presse, "40000 Protest Mexico Leader on Inauguration Anniversary," www.newsdaily. com/.../40000-protest-mexico-leader-on-inaug..... Dec 02, 2013.

新的劳动改革法案对墨西哥 40 年来的劳动法进行了修改，旨在使雇主更容易雇用或解雇工人，并推动数百万劳动力摆脱非正规部门经济。①新的政治改革法案同意改变选举规则，允许国会议员和市长通过竞选连任一届，这样做被认为有利于增强议员责任和政府治理。同时，将为女性候选人保留一半的国会议员席位。设立一个新的国家监督机构，负责监督地方和联邦的选举。众议院将负责财政部长的任免，参议院将负责外交部长的任免。总统的过渡期也将缩短，7 月当选，10 月 1 日就职，而不再是 12 月 1 日。

三、墨西哥改革的深层难题

2013 年，墨西哥国会先后批准了涉及教育、电信、财政、能源、政治等多个改革法案。接下来的任务是要通过制定二级立法让改革的精神和内容在现实政策中得到不折不扣体现。当二级立法获得通过之后，改革才会进入最后实施过程。如前所述，墨西哥政府的每项立法改革几乎都遇到了阻力，这说明改革充满了艰辛。然而，深入考察墨西哥的经济和社会之后，我们发现，墨西哥的改革还面临着更为深层的难题，这些难题将是涅托政府无法回避的。

1. 经济结构的新依附

2012 年墨西哥经济增长率为 3.5%。涅托政府初期对经济增长充满了乐观情绪，预计 2013 的经济增长将不低于 3.5%。但是，自年中之后，经济增长出现了明显的放缓。到年末，墨西哥财政部不得不将全年的经济增长预期下调到了 1.3%。新政府上台之后，经济增长没有改善，反而下降，这自然引起人们的诟病。

墨西哥财政部长路易斯·比德加赖·卡索（Luis Videgaray Caso）将墨西哥低迷的经济增长归结于发达经济体经济复苏放缓，认为这影响了墨西哥非石油类产品的出口，并称大部分新兴经济体都受到了类似影响。但是，其他新兴经济体并没有像墨西哥一样出现如此大幅的增速放缓。

墨西哥经济问题的症结在于其"经济结构的新依附"。墨西哥经济的主要拉动力来自出口，其中制成品出口占 60% 以上。但是，这些制成品出口（大

---

① Andres Oppenheimer, "Mexico Showed the Way in 2013," www.miamiherald.com › ... › Columnists › Andres Oppenheimer Dec 23, 2013.

约 70%）主要来自加工业出口，技术含量较低，墨西哥实际形成了一种"廉价劳动力的出口模式"①，而墨西哥的产品 80%以上出口美国，2008 年美国发生金融危机，2009 年墨西哥经济增长为负 7%。墨西哥缺乏自己的工业化政策和工业自主创新能力。

然而，新政府显然对此重视不足。如《墨西哥协议》提到，将"逐步达到科学技术的投资占国内生产总值 1%的目标"②。人均 GDP 大大低于墨西哥的中国，科技投入在 2000 年就达到了占 GDP1%的目标，2012 年达到了 1.98%的水平。而发达国家一般在 4%以上。显然，墨西哥的科技投入和科技创新明显地处于落后水平。

2. 利益集团的固化

国家行动党执政 12 年，两极分化不但没有缩小，反而扩大了。2000—2011 年，墨西哥的 GDP 共增长 17.82%，最低工资共增长 57.84%，而百万富翁的财富却增长了 402.4%。2000 年，13 个亿万富翁的财富占 GDP 的比重为 3.57%，到 2011 年 11 个亿万富翁的财富占 GDP 的比重达到了 15.23%。③墨西哥的 3051 家大企业占公司总数的 0.3%，却拥有所有商业资产的 74%。④它们是"国家权力集团"，在很大程度上，它们决定了国家的发展方向。另外，还有诸如工会、军队、大的国有企业、某些重要的行业部门等等也属于利益集团。

利益集团往往与腐败联系在一起。透明国际将墨西哥排名为拉美地区最腐败的国家之一，在全球 177 个国家中排名第 106 位，廉洁程度最高者为 100 分，最差者为 0 分，墨西哥仅为 34 分。⑤而《福布斯》杂志则跟进列出了 2013 年墨西哥最腐败的 10 个人，其中第一个就是前教师工会主席埃尔瓦·戈尔迪亚，被指控贪污工会公款 2 亿美元。其次是墨西哥国家石油公司工会领导人卡洛斯·罗梅罗，还有前总统萨利纳斯的弟弟劳尔·萨利纳斯（Raúl Salinas）、科阿韦拉州前州长温贝托·莫雷拉（Humberto Moreira）、维拉克鲁斯州前州

---

① James M. Cypher, Raúl Delgado Wise, *Mexico's Economic Dilemma: The Developmental Failure of Neoliberalism*, Lanham: Rowman & Littlefield Publishers, p. 10, pp. 98-99.

② "Pacto Por Mexico," www.indetec.gob.mx/.../Pacto_Por_Mexico_2012.

③ CAM de UNAM, "México: Resultados de la política económica aplicada a los trabajadores (2006-2011)," Reporte de Investigación No.90. enlacezapatista.ezln.org.mx/archivos/reportescam/Reporte 90.

④ James M. Cypher, Raúl Delgado Wise, Mexico's Economic Dilemma: The Developmental Failure of Neoliberalism, p. 3.

⑤ "Transparency International: Corruption Perceptions Index 2013," www.transparency.org/cpi2013/results.

长菲德尔·埃雷拉（Fidel Herrera）等人。①

改革者的初衷也许是好的，新的改革法案也许代表了广大民众的利益，但是在具体实施过程中，由于来自各种利益集团的压力，特别当游说势力过于强大的时候，改革协议可能会被扭曲，改革的措施也可能会被淡化。

改革的关键是利益分配到谁的手中。当年萨利纳斯所进行的新自由主义改革，大规模私有化的结果是将国家垄断变成了私人垄断，造就了墨西哥的世界首富斯利姆。因此，许多墨西哥人对能源改革之所以持有保守态度，并非什么"民族主义"，而是担心国家的财富被外国公司或胆大妄为的政客窃取。墨西哥历史学家恩里克·克劳塞（Enrique Krauze）在评价国会通过能源改革法案时说："这的确是一个历史性的时刻，因为这将促进增长和现代化。但是，如果政府以其非生产性投资和广泛的腐败来重复 20 世纪 70 年代的最后一次石油繁荣的错误的话，它可以变成一场噩梦。改革的深刻意义在于改善墨西哥人尤其是穷人的生活。"②

改革是否能够成功，其中一个重要的关键在于墨西哥领导人能否不被各种利益集团左右，真正代表墨西哥全体人民的利益，坚定不移地坚持正确的改革方向。

3. 潜在的政治碎片化

与 20 世纪 80 年代之前的墨西哥革命制度党相比，今天的革命制度党不再能够"一党独大"，而是面临国家多种政治力量并存的局面。这种政治力量的多元化表明，没有任何一个政治力量能单独执政。因此要通过对话和协商来达成协议，使所有的政治力量都能对国家的行为和问题负责。

涅托总统在执政初始，成功地和三个主要政党签订了《墨西哥协议》，使之一致承认墨西哥需要进行结构性改革。这份政治协定打破了墨西哥十多年来的政治僵局，为推动"深化改革"营造了一个良好的政治氛围。

但是，在实际操作过程中，政治碎片化的问题仍然存在。如在税收改革问题上，右翼政党国家行动党表现出了对立态度，表决增值税法案时集体退

---

① Armando Tinoco, "Forbes Top 10 Most Corrupt Mexicans 2013 List Led By Elba Esther Gordillo And Raul Salinas De Gortari," Latin Times, 16 December 2013. www.latintimes.com/forbes-top-10-most-corrupt-mexicans-201

② Juan Montes, "Laurence Iliff and David Luhnow, Mexico Congress Passes Historic Energy Bill," online.wsj.com/.../SB10001424052702303932504579254013. Dec. 12, 2013.

出国会。而在对待能源改革的态度上，中间派革命制度党和右翼国家行动党表示赞成，左翼民主革命党则表示极力反对。在国会通过能源法案之前，前民主革命党的领导人洛佩斯·奥夫拉多尔（Andres Lopez Obrador）就表示除非涅托政府改变其能源改革计划，否则他的党将退出《墨西哥协议》。在国会讨论是否通过能源改革法案时，民主革命党议员试图阻止讨论，封锁了下院投票大厅的主要入口。愤怒的民主革命党议员甚至与对立党派的议员扭打起来，并高喊他们是叛国者。有人高唱国歌哀悼墨西哥国家石油公司的死亡，有人则将涅托总统比作 19 世纪丧失国土的安东尼奥·洛佩斯·德桑塔·安纳（Antonio López de Santa Anna）总统。到 2013 年 12 月 12 日凌晨，参议院出现了惊人一幕，一位民主革命党议员在讲台上辩论时脱下了自己的衣服，裸身说"这就是你们将国家剥光到骨头的方式"，以示抗议。①尽管由于革命制度党及其盟友控制了77%的参议院票数和71%的众议院票数而最终使能源法得以通过，但民主革命党并不善罢甘休，其鼓动在 2015 年中期选举时对该法案进行公民投票，这需要征集一百万人的签名支持和最高法院的批准。

4. 公共安全的缺失

自墨西哥前总统费利佩·卡尔德龙（Felipe Calderón）2006 年底挥出重拳打击贩毒和有组织犯罪集团以来，墨西哥已经有至少 8 万人死于暴力。尽管涅托上台之初曾表示要大力改善国内的安全局势，但却事与愿违。

与卡尔德龙时期相比，涅托政府公共安全政策最显著的变化是话语的改变，即在媒体上大大减少了对有组织犯罪的报道。"有组织犯罪"和"贩毒"的术语在各大新闻媒体出现的频率越来越低。涅托政府鼓励这种趋势，强调要将国内和国际新闻的注意力集中在经济增长、能源改革和贸易上，而不是暴力、贩毒或有组织犯罪。政府打击有组织犯罪行动信息的缺乏也使得媒体难以继续报道有关的暴力事件。结果，公民往往更多地依赖于社会媒体来了解他们社区暴力的信息。②但是，这仅仅是一种"暴力认知管理"战略，而不是一种减少暴力的战略。它并未降低暴力事件的发生。有资料表明，涅托总统上台的 2013 年前 11 个月里谋杀案死亡人数为 19016 人，比卡尔德隆政

① Juan Montes, "Laurence Iliff and David Luhnow, Mexico Congress Passes Historic Energy Bill," online.wsj.com/.../SB10001424052702303932504579254013. Dec. 12, 2013.

② Clay Boggs, "One Year after Enrique Peña Nieto's Election," www.wola.org/.../one_year_after_enrique_pena_nieto_s_electi. 2 Jul 2013.

府 2012 年同期的死亡人数（18161）又有增加。①但据 2013 年 11 月墨西哥官方统计表明，在涅托第一年任期里，谋杀案件为 18454 起，比之前卡尔德隆任内的 2011 年 12 月至 2012 年 11 月的 21728 起下降了 15%。然而，勒索案件发生了 7300 起，比上一年同期增加了 606 起，绑架案件发生了 1583 起，比 2012 年同期的 1196 起增加了 32%。②根据墨西哥国家统计局 2013 年的受害调查显示，过去 12 个月的最终结果是，墨西哥人说他们觉得比前几年更加不安全。毒品暴力的黑暗似乎变得更深了。③

公共安全的缺失不仅使墨西哥人的人权没有保障，而且破坏了投资环境，导致外资决策信心不足，旅游业萧条。由于人们不敢外出，也降低了国内的消费需求。社会安全问题对政府的改革形象形成了潜在的威胁。据《改革报》2013 年 12 月 1 日发布的最新民意调查，培尼亚总统的支持率已经由 7 月的52%降到了 44%，低于前两任总统上任一周年时的支持率。

总之，2013 年是墨西哥的立法改革年，新政府克服种种阻力，使国会通过了教育、电信、财政、能源、政治等若干方面的改革法案，这是一个不小的成就，为未来的发展打下了良好的基础。但是，社会经济转型是一个长期的任务，各种难题都需要应对，仅仅有新立法是不够的。政府要让民众看到实际的好处，这样可以赢得民众对长期改革的耐心和支持。2013 年，墨西哥经济增长出现衰退，公共安全也没有得到明显改善。这两方面的问题在新的一年里应该得到涅托政府的高度重视。同时，新政府应认识到摆在面前的深层难题：要超越各种利益集团，坚持正确的改革方向；要继续协调好各党派之间的关系，团结各方力量支持改革；要处理好对外开放与自主发展之间的关系，重视科学技术的投入，努力摆脱经济结构的依附性。

1994 年墨西哥签署了《北美自由贸易协定》，2000 年墨西哥结束了革命制度党 71 年的统治，这两个时刻都曾被认为是墨西哥的"历史性时刻"，但后来被证明是"虚假的黎明"。我们希望 2013 年是墨西哥真正的"历史性时刻"，涅托政府开启的"深化改革"在新的一年能够顺利进行，逐步克服种种

---

① John P. Sullivan, "Mexico: Crucible of State Change," Journal Article/January 13, 2014, smallwarsjournal.com/jrnl/art/mexico-crucible-of-state-change.

② Octaviusrod, "The Peña Nieto Administration: A Year in Review," justiceinmexico.org/2014/01/02/the-pena-nieto.

③ Paul Rexton Kan, "The Year of Living Dangerously: Peña Nieto's Presidency of Shadows," Journal Article | January 6, 2014, smallwars.org/.../the-year-of-living-dangerously-peña-nieto's-p..

难题，为墨西哥人民带来美好的明天！

　　［本文原载于《人民论坛·学术前沿》2014 年 9 月（上）（总 57 期），标题为"墨西哥政府的深化改革难题——兼论其对中国的借鉴与启示"］

拉美与北欧国家经济发展模式的比较*

19 世纪末，北欧和拉美同属不发达地区，具有很多共同特点。而到 20 世纪末，北欧国家（丹麦、芬兰、挪威、瑞典）已跨入世界最富裕国家之列，尤以其经济增长和福利国家并存而令世人瞩目，而拉美则为普遍贫困和经济危机所困扰。为何两个地区会形成如此巨大的反差？我们通过比较上述北欧4 国与初始条件类似的 4 个拉美国家（智利、哥伦比亚、厄瓜多尔、乌拉圭）百年经济发展的历程，试图探讨形成这种反差的原因及经验教训。

丹麦、芬兰、挪威和瑞典都是资源丰富的北欧国家，在经合组织成员国中，上述 4 国的人均收入在 1870 年还属最低之列，除丹麦外，其他国家十分贫困，人口大量外流。19 世纪末 20 世纪初，北欧国家的经济结构与当今的最不发达国家十分相似，40%—50%的劳动力从事农业生产，而且收入分配极不公平。18 世纪的丹麦，几千名贵族几乎占有了全部土地，奴役农奴耕种。20 世纪初的芬兰，只有23%的农村家庭拥有土地。这种状况同当时的许多拉美国家并无多大差别。

直到 20 世纪中叶，北欧国家的经济状况才开始与拉美国家拉开显著的差距。1950 年，北欧国家（芬兰除外）的实际人均 GDP（国内生产总值）已接近 4000 美元（按 1980 年国际价格计算），而在上述 4 个拉美国家中，智利和乌拉圭到 1980 年才超过这个水平，但到 1985 年受经济危机打击之后，所有拉美国家的实际人均 GDP 都低于 3500 美元。芬兰的实际人均 GDP 在 1950 年大约 2700 美元，与乌拉圭和智利的水平相当，但 35 年后，则高于它们

---

* 本文主要根据下述资料编译而成：Magnus Blomstrom and Patricio Meller, Eds,Diverging Paths: Comparing a Century of Scandinavian and Latin American Economic Development, Inter-American Development Bank, 1991. Roberto Cortés Conde and Shane J. Hunt, eds., The Latin American Economies: Growth and the Export Sector, 1880-1930, New York: Holmes & Meier Publishers, 1985. [巴]塞尔索·富尔塔多：《拉丁美洲经济的发展——从西班牙征服到古巴革命》，徐世澄等译，上海译文出版社 1981 年。

2.7 倍。

如果对两个地区的实际人均 GDP 的两个构成部分即 GDF 和人口的变化作比较的话，则会发现更有意义的区别。就 GDP 的增长率而言，拉美国家（乌拉圭除外）与北欧国家不相上下，甚至更快些。1950—1985 年，北欧国家 GDP 年均增长率为 3.1%—4.2%，智利与此相近，厄瓜多尔和哥伦比亚更高一些，分别达到 5.6% 和 4.9%。就同期人口增长率而言，拉美国家（乌拉圭除外）为 2.0%—2.8%，北欧国家仅为 0.5%—0.7%。在仅仅 35 年间，哥伦比亚和厄瓜多尔的人口增加了 150%，而北欧国家增加了不足 25%。由此可见，两地区人均 GDP 的差别，关键在于人口增长的不同。如果假设拉美国家的人口增长率与北欧国家相似的话，那么智利的人均 GDP 将接近意大利的水平，其他 3 国将超过葡萄牙，这样，这 4 个拉美国家在 20 世纪末都将成为"发达国家"。

虽然拉美国家的人口多于北欧国家，但其贸易出口额却远远少于后者。1985 年，按人均出口值计算，哥伦比亚为 200 美元，智利和乌拉圭为 600 美元，而芬兰为 4000 美元，挪威为 8500 美元。实际上，北欧国家 1950 年的人均出口值比拉美国家 1985 年的人均出口值还要多。就出口值在 GDP 中所占比重而言，到 1985 年，北欧国家为 30%—37%，其中挪威几乎占 50%，而拉美国家仅为 14%—30%。

从上述两地区生产、收入、人口、贸易的发展比较中，可以得到这样的启示，即降低人口增长率和增加出口值是促进经济发展的重要因素。

另外，两地区不同发展现状的形成还受到其他因素的影响，其中包括土地改革、教育、对当地资源的合理利用、贸易与工业政策、外国技术与资金的利用、政治体制等等。下面对这些因素作些具体的比较分析。

（一）土地改革在北欧国家向现代化和富裕社会转变的过程中起着特殊的促进作用。丹麦的改革在 1788 年就已开始，持续了大约 100 多年的时间，挪威和瑞典农业的重要变化始于 20 世纪 20 年代。这些国家的土改进程造就了一批私有的中小农场，其结果是对土地更为有效的开发利用。农业现代化带来的附加收入强化了经营者投资与革新的热情，进而促进了以农业为基础的工业部门的增长。土改也有助于分配公平，因此形成了日益扩大的国内市场，增加了对消费品的需求，为工业化进程提供了基础条件。而拉美土改的全面展开是 20 世纪 60 年代或 70 年代的事情。此前盛行的大庄园制，对农业生产力的增长和国内需求具有双重的抑制作用。因此，拉美国家现代国民经济内部体系的确立过程十分迟缓，而当进口替代工业化展开之后，国内需求的不足很快就成为工业发展的障碍。

（二）教育在北欧国家一贯受到重视。丹麦 1814 年即已实行普遍教育制。到 20 世纪初，北欧国家已经实行了高质量的初等教育，文盲实际上已不存在。北欧国家教育模式的一个特点是重视应用科学，特别体现在高等教育中。挪威的奥斯陆大学建于 1811 年，开始主要开设法律和人文学科，到 19 世纪末，自然科学受到重视，其在 1897 年创建了农业学院，在 1910 年建立了技术学院。瑞典于 19 世纪 70 年代调整了教育方向，更加强调"有用的"应用学科的教育，到 21 世纪初，两所瑞典技术学院培养了大批土木工程师，其中很多人因在国内找不到工作而不得不移居美国。另外，北欧国家还有一套成熟的成人教育体系。相形之下，拉美国家的教育较为落后。1950 年智利的文盲率为 19.8%，哥伦比亚 37.7%，厄瓜多尔为 44.3%，乌拉圭的文盲率在 1962 年为 9.5%。这 4 个国家中，乌拉圭的教育制度最先进，但在高等教育中强调的重点与北欧国家截然不同，法律和文学最受宠爱，数学和自然科学则居次要地位。实用技术教育在拉美国家没有得到重视。

（三）北欧和拉美都拥有丰富的自然资源，但在各自的发展过程中，自然资源却发挥着非常不同的作用。北欧国家基于当地的资源来建立产业和发挥比较优势。例如 19 世纪 70 年代，丹麦发现其粮食出口受到美国的竞争而急剧下降时，便开始寻找新的比较优势，建立了畜牧业和肉奶产品加工业，即从农业中发展出农产品加工业，该产业至今在丹麦经济中发挥着重要作用。瑞典的成功是基于其铁矿和木材，该资源在 19 世纪 70 年代就开始大量出口，在这两种原料加工出口的基础上，逐渐形成了产业之间的前向和后向关联效应，木材业促成了纸张和纸浆生产，铁矿业为瑞典的钢铁和机床工业提供了基础条件。在拉美，利用自然资源发展起来的有竞争性的工业比较少见。大多数自然资源的出口被外国公司控制。1949 年，阿根廷经济学家劳尔·普雷维什发表了著名的《拉美经济发展及其主要问题》一文，通过对初级产品与工业品交换比价恶化的分析，提出拉美不发达是由于其依赖初级产品的出口的结果，拉美摆脱不发达的唯一出路在于工业化。而事实上，拉美实施的进口替代工业化，并不是一种基于当地资源支持的工业化，它们未能把自然资源作为工业增长的基础。

（四）就贸易与工业政策而论，北欧国家与拉美国家的情况也有很大区别。30 年代大萧条之前，北欧国家和拉美国家的经济都是相当开放的。但是，大萧条过后，北欧保持了其经济的开放性并以其出口部门作为经济增长的发动机，而拉美则开始实行进口替代工业化并开始将其经济与外界隔绝。两种政策的后果已众所周知，因此，不再多加讨论。需要讨论的重点是北欧国家其他一些与拉美国家有显著区别的工业政策的特点，其中包括激励结构、反托拉斯政策以及促进产业结构变革的政策。

在北欧国家，政府为了让企业采用新技术和程序，采取的是激励方法和提供基础设施方面的支持。例如，瑞典成立了许多政府机构，专门负责改良品种和传播新作物及新耕作法方面的知识。但在拉美，政府为达到同样目的采用的有代表性的做法是颁布强制性法令。北欧国家通过税收制度激励私营部门的发展，规定企业若以其利润进行投资，则无须上缴很多税金，但若利润分给股东，那么这些人则需缴纳所得税。这种鼓励投资的措施对北欧国家工业化进程发挥了重要作用。而拉美国家通常缺少征收个人所得税所需的基础条件，因此税收负担就落到企业而不是个人头上，大部分税额来自经营出口业务的大中型企业。

在反托拉斯政策方面，北欧国家在制定战略时，充分认识到其国家的狭小不可能保证数家企业的有效规模，因此，其产业政策既支持大企业的创设，又通过推动自由贸易来缩小垄断可能带来的消极后果。换句话说，北欧国家的工业政策强调能够在国际竞争中生存下来的大企业的重要性。而拉美国家则主要仿效美国的反托拉斯政策，没有考虑到该种政策是为一种生产与分配在国内市场上通过竞争而发挥效能的"大"经济而设计的，并不适合拉美的国情。

强调产业结构合理化是北欧国家工业政策的又一特点。显而易见，快速的经济增长不仅源于新的生产力的创立，而且还在于淘汰过时的旧产业。北欧的纺织业和造船业就是以这种方式淘汰的实例。与此对比，拉美国家对衰落中的产业采取的典型政策措施是加强保护和补贴，很少关闭那些效率差的大中型企业，因为关闭企业将产生失业，而且拉美缺少能够减轻经济波动冲击的社会保障体系，也没有北欧国家那种培训工人的计划。

（五）在获取和利用外国技术与资金方面，两个地区呈现出不同的特点。技术通常可以通过人员的流动、商品和劳务的输入输出、多国公司子公司的建立，以及许可证和特许权方面的安排来获取。在北欧国家工业化的初期阶段，输入移民是获取技术的一个重要途径。瑞典制铁业的建立得益于来自比利时的铁匠，而在后来采矿业和森林开发中，来自苏格兰和德意志的移民又发挥了重要作用。挪威的情形亦如此，企业主们在创建该国的纺织业时，以英国的纺织企业为目标，不仅买下了它们的生产设备，而且购买生产技术，甚至直接雇用英国的工头和工程师。自 20 世纪初起，国际贸易又成为北欧国家获取技术的主要渠道。由于允许大多数商品和劳务自由输入，北欧国家的企业有机会接触最新技术成果，这些成果对企业保持在国际市场上的竞争力具有决定意义。

拉美国家也通过多种途径获取了外国技术。它们曾经吸收过大量移民，外国企业在拉美的投资大大多于北欧国家，并且至少在 1950 年以前，外国技术可以通过进口商品和劳务大量进入这些国家。然而，这些技术对拉美国家发展的作用远不及对北欧国家发展所起的作用大。为何如此？原因在于拉美的相对落后状况。其中，有的是由于拉美国家与国际先进水平差距太大而无法利用发达国家的先进技术，有的是教育制度的缺陷阻碍了新技术的有效吸收。而北欧国家对教育的大量投资，不仅有利于国内企业家的出现和提高吸收外国技术的能力，而且也为企业家提供了受过教育的熟练劳动力。反观拉美，却不曾出现这种情况。

（六）一国政治体制会对经济发展产生重要影响。北欧发展模式的一个突出特点是国家与市场的特殊关系。在发展进程的早期阶段，北欧国家政府所做的只是提供基础设施，保证有效的行政管理，并且提供社会服务系统，而将商品的生产过程完全交由私营部门去支配。高额的所得税和消费税使免费或价格低廉的公共服务（健康、教育、文化等）成为可能，并且导致大规模的收入再分配。但工业、农业、贸易、银行业几乎完全掌握在私营部门手里。这种情况与拉美形成鲜明对比。拉美国家政府积极介入生产过程。例如，智利政府 1940 年开始在经济中发挥新的职能，先是向私营部门提供贷款，接着建立了国有企业，后来又成为国家经济发展计划的制定者和实施者。

北欧国家政治方面的另一特征是劳工、资本以及政府三方达成的广泛共识，由此产生的稳定政局对经济发展极为有利。自 1920 年后，北欧国家没有再发生如同拉美国家那样频繁的政治变动。拉美的情况正相反，由于收入分配极不公平，导致劳资双方矛盾尖锐，在政治上的反映便是政局动荡，政策多变，从而阻碍了经济增长。

总之，通过对上述两地区经济发展模式的比较分析，我们可以看到，拉美的发展落后于北欧，同其人口增长率过高、贸易出口额在 GDP 中所占比重较小、土改迟缓、教育结构不合理、未能有效地利用当地资源发展工业、不适当的贸易和工业政策、未能有效地引进外国技术和资金以及政治体制的不成熟等诸多因素有关。20 世纪 80 年代，拉美经历的严重危机不仅是债务危机，而且也是其传统的发展模式的危机，只有改变其传统的发展模式，拉美国家才能在新世纪获得重生。由此我们也可以看到，北欧与拉美正反两方面的经验对中国经济发展道路的选择也不无教益。

对东亚与拉美经济发展成败原因的分析与比较

　　第二次世界大战结束之后，拉丁美洲和东亚同是"发展中"地区。20世纪50年代和60年代，拉美的经济发展水平曾高于东亚。但在70年代后期和整个80年代，东亚的经济迅速增长，而拉美则处于停滞状态，如1980—1989年东亚的GDP年均增长率为7.9%，而拉美地区却下跌至1.9%，特别是进入90年代后，东亚的贫困人口下降至10%以下，而拉美则扩大至40%以上。为何东亚能实现经济腾飞，令世人刮目相看，而拉美却被甩在后面？这是个非常令人感兴趣的问题。从经济发展的外部因素看，拉美与东亚所处的国际环境，如世界经贸形势、资本国际化和生产国际化的趋势等，并无太大的区别。因此，本文着重从内部因素的几个主要方面，对拉美与东亚经济发展差异形成的原因作一分析比较。

一、文化背景：东亚比拉美更能适应资本主义发展

　　东亚与拉美分属两个不同的文化圈。东亚属于儒教亚文化圈，而拉美则属于基督教亚文化圈，但拉美的基督教不是马克斯·韦伯所颂扬的新教，而是罗马天主教，是受韦伯指责的保守的旧教。新教倡导惜时、节俭、尽职、勤奋、自律和刻苦工作的伦理观念，告诫人们应该把积累起来的财富用于创造更多的财富，而拉美的天主教则更多地强调运气、英雄主义、地位和身份，缺少对工商业及其所依赖的道德品格应有的尊重。

　　拉美的文化传统是在16至18世纪殖民地时期奠定的。当时伴随着西班牙、葡萄牙对拉美的征服，天主教会也在这里建立起一个等级森严、组织严密的教会系统，通过各种途径向人民灌输保守、封闭的天主教思想；由于有大量印第安人和黑人可供奴役，殖民者可以不从事劳动而过着骄奢淫逸的生

活；出身、血统、种族和土地成为衡量一个人社会地位的主要标准。人们普遍鄙视体力劳动和厌恶经商，不思开拓，缺乏创业精神；上流社会对悠闲舒适、奢侈排场的追求腐蚀了整个社会机体，以致追求娱乐和感官享受成为一种社会风气：民众喜欢长达几个星期的节日、斗鸡、比武、马术、化装游行、斗牛、戏剧表演；上层阶级则沉溺于晚宴和舞会之中。①

　　独立后，虽然多数拉美国家都经历了民族文化主义运动，并不断受到西方现代文化思想的影响，但天主教宗教观、鄙视劳动不思开拓的价值观、偏重娱乐和感官享受的社会风气则没有得到彻底改造。时至今日，由于受天主教宿命论影响，拉美人缺乏主动性和创业精神，不相信有志者事竟成，而认为一切都是上帝安排的。社会等级森严，人们的社会地位感很强烈。在富人中，大多数工作被认为是粗鄙和下贱的，在中产阶级中，管理工作不被重视，而医学、法律则最受尊重。尽管拉美各国债务累累，但在拉美一些大城市中，餐饮业、娱乐业一派繁荣景象，到处歌舞升平，仿佛这些国家是非常富裕的。在特权阶层中，始终有一种模仿发达国家的过度消费倾向。阿根廷经济学家劳尔·普雷维什指出：如果剩余不断地被用于再生产积累，那会是一种俭朴的资本主义，如第二次世界大战后日本将其产值的 1/3 左右用于积累，这是日本高速发展的原因，而拉美则缺乏这种俭朴精神，存在一个特权消费阶层。②拉美的这种文化遗产显然是阻碍经济发展的绊脚石。

　　与拉美相比，东亚国家（地区）深受儒教文化影响，特别在日本、韩国、新加坡、中国香港和中国台湾，传统儒家的世俗伦理深入民间，构成思想文化的一个重要部分。儒家倡导的吃苦耐劳、勤奋努力、节俭储蓄、敬业自律、德智教育、和谐团结、家族主义等传统美德，都对东亚经济发展产生了有益的旁助作用。如东南亚华人经济圈中的华人企业家，主要就是靠吃苦耐劳的素质，通过小本经营起家，最后争取到创业致富机会的。第二次世界大战后，随着经济迅速发展，韩国、新加坡、中国香港和中国台湾的储蓄额急剧上升，1987 年韩国、新加坡、中国台湾和中国香港的国民生产值中国民储蓄率分别为 37%、46.7%、40% 和 30%。同时，东亚的投资率亦很高。世界银行 1993

---

① [秘]何塞·卡洛斯·马里亚特吉：《关于秘鲁国情的七篇论文》，白凤森译，商务印书馆 1987 年版，第 82-83 页。[智]阿·托雷斯-里奥塞科：《拉美文学简史》，吴健恒译，人民文学出版社 1978 年版，第 22-23 页。

② [阿根廷]劳尔·普雷维什：《外围资本主义》，苏振兴、袁兴昌译，商务印书馆 1990 年版，第 53-54 页。

年 11 月的一份报告中说，在过去的 25 年中，东亚的投资在国内生产总值中所占的比例从略高于其他发展中地区，增加到比后者高出大约 50%。在人力资源的投资方面，东亚亦给予高度重视。1965—1985 年间，该地区中等和高等教育注册人数的增长率超过世界上任何其他地区，整体教育水平的提高成为韩国、新加坡、中国香港和中国台湾迅速向技术和知识密集型经济转移的有效润滑剂。另外，儒家的敬业自律、和谐团结、家族主义（包括家族本位思想和家族伦理秩序）等对东亚国家（地区）有效的企业组织和企业管理产生了重要的正面影响，这在日本表现得尤为明显。

二、发展模式：东亚比拉美更为外向化

由于资本主义经济大危机对旧有的初级产品出口发展模式的沉重打击，拉美国家从 20 世纪 30 年代就开始试图通过进口替代来发展民族工业，减少对外国的依附。从 50 年代起，又由原来少数国家零星地实行进口替代的局部措施发展到普遍采用进口替代战略来发展民族经济，并且进口替代的内容不断深化。不少国家从进口替代的第一阶段，即从一般工业消费品的进口替代转向进口替代的第二阶段，即中间产品和资本货物的进口替代。到 60 年代末和 70 年代初，第二阶段的进口替代又呈现出新的特点，即制成品的出口受到重视，各国日益把进口替代与促进出口、出口多样化等政策结合起来，但进口替代所固有的内向性保护并没有被放弃。

随着进口替代战略的深入推行，它的一些缺陷日益明显。第一，进口替代是以国内市场为主，拉美国家贫富不均严重，下层人民消费水平低，国内市场狭小，使这种工业模式难以为继。第二，这种战略过分依赖进口技术和设备乃至原料和半成品。由于国际市场上能源和机器设备的价格上涨较快，造成拉美国家外贸和国际收支方面出现连年逆差。第三，进口替代是在关税保护主义措施下发展起来的，过度的保护主义措施使国内市场与外部竞争相隔离，减少了本国企业利用先进技术、降低成本、提高经济效益的动力，因而其产品缺乏竞争力，不能参与国际竞争。第四，通过进口替代而建立起来的工业部门，大多是资本密集型和技术密集型的企业，并不能解决本地区日趋严重的失业和半失业问题。第五，这种战略是以牺牲农业为代价的，向制造业倾斜的投资政策导致农业长期缺乏足够的发展基金，过低的农产品价格、对农业实行过分严厉的税收政策和金融政策，限制了农业的再生产和发展。1950 年与 1982 年相比，拉美农产品出口占世界比重由 21%降为 14%，1970—1980 年，粮食进口年均增长率超过 10%。此外，这种战略还由于大量进口而迅速增加债务负担，1960—1969 年，拉美国家的公共外债总额从 72.89 亿美元增加到 186.89 亿美元，年均增长 11.2%。到 1982 年，外债总额上升至 3335 亿美元。

与拉美国家相比，东亚国家（地区）在 20 世纪 50 年代也经历了一般工业消费品的进口替代阶段，但这些国家（地区）的原材料资源和国内市场更为有限，于是从 60 年代初很快就过渡到出口替代的初级阶段，即将那些原来供给国内市场的一般工业消费品用于出口。这种出口替代充分发挥了本地非熟练劳动力资源丰富的比较优势，也恰好迎合了当时发达国家对劳动密集型产品需求的增长的机遇。到 70 年代，当工人实际工资开始上升，劳动力资源优势随之下降时，东亚国家（地区）又抓住发达国家产业结构调整的机遇，转向发展以熟练劳动力、密集的资本和技术为基础的制造业，生产既能替代进口又可面向出口的资本货和耐用消费品，这是由高级商品进口替代和出口替代相结合的阶段，是任何发展中国家都希望达到的阶段。

从总体看，东亚国家（地区）的基本战略是出口导向型的。出口导向战略的优点在于：一是更能发挥规模经济的优势，它能促使工业生产突破国内市场狭小的局限性，使产品面向国际市场，充分发挥现有的技术手段；二是该战略更倾向依靠市场机制来引导经济行为，避免直接的行政控制，有利于资源的合理配置；三是它迫使企业参与国际市场的竞争，这种高层次的竞争又会带来高水平的效益；四是它因鼓励扩大出口而能获得较多的外汇收入，从而为企业扩大再生产提供了可靠的保障。

由于拉美进口替代战略具有更多的内向性，而东亚国家（地区）的出口替代战略具有更多的外向性，前者有不少的缺陷，后者则有诸多的优点，因此，东亚发展战略的外向化不能不成为解释其发展成功的理由之一。

三、政府干预：东亚比拉美更为灵活适度

无论东亚还是拉美，政府都曾运用法律、行政、财政和金融手段对经济的诸多方面进行过调控，但由于二者对经济干预的着眼点不同，后果亦不同。

在拉美，多数国家在第二次世界大战以后采用了结构主义的政策主张，推行进口替代工业化战略。为此，它们首先大力发展国家资本主义，通过国有化和国家投资建立了大量国营和半国营企业，并以法律形式规定，凡对国家安全和经济生活起决定作用的一些产业，只能由国家经营，强化国家在经济生活中的作用。其次，采取了一系列扶植本国工业发展的政策。如政府利用强有力的关税和非关税手段，限制外国产品进入本国市场。同时还通过汇率、税收、信贷、价格补贴等政策，对本国企业特别是国营企业给予一系列的优惠，有意识地以扭曲市场机制的办法来保障本国企业的顺利发展。例如，墨西哥在电力和石油工业实行国有化后，一直以低于国际市场价格的标准向本国企业提供电力和燃料，以鼓励其发展。这种政府保护的消极后果是：一方面，人为地割断了国内外市场之间的联系，企业既感受不到国外产品的竞争及国外先进技术和管理经验的压力，又能得到政府的多种优惠，因而无意改善经营管理；另一方面，干扰了国内市场机制的正常秩序，政府的行政手段排斥和代替了市场调节的手段，由此造成微观领域企业经营不善，产品质次价高，宏观领域财政赤字和外贸赤字剧增，经济出现内外双重失衡，为弥补赤字而大量积累外债，终于导致债务危机的爆发。

20 世纪 80 年代债务危机爆发后，拉美国家在国际国内双点压力之下，纷纷在放弃传统的政府干预手段的同时，也放弃了政府的经济调控职能，转向所谓的"自由市场经济"，但由于市场秩序已遭破坏，缺乏完备的市场机制，在"弱政府、弱市场"条件下，拉美各国经济的运行依然步履艰难。只是到80 年代末 90 年代初，拉美各国转向积极发展外向型经济，大大调整了国际与国内、政府与市场、政府与企业的关系之后，经济发展才出现了新的转机。

反观东亚国家（地区），尤其是韩国、新加坡、中国香港和中国台湾，政府在经济发展中也发挥着主导作用，但政府的职能与市场是互补的，而不是互替的。首先，东亚国家（地区）并不像拉美国家那样拥有丰富的自然资源，它们的发展只能走一条与国际市场相结合，而不是割断与国际市场联系的道路，因此，东亚国家（地区）政府的作用，突出地表现在它们选择了政府指导型的出口导向经济发展战略，强调利用国际资源和国际市场来促进本国经济的发展，通过协调国内市场的状况与对外经济政策，实现了国内市场与国际市场的接轨。其次，没有通过大规模实施国有经济来加强政府的作用，而是通过财政金融和汇率政策，从宏观上对客观经济指标进行调控，这种做法既有效又不至于像拉美国家那样背上沉重的国营经济包袱。再次，政府以法治建设为手段，约束政府、企业、个人的行为，建立和完善市场机制，促进社会稳定。最后，在让市场充分发挥作用的同时，政府注重弥补市场在公共设施上的缺陷，重点加强了基础设施的建设，并注重人力资源的投资，以确保经济总体的正常运行。

在经济发展过程中，问题不是要不要政府干预，而是政府如何干预。东亚国家（地区）政府在处理政府与市场、政府与企业的关系问题上能灵活适度，因此，促进了经济持续高速发展；拉美则有意识地利用政府行为去扭曲市场机制以推动经济发展，结果是适得其反。

四、收入分配：东亚比拉美更为公平化

收入分配不公会对经济发展产生巨大的反作用，因为贫困人口增多、失业人数上升、实际工资下降，意味着国内消费市场规模的缩小必然限制国内生产部门的生产；贫困人口的增多也会影响到劳动力的正常再生产；贫困使文盲人数增多，会对一个国家的长远发展产生消极影响；更重要的是，收入差别过于悬殊不可避免地会引起社会动荡、政局不稳，从而打断经济发展的正常运行。

在拉美，许多国家或公开接受，或默认了西方学者提出的"经济增长第一、社会公平第二"的主张，导致在实践中忽视贫困和社会不公问题，并实行了有利于中上阶层的不公平分配的财政政策。拉美国家选择的进口替代战略也具有歧视农业以及鼓励资本密集型工业的倾向，从而造成农业凋敝、大量农民移居城市和城市失业人口的增加。20 世纪 80 年代以来的一些改革措施如国营企业私有化、经济市场化，在很大程度上是由社会中下层民众承担了改革的代价，改革的利益为少数人所垄断，结果更加重了收入分配不公和两极分化的现象。到 90 年代初，拉美地区处于贫困线以下的人口达 1.96 亿，占该地区总人口的 46%，其中 9350 万人处于极端贫困状态，占总人口的 22%。据美洲国家组织 1994 年初的数字，8 个拉美主要国家中，占人口 20% 的低收入阶层的收入占全国总收入的 2.4%—5.5%，而占总人口 10% 的最富有阶层的收入占总收入的 33.4%—46.2%。巴西两极分化最典型，在 90 年代初，占总人口 10% 的最富有者的收入占全国总收入的 53.2%，而占总人口 10% 的最贫困者仅得到全国总收入的 0.6%。海地、洪都拉斯、尼加拉瓜、秘鲁等国家仍

有 40%的家庭是贫困户。分配不公已促成社会动荡，如墨西哥恰帕斯农民暴动、巴西分裂主义势力抬头、阿根廷一些区发生骚乱、委内瑞拉的罢工和未遂军事政变、秘鲁和哥伦比亚游击队的暴力活动等，似乎都与分配不公、社会矛盾激化有关。

反观东亚，经济的高速增长与收入分配的相对公平同时出现，换句话说，在经济高速增长的情况下，收入分配不公正的状况没有进一步恶化，而是有所改善。由于东亚国家（地区）注意了在加快经济增长速度的同时增加人民的收入，贫富差距逐渐缩小。在过去 25 年里，东亚国家（地区）人均收入几乎增长了 3 倍，绝对贫困人数平均下降了 2/3。世界银行 1993 年 8 月的一份报告指出，在东亚地区，1970 年有 35%的人生活在贫困中，1980 年为 23%，1990 年约为 10%，尽管在过去 20 年里这个地区的人口增加了 40%。当巴西占总人口 20%的富有者所得与占总人口 20%的穷人所得之比为 25：1 时，韩国则为 8：1，中国台湾为 5.24：1（1992 年），新加坡为 9.6：1（1983 年）。东亚国家（地区）对分配不公情况的改善，一方面有利于维持社会稳定，另一方面也带来了群众消费，反过来又促进了经济发展。

五、政治：东亚比拉美更具稳定性

无论东亚还是拉美，其地区内的不同国家之间，在民主、专制、政治内聚力等方面都有不同程度的差别，但从中不能得出政治体制与经济业绩之间的一般因果关系。民主与专制主义的区别本身并不能说明经济成就的大与小，集权政体和民主政体同样可以促进经济发展。然而，政权是否稳定，政策是否具有延续性则会对经济发展产生重要影响。在拉美，通过民主手段或政变产生的实质性的政权变革，往往意味着经济政策的急剧变化，从而对经济预期和投资产生负面影响。例如，早在 20 世纪初其人均收入就居世界前列的阿根廷，在 1946—1983 年的 30 多年间经历了 18 届政府的更迭。从 1955 年庇隆政府被推翻到 1976 年魏地拉执政开始的 20 多年间，政府更迭 12 次，平均每一年多换一届政府，其中 7 届政府是被军事政变推翻的。这样的政局怎么会给经济发展提供一个良好的环境？又如何能保证经济政策的连续性？到 1993 年，阿根廷的人均 GNP 仅为 7220 美元，而韩国、新加坡、中国香港分别为 7660 美元、19850 美元、18060 美元，都远远超过阿根廷。就整个拉美看，1920 年前建立的 21 个总统制国家中，除墨西哥外，其他国家在 1946—1984 年都发生过政变，共达 82 次，其中最多者为玻利维亚，达 12 次之多①，而该国 1993 年人均 GNP 仅为 760 美元。

与拉美相比，东亚各国（地区）政府领导人变换不多，如李光耀任新加坡总理达 31 年，苏哈托统治印尼亦近 30 年。东亚各国（地区）政权不但一般都长期延续，而且采用的经济政策通常都反映了政府方面的现实主义原则。因此，即使下一届政权的政治观点不同，上一届政权的经济政策仍将沿用下去。例如，泰国和韩国分别在 20 世纪 70 年代和 80 年代发生了政变，但各项经济政策仍基本不变。另外，官僚机构的性质及其在决策中的作用，往往对经济政策的有效性和稳定性至关重要。在东亚，高级官员的招聘过程和工资的决定，似乎保证了官僚阶层具有较高的专业水平和良好的素质，在这方面，拉美远远不如东亚。

总之，经济发展是多个变量合力作用的结果，这些变量中既有外因，又有内因。通过上述比较，我们不难看出东亚成功的内因主要在于儒家文化背景、外向型发展战略、灵活适度的国家干预、较为公平的收入分配政策、政治上的稳定性等五个方面，其中第二、三两个方面反映了决策者的决策水平，是最直接和最重要的因素。相形之下，拉美在这些方面出现了失误，结果导致了经济发展水平上的落伍。东亚成功的经验和拉美失败的教训对我国的经济现代化不无启迪意义。

（本文原载于《世界经济与政治》1996 年第 7 期，标题为"对东亚与拉美经济发展成败原因的分析与比较"）

---

① ［美］弗雷德·W. 里格斯：《第三世界各种政权的脆弱性》，冯炳昆译，联合国教科文组织：《国际社会科学杂志》（中文版）1994 年第 2 期，第 75 页。

第三编　书评

拉丁美洲经济发展理论最杰出的先驱者

——读董国辉著《劳尔·普雷维什经济发展思想研究》

在杰拉尔德·迈耶主编的《发展经济学的先驱》一书中，美国哥伦比亚大学经济学教授贾格迪什·N. 巴格瓦蒂批评主编将普雷维什混同于一般的先驱者，认为如果把著名的发展经济学家们分为"祖辈""父辈""子辈""孙辈"的话，普雷维什无疑属于"祖辈"行列中的最杰出的少数先驱人物之一。（迈耶主编：《发展经济学的先驱》，经济科学出版社 1988 年出版，第 200 页）1983 年日本学者植松忠博在日本《世界经济评论》杂志上发表的文章中说："回顾战后的历史，截止 50 年代末，发展中国家发展政策的主流是进口替代工业化，以后又在联合国贸发会议中实现了团结，因此可以说，实际上战后的发展战略接近普雷维什的设想。"普雷维什是拉美发展主义理论的创始人和理论代表，世界经济新秩序的积极倡导者。1981 年，他荣获第三世界经济和社会研究基金会颁发的"第三世界基金奖"。他既是政策制定者又是经济理论家，1923 年获得经济学博士学位后，他先是进入阿根廷统计局工作（1925年），然后任阿根廷财政部副部长（1930—1932 年），阿根廷中央银行行长（1935—1943 年），拉美经委会执行秘书（1949—1963 年），联合国贸易和发展会议第一任秘书长（1964—1969 年），联合国特别顾问及经济和社会事务副秘书长（1973—1976 年），《拉美经委会评论》杂志主编（1976—1986 年）。他所担任的公职，使他有机会参与政策的制定，并在实践经验中发现问题，不断提出、补充、修正、发展其理论。他的政策建议和理论贡献的影响远远超出了拉丁美洲，波及广大的发展中国家。当 1986 年 4 月 29 日普雷维什溘然长逝后，阿根廷举国哀悼。拉美经委会表示，他的逝世"给拉美经委会的每一个人带来了极大的痛苦"，"拉美失去了它最杰出的经济学家"。出席联合国大会的全体成员为之默哀 1 分钟，德奎利亚尔秘书长在简短的发言中，称赞普雷维什是"联合国历史上的伟大人物之一"。对这位理论先驱的思想的研究，在国外，从 20 世纪 50 年代就开始了，至今已经有大量的论著出版，国内从 70 年代后期开始，也不断有介绍性的文章发表，但是直到 2003 年 2 月份，才有第一本研究普雷维什经济思想的专著问世，即南开大学副教授董国辉博士撰写的《劳尔·普雷维什经济思想研究》（南开大学出版社 2003 年 2 月出版），当我怀着欣喜的心情读完这本著作之后，第一感觉就是该书已经将国内对普雷维什经济思想的研究推向了一个新的高度，具体说有如下几点给我留下了深刻的印象。

（1）结构上比较全面、系统。除了一开始洪国起先生为之作的"序"外，全书共有绪论、结语、参考文献和六章的内容。第一章介绍了普雷维什经济发展思想的渊源，然后接下来的五章分别介绍了普雷维什的"中心-外围"论、贸易条件恶化论、进口替代工业化论、关于外围国家经济合作的思想、体制变革论等五大核心理论，从而将普雷维什经济发展思想的主要内容展现给了读者。其中，在介绍普雷维什经济发展思想的每一章中，都设有关于该思想出现的具体历史背景、内容、影响及其评价的专节，体现了该书结构上的严谨性。

（2）内容上有新意之处颇多。如在"中心-外围"论中，不仅将该理论的内容概括为整体性、差异性和不平等性三个特征（第 55 页），而且注意到了普雷维什晚年对它的补充，并将补充后的理论概括为中心的向心性和外围的异质性、中心的统一性和外围的分割性、中心的霸权性和外围的依附性、中心的创新性和外围的模仿性四个要点。（第 186 页）在"贸易条件恶化论"中，不仅研究了普雷维什本人的论点，而且注意到了由此引起的争论和该理论的新发展。在"进口替代工业化论"中，不仅提到了普雷维什早年的进口替代工业化思想，而且注意到了他根据拉美国家在实践中出现的问题，不断地修正自己的理论，在 60 年代初指出外围国家应该将进口替代战略与鼓励制成品出口的战略结合起来。（第 135 页）在"普雷维什关于外围国家经济合作思想"的论述中，作者不仅研究了早期阶段普雷维什所倡导的拉美国家间的经济合作和一体化，而且还介绍了普雷维什在联合国贸易和发展会议工作期间所提出的改革国际贸易体制和建立国际经济新秩序的设想。"体制变革论"是普雷维什晚年才提出来的，该论点是他面对理论和实践上的一系列新问题和新挑战，在重新思考其原有思想观点的基础上产生的，集中体现在《外围资本主义》一书中，但许多引用普雷维什观点的学者都忽略了这一点，因此导致了对普雷维什理论的不少误解。作者则对该理论的来龙去脉作了比较详尽的介绍，指出该理论在对"中心-外围"论加以补充和发展以及引入了"剩余"概念的基础上，"将研究重点由外部因素转向外围资本主义的内部机制上，把经济发展问题与社会政治问题有机地结合起来。这样，普雷维什就形成了比较完整的经济发展理论，不仅强调外围资本主义发展面临的外部制约因素，而且还着重指出了外围国家实现经济发展所必须进行的内部体制变革"（第175页）。再有，在介绍普雷维什关于"中心-外围"不平等原因的观点时，作者还提到了世界经济体系"动力中心"的转移问题。由于20世纪初世界经济体系的"动力中心"由英国转移到了美国，而美国自然资源丰富且实行保护主义，所以，与19世纪的英国相比，美国的进口系数偏低，结果使外围国家初级产品出口部门失去了发展动力，并导致贸易条件的日趋恶化。（第57—59页）这一观点在以往的普雷维什理论的介绍中也是被忽略的。另外，作者还将普雷维什理论的方法论概括为结构分析方法、历史研究方法、总体研究方法、动态分析方法。（第43—45页）

（3）观点上有不少独立的见解。一是认为"中心-外围"概念及其理论，在经济全球化加速发展的时代里仍然具有一定的生命力，因为经济全球化的飞速发展并没有从根本上改变世界经济体系的整体性、差异性和不平等性的基本特征，中心与外围之间的国际分工继续不利于后者，技术进步及其成果的分配仍然不利于外围国家，资本主义经济发展不平衡的规律必然使早已确立的"中心-外围"格局继续存在下去。（第69—74页）二是认为在知识经济时代，旧的国际分工的格局并没有实质性改变，发生变化的仅仅是国际分工的形式，因此，贸易条件恶化还会继续有效，但其表现形式增加了新的内容，即：外围初级产品相对于中心知识产品贸易条件的长期恶化；外围工业制成品相对于中心知识产品的贸易条件的不断恶化；外围初级知识产品相对于中心成熟知识产品贸易条件的不断恶化。（第102—104页）三是认为在经济全球化和知识经济时代，进口替代战略作为一种选择，仍然具有其存在的现实意义，但会表现出不同的特征，如替代生产的重点由工业品变为知识产品；替代活动与经济开放相联系，只是侧重于某个重要部门的适度保护；替代战略也由整个国民经济的发展战略变为部门或行业的政策手段。（第214页）四是认为在经济全球化飞速发展的形势下，同样应该像普雷维什所提出的那样，发达国家和发展中国家双方面作出共同的努力，进行建设性的南北对话，只有这样才能建立一个真正平等互利的国际经济新秩序。（第174页）五是认为普雷维什在"体制变革论"中提出的"社会主义与自由主义"相结合的"新制度"尽管具有一定程度上的空想性，但他由此所指出的发展方向却是正确的。（第205、215页）

（4）注重将经济思想与经济史结合起来研究。作者反对那种对普雷维什思想的评价所采取的非历史主义的态度，认为评价普雷维什发展思想的历史意义时，不能与他的思想所赖以产生的时代特征割裂开来。以当前的形势来评判普雷维什当时的发展思想，很容易造成误解。（第15页）主张将普雷维什经济思想的变化与他所处的经济和政治环境的变化联系在一起，认为普雷维什的思想是阿根廷和拉美历史传统的延续，是普雷维什个人经历与当时客观历史条件有机结合的产物，是诸多经济发展思想对普雷维什产生影响的结果。就其理论产生的具体背景看，是在大萧条后，一些拉美国家开始推行进口替代政策的情况下，普雷维什根据这些国家的现实情况，将客观事实上升到理论高度的结果。（第212页）作者没有单纯地就经济思想而谈论经济思想，而是结合了战后拉美国家经济发展的历程论述进口替代工业化理论的变化，结合了战后发展中国家经济发展的历程论述外围国家经济合作思想的产生。因此，该书虽然从标题上看是对普雷维什个人经济思想的研究，但实际上也包含了20世纪拉美经济发展史的主要线索。在对普雷维什各个论点的评价中，也都体现了作者的历史主义态度。如针对有的学者批评拉美国家实施的进口替代工业化战略时间太长，没有像东亚国家那样进行类似的转型的论点，作者指出这是由于它们所面临的客观历史条件不同所决定的。东亚普遍缺乏自然资源，当进口替代陷入困境时，没有初级产品出口部门为之继续提供资金，唯一的出路是转而利用廉价劳动力，发展出口加工业。而"在拉美国家，由于它们拥有丰富的自然资源，即使在进口替代工业化时期，他们的初级产品出口部门也获得了很大程度的发展，在一定程度上承担了为进口替代部门提供必要外汇的任务。当拉美国家的进口替代进程出现困难时，它们的自然反应当然不会是实施经济转轨，而是借助于初级产品出口部门来为进口替代部门注入更多的资金，使之得以继续发展"（第142页）。作者还谈到，从理论上讲，进口替代战略不是发展中国家获得经济发展的最优解，但在"中心-外围"体系下，这种次优解实际上就是一种最优解，因为理论上的最优解并没有考虑外围国家与中心国家之间的差异性和不平等性，它们不利于外围国家的经济发展。从这一点上说，进口替代战略在历史上的贡献是不容抹杀的。（第144页）

（5）整个著作呈现出一定的深度。这种深度除了通过上述几个特点体现外，还表现在作者对主要文献资料的收集、整理和驾驭方面。该书是作者在其博士毕业论文的基础上修改而成的，是他多年潜心研究的成果。他通过各种渠道广泛搜集了大量文献资料，其中包括普雷维什在 1948 年以前以个人名义和公职身份发表的几乎所有文稿、担任拉美经委会执行秘书时期的重要文献和担任联合国贸发会议秘书长时期的有关文件。在该书的"绪论"中，作者用 16 页的篇幅分别对国外和国内的研究状况进行了比较详尽的评述，在结尾的"参考文献"部分，作者列出了 218 种外文资料和 128 种中文资料，从而使读者可以了解到国内外研究的大致脉络。另外，为了更好地理解普雷维什的经济思想，作者在读博期间还选修了发展经济学和西方经济学的课程，这种知识结构的调整和理论上的准备，无疑增加了作者驾驭文献资料的能力。

当然，对普雷维什经济思想进行全面系统的研究是一件难度很大的工作，作者并没有穷尽这一研究，而只是将其向前推进了一步。我个人认为该著作还有一些地方尚值得进一步探讨和完善。

第一，关于普雷维什思想与凯恩斯主义的关系。作者在讲述普雷维什思想的理论渊源时先后提到了西方结构主义思潮、凯恩斯主义、熊彼特主义、制度主义和德国历史学派的先驱李斯特，但这些理论的影响不应该是半斤八两，同等重要，其中凯恩斯主义应该推为首位。因为到了 20 世纪 40 年代晚期，在西方国家，凯恩斯革命在主流经济学中得到彻底胜利，防止 30 年代大萧条重演的"新经济学"建立起来。而此时普雷维什显然系统地研究了凯恩斯的理论，因为他在 1947 年出版了《凯恩斯概论》一书，而他所提出的进口替代工业化理论中的最关键点就是国家干预主义的思想。

第二，关于普雷维什思想与拉美经委会成员集体智慧的关系。普雷维什思想的形成与他在拉美经委会的经历紧密联系在一起，以至于被称为拉美经委会主义。在拉美经委会中，早期同普雷维什一起工作的有智利的阿尼瓦尔·平托、豪尔赫·阿乌马达、佩德罗·布斯科比克，阿根廷的阿尔多·费雷尔，墨西哥的胡安·诺约·拉巴斯科斯和维克多·乌尔基迪，巴西的塞尔索·富尔塔多，这 7 个人被称为"著名的天才的经济学家"，另外还有后来的执行秘书恩里克·伊格莱西亚斯、何塞·M. 埃恰瓦里亚等人。他们中有的人后来成了"依附理论"的代表人物，有的成了"新结构主义"的代表人物。普雷维什思想中无疑有他们的贡献，在《外围资本主义》一书的前言中，普雷维什提到了他们其中的几个人，并说："所有这些都是我的经委会思想的组成部分"（普雷维什：《外围资本主义：危机与改造》，商务印书馆 1990 年出版，第 4 页），而这一思想渊源似乎被作者忽视了。

第三，关于普雷维什思想与通货膨胀理论的关系。普雷维什是拉美"结构主义"学派的领军人物，而拉美"结构主义"名称在很大程度上是来自它对通货膨胀原因的分析，结构主义对通货膨胀的解释，在重要性上有时被认为仅次于贸易条件学说，普雷维什本人也就通货膨胀问题发表过不少文章，但作者对于这个问题似乎没有给予必要的重视。

第四，关于普雷维什思想与新结构主义之间的关系。20 世纪 80 年代后期，在与新自由主义的辩论和对结构主义理论的反思中，形成了新结构主义学派，它在肯定结构主义基本内涵的基础上，吸收了其他学派的合理主张，形成了一套针对拉美改革、调整和发展的方案，实际上是普雷维什思想的继承和发扬。在书中，作者提到了新自由主义与新结构主义之间的关系，但没有涉及作为结构主义的普雷维什思想与新结构主义之间的关系，这不能不说是该书的遗憾。

第五，在全球化的新背景下普雷维什五大核心理论的有效性问题。作者认为在全球化背景之下，普雷维什的五大核心理论仍具有现实有效性。但实际情况是，"中心-外围"二元对立结构的提法过于笼统，不能说明发展中国家复杂的现实，已经被"中心-半外围-外围"理论所取代；全球性的南北对话早在 20 世纪 80 年代初就已经停滞；进口替代工业化战略已经被拉美国家逐渐放弃；体制变革论提出不久就遭到了怀疑和冷落。理论是时代背景的产物，当时代背景发生了由"工业社会"转向"信息社会"的转变之后，特别是随着经济全球化的发展，国家对各种资源的控制力日趋减弱，经济上的"国界"的意义日趋缩小之时，普雷维什理论的现实有效性的论断，尚需要进一步论证，方能使人信服。

尽管还有许多问题需要进一步探讨，但董国辉博士的大作完成到这样一个水平已经是难能可贵的了。正如中国社科院拉美研究所博士生导师张森根先生所言："这是迄今为止我在国内见到的对普雷维什经济思想进行系统研究的最为完整详尽的一篇学术论文。"但愿拉美学界能推出更多的类似的研究成果。

（本文原载于《拉丁美洲研究》2003 年第 5 期，标题为"拉美经济发展理论最杰出的先驱者——读《劳尔·普雷维什经济思想研究》"）

解读拉丁美洲经济发展的历程

——读苏振兴主编《拉丁美洲的经济发展》

迄今为止，国内学者撰写的关于拉美经济或拉美经济发展的专题性研究著作已有不少，但尚未有一部从整体上论述拉美经济发展全过程的著作，这使那些想从经济史的角度了解和研究拉美的人们以及想报考拉美经济专业研究生的学子们感到很大的不便，也是中国拉美研究的一件憾事。但前不久由中国社会科学院拉美研究所经济学博士生导师苏振兴先生主编的《拉丁美洲的经济发展》（经济管理出版社 2000 年 3 月出版）一书，填补了这一空白。我怀着欣喜的心情拜读了这部大作，并感到很有必要向读者作一介绍。

这部书的结构总体上分两部分，共 13 章。第 1—8 章为第一部分，其中前 6 章纵向论述拉美经济的发展过程。第 1 章对拉美大陆被"发现"以前的土著居民的经济生活及历时 300 年的殖民地经济作了概括性的论述；第 2—6 章系统论述自第一批拉美国家获得独立以来近 200 年拉美地区的经济发展，包括 20 世纪 30 年代以前的初级产品出口模式（第 2 章），30—70 年代的进口替代工业化模式（第 3、4 章），80—90 年代的经济改革和外向发展模式（第 5、6 章）；第 7 章论述拉美国家的社会发展状况；第 8 章论述拉美的区域经济合作。该书的第二部分为第 9—13 章，分别论述阿根廷、巴西、古巴、智利、墨西哥等 5 个在拉美地区具有代表性的国家的经济发展。

这是一部用经济学和历史学的理论范畴、以交叉学科的视角对拉美经济发展进程进行综合分析和系统总结的著作。通读全书，笔者认为其有以下几个特点。

一、系统总结了拉美经济发展的历史演变

　　作者从哥伦布以前的土著经济一直讲到 20 世纪 90 年代，但重点是围绕拉美地区 3 种不同发展模式形成的内外背景、基本政策和实践效果进行论述的。

　　关于殖民地经济的论述，虽然比较简要，但涉及委托监护制、劳役分派制、债役农制、大庄园制、种植奴隶制等重要的经济制度，并且讲得比较到位。尤其是第四节对"殖民地内部的经济联系""殖民地与外部世界的经济联系""殖民地经济的性质问题"的论述，同传统观点相左，分析较为客观。

　　关于初级产品出口模式，与其他著作不同的是，作者首先对独立后拉美国家进行的自由派改革、废除奴隶制、移民垦荒以及土地结构和劳动力市场的变化等作了较为详细的介绍，说明这一模式虽然与殖民地经济有关，但不是它的简单延续，而是在一系列经济与社会变革基础上逐步形成的一种新的发展模式。当然，作者同时也强调了这一模式的形成与西方工业化国家的经济形势、外贸和外资的密切关系，通过对这一模式对拉美国家早期城市发展、早期工业发展以及收入分配的影响的描述，作者积极地评价了初级产品出口模式。

　　关于进口替代工业化模式，作者认为其起点始于 20 世纪 30 年代的资本主义经济大危机，一直持续到 70 年代末。作者指出，大危机之前拉美早期工业的发展是进口替代工业化模式得以奉行的重要基础之一（第 70 页），这种从历史的角度来阐述进口替代工业化模式的做法是值得称道的，从而避免了在以往有的著作中存在的为营造"模式"而将拉美国家工业化的历史割裂开来的做法。对这一模式的评估，作者认为其成就是显著的，概括地说，拉美地区取得了长达 30 多年的持续经济增长（1945—1980 年年均增长率 5.6%，人均国内生产总值年均增长率 2.8%）；拉美各国的工业有了很大的发展，其中部分国家已进入新兴工业国的行列；拉美各国的生产体系和社会面貌也发生了深刻的变化。但这一模式对拉美国家也产生了一些消极影响：依赖原料和初级产品出口无法支撑长期的进口替代进程；经济增长的动力不足；出现模仿性的消费方式；生产部门互不衔接和配套；缺乏技术创新能力；国家在经济发展过程中的作用发生偏离；农业的二元结构。（第 108—115 页）这些

影响及其带来的拉美经济结构性失衡为阐述拉美 80 年代的经济发展埋下了伏笔。

对 80 年代的拉美经济，作者用"危机与改革"的副标题来概括这一阶段历史的特点是非常精辟的。人们常说，"危机"一词是危险与机遇并存的意思，80 年代拉美国家陷入了债务危机，在解决债务危机的同时，也开始了其经济的调整和改革，结果是初步实现了由进口替代工业化的内向发展模式向出口导向的外向发展模式的转变。

90 年代，拉美国家奉行外向发展模式，其经济的特点是"增长与波动"。1991 至 1998 年，拉美经济年均增长率为 3.5%，人均产值年均增长率为 1.7%，而 1981 至 1990 年上述两项指数分别为 1%和-1%，但由于受 1994 年底爆发的墨西哥金融危机和 1997 年东南亚金融危机以及随之而来的俄罗斯金融危机的冲击，经济增长的势头先后两次被打断。作者认为："拉美经济在 90 年代的大多数年份能保持增长，既得益于国际经济环境的改善和拉美国家 80 年代的经济调整和改革，更得益于 90 年代经济改革的深化。而拉美经济在 90 年代一次比一次更剧烈的波动，则同时反映出拉美经济改革的局限性以及诸多结构性问题的继续存在。"（第 169 页）对金融危机的冲击、经济改革的深化以及存在的问题，作者均作出了客观的具体分析。

二、系统介绍了与经济发展模式转变相应的经济发展理论和流派

1930 年以后拉美先后产生了自己的经济发展理论，这就是"结构主义"和"依附论"，这些理论是拉美对发展理论的独特贡献。到 20 世纪 80 年代，拉美又出现了"新自由主义"和"新结构主义"理论，所有这些理论与拉美经济发展模式密切相关，对经济政策的制定和经济活动产生了重要影响。苏振兴先生 1990 年曾翻译出版了"结构主义"理论的代表人物劳尔·普雷维什的代表作《外围资本主义——危机与改造》，并发表过关于拉美新结构主义的文章，对拉美经济发展理论有较深的研究。在这部著作中，作者对上述理论作了概括，从而比较清晰地勾画出拉美经济发展理论的演变脉络。

三、对拉美经济一体化的曲折经历作了
尽可能完整的论述

在第三世界中，拉美的经济一体化起始时间早，规模大，经历坎坷，与工业化密切相关。作者在书中对拉美经济一体化的理论渊源、20 世纪 50 年代至 80 年代初的发展、90 年代经济一体化复兴的原因及特点均作了介绍，并对建立美洲自由贸易区的前景作出了展望，认为通向美洲自由贸易区的道路并不平坦。其主要原因是：美国国会中反对建立美洲自由贸易区的势力仍很大，克林顿总统难以取得"快速处理权"；拉美国家与美国在一系列问题上存在分歧；欧盟加强了对拉美市场的争夺，拉美对外经济关系向多元化方向发展，拉美对美洲自由贸易区的期望减弱；美国的强权政策增加了拉美国家对它的不信任感，影响了拉美国家建立美洲自由贸易区的积极性。（第 262—265 页）另外，在拉美经济一体化的理论渊源问题上，作者也谈了自己独到的见解："许多作者在论述拉美一体化思想的起源时，都追溯到拉美独立运动的杰出领袖西蒙·玻利瓦尔的一体化思想，其实，玻利瓦尔在 19 世纪初独立战争年代提出的一体化思想有其特定的内涵"，玻利瓦尔所使用的"美洲"概念只限于西班牙美洲殖民地，"可以说，玻利瓦尔的美洲一体化思想指的是独立后的原西属美洲殖民地应形成政治上统一的国家，他突出强调的是这些地区语言文化上的同一性，这种政治一体化理想不仅在历史上未能实现，即便在今天也只能继续作为某种政治理想而存在，并无实现的可能"（第 100—101 页）。这体现了作者研究的深入之处。

四、经济发展研究与社会发展研究相结合

经济增长与经济发展是两个既有联系又有重大差异的概念，前者只是一个"量"的概念，后者则是一个"质"的概念，它不仅意味着产出的增长，还意味着随产出的增长而出现的经济、社会和政治结构乃至文化的变化，因此，研究经济发展不能不涉及社会发展。拉美三种发展模式对社会发展产生了何种影响?作者在第 2 章中写道，初级产品出口模式对拉美各国收入分配的影响虽有很大的差别，但有两个方面的共同之处："一是初级产品出口模式的

建立都伴随着权势阶层对土地和资源兼并，从而进一步强化了殖民地时期形成的社会财富高度集中在少数人手中的格局；二是初级产品出口经济具有明显的地域局限性，即便像温带农业这样的覆盖地域广的产业，在阿根廷也只局限于潘帕斯草原范围内的几个省。因此，初级产品出口经济虽然在不同程度上突破了殖民地时期相对狭小的生产地域，但同时也奠定拉美国家地区严重失衡的格局。"（第 63—64 页）这一观点很有见地，使读者看到了拉美国家在收入分配方面严重不公、地区之间差别很大的重要历史原因。就 1950—1980 年拉美国家社会发展的情况来说，作者的研究结论是，拉美在进口替代工业化模式期间，教育和就业有了很大的改善，但收入分配集中程度没有下降。（第 91—98 页）然而，拉美国家所实行的收入分配政策不是进口替代工业化模式所固有的，这种政策的缘由恐怕主要应从拉美社会权力机构和财产占有结构的特点方面去分析。（第 110 页）20 世纪 80 和 90 年代，在经济危机和经济改革的双重作用之下，从劳动就业、收入分配和贫困化程度来看，拉美的社会形势恶化了，以至于进入 90 年代后，社会问题成为拉美社会各界关注的焦点之一，新自由主义和新结构主义对此提出不同的观点，作者对他们的观点以及拉美各国的社会政策作了介绍，并就拉美国家的养老金制度改革、医疗制度改革和劳工制度改革作了较为客观的评价。（第 217—231 页）

五、在写作上较好地处理了整体性概括
与差异性分析的关系

作者对这一点有很清晰的认识，如书中写道："众多的拉美国家在同一发展模式下发展其经济，决不意味着它们之间没有差别。相反，拉美各国从其经济发展的起步阶段就呈现出各自的特点和相互之间的差异性。当我们把整个拉美地区作为研究对象时，切记不要将一个丰富多彩的发展进程作出一种简单化、概念化的描述。"（第 41 页）作者处理这种关系的方法是，一方面，在总论中注意分类分析。如按出口的初级产品种类，分三类研究拉美国家的初级产品出口模式（第 51 页）；按工业发展起步的早晚，分类研究拉美国家的进口替代工业化模式（第 67 页）；按经济改革的深度和广度，分类研究拉美国家的经济改革模式（第 161 页）。类似的分类叙述在多处出现。另一方面，

又专门用 5 章的篇幅选择了有代表性的国家给予了重点论述，并力求突出这些国家经济发展的特点。如指出阿根廷经济的特点是：商品性农业经济起步较早，工业发展在拉美处于领先地位，社会贫富差别相对较小，战后经济发展速度减慢。（第 266—272 页）而 20 世纪 80 年代中期前墨西哥经济的特点是：国民经济长期保持了高速稳定增长；国家对经济进行强有力的干预、国有经济在整个国民经济中占主导地位；以经济民族主义为指导，施行严厉的保护主义政策。（第 393—398 页）智利经济的特点则是：大力发展矿业，走矿业兴国的道路；利用比较优势，发展出口创汇农业。（第 260—265 页）

六、以史为主，史论结合，叙述史实的篇幅较大，理论分析的篇幅较小

作者尽量让史实和资料讲话，论从史出，有些结论甚至不是自己去做，而是引述带有自己的观点倾向的国外学者的观点。如关于殖民地性质问题的见解（第 29—31 页），对拉美国家社会保障制度改革的评估（第 228—229 页），对劳工制度改革的评价（第 230—231 页）等，从而使该书更具可读性。

至于该书的不足，以管窥之见，认为有以下几点。

第一，对拉美经济发展历史的分期过粗。作者的分期是：殖民地经济（1492—独立）；初级产品出口模式（独立—1930）；进口替代工业化模式（1930—1980）；80 年代的拉美经济：危机与改革；90 年代的拉美经济：增长与波动。但是，大多数拉美经济史的分期是将独立到 1930 年分为独立—1850 或 1870、1870—1930 两段，把 1930—1980 分为 1930—1945、1945—1965、1965—1980 三段来叙述的。作者未按一般的做法细分可能旨在厚今薄古，但有些内容却因此而被省略和粗化了，显然不利于更好地解读拉美经济发展的历史进程。

第二，书中第 10 页写道："1542 年颁布的'新法'规定，停止对土著劳动力肆无忌惮的剥削，转而实行'征赋监护制'和'印第安人分派制'。"这一句话不够确切。因为"征赋监护制"是 1503 年西班牙女王批准新任总督奥万多在埃斯帕尼奥拉岛建立的，"新法"旨在废除这一制度。而"印第安人分派制"则是 1550 年以后先后在新西班牙和秘鲁总督区建立起来的。

第三，在书的最后似乎缺少一点结论性或展望性的章节。研究拉美经济

发展的历史与现状，旨在总结规律和展望未来，尽管作者在书的各章中已经阐明了自己的观点和倾向，但如果在结尾处能有个总结，无疑是锦上添花，将会有利于读者更好地把握拉美经济发展的进程。

另外，我还想说，写一本好的拉美经济发展史并非易事。中国著名经济史学家吴承明先生曾讲过，"经济史应力求具体，不能写成抽象，抽象的理论只作思想指导。经济学各学派方法纷纭，但总的说不外二途，即模式法和因素分析法。模式有不同类型，功能各异。但总是根据一个概念或结构来描述或推导各经济因素的相互关系和运动。因素法则是从材料入手，考察各经济因素的相互关系和运动，再界定总体"（《中国经济史研究》1992 年第 1 期）。撰写拉美经济发展史采取哪种方法好呢？笔者认为各有利弊，模式法论点清晰，层次分明，但许多因素被忽略了。因素法从多角度全方位考察经济生活，但又过于繁杂。当然，《拉丁美洲的经济发展》还不能完全等同于拉丁美洲经济发展史。

总之，《拉丁美洲的经济发展》是中国学者撰写的第一部从整体上论述拉美经济发展全过程的著作，具有重要的创新价值和学术意义，是人们了解和研究拉美经济发展的历史和现状的重要的必读书目。

（本文原载于《拉丁美洲研究》2000 年第 6 期，标题为"解读拉丁美洲经济发展的历史进程——《拉丁美洲的经济发展》评介"）

一本研究拉丁美洲经济发展问题的力作

——读江时学著《拉美发展模式研究》

拉丁美洲从 19 世纪上半叶就开始了本地区经济发展的历程,是发展中国家经济发展起步较早的地区, 在其漫长的经济发展道路上,拉美的经济发展模式由于内因和外因的变化而发生了多次转换。认真研究拉美发展模式的优缺点,并总结拉美发展模式转换的经验教训,对正处在"两个转变"过程中的中国经济的发展, 无疑会有重要的借鉴和启迪意义。正是基于这种目的,拉美所副所长江时学先生辛勤耕耘 16 载,在吸收国内外学者多年研究成果的基础上, 终于完成了他的大作《拉美发展模式研究》(经济管理出版社 1996年 11 月出版)。

全书共 8 章, 26 万字,分上下两篇。上篇 4 章论述了拉美经济发展模式的演变和拉美与东亚模式的比较,下篇 4 章论述了拉美经济发展模式中的四大关系。

通观全书, 可见以下主要特点。

(一) 针对国内外学术界对"发展模式"的含义看法不一这一事实, 作出了用发展战略界定发展模式的尝试

作者认为, 发展战略与发展模式是两个不同的概念:发展战略可被定义为政府制定的一整套政策,含有较多的主观意愿;而发展模式则不仅反映了一个国家的发展目标和发展政策,而且还体现了发展的结果,反映了一种客观存在。因此, 发展模式可被视为发展道路的同义词。用何种定义来界定发展模式呢?不少人试图用对经济发展模式产生影响的经济理论或其他有关内容来界定发展模式。而该书作者认为,"不论用什么形容词修饰发展模式,最关键的一点是必须使这一称谓反映出发展模式的本质及内容。由于发展战略是发展模式的最重要的组成部分, 因此, 用发展战略界定发展模式或许是较

为妥当的"(《导言》第 3 页)。基于这一认识,他把拉美国家在不同时期奉行的发展模式分为 3 大类,即初级产品出口型发展模式、进口替代工业化发展模式和"后进口替代"发展模式。

(二)首次较为详细系统地论述了拉美 3 种发展模式的兴衰转换

近年国内学术界对战后拉美经济发展战略研究较多,但从发展模式角度系统地论述拉美国家经济发展进程的演变还是个空白,《拉美发展模式研究》一书则填补了这一学术空白。作者在书中分别阐明了 3 种发展模式的形成原因、理论基础、运转过程及其影响和衰落原因,并在此基础上对各种模式给予较客观的评价。

(1)关于初级产品出口型发展模式,作者认为,该模式的最大长处是它能利用比较优势原则,通过出口初级产品来积累资本。这"是拉美国家在独立后所能得到的惟一选择,在当时的历史条件下也是一个最佳选择"(第 25 页)。但它的弊端也是显而易见的,即世界市场对初级产品的需求呈长期下降趋势,贸易条件持续恶化,初级产品价格呈下降趋势,初级产品的供给弹性低和需求弹性低,初级产品出口收入出现波动的频率和幅度较大。(第 25—27 页)因此,在大危机年代,这一模式被放弃。

(2)关于进口替代工业化发展模式,作者认为,拉美国家选择这一模式具有历史必然性,换言之,在当时的外部条件和内部环境下,拉美国家只能作出这样的抉择。(第 84 页)该模式使拉美地区 1945—1980 年 GDP 年均增长率高达 5.6%,成就令人瞩目。但其缺陷也是明显的:因国内市场受到过度保护以及规模经济优势得不到发挥而导致的劳动生产率低下,经济效益增长缓慢;因对进口投入的需求增大和出口贸易不振导致的国际收支逆差;因制造业部门向资本密集型方向发展而忽视了对当地丰富的劳动力资源的利用。面对 80 年代的债务危机和经济危机,拉美国家不得不转换模式。

(3)关于"后进口替代"发展模式,其主要内容是贸易自由化、国民经济外向化、国有企业私有化和经济体制市场化。就整体来看,它是一个较为成功的发展模式,因为它使拉美摆脱了"失去的 10 年"的阴影,90 年代以来 GDP 出现连续增长,通胀得到控制,财政基本保持平衡,国民经济的外向化有所提高,市场机制得到强化。但该模式也有缺陷:出口增长小于进口增长,对外资的依赖增强,两极分化严重。因此,它需要进一步完善。

(三)对拉美发展模式中存在的四大关系进行了探讨

(1)经济发展与稳定化的关系(即经济增长与通胀的关系)

因受"通胀有益"论影响,拉美国家在 20 世纪七八十年代通胀率居高难下，有的国家曾有过达 5 位数的可怕经历。通胀的主要根源是政府用增发货币的方法来弥补公共部门的开支，另外还有其他因素，如国民经济中的结构性"瓶颈"制约了主要商品（如食品）的供给；一些主要进口商品（如石油）的价格大幅度上升，利率提高或汇率的变动扩大了生产成本；消费者的通胀预期使通胀本身生成一种自我推动的惯性；一些大企业垄断了一个甚至几个生产部门的生产和流通，并操纵其产品的销售价和一些生产资料的购买价；国外通胀的传导作用及外贸条件恶化的影响；等等。面对居高不下的通胀率，拉美国家先后实施过正统的和非正统的反通胀计划，但均收效甚微。进入 90 年代后，由于实施了新自由主义倡导的种种措施，拉美的通胀率才得以大幅度下降。从拉美反通胀斗争中得到的经验教训是：全社会应对反通胀计划的必要性和可信性达成共识；控制财政赤字和压缩总需求的任务不能半途而废；价格控制不是反通胀的有效工具；控制通胀要"对症下药"。

（2）工业化与农业发展的关系

战后拉美农业取得一定的进步，1950—1980 年农业生产率年均增长 3%，高于同期发达国家 2.3%的水平，机械化、化肥化、水利化、良种化水平都有所提高，传统的二元经济模式已经缓慢让位于较为多样化的农业结构。（第 231—234 页）但拉美农业发展存在的问题也不少，主要是农业无法满足国内需求，1960—1980 年拉美国家对农产品的国内需求年均增长 4.4%，超过了农业生产年均增长率，多数国家需要进口粮食。作者认为，农业问题的根源固然是多方面的（如落后的土地制度），但关键因素无疑与政府处理工农业关系的不当有关。（第 239 页）受进口替代工业化模式影响，政府在制定对工业部门的保护政策、汇率政策、投资政策、价格政策和产业政策等方面都表现出重工轻农的倾向，使农业发展处于困境，反过来又拖了工业化的后腿。因此，以拉美的实践得到的教训是：第一，决不能片面追求农业比重的下降而忽视农业，否则，国民经济的平衡发展反而无法实现；第二，确定优先发展制造业部门并不意味着农业部门可以被忽视甚至受歧视，如果农业部门长期成为发展的瓶颈，制造业部门甚至整个国民经济中的资源就会匮乏，从而无法持续发展。（第 247 页）

（3）经济增长与收入分配的关系

在拉美发展模式中，因受"增长第一、分配第二"理论的影响，收入公平分配问题被忽视。分配不公的根源除生产资料私有制外，还有以下因素：一是税收制度不合理，税收结构以间接税为基础，财产税所占比重十分有限；

二是政府为改善收入分配所作的努力收效甚微，如土改并未从根本上改善农村收入分配结构；三是因内向发展模式和制造业较多采用资本密集型技术，而忽视了劳动力资源的充分利用，未能创造出足够的就业机会；四是忽视全民基础教育的普及；五是少数富人对非必需品的消费需求偏好，强化了生产结构的资本密集型，加剧了收入分配的不公。（第 270—281 页）分配的不公，使拉美的贫困化问题加重。到 20 世纪 90 年代初，占家庭总数 10%的富有家庭获得了总收入的 40%，而占家庭总数 20%的穷人家庭却仅占总收入的 4%。（第 263 页）收入分配越是不公正的国家，贫困问题越严重。如玻利维亚、巴西、萨尔瓦多、危地马拉、洪都拉斯和秘鲁，贫困人口的比重都在 40%以上，有的甚至高达 67%。（第 265 页）分配的不公还导致政局不稳、社会动荡和"地下经济"出现等问题。因此，处理好经济增长与收入公平分配的关系，并使二者有机结合起来，对促进经济长期有效的发展实在是一件极为重要的事情。

（4）国家干预与市场调节的关系

作者认为，拉美国家在处理二者之间的关系上存在诸多失误，这主要表现在以下 10 个方面：发展计划在宏观经济管理中的作用有限；宏观调控手段（财政和金融手段、法律手段、行政手段）之间缺乏有机的协调；将宏观经济管理的重点置于需求和经济增长之上，而较少考虑供给和经济稳定；忽视对消费的宏观调控；长期奉行赤字财政政策；宏观经济管理经常受到非经济因素（多种利益集团）的制约；汇率政策失误颇多；负利率机制长期得不到纠正；广泛使用非常规政策；对外债缺乏有效的宏观调控。（第 289—306 页）此外，作为宏观经济管理重要组成部分的国有企业也存在许多问题。上述问题有些已经被纠正，有些正在解决之中，但不管怎样，拉美的教训为其他发展中国家提供了借鉴。

（四）对拉美与东亚发展模式进行了分析和比较

作者曾在 1993 年第 3 期《拉丁美洲研究》上发表过题为"拉美、东亚发展模式的比较"的文章，是国内较早研究这一问题的学者之一。在该书第 4 章中，作者认为，拉美的"失败"和东亚的"成功"关键在于东亚奉行了外向发展模式，该模式具有诸如规模经济效益高、竞争性强、外汇收入来源大、能优化资源配置、有利于发挥劳动力资源丰富的优势等优点。（第 155—156 页）从拉美与东亚的发展轨迹看，二者都经历过初级进口替代阶段，但在此阶段完成后，东亚能抓住机遇，利用国际贸易快速增长等有利的国际环境，实施出口替代战略；而拉美却因寻求外汇收入来源的迫切性小于东亚和政府的权威性较弱而失去了这一历史机遇，长期徘徊于内向型模式之中。另外，东亚的成功还在于其宏观经济的稳定、较高素质的劳动力、政府对经济生活的有效干预以及充满活力的农业部门为外向发展模式的顺利运转提供了必要条件。（第 165 页）以上是该书的核心论点，也是该书的点睛之笔。

（五）论述中能做到理论与实践的有机结合

作者在每一章中都以相当的篇幅介绍有关经济理论，并以其为参照联系拉美的经济实践来分析拉美发展模式。书中所涉及的经济理论除马克思主义经济学说外，还包括斯密等人的古典经济学说、普雷维什等人的结构主义理论、凯恩斯主义学说、B. 巴拉萨等人的新自由主义学说、O. 松凯尔等人的新结构主义学说、货币学派和结构主义学派关于通胀问题的论点、有关经济学家对农业问题的论点以及有关经济学家关于收入分配的论点。此外，还有分别从政治学角度和社会学角度论述收入分配问题的"边缘化"理论和"内部殖民主义"理论。作者"从实出论，以论带实"，实论结合，从而较好地揭示了拉美发展模式中一些带有规律性的东西。

（六）资料翔实，论据充分

国外从事学术研究有一项基本规则，即作者必须在自己的研究论文或专著后面附上有关参考文献的目录，这一方面表明作者对他人劳动成果的尊重，另一方面也表明作者的研究深度，同时这也有利于读者的进一步研究。本书作者遵循了这一学术规则。他在吸收国内学术成果的基础上，主要参考引用了国外学术界的出版物，并为几乎每一个数据和观点注明出处和资料来源。全书注释达 632 个，其中大部分是 20 世纪八九十年代的新成果，另外还有资料统计表 40 余个。这不仅反映了作者严谨的治学态度，而且也有助于读者获取新的资料。

至于该书的美中不足之处，笔者认为主要有以下几点。

第一，"'后进口替代'发展模式"的称谓值得商榷。因为它仅表示了一个时间概念，即从时间角度说明它是进口替代模式之后的一种模式，而未能说明这一模式的内涵。该模式的内涵是"对外贸易自由化，国民经济外向化，国有企业私有化，经济体制市场化"，而主要不再是"进口替代"。因此，上述称谓易使人产生误解，特别是与前两种模式定义相比更是如此。同时，这种定义方法也违反了作者以反映发展模式的本质和内容来界定模式的原则。

第二，作者认为，"至 40 年代末，拉美地区的几乎所有主要国家都已开始全面实施进口替代工业化发展模式"（第 45 页）。这种判断是有争议的。据英国拉美经济史专家 V. 布尔默·托马斯研究，在战后初期 20 个拉美主要国家中，奉行内向发展模式的只有 6 个国家（阿根廷、巴西、智利、哥伦比亚、墨西哥和乌拉圭），而其他 14 个国家仍奉行出口导向发展模式，只是到 20 世纪 50 年代末，所有的拉美国家才走上了工业化的初级阶段，有些国家已经半工业化。[1]因此，在勾画拉美发展模式的一般轮廓和进程时，所依据的国家固然应是那些有代表性的、人口和面积均占有较大比重的大国，但也不应忽视拉美国家历史经验的差异性，切忌"一刀切"。

第三，作者在解释拉美"失败"和东亚"成功"的原因时，着重强调了二者发展模式的差异性这一最为重要的方面，这无可厚非。但笔者总觉得缺点什么，因为拉美的"失败"和东亚的"成功"应该是包括政治、经济、文化等多种变量合力作用的结果。另外，在经历了东南亚金融危机之后，对"东亚政府的有效干预"问题和韩国利用外资的经验问题，均需重新审视和深入研究。

第四，在篇章设计方面，虽然第 5 章与第 8 章从所论述问题的角度看是有所区别的，但从所论述问题的内容来看，第 5 章的通胀反通胀问题似乎应属于第 8 章宏观调控的内容；单辟一章虽然论述更充分，但却给人一种内容重复、安排不尽合理的感觉。

总的来看，《拉美发展模式研究》是一部具有较高学术价值和可读性较强的好书。正如李琼先生在回顾中国社科院建院 20 周年以来国际问题研究成果时所言："青年学者江时学著《拉美发展模式研究》是国家社科基金项目，是国内第一本从发展模式角度论述拉美国家经济发展进程的专著，是拉美研究的一部具有创新意义的新成果。"[2]

（本文原载于《拉丁美洲研究》1998 年第 4 期，标题为"一本研究经济发展问题的力作——读《拉美发展模式研究》"）

---

[1] Victor Bulmer-Thomas, *The Economic History of Latin America Since Independence*, Cambridge: Cambridge University Press, 1995, pp. 278-297.

[2] 李琼：《中国社会科学院 20 年来国际问题研究的回顾和前瞻》，载《世界经济》1997 年第 8 期，第 11 页。

他山之石，可以攻玉

——读江时学主编《拉美国家的经济改革》

20 世纪 80 年代以来，在世界经济改革的大潮中有三个热点地区，即中国、拉美和东欧。就中国和拉美来说，其改革各具不同特点。中国的改革是从过去的中央计划经济体制向社会主义市场经济体制转变，而拉美（古巴除外）的改革则是市场经济体制下不同发展模式的转换问题；中国的改革是以邓小平理论为指导，拉美的改革则是以新自由主义和新结构主义为其理论基础的。它们之间有质的区别，但它们之间又有不少相同之处。如改革的市场经济导向是相同的；改革面临的外部条件（和平和发展成为世界主流，经济全球化趋势日益加强）也是相同的；改革过程中对客观经济规律的重新认识和运用也有许多共同之处；更重要的是，中国和拉美同属发展中国家，面临着相似的发展任务。因此，拉美改革的成功经验可供中国学习，它所经历的曲折坎坷则是前车之鉴。为了攻中国改革之玉，不妨借助拉美改革这块"他山之石"。于是，《拉美国家的经济改革》一书便应运而生。该书是由中国社会科学院拉丁美洲研究所副所长江时学先生主持，并有该所部分同志参加编写的集体成果，由经济管理出版社出版，全书由导论和十章内容构成，共 20 万字。

《拉美国家的经济改革》一书试图回答以下几个主要问题。

一、拉美国家为什么要进行经济改革？

该书认为，20 世纪 80 年代前拉美国家奉行的进口替代工业化发展模式取得了显著成效，但它的缺陷和弊端也是不可忽视的：对外资的依赖性愈益严重；在贸易壁垒的高度保护下，企业效益徘徊不前，国际竞争力得不到提高；进口替代工业化发展模式的基本目标之一，即替代进口和扩大出口多样化，未能彻底实现；此外，通货膨胀率居高不下，收入分配持续不公，也是困扰拉美国家的严重问题。上述缺陷和弊端与80年代初不利的外部条件结合在一起，终于使拉美国家陷入了30年代大萧条以来最为严重的经济危机。

面对债务危机和经济危机的双重打击，拉美国家首先采取了以控制进口为主要内容的应急性调整措施。这种调整在一定程度上缓解了国际收支的"险情"，但国民经济依然得不到复苏。因此，自80年代后期起，许多拉美国家开始放弃衰退性经济调整，转而进行经济改革。

如果说"失去的十年"是促使拉美国家进行改革的首要动力，那么新自由主义和新结构主义则构成了这一改革的理论基础。尤其是新自由主义，更是主张拉美国家减少国家干预和扩大对外开放。无怪乎当前拉美的改革被说成是"新自由主义改革"。

二、拉美国家是如何进行改革的？

这是该书着墨的重点，该书着重从总论和国别两个层次进行了详细的回答。第一至七章重点讨论了：外贸制度的改革；外资政策的调整；国有企业改革；金融改革；财税体制改革；劳工立法改革；社会保障制度改革。显而易见，这七个方面的改革可被归纳为两大组成部分，即对外开放和减少国家干预。而这两个组成部分正是新自由主义和新结构主义推崇的改革方案的主要内容。这七个方面对中国改革来说，均有可资借鉴之处，但以下三方面尤为引人注目。

1. 国有企业改革

拉美国有企业改革的特点是私有化成为改革的主要方式，但除阿根廷外绝大多数国家实行的是有限的私有化；针对不同的企业采取不同的措施，对中小企业以直接出售为主，对大型国有企业则以股市出售为主；外资在私有化中起了很大作用，但很多国家对外资参与国企私有化作了不同的限制；注意立法先行，以便为国有企业改革确定好法律基础；注意满足失业者的最低生活需要，以保持社会基本稳定。但拉美的国企改革也遇到不少困难：一是国有企业的价值难于评估，二是受到民族主义情绪和国有企业既得利益者的反对。拉美国企改革给我们的启示是：应该根据当地实际情况，选择适当的方式，有步骤分阶段地进行，不可一哄而起盲目快上，否则将欲速则不达；国企改革的方向应是让企业成为自主经营、独立核算的经济实体；在拍卖国企时，既要注意申请购买者的出价，也要注意其管理企业的潜力，同时应注意适当分散股权，以免造成新的垄断；国企改革应在政府的领导和监督下进行；应注意改革过程的公开性和透明度，防止资产流失和腐败现象发生。

2. 金融改革

拉美金融改革的重点放在银行领域，主要内容包括取消利率管制；取消或减少强制性的信贷配给项目；降低存款准备金要求；加强中央银行的独立性；银行私有化；银行部门对外资开放。但大幅度的金融自由化没有与加强金融监管和金融谨慎监督的力度同步，致使金融体系的脆弱性增加，结果，在宏观经济出现波动的情况下，20 世纪 90 年代以来，许多国家发生了金融危机。拉美金融改革给我们的启示是：完善银行的监督管理机制是实行金融改革的前提；金融改革措施要与宏观经济状况（适度的通胀率、良好的财政形势和健康的国际收支状况）和其他宏观经济政策相互协调；墨西哥金融危机说明在资本项目开放之前，国内资本市场必须得到相当的发展，国内金融体系的分割程度应得到有效的控制；银行私有化并非"灵丹妙药"，需提防其带来的负效应；墨西哥、厄瓜多尔和委内瑞拉的金融危机均说明保持政治稳定是确保金融改革顺利进行的重要条件。

3. 社会保障制度改革

拉美的社会保障制度改革从智利起步，始于 1981 年，智利改革的核心是通过建立新的个人养老储蓄金资本化制度，把社会保障事业转归私营。目前，许多拉美国家紧步智利后尘，仿照智利的基本做法，加入了社会保障制度改革的行列。它们改革的共同点是：（1）国家从作为养老金的提供者转变为新的养老金制度的监督者；（2）私人部门被允许更多地介入养老金管理和社会保险事业；（3）养老金制度与其他保险形式（如医疗保险）彻底分开；（4）税收、个人养老金账户和自愿储蓄账户等多种筹资方式成为新制度的基础。拉美社会保障制度改革给我们的启示是：提高社会保障意识，实现立法统一是进行改革的必经之路；公共部门包揽社会保险事业已不合潮流，逐步扩大私营企业在社会保险事业中的地位已成为各国的共识；进一步强化金融机构和资本市场的改革力度，可为社会保障基金的投资运营提供畅通的渠道；社会保障制度的改革事关千家万户的切身利益，应谨慎从事，尽力避免引起社会动荡；中下层劳动者的社会保障问题应得到特别的关注。

除了从总论角度论述以上七个方面的问题外，该书还在第八、九章中具体介绍分析了阿根廷、巴西、智利、墨西哥、委内瑞拉和古巴等六个主要拉美国家的经济改革。

古巴的经济改革是拉美经济改革中的一个特例，它是社会主义制度的自我完善。在 20 世纪 80 年代末 90 年代初苏东发生剧变后，古巴面临一系列严重的困难，改革势在必行。在对外经济方面，古巴积极引进外资，重振对外贸易，大力发展旅游业。在调整国内经济政策方面，宣布古巴公民持有美元合法化；放宽对个体经营的限制；将国营农场转变为合作性质的"生产合作基础组织"。另外，在财政金融领域、社会保障制度方面也进行了相应的改革。改革的结果是，连年的经济滑坡局面得以扭转，1994 年经济增长率为 0.7%，1996 年进一步提高为 7.8%。但是，古巴的改革开放进程仍处于起步阶段。古巴式社会主义的探索过程将是艰难而漫长的。

三、拉美经济改革的成效如何？

拉美经济改革取得了很大的成效。主要表现在以下几方面。（1）重新创造了经济稳定增长的局面。20 世纪 80 年代拉美地区国内生产总值年均仅增长 1.1%，人均收入年均增长率为-0.9%。而 1991—1996 年全地区国内生产总值年均增长为 3.1%，人均收入年增长率为 1.1%。（2）稳定了宏观经济形势，遏制了恶性通货膨胀。全地区平均年通货膨胀率由 80 年代的三位数降至 1996 年的 19.3%。（3）国内积累和投资有所回升，发展的内动力有所增强。拉美的平均储蓄率目前在 18%左右。投资占国内生产总值比率从 1990 年的 16.5%上升到 1995 年的 18.5%。（4）在对外经济关系方面，区域经济一体化大大加强。（5）基本实现了由内向发展模式向外向发展模式的转换。但改革也存在局限性，如改革没有解决社会收入分配不合理和贫富差距悬殊问题；改革对农村经济触动较少，土地制度改革未被真正提上日程；改革未能使产业结构发生较大变化，经济增长方式仍是粗放型；虽然改革使各国经济与国际经济的接轨较前更紧密，但如何防范各种风险成为各国政府面临的重要课题。

四、拉美国家经济改革有何经验教训？

拉美国家的经济改革充分说明，经济改革必须以本国国情为基础，正确选择改革的主攻方向和切入口；必须抓住有利时机，积极利用良好的外部环境和创造出宽松的国内环境；必须拥有一个强有力的政府；必须抓住改革的核心环节（市场导向性）；必须正确处理改革与宏观经济稳定和适度增长三者之间的关系；必须在扩大对外开放的同时，对国内市场加以必要的保护；必须将社会发展作为改革的最终目标。

综观全书，可见以下几点特色。

首先，拉美的经济改革与我国当前的经济改革有许多相似之处，作者力求以我国经济改革的需要为基点，以"他山之石，可以攻玉"为宗旨，全面系统地论述拉美经济改革的来龙去脉和经验教训，从而使该书具有重要的理论意义和现实意义。其次，由于国外研究拉美经济改革的专著为数不多，国内则根本没有该方面的专著，该书是国家社科基金项目"拉美经济改革研究"的最终成果，是我国第一部全面系统论述拉美经济改革的专著。因此，它填补了国内该研究领域的空白，具有重要的创新意义和学术价值。最后，作者能以马克思主义的立场、观点和方法对拉美经济改革进行较为深入的分析，在大量参阅国外资料的基础上，提出自己的见解，观点明确，论述清楚。

至于该书的白璧微瑕之处，笔者认为有以下几方面。（1）关于拉美国家如何进行经济改革的问题，作者从外贸、外资、国企、金融、财税、劳工立法、社会保障制度七个方面和六个国家的经济改革实例作了回答，涉及面不可谓不广，但有些问题的介绍过于概括，一些在拉美国家行之有效且便于操作的运行机制介绍得不够充分，如社会保障制度等。特别是阿根廷、巴西、智利、墨西哥、委内瑞拉五国的经济改革仅用一章的篇幅作介绍，给人以不深不透之感。（2）第一章题为"外贸制度的改革"，但内容却主要是讲外贸政策的调整，有关改革前后拉美进口管理制度和进出口企业运行机制的变化情况，书中却没有介绍。（3）由于拉美经济改革是一个长期发展过程，该书只是作者迄今为止对拉美经济改革的初步认识，因此，如何看待拉美经济改革的长期效应？拉美国家在推进改革的过程中是如何降低"社会成本"的？拉美国家如何应对改革进程中出现的两极分化？拉美企业在对外开放的冲击下如何增加自身的竞争力？经济改革与政治民主化的关系怎样？我们期待着作者继续深入研究下去。

　　总的来看，《拉美国家的经济改革》是一部具有较大现实意义和重要学术价值的著作，它的出版，对我国读者了解和认识拉美经济改革，并从中得到借鉴和启发，是十分有益的。

　　（本文原载于《世界经济与政治》1999 年第 3 期，标题为"它山之石，可以攻玉——《拉美国家的经济改革》评介"）

一本研究拉美国家利用外资的力作

——读郝名玮等著《外国资本与拉丁美洲国家的发展》

发展中国家的经济发展，通常会受到国内资源不足的限制，但在开放经济条件下，可以通过利用外资来加以弥补。如何引进外资？如何利用外资？这是我国扩大改革开放、加速现代化建设进程中所面临的一个重要问题。拉丁美洲国家对外资的利用为我们留下了大量的经验教训，如果我们能够认真加以了解、研究并引以为鉴，定会少走弯路。《外国资本与拉丁美洲国家的发展》正是满足我们这一需要的一本好书。该书由中国社会科学院世界历史研究所郝名玮、冯秀文、钱明德先生撰写，东方出版社 1998 年 12 月出版，全书分"导论""墨西哥""巴西""阿根廷"四章，共约 20 万字。

《外国资本与拉丁美洲国家的发展》一书试图回答以下几个问题。

一、拉美国家是如何引进、利用外资的？

这是该书着墨最多的部分。作者从引进、利用外资的理论、政策和实践 3 个侧面分 4 个历史阶段作了介绍。

第一阶段，殖民地时期。欧洲资本通过西班牙、葡萄牙、荷兰、英国和法国等欧洲国家在"新大陆"的殖民扩张和贸易活动，将拉丁美洲纳入了世界经济体系，使其成为围绕欧洲工业经济发展中心运转的"卫星"。拉丁美洲为适应欧洲市场对贵金属、工业原料和其他商品的需要而变成了单一的、从事出口生产活动的经济地区。因此，从历史背景看，拉丁美洲与欧洲资本有不解之缘。

第二阶段，从独立战争到 1914 年。该阶段引进、利用外资的理论是古典自由主义经济理论，该理论倡导自由放任、自由贸易、外国商品和资本自由流动、对外开放。由于拉美内外环境的不同，该阶段又以 19 世纪 50 年代为界分为前后两个时期。

（1）18 世纪末到 19 世纪初先后有 20 个拉美国家宣布独立。独立后的新国家面临着平定内乱、巩固政权，恢复经济、建设国家，维护独立、抵御外侵的艰巨任务。完成这些任务需要大量的资金，但长期的独立战争早已使国库告罄，因此不得不实行引进外资的政策。就国际背景看，此时正是欧洲工业革命扩展和政治革命深化的时期，英国在工业革命的推动下，以"自由贸易"为旗帜，急于向海外输出商品和资本。于是，拉美国家就成了英国的投资场所。英国资本一是投资于商业和采矿业，二是借贷给政府。1822—1825 年，拉美各国政府在伦敦借到了 2100 万英镑。但是由于该时期拉美各国内忧外患，政局动荡，投资效益不高，外资进入的热情很快就冷却下来。

（2）19 世纪 50 年代以后，拉美国家的政局趋于稳定。同时，世界资本主义开始向帝国主义过渡，特别是 19 世纪最后的 30 年，第二次产业革命在欧洲兴起，极大地促进了资本主义经济的发展，欧洲国家的大量剩余资本迫切需要在国外寻找新的投资场所。拉美各国"自由派"政府借机调整发展战略，确立了出口导向型经济发展模式，并大力引进外资。到 1914 年，流入拉美的英国资本达 50.66 亿美元（占拉美外资总数的 51.9%）；美资为 14.87 亿美元（占 15.2%）；法资 10.13 亿美元（占 10.4%）；德资 3.67 亿美元（占 3.18%）。外资进入的主要方式有：购买公债（法国采用的主要形式）；对银行或公司贷款；购买当地企业股票；大公司建立子公司（美国采用的主要形式）。（第 15 页）

第三阶段，从 1914 年到 1973 年，这是一个世界经济和国际政治大动荡、大变革、大分化、大调整和大发展的时期。作者以 1939 年第二次世界大战爆发为界将该阶段分为两个时期。

（1）1914—1939 年的转型时期。1914 年第一次世界大战爆发后，拉美国家的金融、贸易活动几乎全部瘫痪，不仅欧洲市场丧失，而且来自欧洲的工业品和资本进口中断。特别是 1929—1933 年的世界经济大危机，对拉美的初级产品出口的打击更大，充分暴露了拉美经济的脆弱性。因此，拉美兴起了一股经济民族主义思潮，表现为经济上维护国家自然资源，主张限制外国资本的活动，发展民族工业，摆脱对世界市场和外国资本的依赖；政治上反对帝国主义的扩张和干涉，捍卫国家主权。经济发展战略也开始转型，由初级产品出口发展模式调整为"进口替代工业化"模式。政府的干预作用得到加强，政府除制定和实施促进工业化的政策外，还不同程度地控制了某些重要经济部门。但在实际中，拉美国家并没有停止对外资的引进和利用。随着拉美国家经济的不断发展，流入的外资数量非但没有减少，而且还不断在增加。如英资由 1914 年的 37 亿美元增至 1938 年的 49 亿美元；美资由 1914 年的 16 亿美元增至 1939 年的 26 亿美元。（第 22 页）外资在拉美的活动具有了一些新的特征：贷款的渠道由以前的政府和贸易公司贷款为主转为银行贷款为主；外资进入的方式由以前的政府贷款转为私人直接投资为主；引进外资的国家主要是阿根廷、巴西和墨西哥 3 个国家；美资向拉美的渗透加快，由 1914 年的 16 亿美元增至 1929 年的 55.87 亿美元。（第 23 页）

（2）1940—1973 年的进口替代工业化时期。40 年代后，特别是第二次世界大战结束后，世界经济的发展进入了一个新的阶段。第二次世界大战期间，各主要资本主义国家由于忙于战争，对外出口大大减少，拉美国家传统的进口工业品难以得到，从而刺激了拉美国家的进口替代工业化。这时在经济理论上出现了普雷维什的"发展主义"，提出要改变拉美国家传统的经济结构，走工业化道路，并且主张利用外资，"对大多数拉美国家来说，外资是不可缺少的"。特别当拉美国家向进口替代耐用消费品阶段发展时更需要大量的外资。同时，战后的 50—60 年代是各主要资本主义国家大发展时期，要求向外输出资本。因此，该时期外资进入拉美呈现出新的特点：从外资来源国家看，美国代替英国成了最大的投资国，英资由 1940 年的 38 亿美元降至 1960 年的 25 亿美元，美资同期由 37 亿美元增至 140 亿美元。1960 年后，德资、日资和苏联资本也纷纷进入拉美国家，出现了多元化趋势；外资流入的形式有直接投资、贷款和无偿援助，1971—1973 年三者分别达到年均 34.18 亿、117.57 亿、4.98 亿。借贷资本超过了直接投资，而且是官方贷款超过了私人贷款（1969 年分别为 58.4% 和 41.5%）（第 26 页）；外资的投入对象由农矿部门为主转向制造业部门为主。拉美的经济结构呈现出新型的"三方联合"结构，即国有经济、外资经济和本国私人资本经济的联合。但值得注意的是，60 年代中期兴起了"依附理论"，该理论主张拉美国家的经济发展应该摆脱对外资的"依附"，从而引发了新一轮的经济民族主义，一些国家对外国企业实行了国有化，在外资政策上强化了对外国资本的限制和控制。

第四阶段，从 1973 年到 1996 年，这是一个经济调整和改革的阶段，该阶段被划分为两个时期。

（1）1973 年至 80 年代末 90 年代初的探索和过渡时期。1973 年 9 月智利军政权建立后，拉美地区明显地出现了两大引人注目的潮流：一方面包括智利在内的一些拉美国家开始调整发展战略，改善与外资的关系；另一方面是一些国家的国有化运动和对外资限制的强化进程仍在继续，但出于国家经济发展的需要，它们并未停止引进外资。这时国际上由于石油涨价和发达国家经济滞涨，出现了大量廉价的低息资本（石油美元）。因此，负债发展的经济理论在拉美国家大受欢迎。许多国家奉行了负债发展战略，导致对国外的贷款大量增加。对外贷款由 1974—1977 年的年均 203.55 亿美元增加到 1978—1981 年的年均 292.33 亿美元，而同期的直接投资则由 34.95 亿美元增至 59.40 亿美元。（第 35 页）实施负债发展战略虽然为拉美国家的发展提供了资金，但同时也担负了沉重的债务。结果到 80 年代初，在内外条件发生变化的情况下，出现了拉美历史上仅见的"债务危机"，到 1989 年外债达到了 4340.03 亿美元。为克服债务危机，拉美国家先后实施了经济紧缩计划、"贝克计划"、"布雷迪计划"，但都见效不大。在这种背景下，拉美经济进入了第二个时期。

（2）80 年代末 90 年代初至今的普遍调整时期。该时期的调整与先前的"应急调整"不同，是一种全面的结构性的调整，调整的理论基础是新自由主义。调整的主要内容是：放弃原来的内向型的、以国内市场为主导的进口替代发展模式，代之以外向型的、全方位对外开放的发展模式；减少国家干预，将经济推向市场，实行私有化，发挥私营企业的积极性；改革金融体制，颁布新外资法，放松对外资的限制，增加外资的投资领域。随着经济的调整，拉美经济开始复苏，外资开始重新流入拉美，1989 年为 53 亿美元，到 1996 年增至 743 亿美元。外资流入的特点是：来源多元化；流入的形式以证券投资为主；流入的国家不平衡，集中在墨西哥、巴西、阿根廷和智利 4 个国家。

外国资本与拉美国家经济发展的关系历史悠久，密不可分。拉美长期以来依赖外资发展经济，拉丁美洲经济的大起大落，与外资进入的大起大落是联系在一起的。

二、拉美国家引进、利用外资的成效如何？

拉美国家引进、利用外资的成效显著。

　　19 世纪后半期是拉美引进外资的第一个高峰期,也恰好是拉美经济大发展时期。拉美国家地理、气候条件优越,自然资源丰富,物产种类繁多,人口稀少,发展潜力无穷,但就是缺少资本。19 世纪 50 年代政局逐渐稳定后,拉美各国大力吸引外资,并根据自身比较优势积极参与国际分工,发展出口经济。结果带来了农业和矿业大发展,铁路、公路、水路、港口、造船业、运输业等交通和通信设施随之发达,金融保险业、建筑服务业也得到发展,由此促进了城市化和工业化进程,阶级结构和政治层面也都有了新的变化。如墨西哥迪亚斯时期（1876—1911 年）,修筑 19280 公里的铁路,这是现在墨西哥铁路总长度的 2/3,并使墨西哥的现代化的矿业体系初具规模。1911 年墨西哥已经成为当时世界上的第二产油大国。1899 年全国已建成中小型发电厂 177 家,第一批大型的纺织厂也出现在这个时期。商品性农业和矿业的发展使墨西哥 1880—1910 年的外贸顺差总计 6.57 亿比索,相当于进口额的 25%（第 64—71 页）,"事实证明,外资的到来给墨西哥经济的发展带来了充足的资金和先进的技术,使国家的面貌发生了重大变化。从某种意义上完全可以说,正是依靠外资成功地解决了资金和技术问题,墨西哥才有了历时 30 年的经济大发展"（72 页）。阿根廷也同样如此。刚独立时,阿根廷的两个经济发展中心分别是靠近上秘鲁（今玻利维亚）矿区的西北部和作为港口和首府的布宜诺斯艾利斯,除连接两地的商路沿线外,其他地方的特点是人烟稀少和地区性自然经济。正是外资和移民的流入以及世界市场的需求促成了阿根廷现代农牧业经济结构的形成。到 1910 年,阿根廷的铁路总长已经达 3 万公里,布宜诺斯艾利斯港口的设施全部现代化,农牧业得到大发展,牛肉、玉米、亚麻的出口量均为世界第一位,小麦为第三位。农牧业的发展推动了肉类冷藏加工业、面粉加工业、制糖业、酿酒业和纺织业等工业部门的发展,同时也带来了社会和政治的变革。（第 188—200 页）

　　第二次世界大战后,拉美国家经济进入一个高速发展阶段,工业发展成就尤其引人注目。1950—1973 年,拉美国家经济增长率年均为 6%,工业增长率为 7.2%,这样的经济发展速度如果没有外资的流入是绝对不可能的。如前所述,尽管这一时期拉美国家对外资进行了限制和控制,但仍是一个外资进入的高峰期。例如,巴西的负债发展战略创造了 1968—1974 年令世人瞩目的"巴西经济奇迹",这期间,巴西 GNP 年均增长率为 10%,出口增长 4 倍多,制成品取代咖啡成为主要出口品。巴西由农业-工业国变成了工业-农业国,经济发展水平上升到资本主义世界的第八位。城市化和经济社会结构都

出现了相应的变化。（第 158—162 页）

三、拉美国家引进、利用外资有何经验教训？

拉美国家引进、利用外资的经验丰富，教训深刻。

19 世纪后期，拉美国家大量引进外资尽管带来了经济大发展，但也产生了消极影响。第一，外国投资者不是慈善家，他们要寻求投资回报，当时投资的利润回报往往高于新的投资，这就制约了扩大再生产的能力。第二，外资择地区、择部门而入，向利润回报高的地区和部门流动，这又导致了拉美不同国家之间、一国不同部门之间经济发展的不平衡和政治上的不协调。第三，外资对铁路、航运和共用事业（水、电、煤气、城市交通等）的垄断，导致了收费标准制定的随意性，服务的不到位，严重影响了民众的生活水准。第四，随着外资输入的是生产资料和技术。外资所在的企业和部门的高级雇员均来自投资国，技术和管理经验不向外传，这使得拉美国家严重依赖外国技术，处于技术外围的状态又严重制约了拉美经济的发展和社会进步。第五，外资为了获得最大利益，就得谋求对其利益的最大限度的保证。它在当地寻找代理人，与对当地政治、经济有影响的人结盟，对官员、议会成员施加影响，以求制定有利于自己的政策。它的政治、经济压力和贿赂行径严重地破坏、腐蚀了拉美国家正常的政治生活和政治机构。（第 17—18 页）

墨西哥迪亚斯政权靠引进外资发展经济，对外资大敞国门，提供的优惠太多，而对外资的危害估计不足。进入墨西哥的外资一是从墨西哥获取了高额利润，有的外资公司利润额高达 2520%和 2876%。二是排斥和阻碍了民族工业的发展。如外资在采矿业占 98%；金融业占 76%；电力工业占 87%；制造加工业占 84%；石油工业几乎占 100%。三是造成墨西哥经济的畸形发展和对外资的依赖。四是直接干涉墨西哥的内政，造成墨西哥国家主权的丧失。1910 年，墨西哥的外债增至 8.23 亿比索，作为借债的担保，国家海关不得不让外国人控制，墨西哥只能得到关税收入的一小部分。迪亚斯的错误政策和错误立场引起了社会各阶层人民的普遍不满，人民都称这个政府是"墨西哥人的后母，外国人的亲娘"。最后，迪亚斯政权在人民革命的浪潮中被推翻。（第 72—78 页）

20 世纪 20 年代以后，许多拉美国家吸取教训，对外资采取了既利用又限制的政策并收到了良好的结果。如墨西哥利用宪法和国家权力对外资的活动加以规范和引导，将其限制在对国家有利的范围之内；维护劳动者的基本利益，支持工人反对外国老板的斗争；发展民族经济，扶植民族资本。卡德纳斯总统甚至宣布将铁路和石油工业收归国有。后来又通过各种法律，鼓励进口替代工业化，到1980年墨西哥已经由一个落后的农矿业国家变成一个中等发达的工业国家。巴西瓦加斯政权（1930—1945年，1950—1954年）一方面积极欢迎外国贷款和投资，另一方面为保护经济的发展，注意到了对外资的管理和限制。在他的任内，巴西的重工业得到起步和发展，巴西开始从农业国走向农业-工业国。

　　但20世纪70年代负债发展经济的战略带来了拉美国家普遍的"债务危机"，使拉美经济10年不振，80年代被称作"失去的10年"。事实证明这是一个错误的发展战略。这种战略背离了"量力而行"，"外资为辅"的基本原则，对外资的利用远远超出了国力所允许的范围，造成对外部的依赖越来越重，深深陷入了借债还债的恶性循环之中。"债务危机"标志着拉美国家外资政策的失败。

　　在20世纪90年代的结构性调整过程中，墨西哥又于1994年12月爆发了金融危机。这次金融危机的爆发既有国内原因也有国际原因。从国内看，经济调整所依据的新自由主义理论，强调减少国家干预，允许经济充分自由地发展，其目的就是为外资的进入创造更有利的条件。结果是债务危机虽然得到了克服，但对外资的依赖更加深重。尤其是20世纪90年代，过早地开放金融市场，大量投资性很强的游资进入墨西哥，以及墨西哥对中短期国际贷款需求的增加，使墨西哥的经济更加脆弱。表面上看资金很多，一有风吹草动，外资就会迅速抽逃。同时，经济调整带来了失业增加、金融投机活跃、贸易逆差增多等负效应；政治改革和社会改革滞后于经济调整、恰帕斯州农民暴动、革命制度党的总统候选人遭到暗杀等均动摇了投资者信心。从国外看，国际金融市场利率的波动、美国等发达国家在市场行情变化时向发展中国家转嫁危机、国际资本对墨西哥经济政策的干预等都是这次金融危机的国际原因。虽然目前金融危机已经被克服，但其教训不可不汲取。

　　综观全书，笔者认为可以概括出以下几个特点。

　　（1）注重历史的考察。该书的副标题就是"历史沿革的考察"，作者将问题摆放在世界历史的形成和发展中，并进行了动态的、长时段的研究和考察，使读者不难看到外国资本与拉美国家发展之间的关系历史久远，拉美国家经济的发展可以说一刻也没有离开欧洲资本。因此，拉美国家目前利用外资的现状和存在的问题是历史发展的结果。从而对拉美国家的债务危机、金融危机等问题也就不难理解了。

（2）注重从世界体系的角度考察。该书在将问题摆放在"影响到全球生产、交换和分配体系，以及这些体系所反映出来的价值观念组合的社会、政治和经济安排"中进行探讨和研究方面进行了尝试，从一开始就将拉美国家放在了"卫星"的位置上，并将拉美引进、利用外资与欧洲的三次产业革命和随后的资本对外扩张联系起来考察，使读者不难看出拉美引进、利用外资呈现出受欧洲产业革命影响的周期性，特别是表现在 1870—1914 年和 20 世纪六七十年代的两个高涨期和随后的下降调整期，从而对拉美经济发展的大起大落也就不难理解了。

（3）注意了一般和个别相结合。拉丁美洲共有 33 个独立国家和 13 个未独立的地区。这些国家和地区的历史发展进程有其共同点，而它们的面积、人口、种族、自然条件、政治、经济、社会又各具特色，纷繁复杂，发展不平衡，引进、利用外国资本的程度不同。如何能较为简明扼要地反映出拉美国家利用外资的经验教训的确是个难题。该书采用了对它们的共同点作出一般性的阐述，同时又对具有代表性的三个重要国家（墨西哥、巴西和阿根廷）作出了重点剖析，从而较好地处理了综合与国别、总体与局部的关系。

（4）具有较高的学术价值和现实意义。该书是国家社科基金项目的结题成果，是由国内学者完成的第一本从经济史的角度较为全面地论述拉美国家利用外资的著作，填补了国内该研究领域的空白，具有重要的创新意义和学术价值；同时，如何利用外资是我国扩大对外开放面临的重要问题，该书对拉美国家利用外资的来龙去脉和经验教训的论述无疑也具有较大的现实意义。

当然，如同其他学术著作一样，该书也有其美中不足之处。

（1）对引进、利用外资的理论论述不够详细。作者在书中提到了不同时期对拉美国家引进、利用外资产生影响的经济理论，如古典自由主义理论、经济民族主义思潮、结构主义理论、负债发展理论、新自由主义理论等，但都未能展开介绍和分析。如果能详细介绍并联系拉美国家的实际加以分析，读者将会对拉美国家利用外资的经验教训理解得更深刻一些。

（2）对外国资本对拉美的剥削机制阐述不够。外国贷款是通过什么机制获得利益的？跨国公司是利用什么方式赚取利润的？外国资本在各个不同时期获取拉美利润的情况怎样？书中似乎缺少这类分析。这类分析对读者认清外国资本的本质是大有裨益的。

（3）由于引用了不同来源的资料，一些经济数字不统一。如关于 1914 年英国和美国流入拉美资本的数目，第 15 页上分别为 50.66 亿美元和 14.87 亿美元，而第 22 页上却为 37 亿美元和 16 亿美元。

（4）个别章节比较薄弱，资料较少，论述不够系统，体例与其他章节也不大一致。

总的看来，《外国资本与拉丁美洲国家的发展》一书是一本具有较高学术价值和现实意义的好书，值得大家一读！

（本文原载于《世界历史》2001 年第 1 期，标题为"一本研究拉美国家利用外资的力作——读《外国资本与拉丁美洲国家的发展》"）

秘鲁非正规经济和经济不发达的根源

——读埃尔南多·德索托著《另一条道路》

西班牙文版的《另一条道路》于 1986 年问世之后，立即引起了国际经济学界的注意，成为畅销书。1987 年，该书被译成英文出版，并获得很高的评价。美国参议员比尔·希拉德利说："理解拉美问题的最好方法是阅读《另一条道路》，它是一本在拉美畅销的新书。"《纽约时报》和《华尔街杂志》的社论特别提到：《另一条道路》提供的启示是对有关经济发展的正确途径方面的一次观念上的变革。美国国际发展署主任阿兰·德兹在政策回顾介绍中认为，该项研究"将是最困难的受压迫的发展中国家持续进步的钥匙"。理查德·M. 尼克松认为，经济学家埃尔南多·德索托在这种高度不确定的环境中发出了响亮清澈的声音，由他撰写的《另一条道路》是对秘鲁地下经济中非凡的企业家活力的重要研究。一些第三世界的学者也纷纷致信作者，指出在他们的国家里也发生了该书所描写的秘鲁那样的经历。许多国家的政府、研究机构和社会政治团体因受该书的启发而重新探索有关经济发展的适当的道路问题。

《另一条道路》的作者埃尔南多·德索托 1941 年出生于秘鲁的阿雷基帕，是一位企业家。他曾在日内瓦高等学府读过研究生，并作为一名经济学家在关贸总协定组织中工作过，还当过秘鲁自由与民主研究所所长，兼任几家公司经理，还是联合国发展计划委员会成员。《另一条道路》的出版使他一举成名。

《另一条道路》何以能在国际学术界引起如此强烈的反响？为了使更多的人对该书有所了解并从中受益，笔者试对该书作一简要评介。

《另一条道路》是一本关于"非正规经济"的杰作。该书分前后两部分共 8 章。构成第一部分的前 4 章，主要叙述了作者及其自由与民主研究所的同事们对秘鲁不同部门中的非正规经济所进行的实地考察的结果。第二部分主要探讨了非正规经济形成的原因，并就解决秘鲁的政治与经济危机问题提出了政策建议。笔者认为，该书之所以不同凡响，是因为它有以下几个特点。

第一，选题独到，把焦点集中在非正规经济这一尚不曾被研究甚至鲜为人知的现象上，由此阐发了一系列令人惊讶的事实和见解。

非正规经济是指未经合法注册的经济和那些国家已默认的但不予照顾和不给予法律保护的经济。这种非正规经济几乎在所有发展中国家都存在。但却往往被官方的统计数字忽视，而正是这个未知的世界，最集中地体现了发展中国家法律和制度方面的严重缺陷。作者揭示出秘鲁非正规经济令人震惊的规模和复杂程度。在秘鲁，至少有 48% 的人从事非正规经济活动，工作时间占全部经济活动时间的 61.2%。在房屋建筑方面，利马 37% 的房屋是由非正规部门建造的，是非法的；在整个秘鲁，总值 180 亿美元的房屋是非正规部门建造的。这个数字比秘鲁的外债总额还多。仅就穷人住房而言，政府建造的只占 2%，98% 是非正规部门建造的。在运输方面，利马 87% 的公共汽车是非法运营的，如果加上出租车，秘鲁 95% 的公共运输是非正规的。在贸易方面，利马街道商贩多达 91455 人，他们控制着公众消费的批发零售业务。在利马的 331 个市场中，有 274 个是由以前的街道商贩建立的，只有 57 个是政府建立的。"今天在秘鲁每 12 个在建的市场，有 11 个是由以前的街道商贩建立的，只有 1 个是国家建立的"，尽管这些非正规经济部门是由比较贫穷的企业组成的，但却有着重要意义，它们的产值占国内生产总值的 38.9%。

人们往往把非正规经济与逃税联系在一起。作者的研究表明，这种看法是错误的。在秘鲁只有 12 万人交所得税，所得税收入占政府收入的不足 1%，汽油税在政府收入中所占的比重最大，达 45%。很明显，运输业中 95% 的非正规运营部分，支付了大量的汽油税。当然，他们还支付了 60% 的消费税。非正规经济部门还要交付通常情况下正规经济部门不必承担的其他税收，包括通货膨胀税。他们每日还要向地方警察交费。利马每年街头各种收费总量是全国合法的财产税的两倍。分析结果表明了一个出乎意料的事实：非正规部门比正规部门交税更多。

作者在调查中发现，从事非正规经济活动的人们通过近乎超负荷的工作，在得不到国家任何帮助的情况下，学会了如何创造财富。他们通常比那些合法的竞争者们更为大胆和努力，更富于想象，也更努力为国家作出贡献。小偷和失业者的人数不再增多，这得感谢他们；没有更多饥饿的人流落街头，这也得感谢他们。但更值得感谢的是，他们的实践指出了一条同贫困抗争的道路，即减少国家干预，实现经济自由和企业自主。

调查研究表明，非正规经济并不像人们所想象的那样是在混乱和无政府状态下进行的；相反，它们有明确的目标，有我们始料不及的、由各种规则控制的严密的组织性。这些规则是自发地确立起来的，以弥补国家法律的空白。正是在这个意义上，当秘鲁面临制度的危机时，自发形成的这些规则为解决危机提供了潜在的基础。

第二，探源深刻，挖出了重商主义制度这一老根。

为什么秘鲁这么多经济活动都是非法进行的？为什么数以百万计的人在非正规经济部门而不是在正规经济部门找到了生活的出路？单纯从经济角度看，这是因为守法的成本大于收益。为了计算出秘鲁"合法性成本"究竟有多少，作者和他的同事们搞了一个实验。他们在利马建立起一个服装厂。为获得营业证，他们奔波忙碌了289天，使用了两次贿赂手段。他们耗费的劳动，价值相当于1231美元，该数额等于当时（1983年夏）最低月工资的32倍。这就是说，合法注册一个小工厂的过程对于一个普通人来说，代价十分昂贵。后来，他们又到纽约去注册一个同样的厂，只用了4个小时，且无须行贿。如果在秘鲁注册一个运输企业，至少需要2年。申请批准建筑用地竟需6年零11个月。即便是开办一个街道小卖亭或零售手推车，领取执照也需43天，耗费约590.56美元（最低月工资的15倍）的"合法开业成本"。

作者认为，秘鲁的"合法性成本"如此之高是由于缺乏好的法律。秘鲁的立法者认为，法律是用来对财富进行再分配的，而非创造财富的。根据这种观念，法律本质上是一种在不同利益集团之间分配固定财富存量的手段。政府通过立法手段给予它认为合适的企业以免税、降低价格、特许权和其他种种优惠，并使资源流向这些企业。结果，这种再分配传统几乎使全部国家命脉都控制在政治集团或经济集团手中，它们的主要目的之一也就是影响政府，以获得有利于他们或其成员的再分配。这种通过立法获取特权的竞争已经导致了秘鲁社会的普遍政治化。国家的一些优秀人才和企业家获得政治信息比获得技术信息投入了更多的精力。因此，在市场里得以存在并受到保护的是那些在政治上效率最高而非经济上效率最高的部门。

在这种制度下，贿赂和腐败已司空见惯。行贿是为了求得一项对己有利的法律，而那些直接与再分配集团打交道的官僚是收入最低的雇员。他们把自己出卖给最高出价人几乎是不可避免的。随着那些支配和影响政府的人的职务的变化，法律也在变化，因此，秘鲁的法律非常混乱。据说，各种法律和具有法律效力的命令达 50 多万件，其中仅有约 1% 是立法机构（议会）颁布的，而 98% 以上是行政机构在未经任何民主协商的情况下作出的决定。行政机构平均每个工作日发布的规章和决议达 110 多条。这些在再分配集团压力之下通过的法律过分繁琐，且反复无常，助长了官僚主义和腐败现象，增加了正规经济活动的耗费和成本，因而也鼓励了非正规经济活动的增加。

那么，秘鲁的再分配制度是一种什么样的经济体制？作者通过将它与 15—19 世纪的欧洲重商主义相比较后得出答案，秘鲁是一个重商主义制度占主导地位的国家。此处的"重商主义"是指一种官僚化的、支配法律的国家体制，它强调财富的再分配比创造财富更重要，它只对少数集团的利益作出反应。这样的体制既不道德，又无效率。在这种体制下，企业家的成功不是靠投资和艰辛的工作，而是看能否赢得总统、部长和其他官员的同情（通常意味着行贿能力）。这种体制由少数得益的人操纵，它不但不鼓励社会财富的生产，反而压制人民的创造力，在此环境下，唯一增长的是非生产性的臃肿的官僚机构，这种重商主义制度注定导致经济落后和停滞，它不仅是非正规经济产生的原因，也是秘鲁经济不发达的根源。

第三，所提建议独辟蹊径，指出了另一条道路。

如何根除秘鲁的重商主义制度？作者首先对秘鲁右派和左派所遵循的传统途径进行了批判。他指出，再分配的传统影响是如此之深，以致秘鲁所谓的民主的左派和右派政党从本质上讲都是重商主义的。右派推行重商主义政策是为特殊的企业集团服务；左派则是为了对穷人进行福利再分配，双方都直接干预经济，但都没有剔除穷人从完善的法律制度中获益的障碍，也没有努力建立这种制度。这好比一只狐狸和一只狼之间有很大区别，但对兔子来说，两者的求爱没有什么不同。作者从中得出的一个教训是："左派和右派在求助于实行他们笃信的有益于国家繁荣富强的政策以前，应该建立起保证旨在创造财富的政策的制度。"

作者还婉转地批评了依附论。该书并没有否定依附论关于发达国家掠夺发展中国家的观点，但指出，"发展中国家由于统治和控制它们经济活动的法律制度的缺陷，错过了许多经济发展的机遇"。"事实上，通过强调不发达的外部原因，依附理论者已把注意力从秘鲁所面临的根本问题，即重商主义以及与之相应的法律制度的不健全上，转移到应付外部的各种挑战上。"这种注意力的转移常常帮助了重商主义者维持其不健全的制度，使他们从中获益。

作者通过对非正规经济的研究和分析得出关于秘鲁出路的启示。他发现，非正规部门通过它们自己建立的特殊法律标准，坚持私有财产制度，这些标准促进健康的竞争，契约权利也得到良好的履行。作者还发现，与正式政治机构相反，这些非正规组织不仅选出了它们的领导，而且使它们的领导对选民负责。当然，这些非正规部门也有局限性，它们不能发展，不能作远期规划，它们对盗窃、勒索和任何灾难的应变能力极为脆弱。非正规经营者在许多行为上违法，但又渴望得到合法地位，如果政府对非正规经营者予以保护和鼓励而不是骚扰他们，从而使所有的生产潜力都能发挥的话，那么秘鲁的经济和社会将是另一番景象。因此，作者主张变革秘鲁的法律机构和制度，逐步减少国家对经济的不必要的行政干预，最终建立一个现代化的市场经济。作者认为，正是非正规经济的发展，才使秘鲁开始进入真正的市场经济（尽管是一种"未开化的市场经济"），非正规经济的繁荣和发展是对重商主义制度的反叛，它加速了重商主义制度的最终灭亡。秘鲁应该利用非正规经济对国家经济体制进行改革。作者把自己的建议称作"另一条道路"，一条在大多数穷人支持下和平地变革社会制度的道路。它有别于传统的重商主义道路和1980 年后出现的山区的游击队暴力革命的道路。

《另一条道路》是一本实证与规范分析相结合的力作。德索托和他的自由与民主研究所的同事们为研究秘鲁的非正规经济，花费了 6 年的时间，进行了艰苦细致的实地调查和模拟实验，揭示了长期以来一直被空想掩盖的"未知的秘鲁"的真实生活面貌。这一点是难能可贵的。该书采取了制度分析的方法，澄清了秘鲁左派和右派关于秘鲁已经是自由市场经济体制的错误认识，一语破的地指出：自西班牙征服以来，秘鲁的经济和社会制度既不是封建主义的，也不是市场经济的，而是重商主义的。这种体制是秘鲁非正规经济和不发达的根源，秘鲁的出路在于建立现代市场经济体制。该书的成功之处在于虽然是谈论秘鲁发生的事情，但它在无意中却描述了许多其他国家的经历，在世界上引起了共鸣。德索托的著作无疑对深入认识和研究中国的经济发展问题也具有参考和借鉴意义。

但是，该书的局限性也是不容忽视的，其中有两点尤应注意。一是作者分析问题的方法尚需推敲。作者认为，既然这个国家不是现代市场经济而是奉行重商主义的，那么就不宜讨论那里的无产阶级和资产阶级问题了。他把秘鲁社会的分化归结为受现行法律保护的人与受法律制度歧视的人两个部分，用制度标准取代了马克思主义的阶级标准。二是作者的价值取向是不可取的。该研究要说明的一个论点是，资本主义与消灭贫穷并不是不相容的，秘鲁存在的贫富悬殊问题并不是资本主义造成的，而是由于法制的不健全造成的，德索托选择的"另一条道路"是资本主义现代市场经济，这也正是该书受到西方学者赞扬的一个主要原因。中国今天要建设的现代市场经济是社会主义市场经济，跟德索托的"另一条道路"具有本质的区别。尽管如此，该书对研究和关心发展中国家经济发展问题的人来说，还是颇值得一读的。由令狐安先生组织翻译的该书的中译本已于 1992 年由辽宁人民出版社出版。

（本文原载于《拉丁美洲研究》1995 年第 6 期，标题为"秘鲁黑市和经济不发达的根源：重商主义制度——评埃尔南多·德索托的《另一条道路》"）

拉丁美洲新自由主义改革的一个案例剖析

——读徐世澄著《墨西哥政治经济改革及模式转换》

与中国社会主义市场经济改革同步进行的拉美新自由主义改革一直是中国拉美学界关注的研究课题，但是，要作出更深入的研究，仅仅停留在地区层次的一般性研究上是不够的，必须进行系统的个案研究和剖析。中国社科院拉美所博士生导师徐世澄先生写的《墨西哥政治经济改革及模式转换》（世界知识出版社 2003 年 12 月出版）正是这样一部个案剖析的优秀著作。

墨西哥在 20 世纪 70 年代末已经步入新兴工业化国家的行列，是拉美现代化程度比较高、人口和经济规模都比较大的国家。但 1982 年 8 月，它率先宣布无力偿还外债，拉开了拉美国家乃至第三世界国家债务危机的序幕，随后被迫开始了经济结构和政治结构的调整与改革，它的改革进程有起有伏，有喜有悲，屡屡引起世界各国的瞩目。如 1992 年 10 月达成了由墨西哥、美国、加拿大参加的《北美自由贸易协定》，开创了南北经济一体化的新模式；1994 年元旦爆发了大规模的恰帕斯农民武装起义；1994 年 3 月宣布退出"77国集团"，加入所谓"富国俱乐部"的经济合作与发展组织；1994 年 12 月又爆发了的"新兴市场时代"出现后的第一场金融危机；在 2000 年 12 月，执政长达 71 年的墨西哥革命制度党下台，新总统的位置让给了在野党国家行动党领袖福克斯；2002 年 10 月，在下加利福尼亚州的洛斯卡沃斯成功地主办了第十次亚太经合组织领导人非正式会议；等等。墨西哥的改革既有自己提出的理论作指导，又有具体的行动目标，同时通过改革实践自然也积累了不少经验和教训，很典型。因此，作者选取墨西哥的个案作为研究对象，无疑具有很大的理论意义和现实意义。

在通读了《墨西哥政治经济改革及模式转换》之后，我感到该书有这样几个突出特点。

一是理性认识的升华不乏感性认识的铺垫。作者的研究成果不单纯来源于书斋，而且来源于实地考察的亲身感受。他曾两次作为访问学者赴墨西哥研究和考察，在墨西哥期间，除了平日到大学研究机构从事研究外，他还利用节假日和一切机会到各地参观访问。他走遍了墨西哥 2/3 以上的州，参观了不少工厂企业、村社和印第安人聚居地，还拜访了几个主要部委、众议院和参议院。广泛结交了墨西哥的各界人士，上至总统、部长、议员、州长、党的书记、群众组织的领导人，下至平民百姓、普通党员，同他们进行了广泛的交流。2001 年春天，我赴墨西哥的时候，正巧碰上徐世澄先生也在墨西哥，这是他第二次留学墨西哥。记得在墨西哥第一次见到徐世澄先生的时候，是他刚刚从外地考察归来，风尘仆仆，比在国内时瘦了许多也黑了许多。他主动作向导，带我们几个初来者参观墨西哥城，我们跟着他走街串巷，到了墨西哥城下层市民光顾的最大的蔬菜市场和小商品市场，他像一个墨西哥通，边走边为我们介绍，使我们很快地接触到了墨西哥比较真实的一面。由于他比我们先到墨西哥半年，所以他有幸亲临了革命制度党大选失败和下野、反对党上台的全过程。这种不可多得的经历无疑有助于他对墨西哥政治经济改革及模式转换问题获得比较正确的认识和评价。

二是资料新颖，与时俱进。徐世澄先生精通西班牙语，2001 年 3 月在墨西哥完成了用西班牙语写的研究报告——《墨西哥现代化：新千年初墨西哥政治经济模式的转换》。而这个研究报告也就成了《墨西哥政治经济改革及模式转换》一书的初稿。为了完成他的研究报告，他成为墨西哥国立自治大学经济研究所上班最准时的人之一，由于要同另一位墨西哥学者共享一台电脑，所以，他每天利用上午的时间在家里或到图书馆看资料，等到 11 点墨西哥学者下班后，他准时上班，一直工作到晚上人尽楼空。他还虚心地向墨西哥朋友求教，克服了使用电脑的困难。在查阅资料方面，我曾受教于徐世澄先生。记得我到墨西哥后不久，徐世澄先生就带我参观墨西哥的书展，我们还一起到墨西哥的古旧书市查书和买书。在市中心图书馆查阅资料时，他向我介绍和演示查阅资料的方法，并说要搞好墨西哥现状问题的研究，不仅要阅读有关的书籍，还要查阅大量的报刊和档案材料，得追踪事件的发展进程，与时俱进。所以，我们不仅在他的书的附录中可以看到作者参考的著作，而且还可以在书的脚注中看到作者引用的大量的报刊和档案资料以及网络资料。

三是主题明确，重点突出。传统社会向现代社会的转型通常是多种因素共同促成的结果，其中最重要的几组因素是生物因素、文化因素、社会因素、经济因素、政治因素等。生物因素具有长久稳定性，文化因素与社会因素都是慢变因素，具有相对稳定性，只有经济因素和政治因素两大相关变量处在经常的变动之中。作者选取通过政治和经济两个层面来考察墨西哥发展模式的转换，无疑是抓住了关键。在全书的十章中，除了第一章导论外，第二、三章是介绍经济改革和经济模式的转换；第四至第七章是介绍政治改革和政治模式的转换；第八章讲福克斯上台后墨西哥政治经济模式的变化；第九章讲墨西哥改革进程中所面临的重大经济社会问题；第十章是对政治经济改革前景的展望。其中，在一些重点问题上，如萨利纳斯新自由主义经济改革的内容是什么？应怎样评价？（第51—58页）塞迪略与萨利纳斯新自由主义经济改革的异同何在？（第64—68页）墨西哥政治模式有何独特之处？（第74—94页）革命制度党的指导思想是怎样被改变的？（第95—108页）革命制度党是如何下野的？（第109—154页）福克斯上台后墨西哥政治经济模式发生了哪些新变化？（第155—177页）墨西哥加入北美自由贸易区以后的利弊何在？（第178—184页）墨西哥银行究竟是怎样完成私有化和外国化的？（第198—209页）恰帕斯印第安农民暴动的原因和后果怎样？革命制度党是否能东山再起？等等。作者都对其一一作了详细清楚的介绍和分析，反映出了作者的研究深度。

四是实事求是，评价客观。目前，在拉美国家，"批评新自由主义成了一种时髦"。究竟应该怎样评价墨西哥的新自由主义改革？作者并没有去赶时髦，而是力求做到历史地、客观地评价。作者认为，对墨西哥经济改革的估价应该一分为二，既有成效，也有失误，既有成功的经验，又有失败的教训。之所以说成功是因为通过改革，墨西哥基本实现了经济战略和发展模式的转换，从进口替代工业化内向发展模式转换成以市场经济为导向的外向型发展模式；宏观经济状况发生了根本的改善；加入《北美自由贸易协定》促进了外贸的迅速增长，放宽外资限制使墨西哥成为发展中国家吸引外资最多的国家之一。之所以说有失误和教训，是因为墨西哥政府制定的扶贫计划没有实效，贫富差距加大；贸易自由化导致国内生产体系逐步瓦解；整个国家经济越来越依赖美国经济。（第263—266页）就政治方面而言，"通过改革，墨西哥从特殊的政治模式——官方党革命制度党一党长期执政的总统制过渡到革命制度党2000年大选失败而下野、反对党上台、三党争雄、三足鼎立的局面"（前言）。对革命制度党下野原因的分析是作者妙笔生花之处，作者认为，革命制度党在大选中败北的原因是：放弃了党的指导思想和原则——革命民族主义；经济社会政策失当，贫富差距加大；缺乏党的自身建设、缺乏自我监督和社会监督机制，致使党内腐败现象严重；党内争权夺利、派系斗争激烈，造成组织分裂和意见不统一；塞迪略总统没有全力支持本党总统候选人，其所推行的政治改革扩大了反对党的活动空间；革命制度党失去了年轻人的支持；美国等西方国家支持反对派。（第145—152页）而由此得出的教训也是很深刻和很有启发性的，即一个政党必须坚持符合本国国情的方针、路线和思想，必须为广大民众谋利益；必须加强对党和政府高层领导的有效监督机制；经济体制和政治体制改革的目的应该是推动本国的经济发展和社会进步，提高人民的生活水平；政治改革应该是党的活力和凝聚力增强，在人民群众中的威信更加提高。（第154页）同时，作者也指出，"我们不能因为革命制度党在2000年大选中失败就全盘否定它在墨西哥现代化过程中的历史功绩"，应该说，"墨西哥的政治奇迹"和"墨西哥的经济奇迹"的创造、墨西哥现代化的发展是同官方党墨西哥革命制度党的长期执政分不开的。（第142—143页）

五是鉴往知来，预测前景。能预期政治经济发展在未来的某一段时期的前景是社会科学研究的主要目的之一，预测的是否准确则是研究者研究深度和水平的体现。在这方面作者也谈了自己的见解。他在分析墨西哥各派政党中期选举结果的基础上认为，革命制度党在大选失败后，痛定思痛，认真吸取大选失败的教训，同党内腐败现象做坚决的斗争，特别是通过召开党的"十八大"，通过了新党章等一系列文件，统一了党的思想，明确了党的指导思想是革命民族主义，并选出了新的领导人，党的势力和影响有所恢复和增长。而与此同时，由于经济衰退，国家行动党福克斯总统的威信有所下降，"如果这种趋势发展下去，革命制度党在2006年东山再起的可能性是存在的"（第256页）。就经济方面而言，他在分析近几年墨西哥经济运行情况的基础上认为，随着墨西哥经济改革的继续深入和美国经济的逐步复苏，从短期和中期来看，墨西哥的经济增长率将会有所提高，经济形势会逐步好转。墨西哥今后的改革将会较多地注意社会公正问题。（第265—267页）

可以说，《墨西哥政治经济改革及模式转换》是一部对拉美新自由主义改革进行个案研究的佳作，但这并不是说该书穷尽了对墨西哥新自由主义改革的研究，实际上仍有很多问题需要进一步探讨。首先，墨西哥改革是一个系统工程，涉及经济、政治、社会、文化、外交各个方面，它们错综复杂地交织在一起，相互影响和变化，动态地向前发展，政治经济的改革必然影响到社会文化等方面，该书虽然对外交、文化、社会等方面也有所涉猎，但不够深入和细化。对政治的分析注重了政党关系层面，而对阶级和利益集团层面的分析则较少见。其次，分析经济发展速度固然重要，但同样重要的是对经济改革实际效果的微观分析，如民众从中获得利益的情况，外国公司的获益情况，墨西哥生产力和综合国力提高的情况，等等。当然，这也是研究的难点。最后，书中的个别提法有待商榷，如"墨西哥是从落后的殖民地封建农业社会起步迈上现代化征程的"（第 12 页），殖民地社会性质究竟是封建的、半封建的，还是资本主义的？这是个有争议的问题，殖民地社会后期，墨西哥的资本主义已经有了一定程度的发展，至少可以肯定，所谓"封建农业社会"与欧洲的封建社会的概念是不能等同的。再如，作者提到墨西哥革命后到 20 世纪 20 年代末，墨西哥各地都出现了一些分散的革命武装、独立性很强的地方政权和地方领袖，即"考迪罗"，各考迪罗之间争斗持续不断，这一现象被称作"考迪罗主义"。（第 97—98 页）但实际上，"考迪罗主义"是一种政治统治形式，是特定历史条件下的产物，有其特定的阶级内容和时间内涵。国内史学界越来越倾向认为，"考迪罗主义"是指拉美独立后到 19 世纪70 年代的代表大庄园主阶级利益的大大小小的军阀统治，到 19 世纪 70 年代以后，其逐渐被寡头独裁统治取代，如迪亚斯的统治，考迪罗是独裁者，但独裁者不一定是考迪罗。而作者所说的这个时期的"考迪罗"现象与前述考迪罗虽然形似，但已经神离，阶级内容发生了变化，所以墨西哥作家马丁·路易斯·古斯曼在 1929 年仅仅称其为《考迪罗的阴影》（小说名）。另外，书中第一页提到巴西著名学者卡多佐将独立后拉美的初级产品出口国划分为三类，但注释中引用的却是富尔塔多的著作，而且后者的著作中并没有提到该观点来自卡多佐，这恐怕是作者的一个小小的失误。

　　总之，《墨西哥政治经济改革及模式转换》是国内第一部比较系统地研究和剖析墨西哥新自由主义改革的专著，该书所讨论的问题对中国的政治经济改革有重要的借鉴意义，很值得一读。

　　（本文原载于《拉丁美洲研究》2004 年第 5 期，标题为"拉美新自由主义改革的一个案例剖析——读《墨西哥政治经济改革及模式转换》"）

后　记

在《拉丁美洲的经济发展：理论和历史》一书付梓出版之际，我想向那些帮助过我、鼓励过我的人们致以最诚挚的谢意。

拙著是一项跨学科的研究成果，研究对象是拉丁美洲经济史。虽说历史是一门综合性的学科，但要写好拉美经济史，则必须接受多方面的训练。首先是拉美史的训练，在这方面我要感谢给予我历史学训练的老师们，特别是将我领进拉美史领域的研究生导师。我1983年本科毕业于山东师范大学历史系，除了讲授中国史的老师之外，当时讲授世界史的老师有刘祚昌先生、王春良先生、海恩忠先生、张培义先生、李祖训先生、林敦明先生等，他们的精彩授课开阔了我的视野，培养了我的兴趣，促使我有意在世界史方面继续深造。1986—1989年，我在山东师范大学历史系王春良先生的指导下攻读了拉美史的硕士学位，完成了《论墨西哥大庄园制的形成及其特点》的毕业论文。2002来到南开大学之后，我在洪国起先生指导下在职攻读了拉丁美洲史的博士学位，完成了《跨国公司与墨西哥的经济发展》的毕业论文。这种系统的专业训练为我拉美史的研究打下了较为坚实的基础。师恩浩荡，没齿难忘！

在拉美史的学习方面，不能不提到使我深深受益的两个学术组织。两个学术组织分别是中国拉丁美洲史研究会和中国拉丁美洲学会，两个学会一个侧重拉美史的研究，另一个侧重拉美现状的研究，其主要职责是组织全国会员定期进行学术交流，促进学科发展。两个学会之间关系密切，经常联合办会，会员也有不少是交叉的。我从1988年就成为中国拉丁美洲史研究会的会员，后来又成为中国拉丁美洲学会的会员。在这两个学会里，我认识了我国从事拉美史和拉美研究的诸多前辈，包括李春辉先生、乔明顺先生、萨那先生、沙丁先生、罗荣渠先生、苏振兴先生、洪国起先生、林被甸先生、陆国俊先生、叶维均先生、黄邦和先生、郝名玮先生、张森根先生、曾昭耀先生、张宝宇先生、徐世澄先生、冯秀文先生、方幼封先生、刘文龙先生、陈才兴先生等，以及当时的青年才俊沈安、李和、江时学、王晓德等人，从他们的学术报告和著作文章中，我学到了很多课本之外的拉美史知识，获益匪浅。

　　其次，接受经济学和经济史方面的训练也是写好拉美经济史的必要前提。在这方面我要感谢我的第一个工作单位和中国外国经济史学会的前辈。

　　我1983年大学本科毕业之后，被分配到山东经济学院任教，在那里工作了19年，曾先后给学生讲授过"世界经济""发展经济学"等课程。1990年夏天，我参加了中国人民大学举办的由财经类高校教师参加的"发展经济学"暑期培训班。1992年秋季，我又以国内访问学者的身份在中国人民大学国际经济系进修一年，导师是吴大琨先生，副导师是黄卫平先生。在山东经济学院的授课和外出进修，使我在干中学习，初步建立了经济学的知识体系。同时，我还有幸参加了1993年10月在湖南张家界召开的中国经济史学会第二届年会，并成为中国经济史学会的会员。在这次会议上，我认识了外国经济史学会的前辈宋则行先生、朱克烺先生、瞿宁武先生、卢鹤纹先生等，以及肖凡、马颖、韩毅、李毅、陈建等青年才俊。他们的著作和见解对我学习外国经济史帮助很大。此后，我一直坚持参加外国经济史学会的活动。在参加学会的学术交流中，我逐渐体会和感悟到了经济史与经济学的密切关系，作为交叉学科的经济史，其研究方法仅有历史学的方法是不够的，还必须具备经济学的方法。

　　令我不能忘怀的还有墨西哥国立自治大学经济研究所的导师。2001年和2011我先后以普通访问学者和高级访问学者的身份两次到访墨西哥国立自治大学经济研究所，分别受到了当时的所长阿莉西亚（Girón González Alicia A.）教授和韦罗妮卡（Villarespe Reyes Verónica O.）教授的热情接待，她们给我安排了宽敞明亮的办公室，提供了良好的科研条件。两次访学的指导老师都是拉蒙（Martínez Escamilla Ramón Donato）先生。拉蒙先生是经济研究所里颇受尊敬的资深教授，拥有多个博士学位，学识渊博，洞隐烛微，以研究墨西哥经济和经济史见长，他给我推荐资料，带我观摩他的课堂教学，参加他的研讨班，聆听他对墨西哥经济发展的见解，还请我到他家里做客，非常友好和热情。透过他的言传身教，我不仅对墨西哥经济史有了较为深入的了解，而且由他为缩影，使我对墨西哥的大学教授产生了非常好的印象。

　　2002年我被调到南开大学历史学院工作以后，我所在的拉丁美洲研究中心和世界近现代史研究中心，为我提供了良好的研究条件和学术氛围，中心的科研和教学活动对我书稿的完成有很大的激励作用。今年恰逢南开大学历史学科创建 100 周年，拙著有幸被纳入"美洲史丛书"，在此，我对我的各级领导和同事们表示由衷的感谢！

需要说明的是，拙著中有两篇文章是合作完成的，其中《智利硝石业的发展与早期现代化》的第二作者是胡慧芳同志，她当年是我的硕士研究生，《智利大庄园制度的起源》的第二作者是曹龙兴同志，他当年是我的博士研究生。另外，在本书的出版过程中，我现在的一位在读博士生田丰源同学为注释调整做了一些工作，在此一并致谢！

由于拙著并非一气呵成，而是在较长时间里断断续续完成的，水平也参差不一，书中的不足或谬误之处，敬请各位专家和读者批评指正，谢谢！

韩 琦

2023 年 6 月 28 日于南开大学

作品简介

　　本书集结了作者关于拉丁美洲经济发展历程的多篇文章，旨在从理论和历史两个层面，探讨和总结拉丁美洲经济发展的特点和经验教训。全书分为三编，第一编探讨拉美经济发展中的理论问题，包括拉美历史上封建主义、自由主义、结构主义、依附理论、新自由主义和新结构主义理论。第二编探讨拉美经济发展的历史，包括大地产制度的形成和土地改革、1870—1930年的经济增长和早期工业化、20世纪经济发展特点等，着重论述了秘鲁、智利、巴西、墨西哥的经济发展史，并将拉美与北欧国家、东亚国家的经济发展历程进行了比较。第三编是关于国内外几本重要的拉美经济史著作的书评。

作者简介

　　韩琦，历史学博士、教授、博士生导师。现为南开大学拉丁美洲研究中心教授，南开大学世界近现代史研究中心副主任。兼任中国拉丁美洲学会副会长，曾任中国拉丁美洲史研究会理事长（2017—2022年）。曾分别于2001年和2011年两次在墨西哥国立自治大学经济研究所访学，并到过多个拉美国家进行学术交流和考察。主要研究领域为拉丁美洲经济史、拉丁美洲现代化进程。曾主持完成教育部重大攻关项目子项目《拉丁美洲现代化模式》、教育部基地重大项目《拉美主要国家现代化道路》、国家社科基金一般项目《墨西哥前半期的文化革新运动和现代化》、教育部基地重大项目《拉丁美洲的民族主义和现代化》、国家社科基金重大项目子项目《20 世纪拉丁美洲的城市化转型》的研究。在《历史研究》《世界历史》《拉丁美洲研究》等刊物上发表学术论文 100 余篇。著有《拉丁美洲经济制度史论》《跨国公司与墨西哥的经济发展》《墨西哥的文化革新运动与现代化》，并主编《世界现代化历程（拉美卷）》《拉丁美洲文化与现代化》等著作。其中，《世界现代化历程（拉美卷）》获 2012 年教育部高校人文社科优秀成果二等奖。目前正主持国家社科基金后期资助项目《拉丁美洲史学史研究》、教育部基地重大项目《独立以来拉美主要国家的社会转型》和国家社科基金中国历史研究院重大历史问题研究专项《太平洋丝绸之路》的子项目的研究。